高职高专公共基础课系列教材

通用职业能力养成训练教程

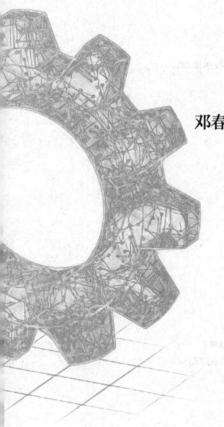

罗小娟　管　军　主　编
邓春晓　闫　峰　罗　唤　副主编

清华大学出版社
北京

内 容 简 介

本书以培养学生的通用职业能力为目的，同时引导学生形成正确的职业观，促进其职业方面的知识、方法、能力、态度的养成。在内容选取上，本书以问题为导向，秉承"做中学"的教育理念，遵循职业教育的规律性，有助于学生学习后能多角度、多层次地提升职业素质及通用职业能力。

本书分职业与职场认知、融入职场、职业发展三部分，共14个模块，内容包括：职业素养与职业道德、岗位认知与班组文化、职业安全与职业健康、职业形象与职业礼仪、个人能力与工作方法、职场交往与职业社交、质量意识与现场管理、数字素养与数字技能、环保意识与绿色技能、职业发展与创业意识、职业倦怠与压力调适、职场竞争与创新发展、工匠精神与技能成才、法律法规与职场行为规范。

本书适合作为各类职业本科和高职院校学生的教材，也适合相关企业或者机构作为培训用书。

本书封面贴有清华大学出版社防伪标签，无标签者不得销售。
版权所有，侵权必究。举报：010-62782989，beiqinquan@tup.tsinghua.edu.cn。

图书在版编目（CIP）数据

通用职业能力养成训练教程 / 罗小娟，管军主编．
北京：清华大学出版社，2024.8．--（高职高专公共基础课系列教材）． -- ISBN 978-7-302-66894-7

Ⅰ．G718.5

中国国家版本馆 CIP 数据核字第 20245PM920 号

责任编辑：张龙卿　李慧恬
封面设计：刘代书　陈昊靓
责任校对：刘　静
责任印制：宋　林

出版发行：清华大学出版社
　　　网　　址：https://www.tup.com.cn, https://www.wqxuetang.com
　　　地　　址：北京清华大学学研大厦 A 座　　邮　编：100084
　　　社 总 机：010-83470000　　　　　　　　邮　购：010-62786544
　　　投稿与读者服务：010-62776969, c-service@tup.tsinghua.edu.cn
　　　质量反馈：010-62772015, zhiliang@tup.tsinghua.edu.cn
　　　课件下载：https://www.tup.com.cn, 010-83470410
印 装 者：三河市君旺印务有限公司
经　　销：全国新华书店
开　　本：185mm×260mm　　　印　张：21.25　　　字　数：489 千字
版　　次：2024 年 8 月第 1 版　　　　　　　　印　次：2024 年 8 月第 1 次印刷
定　　价：59.80 元

产品编号：108145-01

前　言

《"十四五"职业技能培训规划》和《国务院关于推行终身职业技能培训制度的意见》颁布以来，各所高职高专院校的通用职业能力教育工作者都在思考并探索如何从社会发展需要出发，培养新时期具备通用职业能力的学生。本书正是基于上述背景，充分发挥高等职业教育公共基础课教材在培养和提高人才职业素质方面的基础性作用，以培养学生通用职业能力为目的，引导学生形成正确的职业观，注重学生在探究中发现问题、解决问题及适应职场的能力的培养，并促进学生职业方面的知识、方法、能力、态度的养成。

一、编写理念

1. 以学生为中心

本书内容设计紧紧围绕学生初次就业前的黄金培养阶段展开讲解，充分考虑学生的就业需求和特点，从学生的认知水平、兴趣爱好和学习方式出发，培养学生的职业素养和综合能力。

2. 注重思维能力和创新能力的培养

本书以构建主义理论和"做中学"教育理念为指导来设计教材的体例和内容，注重培养学生的思维能力和创新能力。每个单元的内容和形式设计具有一定的启发性和探究性，能够引导学生自主学习和探索，不仅可以帮助学生掌握知识，更重要的是可以培养学生的创新思维和独立思考的能力。这种能力在学生们未来的学习和工作中都是非常重要的，能帮助他们不断适应新的环境和挑战，不断提出新的想法和解决方案。

二、教材结构

本书分为职业与职场认知、融入职场、职业发展三部分共14个模块，每个模块下设两到三节，除了阐述学生需明确的相关理论知识外，均涵盖了大量的案例，以加深学生对知识的理解与应用，提升学生的理解力和行动力。

三、教材特色

本书从以下几点践行教育理念，彰显教材特色。

1. 突出学习的系统性

本书强调各模块内容之间的内在联系和有序排列。编者对相关知识进行了梳理和整合，并以培养学生适应职场的过程为脉络，构建了从职业和职场认知到融入职场再到职业发展的全书框架，可以帮助学生们在学习过程中建立起完整的认知结构，使他们能更好地理解和掌握知识,强化学习效果。

2. 强调通用职业能力的通用性

本书以培养学生通用职业能力和素养为目的,是给学生们进行的基础性、普惠性教育,而不是专、艰、深的专业性教育。首先,本书内容强调培养学生的基础能力,如沟通能力、自我管理能力等,这些能力是职业成功的基石,也是学生未来发展和成长的基础。其次,书中通过引入不同行业的案例,让学生了解到不同职业中所需的通用能力,这样可以帮助学生更好地认识到职业能力的通用性,提升他们的学习动力。最后,本书通过"专题活动"设计了一些涉及不同职业领域的实践项目,让学生有机会亲身体验到职业能力的应用和实践。

3. 注重学生的参与性和体验性

本书在内容设计上充分考虑学生的学习参与性和体验性,通过丰富的内容激发学生的学习兴趣,主要有以下几个特点。一是通过"哲人隽语"扩充普适性知识并增强学生的学习信心。二是通过"能力目标"增强教学的目的性和学习的效果。三是以"引入案例"的方式开始内容知识的学习,告诉学生素质教育在做什么,而不是在讲什么,从而引出要学习的知识点和技能点,让学生从职业行为规范的角度理解职业素质教育对国家、组织以及自身职业生涯发展的现实意义和长远意义。四是通过"拓展阅读"和插入图表等形式强化教材的鲜活性,提高学生的学习兴趣。五是每节后设计了"专题活动"栏目,促进学生对知识进行反思、运用和提升。

综上所述,本书是一本全面而实用的职场指南,学生通过系统学习本书中的方法和技巧可以提升自己的职业能力和素养,更好地面对职场挑战,实现个人职业发展的目标。我们希望学生通过本书的学习,能够在职场中游刃有余,收获更好的职业成果。

由于编者水平有限,书中难免存在不足和疏漏之处,恳请广大读者批评指正。

编　者

2024 年 4 月

目　录

第一部分　职业与职场认知

模块 1　职业素养与职业道德 ⋯⋯⋯⋯⋯⋯⋯⋯⋯⋯⋯⋯⋯⋯⋯⋯⋯⋯⋯⋯⋯⋯ 3
　1.1　职业与职业素养 ⋯⋯⋯⋯⋯⋯⋯⋯⋯⋯⋯⋯⋯⋯⋯⋯⋯⋯⋯⋯⋯⋯⋯⋯⋯ 3
　1.2　职业道德与职业精神 ⋯⋯⋯⋯⋯⋯⋯⋯⋯⋯⋯⋯⋯⋯⋯⋯⋯⋯⋯⋯⋯⋯⋯ 16
　1.3　职业道德修养与行为养成 ⋯⋯⋯⋯⋯⋯⋯⋯⋯⋯⋯⋯⋯⋯⋯⋯⋯⋯⋯⋯⋯ 26

模块 2　岗位认知与班组文化 ⋯⋯⋯⋯⋯⋯⋯⋯⋯⋯⋯⋯⋯⋯⋯⋯⋯⋯⋯⋯⋯ 34
　2.1　企业与其他组织机构 ⋯⋯⋯⋯⋯⋯⋯⋯⋯⋯⋯⋯⋯⋯⋯⋯⋯⋯⋯⋯⋯⋯⋯ 34
　2.2　岗位与岗位规范 ⋯⋯⋯⋯⋯⋯⋯⋯⋯⋯⋯⋯⋯⋯⋯⋯⋯⋯⋯⋯⋯⋯⋯⋯⋯ 42
　2.3　班组及其文化建设 ⋯⋯⋯⋯⋯⋯⋯⋯⋯⋯⋯⋯⋯⋯⋯⋯⋯⋯⋯⋯⋯⋯⋯⋯ 47

模块 3　职业安全与职业健康 ⋯⋯⋯⋯⋯⋯⋯⋯⋯⋯⋯⋯⋯⋯⋯⋯⋯⋯⋯⋯⋯ 56
　3.1　职场安全与应急避险 ⋯⋯⋯⋯⋯⋯⋯⋯⋯⋯⋯⋯⋯⋯⋯⋯⋯⋯⋯⋯⋯⋯⋯ 56
　3.2　劳动禁忌与职业健康 ⋯⋯⋯⋯⋯⋯⋯⋯⋯⋯⋯⋯⋯⋯⋯⋯⋯⋯⋯⋯⋯⋯⋯ 72

第二部分　融 入 职 场

模块 4　职业形象与职业礼仪 ⋯⋯⋯⋯⋯⋯⋯⋯⋯⋯⋯⋯⋯⋯⋯⋯⋯⋯⋯⋯⋯ 85
　4.1　职业形象 ⋯⋯⋯⋯⋯⋯⋯⋯⋯⋯⋯⋯⋯⋯⋯⋯⋯⋯⋯⋯⋯⋯⋯⋯⋯⋯⋯⋯ 85
　4.2　职业礼仪 ⋯⋯⋯⋯⋯⋯⋯⋯⋯⋯⋯⋯⋯⋯⋯⋯⋯⋯⋯⋯⋯⋯⋯⋯⋯⋯⋯⋯ 93
　4.3　求职面试的礼仪 ⋯⋯⋯⋯⋯⋯⋯⋯⋯⋯⋯⋯⋯⋯⋯⋯⋯⋯⋯⋯⋯⋯⋯⋯⋯ 101

模块 5　个人能力与工作方法 ⋯⋯⋯⋯⋯⋯⋯⋯⋯⋯⋯⋯⋯⋯⋯⋯⋯⋯⋯⋯⋯ 109
　5.1　自我学习能力 ⋯⋯⋯⋯⋯⋯⋯⋯⋯⋯⋯⋯⋯⋯⋯⋯⋯⋯⋯⋯⋯⋯⋯⋯⋯⋯ 109
　5.2　自我管理能力 ⋯⋯⋯⋯⋯⋯⋯⋯⋯⋯⋯⋯⋯⋯⋯⋯⋯⋯⋯⋯⋯⋯⋯⋯⋯⋯ 116
　5.3　解决问题能力 ⋯⋯⋯⋯⋯⋯⋯⋯⋯⋯⋯⋯⋯⋯⋯⋯⋯⋯⋯⋯⋯⋯⋯⋯⋯⋯ 125

模块 6　职场交往与职业社交 ⋯⋯⋯⋯⋯⋯⋯⋯⋯⋯⋯⋯⋯⋯⋯⋯⋯⋯⋯⋯⋯ 134
　6.1　表达与交流 ⋯⋯⋯⋯⋯⋯⋯⋯⋯⋯⋯⋯⋯⋯⋯⋯⋯⋯⋯⋯⋯⋯⋯⋯⋯⋯⋯ 134

  6.2 团队合作与建设……………………………………………………… 145
  6.3 社交能力…………………………………………………………… 153

模块 7 质量意识与现场管理…………………………………………………… 160
  7.1 质量意识…………………………………………………………… 160
  7.2 现场管理…………………………………………………………… 168

模块 8 数字素养与数字技能…………………………………………………… 177
  8.1 数字化与数字经济………………………………………………… 178
  8.2 数字时代的职场…………………………………………………… 184
  8.3 数字社会责任……………………………………………………… 197

模块 9 环保意识与绿色技能…………………………………………………… 209
  9.1 环境问题及治理…………………………………………………… 209
  9.2 绿色经济与绿色生活……………………………………………… 217

第三部分 职 业 发 展

模块 10 职业发展与创业意识…………………………………………………… 233
  10.1 树立职业生涯规划意识…………………………………………… 233
  10.2 做好创业准备……………………………………………………… 242

模块 11 职业倦怠与压力调适…………………………………………………… 251
  11.1 职业倦怠…………………………………………………………… 251
  11.2 职业压力…………………………………………………………… 259
  11.3 情绪管理…………………………………………………………… 265

模块 12 职场竞争与创新发展…………………………………………………… 271
  12.1 认识和应对竞争…………………………………………………… 271
  12.2 培养创新意识……………………………………………………… 279

模块 13 工匠精神与技能成才…………………………………………………… 288
  13.1 涵养工匠精神……………………………………………………… 288
  13.2 技能成才的途径…………………………………………………… 296

模块 14　法律法规与职场行为规范 ……………………………………… 303
　　14.1　劳动法律法规体系 ……………………………………………… 303
　　14.2　劳动权益和劳动合同 …………………………………………… 312
　　14.3　职场行为规范 …………………………………………………… 322

参考文献 ………………………………………………………………………… 331

后记 ……………………………………………………………………………… 332

第一部分

职业与职场认知

模块1　职业素养与职业道德

哲人隽语

职业道德是成功的基石,不可或缺。

——[英]罗素·史密斯

模块导读

职业是个人所从事既能服务社会又能为个人带来经济收入的工作,它是社会生活的重要组成部分,是维持和推动社会稳定和进步的重要社会活动。为更好地推动社会的进步,并在从事职业的过程中提升个人素养和能力,实现个人价值,人们要根据自己的知识结构、能力水平和个性特点确立自身职业目标。

现代职场的竞争逐渐从"拼技能"转向以综合素养为核心的职业素养的竞争。职业素养是在从业过程中表现出来的综合品质,是人格的全面发展。大学生应从职业认知开始,加强职业素质培养,提升敬业精神,培养人文素养,实现自我发展。

能力目标

1. 了解职业的概念、特点与发展趋势。
2. 了解与职业素养相关的要素和职业素养的内涵。
3. 了解社会主义职业道德的主要内涵。
4. 掌握提升职业道德的主要方法和途径。
5. 掌握培养和提升职业精神的方法和途径。

1.1　职业与职业素养

【引入案例】

小雪毕业后的困惑

小雪毕业于某高职院校工商管理专业,自考了本科文凭,还做过市场推销员、服务员等兼职。她毕业后在浙江、重庆、贵州等地工作过,每份工作时间都不超过一年。她还创业开过小超市。小雪自认为有本科文凭和工作经验,应该比同学有更好的收入和发展。但在同学聚会时发现,同学们基本上有了比较固定的发展方向,只有她还处于迷茫之中,总觉得之前的工作不是自己理想的职业,对能否找到适合自己的工作没有信心。

分析:小雪对自己缺乏正确的认知,不能根据自身特点选择适合自己的职业,在职业生活中好高骛远,难以找到自己的人生坐标。认识自己,认识职业,找准定位,努力拼搏,这是大学生入学时首先应该明确的方向,只有明确了这一点,才能形成学习的内驱力,让大学生活有目标、有行动、有收获。只有这样,大学教育才能有意义,社会和家庭才能有盼头。

一、职业概述

职业,根据中国职业规划师协会的定义,它是性质相近的工作的总称,通常是指个人服务社会并作为主要生活来源的工作。职业是劳动分工体系中的一个环节,每一种职业都是社会分工中的一部分。它在特定的组织内表现为职位(即岗位),我们在谈某一具体的工作(职业)时,其实也就是在谈某一类职位。它是维持社会稳定及实现社会控制的手段,不仅对于个人的生存和发展起着至关重要的作用,同时对于整个社会的和谐发展也有重要影响。

社会分工是职业分类的依据。在分工体系的每一个环节上,劳动对象、劳动工具以及劳动的支出形式都各有特殊性,这种特殊性决定了各种职业之间的区别。社会学强调职业是社会分工体系中的一种社会位置,一般不是继承性的,而是获得性的。"职业"就是劳动者获得的社会角色,是与劳动分工体系中某环节产生联系的劳动者获得的社会角色,是劳动者的社会标志。经济学意义上的职业强调同劳动的精细分工紧密相连,认为劳动者相对稳定地担当某项具体的社会劳动分工,或者较稳定地从事某类专门的社会工作,并从中获取收入,这种社会工作便是劳动者的职业。

(一)职业内涵

对于职业的科学内涵,从不同角度出发有不同的观点。从词义学的角度看,"职"是指职位、职责、权利和义务,"业"是指行业、事业、业务。个体通过职业活动对社会的存在和发展作出贡献。职业是个人参与社会分工,利用专门的知识和技能为社会创造物质财富和精神财富,获取合理报酬作为物质生活来源,并满足精神需求的工作。根据中国职业规划师协会定义,职业包含十个方向,即生产、加工、制造、服务、娱乐、政治、科研、教育、农业、管理。职业是人类在劳动过程中的分工现象,它体现的是劳动力与劳动资料之间的结合关系,其实也体现出劳动者之间的关系,劳动产品的交换体现的是不同职业之间的劳动交换关系。职业主要包括四个方面的含义:第一,与人类的需求和职业结构相关,强调社会分工;第二,与职业的内在属性相关,强调利用专门的知识和技能;第三,与社会伦理相关,强调创造物质财富和精神财富,获得合理报酬;第四,与个人生活相关,强调物质生活来源,并满足精神生活。目前国内普遍采用此定义。

(二)职业特点

职业是社会生产力发展到一定阶段的产物,是社会分工体系的一个环节,所以各种职业之间相互联系,并且存在着一些共同特性,主要包括社会性、经济性、时代性、专业性和相对稳定性。

(1)社会性。职业是人类在劳动过程中的分工现象,是社会分工的产物,每一种职业都体现了社会分工的细化,不同的社会成员必须在一定社会构成的不同职业岗位上工作或劳动。它体现的是劳动力与劳动资料之间的结合关系,其实也体现出劳动者之间的关系。劳动产品的交换体现的是不同职业之间的劳动交换关系。这种劳动过程中结成的人与人的关系无疑是社会性的,人们之间的劳动交换反映的是不同职业之间的等价关系,这反映了职业劳动成果的社会属性。

(2) 经济性。职业的经济性也称职业的功利性。职业活动的基本目的是获得谋生的经济来源,劳动是人们谋生的手段,人们必须从事一定的职业活动以获取生存必需的物质资料,同时也满足了社会发展的需求。因此,职业具有满足个人功利的作用与满足社会需求的社会功利作用。只有把职业的个人功利性与社会功利性相结合起来,职业活动及其职业生涯才具有生命力和意义。

(3) 时代性。职业随着时代的变化而变化,在不同时代和社会发展阶段,其种类、数量、活动内容、活动方式和内部分工也不同。生产力的不断发展决定了职业的发展变化,表现为:新的职业不断产生,一些不能适应时代需求的职业逐渐消失,或被彻底改造,或因时代需要而获得新的内涵;职业的活动方式也在不断发生改变;职业的内部分工也发生了巨大变化。每个时代的热门职业也有所不同,这反映了不同时代政治、经济、社会等方面的特点。

(4) 专业性。职业是社会分工的结果和体现,随着生产力的发展和科技的进步,社会分工越来越细致,劳动专业化程度越来越高,职业的专业性也就越来越强。职业的专业性既包括知识性、技术性,也包括规范性。职业的知识性和技术性是指每一种职业都需要一定的知识含量和技术要求,从事某种职业的人员在职业活动中必须掌握或具备特定的知识和技术。职业的规范性包含两层含义:一是指职业内部的规范操作要求;二是指职业道德的规范性。

(5) 相对稳定性。职业的稳定性是相对的。职业在生命周期内是稳定的,但是随着社会的发展和人们需求的变化,会不断产生新的职业,淘汰旧的职业。不同的职业尽管存在历史长短不同,但它们在一定阶段内不会消亡,具有相对的稳定性。因此,劳动者从事某种职业是连续的、相对稳定的。职业的相对稳定性有利于人们学习掌握相关的劳动知识和技能,提高劳动熟练程度,从而提高劳动生产率。

(三) 职业发展

在人类的漫长发展史中,社会分工和科技发展是渐进的,不是几年、几十年甚至几百年就可以实现的,因此同社会分工紧密相关职业的发展也是缓慢的。在资本主义社会出现之前的时期,人们在很短的时间内获得的知识和技能就能满足自己一生职业所需,因此不可能快速产生新职业。工业革命加快了人类社会发展的进度,职业的变化随之加快,新旧职业的更替也随之加快,并且随着人类需求的变化,职业也在随之发生变化。如随着生活水平的提高,人们对自己整体的外在形象越来越重视,外表的修饰不再局限于发型、化妆,而是更加重视整体形象。这就要求美容美发专业的学生在学习美容美发的同时,还要对服装款式、色彩搭配、立体搭配、顾客气质类型有所了解,才能更好地满足顾客的需求,在职场中立于不败之地。

当代社会,职业在发展过程中呈现出以下特征。

（1）由单一、基础型向跨专业、复合型转化。职业岗位的要求和劳动方式逐步由简单向复杂转化，职业内涵不断丰富，单一技能难以胜任，更需要跨专业和复合型人才。

（2）由封闭型向信息化、开放型转化。职业岗位工作的范围和面向的服务对象越来越广泛，人与人之间联络、沟通、协作大大加强。

（3）由传统工艺型向智能型转化。职业岗位科技含金量增加，技术更新速度加快，劳动组织和生产手段不断改善，工作内容不断更新。例如做饭时，通常要有开燃气灶及开油烟机两个步骤。现在智能家电发展起来后，燃气灶一开启，油烟机受感应即自动开启。

（4）由继承型向创新创造型转化。知识经济的到来，要求社会成员不断树立创新意识，在自己的岗位上进行创造性劳动。

（5）服务型职业由普通低端向个性化、知识型转化。社会生产力的提高解放了劳动力，人们越来越多地需要社会服务行业提供个性化服务。服务业对从业人员素质的要求也在不断提高，产生了知识服务型职业。

（6）职业活动趋向绿色、可持续、低碳。当前，全球经济正在向绿色、可持续、低碳发展升级，职业活动也相应发生了变化。职业发展是人的职业心理与职业行为逐步变化并走向成熟的过程。

（7）职业种类大量增加，第三产业职业数量增加。随着产业结构的调整和经济转型的推进，许多传统行业的职业岗位在减少，而新兴行业的职业岗位在增加，这种变化在第三产业中尤为明显，因为服务业在国民经济中的地位越来越重要，对经济增长的贡献也越来越大。职业种类的大量增加和第三产业职业数量的增加是经济发展和社会进步的必然结果。

※ 拓展阅读 ※

改革开放以来中国社会的职业变化

改革开放40多年间，职业的消失、细化与新生，无不与我国经济社会发展紧密联系。职业变迁中，既有生产力提高、需求升级带来的传统职业的细分与变迁，也有科技进步催生出的职业更替。

20世纪80年代，"商品经济"的合法地位被确立，个体户、私营企业主如雨后春笋不断冒出，当时最受人们欢迎的3种职业分别是出租车司机、个体户和厨师。90年代，"下海"成为职业变化的主题词，中国对外开放步伐的加快提升了外企工作的吸引力，这一时期最受人们欢迎的职业是企业家、管理者、教师。

21世纪以来，每个行业都将被"互联网思维"搅动起来。"程序员"是中国职业变化的又一个标志。现在越来越多的职业"联系"上了网络。随着产业结构的调整，人们的需求更加多样化，各领域创造力勃发，从而促进了社会职业结构发展，如金融、物流、咨询等行业孵化而生，与人们精神文化生活密切相关的影视、文化产业兴旺蓬勃，与健康、美丽、养老有关的生活服务业欣欣向荣。

进入新时代，我国各类经济新业态强势崛起，互联网、云计算、人工智能、大数据等新技术日新月异,让选择更具想象空间。一批工作内容新颖、工作模式多样的新职业相继涌现,极大丰富了职业人才内涵。自2019年以来,人力资源和社会保障部会同有关部门发布了5批共74个新职业。不断涌现的新职业不仅为人们提供了发展新机遇和就业新选择,带动相关产业快速发展,也体现了新技术、新需求的发展趋势,成为观察我国经济发展的风向标。

分析:时代进步的潮流不可阻挡。在日新月异的行业分类和职业变革中,适应社会所需才能积极推动行业完善和职业丰富,人们就业可选择的余地就更大,空间就更加广阔。可以设想,未来将有许多全新的职业在人们面前出现,将有许多传统的职业逐渐消失。

(四)职业与行业分类

职业分类就是按一定的规则、标准及方法,按照职业的性质和特点,把一般特征和本质特征相同或相似的社会职业统一归纳到一定类别系统中的过程。同一性质的工作往往具有共同的特点和规律。职业分类有助于建立合理的职业结构和职工配置体系,我们应了解社会现有职业状况,更清晰地认识职业,以便为开展职业研究奠定基础。

1. 按劳动者的劳动性质分类

由于经济社会的不断发展,我国社会职业构成发生了很大变化。为适应发展需要,2010年年底,人力资源和社会保障部会同原国家质量监督检验检疫总局、国家统计局牵头成立了国家职业分类大典修订工作委员会及专家委员会,启动修订工作。2022年9月,《中华人民共和国职业分类大典(2022年版)》终审通过,新版修订过程中把新颁布的74个职业纳入大典当中。2022年版大典根据"工作性质相似性为主、技能水平相似性为辅"的职业分类原则,确定四个层次的职业分类结构,即大类、中类、小类和细类(职业),每一大类的内容包括大类编码、大类名称、大类概述、所含种类的编码和名称;每一中类的内容包括中类编码、中类名称、中类简述、所含小类的编码和名称;每一小类的内容包括小类编码、小类名称和小类描述;每一细类(职业)的内容包括职业编码、职业名称、职业定义、职业描述以及归入本职业的工种名称及编码等。在保持八大类职业类别不变的情况下,净增了158个新的职业,职业数达到了1639个。

2. 按行业分类

行业与职业分类紧密相关。行业是指从事国民经济中同性质的生产、服务或其他经济社会的经营单位或者个体的组织结构体系。行业分类是指从事国民经济中同性质的生产或其他经济社会的经营单位或者个体的组织结构体系的详细划分,如林业、汽车业、银行业等。行业分类可以解释行业本身所处的发展阶段及其在国民经济中的地位。1984年我国首次颁布了《国民经济行业分类》国家标准,2017年第四次修订并于当年10月1日实施。将国民经济行业划分为20个门类、97个大类、396个中类和913个小类,见表1-1。

表1-1 国民经济行业分类

门 类	大类/个	中类/个	小类/个
A. 农、林、牧、渔业	5	18	38
B. 采矿业	7	15	33
C. 制造业	31	169	482
D. 电力、热力、燃气及水生产和供应业	3	7	10
E. 建筑业	4	7	11
F. 批发和零售业	8	24	37
G. 交通运输、仓储和邮政业	3	10	14
H. 住宿和餐饮业	2	18	93
I. 信息传输和软件业	2	7	7
J. 金融业	4	16	16
K. 房地产业	1	4	4
L. 租赁和商务服务业	2	11	27
M. 科学研究和技术服务业	3	19	23
N. 水利、环境和公共设施管理业	4	8	18
O. 居民服务、修理和其他服务业	3	12	16
P. 教育	1	5	13
Q. 卫生和社会工作	2	11	17
R. 文化、体育和娱乐业	5	22	29
S. 公共管理、社会保障和社会组织	6	12	24
T. 国际组织	1	1	1

（五）新职业

新职业是指经济社会发展中已经存在一定规模的从业人员、具有相对独立成熟的职业技能，且在最新出版的《中华人民共和国职业分类大典》中未收录的职业。新职业包括全新职业和更新职业两类。全新职业是随经济社会发展和技术进步而形成的新的社会群体性工作；更新职业是指原有职业因技术更新产生较大变化，从业方式与原有职业相比已发生质的变化。

一个"新行当"要正式成为新职业有着严格程序：首先要论证这个行当能不能成为被社会承认的正式职业，从事这个职业需要什么标准。简单来说，大致可从从业规模、劳动报酬、发展前景这三个方面来判断一个"行当"是否能成为新职业（图1-1）。在我国，新职业一般要求有不少于5000人的从业人员，还要求有稳定性和独特技术性。

随着市场需求的迸发和技术的变革，我国正处于一个新职业层出不穷的时代。粗略梳理后不难发现，新兴职业大量集中于现代服务业，职业化程度越来越高，带有明显的互联网属性。新职业不断满足人民对美好生活向往的需求，提高了人民的幸福感，促进了社会进步。

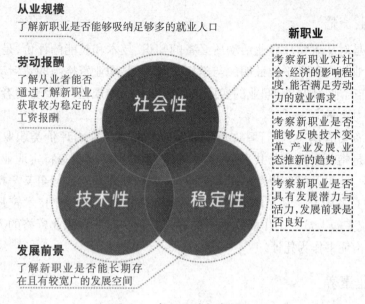

图 1-1　新职业的初步判断

二、与职业相关的要素

（一）职业环境

职业环境是指有关工作技术条件、工作强度、收入待遇和晋升机会等的自然环境与社会环境。不同职业的从业者所处的工作环境有所不同；即便是同类型职业，其具体工作环境也会有所不同。职业环境分大环境和小环境：大环境是指社会和国家经济发展对职业的影响；小环境则是组织内部环境。不管职业环境多么复杂，决定个人职业发展的最重要因素还在就业者自身，因此，我们应该提升自己适应环境变化的能力。

（二）职业待遇

职业待遇就是薪酬待遇、福利待遇等，是指人们在从事相关的劳动活动后所获得的合法收入。由于不同职业所要求的技术能力和知识水平的不同，从事不同职业的就业者所获得的职业待遇也是有所不同的。

（三）职业素养

职业素养是指职业内在的规范和要求，是从业者在职业过程中表现出来的综合品质，包含职业道德、职业技能、职业行为、职业作风和职业意识等方面。

职业信念是职业素养的核心，应该包含了良好的职业道德、正面积极的职业心态和正确的职业价值观意识，是一个成功职业人必须具备的核心素养。良好的职业信念应该是由爱岗、敬业、忠诚、奉献、正面、乐观、用心、开放、合作及始终如一等这些关键词组成。

职业技能是职业素养的重要组成部分，它是指从业者就业所需的技术和能力，职业技能主要通过职业资格来体现。所谓职业资格，是指对从事某一职业所必备的学识、技术和能力的基本要求。

（四）职业资格

职业资格是对从事某一职业活动所必备的知识、技术和技能的评价，是技能人员和专业技术人员职业能力和水平的证明。与学历文凭不同，职业资格与职业活动密切关联，可以更直接、更准确地反映特定职业的实际工作标准和操作规范，以及劳动者从事该职业所达到的实际能力水平。

我国职业资格有两类，即行政许可类职业资格和水平能力评价类职业资格。行政许可类职业资格是指从事涉及公共安全、人身健康、生命财产安全等特定职业所必须具备的复杂技能、知识、能力及操作规范的基本要求，是依法独立开业或从事某一特定职业学识、技术和能力的必备标准；水平能力评价类职业资格是对从事专业技术较强、技能要求较高、从业人数较多的人员的工作能力水平的客观评价。对获得职业资格的人员，国家发放相应的职业资格证书作为凭证。

三、职业素养

（一）职业素养内涵

1．职业素养概念

职业素养是人类在社会活动中需要遵守的行为规范，是职业内在的要求，是在职业过程中表现出来的综合品质。职业素养是人们在长期的职业活动中表现出来的比较稳定的、长期的道德、观念、行为、能力的总和。

2．职业素养内容

职业素养是人的综合素养的主体和核心，包括职业道德、职业技能、职业行为和职业意识四个方面。

（1）职业道德。在职业活动中，一切符合职业要求的心理意识、行为准则和行为规范的总和称为职业道德。它是一种内在的、非强制性的约束，是用来调整职业个人、职业主体和社会成员之间关系的行为准则和行为规范。其基本特征是职业性、实践性、继承性、多样性。其基本要求是爱岗敬业、诚实守信、办事公道、服务群众、奉献社会。

（2）职业技能。职业技能是做好职业应该具备的专业知识和能力，是就业所需的技术和能力。没有过硬的专业知识和职业技能，就无法做好岗位工作。

（3）职业行为。职业行为是人们对职业劳动的认识、评价、情感和态度等心理过程的行为反映，是职业目的达成的基础，是由人与职业环境、职业要求的相互关系决定的。它包括职业创新行为、职业竞争行为、职业协作行为和职业奉献行为等。

（4）职业意识。职业意识是人们对职业劳动的认识、评价、情感和态度等心理成分的综合反映，是支配和调控职业行为和职业活动的调节器。它包括诚信意识、顾客意识、团队意识、自律意识、创新意识、竞争意识和奉献意识等。职业意识既有以约定俗成、师承父传方式体现的，也有用法律法规、规章制度、企业条文来体现的。职业意识有社会共性的，也有行业或企业特有的。

案例 1.1

从水电工到首席董事

徐虎自从事水电维修工作以来,踏实肯干,服务周到,深受广大人民群众的欢迎和喜爱。他制作了3只"特约报修箱"并挂在居委会墙上。多年来,他每天晚上7点准时打开报修箱,义务为居民修理2100余处故障,花费了6300多小时的业余时间。有8个除夕夜,他都是在工作一线度过,被群众亲切地称为"晚上七点的太阳"。他主动带徒,手把手地将自己的专业技能和服务理念传授给徒弟,形成了广泛的"徐虎效应"。1998年以后,徐虎开始从事管理工作。从普通的水电维修岗位到企业管理岗位,他坚持角色变了,"辛苦我一人,方便千万家"的信念不变,一如既往地用自己的敬业、钻研和奉献精神,积极钻研物业管理和现代经营管理理论,结合实践撰写了多篇具有前瞻性和可操作性的研究论文。他是党的十五大代表,被授予全国优秀共产党员、全国劳动模范等荣誉称号。

分析:徐虎为什么能在平凡的岗位上作出不平凡的贡献,形成不平凡的影响?这与徐虎良好的职业素养有着密不可分的关系。良好的职业素养是事业成功的保障。要想在职场中脱颖而出,就必须在日常的学习生活和工作中注重训练提高职业素养。

3. 职业素养特征

(1) 职业性与稳定性。不同职业的职业素养要求是不同的。职业素养是在长期执业过程中日积月累形成的,一旦形成,便产生相对的稳定性。

(2) 内在性与整体性。从业人员在长期的职业活动中,经过学习、认识和亲身体验,有意识地内化、积淀和升华的这一心理品质,就是职业素质的内在性。职业素养和个人整体素养有关,职业素养一个很重要的特点就是整体性。

(3) 发展性。职业素养是通过教育、自身社会实践和社会影响逐步形成的,它具有相对性和稳定性。人们为了更好地适应和促进社会发展,总是不断地提高自己的素养。职业素养具有发展性。

4. 职业素养的社会要求及意义

职业素养不仅对个人职业生涯发展产生影响,还对企业和社会产生不同程度的影响。

(1) 从个人角度看,职业素养是职业生涯发展的关键因素。适者生存,缺乏良好的职业素养就很难取得突出的工作业绩,更谈不上建功立业。提高职业素养有利于促进人的全面发展。

(2) 从企业角度看,员工职业素养关系到企业整体效率的提高。具备较高职业素养的人员可帮助企业节省成本,提高效率,从而提高企业在市场上的竞争力,实现自身的生存与发展。提高员工职业素养有利于提高企业劳动生产率。

(3) 从社会角度看,国民职业素养直接影响人民生命财产安全和社会的稳定。提高国民职业素质有利于推动社会发展和科技进步,是人民生命财产安全和社会稳定的前提。

案例 1.2

职场利器——职业素养

职业素养就像水中漂浮的一座冰山，露出部分的知识、技能仅代表表层的特征，不能区分绩效优劣，而冰面下部分的动机、特质、态度、责任心才是关键因素。强烈的责任意识、客户意识、忠诚度、信誉等职业素养是企业鉴别绩效优秀者和一般者的衡量尺度，同时也是决定一个人职业发展的重要因素。北大青鸟产品研发部经理肖睿表示在他们对6000多家用人企业和5000多个岗位的调研中发现，排在用人企业对员工职业素质要求前六位的分别是协作能力、沟通能力、时间管理能力、适应能力、学习能力、抗压能力。

分析：职业技能是职业敲门砖，职业素养是职业发展的永动机。

5．职业素养构成

（1）职业道德与职业形象。职业道德是职业人在一定的社会职业活动中遵循的、具有自身职业特征的道德准则和规范，并在个人从业的思想和行为中表现出来的比较稳定的特征和倾向。职业道德的基本规范是爱岗敬业、诚实守信、处事公道、服务民众、奉献社会；职业道德的基本素养包括遵纪守法、严谨自律、诚实厚道、勤业精业、团结协作等。

职业形象泛指职业人外在、内在的综合表现和反映。外在的职业形象是指职业人的相貌、穿着、打扮、谈吐等他人能够看到、听到的表象；内在的职业形象是指职业人所表现出来的学识、风度、气质、魅力等他人看不到、却能感受到的内涵。职业形象在个人的求职、社交活动中起关键作用，良好的职业形象对职业成功具有比较重要的意义。

（2）职业态度与职业技能。职业态度是指个人对职业选择和所从事工作的看法、动力和行为倾向，包括对工作的认真程度、责任感、主动性以及个人在职业中的价值观和道德观等。职业态度对个人的职业生涯和组织的成功都有深远的影响。

职业技能是人们运用理论知识和实践经验完成具体工作任务的活动方式。不仅需要老师传授知识，更主要的是需要通过一定的实践操作和训练，才能掌握一定的职业技能。

案例 1.3

杂交水稻之父——袁隆平

袁隆平（1930—2021年）是"杂交水稻之父"、中国工程院院士、"共和国勋章"获得者，是令人尊敬和爱戴的科学家。他是杂交水稻研究的开创者，是世界上第一个将水稻的杂交优势成功地应用于生产的科学家。他几十年来致力于杂交水稻技术的研究、应用与推广，为我国粮食安全、农业科学发展和世界粮食供给作出巨大贡献。

袁隆平是新中国培养的第一代大学生，无论境遇如何，他的身上始终流淌着家国天下的热血，他的高尚情操受人敬仰。他无数次拒绝了来自国外的高薪聘请，因为他知道他和杂交水稻的根都在中国。功名之下不忘初心。他始终铭记投身科学研究的激情与梦想，始终铭记把杂交水稻不断带向更高境界的不渝追求。

分析：在知识经济时代，树立远大的职业目标，勤奋学习，努力工作，吃苦耐劳，淡泊名利，才能超越自我并取得成功。

(3) 表达沟通与团队合作。表达沟通能力就是通过听、说、读、写等思维载体,利用演讲、会见、对话、讨论、信件等方式将个人的思想、观点、意见或建议用语言或文字准确、恰当地表达出来,促使对方接受自己的能力。能够用准确、流畅的语言讲述事实、表达观点;能够撰写计划、总结、报告等文书,这是用人单位对青年学生表达能力的基本要求。

团队合作能力是一种为达到既定目标,在团队中所显现出来的自愿合作和共同努力的能力,是在实际工作中充分理解团队目标、组织结构、个人职责,并在此基础上与他人相互协调配合的能力。团队中的每个成员,都必须担负起自己的责任,这是构建团队精神的基石。团队合作精神是青年学生必须具备的就职条件之一。

(4) 人际交往与解决问题。人际交往是指人们为了相互传递信息、交换意见、表达情感和需要等目的,运用语言、行为等方式而进行的人际联系和人际接触的过程。良好的人际交往能力有助于营造良好的组织氛围,可以促进组织成员之间的沟通与交流,掌握更多的社会资源,有助于目标的实现。

解决问题就是通过发现、分析问题,制订、确定和实施方案,进行效果评价等流程,最后实现既定工作目标。问题解决能力是和职业活动紧密地联系在一起的,是不能脱离具体的职业活动单独存在的,是任何职业活动所必须具有的。

(5) 学习创新与组织管理。学习创新能力是人们在学习、工作及日常生活中必须具备的能力之一,是人们革旧布新、创造新事物的能力,是进一步发现新问题,不断推动事物发展变化的能力。学习创新能力最基本的构成要素是创新、激情和科学素质。

组织管理是指成功地运用管理者的知识和能力影响组织机构的活动,达到最佳的效果。组织管理能力是一种对人的把握与引导能力,组织管理能力强的人往往在工作上有主动性,对他人有影响力,有发展潜力,有培养价值。

(二) 职业素养现状及原因

1. 大学生职业素养的窘境

随着竞争的加剧,企业也越来越注重提高员工的职业道德和职业素养。将其视为人才可持续发展不可或缺的核心资源。青年学生普遍自我价值认知很高,对职业期望很高。实际情况是:由于职业道德、观念、行为、能力缺乏,青年学生只能从基层做起。这使得青年学生常常抱怨自己得不到重用,也使得一些刚进企业不久的学生纷纷离职。而离职并没有带给大学生任何的利益,反而留下越来越多的负面评价。高不成低不就,距离企业的要求和期盼有差距,距离个人的事业发展目标也有差距,面临着两难的窘境。

2. 影响职业素养的原因

目前,高职院校的职业素养教育普遍整体滞后,专业培养目标不能有效适应市场需求,主要表现在以下几个方面。

(1) 认知不足,阻碍了职业素养教育的开展。目前,许多高职院校对职业素养认知不足,将更多的教学重心放在职业技能的培养上。学生不知道自己的专业学习目标,缺乏起码的职业意识、责任意识,更谈不上具备较高的职业素养。

(2) 重理论轻实践,职业技能素质实训不足。目前,许多高职院校在具体的人才培养实施过程中,因未深入开展校企合作,导致教学内容、教学方法和手段没能与企业岗位工作内容和工作流程对接,教学方法仍然以理论讲授为主,不能根据企业岗位最新工作内容和学生的认知特点来培养学生的能力,内容陈旧,没有把目前生产、生活领域出现的各类实际问题用所学的理论知识加以解决,使该专业失去了鲜活的生命力。

(3) 课程设置不合理,职业道德、心理素质培养虚位。目前,高职院校普遍没有打破传统的教学模式,仍存在着重智能和技能的传授,轻学习动机的激励;重学习材料的记忆,轻认知方式的培养;重教学内容选择,轻学习进取心、自信心、责任心的培养等。在课程设置上,职业生涯规划课常常由行政管理人员兼职并且课时不足,较少开设职业规划、职业道德和职业心理学等课程,学生普遍缺乏相关的职业道德和职业心理素质知识。这些现象都有悖于职业素养教育的宗旨,不利于职业品格的培养。

(4) 考评方式不合理,缺乏对职业素养的有效考核。不少学生在显性素养方面表现还可以,但在隐性素养方面由于没有得到过有效的培训,所以比较欠缺。目前,在学生成绩的考评方式上,许多高职院校仍然采用的是期末考试一张试卷判定成绩的考核方法。这种考核方式还容易助长学生平时懒散、考前突击、死记硬背甚至作弊等不良倾向,不利于学生职业素养的培养和提升。

(三) 职业素养提高的路径和方法

高职院校学生首先要培养职业意识,其次配合学校的培养任务来完成知识、技能等显性职业素养的培养,最后要有意识地培养学生职业道德、职业态度、职业作风等方面的隐形素养。

(1) 培养职业意识。培养职业意识就是要对自己的未来有规划。要认识自己的个性特征,据此来确定自己的个性是否与理想的职业相符。应对自己的优势和不足有比较客观的认识,结合环境如市场需要、社会资源等确定自己的发展方向和行业选择范围,明确职业发展目标。

实践教学是学生了解职业、了解自己与职业的适合度的最直接有效的途径。可通过社会实践、实训实习活动了解自己的职业前景,体会是否适合某职业以及日常行为规范和职业技能要求,增强对职业的认同,完善自我,挖掘潜能,形成正确的职业意识。

(2) 加强知识学习与技能培养。学校各专业的培养方案是针对社会需要和专业需要所制订的,旨在使学生获得系统化的基础知识及专业知识,加强学生对专业的认知和知识的运用,并使学生获得学习能力,培养学习习惯。学生应该积极配合学校的培养计划,完成学习任务,作为将来职业需要的储备。

职业技能是人们掌握和运用专门技术的能力,也是职业人奉献社会、服务群众的生存之本。学生应主动采用自主性、研究性、创造性的学习方法,认真接受老师讲授的各类知识,以培养自身分析问题、解决问题的能力。

(3) 在课堂学习及社会实践活动中培养职业道德。道德教育无任何强制性,靠自我管理和自我约束。在学习活动中必须把良好道德品质的养成放在首位,自觉遵守道德法则。纪律教育具有一定的强制性。党纪、政纪、校规、家规都是用来规范人们行为的。学生要在自我管理、自我教育中自觉遵守学生守则,遵守校规校纪,做遵纪守法的青年。

案例 1.4

人生的四张名片

一公司招聘公关部经理,有一百多人报名应聘。最后,一位仅有中专文凭的小伙子有幸被公司选上了。在应聘者中,这位小伙子的文凭最低,为什么会选他呢?人们感到不解。总经理是这样解释的:因为他随身携带的四张人生名片,让我最后选定他。他在门口蹭掉脚下带的土,进门后随手关上门;当看到一位残疾老人时,他立即起身让座;进了办公室他先脱去帽子;回答问题时他表现得机智幽默。

分析:他在门口蹭掉脚下带的土,进门后随手关上门,这说明他是一个有"心"的人。一个有心的人,才不至于因疏忽人际关系小节而产生人与人之间的芥蒂。当看到一位残疾老人时,他立即起身让座,说明他是一个有"德"的人。一个有德的人,才能把握好做事的分寸。进了办公室他先脱去帽子,这说明他是一个有"礼"的人。一个尊重别人的人,才会得到别人的尊重。回答问题时他表现得机智幽默,这说明他是一个有"智"的人,一个充满智慧的人在处理人际关系时,才能化干戈为玉帛,化腐朽为神奇。良好的职业素养是开启职业生涯的必由之路。

专题活动

目标职业素养扫描

一、活动目标

掌握目标职业所需要的职业素养。制订计划,提升自己的职业素养。

二、活动流程

(1) 确定 3 个目标职业。

(2) 查找目标职业对从业者的职业素养的要求。进行小组活动。对同一行业和类别的职业进行归类,每个小组选择一个类别的职业,确定同一类别的职业对职业素养的要求有哪些,并按照态度、能力、兴趣、价值观等几方面进行划分。

(3) 小组总结。小组代表总结不同行业类别的职业所要求的不同的职业素养,并指出哪些是共性的,哪些是特殊的。

(4) 教师总结。引导学生了解目标职业对职业素养的要求,明确哪些是自己需要努力提高的。

三、活动总结

(1) 每个职业对从业者应具备的职业素养都有不同的要求,你的目标职业有哪些?目标职业对从业者职业素养的要求是什么?

(2) 你已经具备了哪些职业素养?还有哪些是你需要提高的?请谈谈你为提升自己的职业素养制订了什么样的计划。

(建议用时:30 分钟)

【课后思考】

1. 你对将来想要从事的职业进行过哪些方面的考量?目前所学专业是否有助于你将

来从事想要的职业?

2. 你认为所学专业与将来从事职业之间是什么关系?打算如何处理这种关系?

3. 结合这次讨论,你打算从哪些方面努力来为未来的职业发展做准备?

1.2 职业道德与职业精神

【引入案例】

平凡而又伟大的公交车司机

吴斌是杭州长运客运二公司的快客司机,跑杭州——无锡线路。2012年5月29日中午,他驾驶浙A19115大型客车从无锡返回杭州,车上载有24名乘客。11时40分左右,车行驶至锡宜高速公路宜兴方向阳山路段时,一块大铁片突然从天而降,击碎挡风玻璃后,砸向吴斌的腹部和手臂。

危急关头,吴斌强忍剧痛,换挡刹车,将车缓缓停好;拉上手刹,开启双跳灯;最后他解开安全带挣扎着站起来,打开车门,疏散旅客。面对突如其来的灾难和锥心刺骨的疼痛,吴斌以一名职业驾驶员的高度敬业精神,完成一系列安全停车措施,确保了24名旅客安然无恙,而他自己虽经全力抢救却因伤势过重去世,年仅48岁。

分析:公交车司机在生命最后一刻,仍然坚守岗位,确保乘客安全,是敬业精神的体现。他生命的最后举动,说明在他心里时刻想到的是要对乘客的安全负责,他虽然是一个普通人,却体现出高尚的人格和职业道德。

一、职业道德及其对职业发展的作用

(一)道德的含义

"道德"这两个字最早连起来用,见《劝学》中的"故学至乎礼而止矣,夫是之谓道德之极",从此为人们一直沿用下来。就是说做人做事应该遵循自然规律,道德代表了社会的正面价值取向,用以衡量人们行为是否正当合理,与法律相辅相成,共同起到维护社会稳定及促进社会和谐的作用。

(二)职业道德的含义

广义的职业道德是指从业人员在职业活动中应该遵循的行为准则,涵盖了从业人员与服务对象、职业与职工、职业与职业之间的关系;狭义的职业道德是指在一定职业活动中应遵循的、体现一定职业特征的、调整一定职业关系的职业行为准则和规范。职业道德是一般社会道德在社会职业领域的一个分支,是一般社会道德在社会职业领域的具体体现。职业道德是随着人类社会中各种职业实践活动的不断发展而不断变化发展的,是新时代中国特色社会主义道德建设的重要组成部分。

(三)职业道德的特性

职业道德规定了各种职业活动应尽的责任和义务,通过对各种职业活动的约束,保证

了各种职业活动的正常进行,维系着各行各业的正常联系。虽然各行各业的职业道德区别很大,但在本质上它们还是有许多共同特征的,了解这些共同特征,有助于我们深化对职业道德的理解和认识。

(1) 职业性和适应性。职业道德的内容与职业实践活动紧密相连,每一种职业道德都只能规范本职业从业人员的职业行为,在特定的职业范围内发挥作用,因此职业道德有着明显的职业性。社会对于每一种行业活动都是有特殊要求的,这种要求就是职业道德。每一种职业道德都与职业岗位相适应,这体现了职业道德的适应性。职业道德与具体职业相适应,保证人们职业行为的正确性。

(2) 多样性和强制性。社会分工对职业道德的种类有决定作用,社会分工的多样性决定了职业活动的多样性,同时也决定了职业道德繁多的种类。每种职业道德都是对一个门类职业活动的道德要求,因此职业道德也呈现出多样性。职业道德对职业活动的调节,除了通过内心信念、社会舆论、公共监督等方式外,往往都会与职业纪律和行业责任等具体规范相结合,在操作流程、行业标准、工作态度等方面都有明确规定,若有违反,则会受到相应的纪律处分甚至是法律制裁。这就是职业道德的强制性。

(3) 时代性和继承性。不同历史时期,社会对职业道德都有着不同的要求,从而带有鲜明时代印记。职业道德随着时代的改变而变化,在一定程度上贯穿与映射了当时社会道德的普遍要求,新的行业职业道德规范也必将随着文化和科技的进步应运而生,这就是职业道德的时代性。职业道德是在长期大量的实践过程中逐步形成的,会被作为经验与传统继承下来。即便在不同的社会发展阶段,相同的一种职业因服务对象、服务方式、行业利益、职业义务和责任相对稳定,职业活动的核心道德要求将被继承和发展,由此形成了被不同历史时期普遍认同的职业道德规范,这也就是职业道德的继承性。

案例 1.5

急客户之所急

2003年11月19日,河北廊坊开发区某工厂全厂领导和工人都在焦急等待着某物流公司的一个快件,等待着一个重要配件来恢复生产。但整个北京大雾弥漫,首都机场很多航班晚点,飞机上的快件也迟迟不能落地。

急客户之所急,是该物流公司员工的共同想法,虽然员工提货时已是19:00,早已过了下班时间,而且天气恶劣,京津塘高速公路已经封闭。但该物流公司的两位工作人员还是克服了所有困难,在22:32将快件安全送达客户手中,尽最大努力保证了工厂及时恢复生产。该物流公司员工的这种工作态度,正是中国现代物流行业职业道德精神的具体表现,也是职业道德对从业人员最起码的要求。

分析:物流行业的性质决定了物流企业的员工必须承担相应的职业责任,履行相应的职业义务。该物流公司的两名职员恪尽职守、爱岗敬业,克服困难为客户解决难题,从小事体现出其具备良好的职业道德。

(四) 职业道德在职业发展中的意义

(1) 职业道德是步入职业生涯的必修课。具备良好的职业道德素养是从业者取得职业成功的重要前提,它决定了从业者职业生涯是否能顺利发展及发展程度。在职业道德教育学习中,要从我做起,高标准、严要求,朝着高尚的职业道德境界去追求,迈好新征程的第一步,才能自觉养成一种道德习惯,进而形成良好的职业道德信念和品质。

(2) 良好的职业道德素质是大学生的成功之道。职业生涯是否顺利,能否胜任工作岗位要求和发挥应有的作用,既取决于个人专业知识与技能的掌握程度,也取决于个人的职业道德素养及其对待工作的态度和责任心。良好的职业道德不仅是市场经济发展、文明社会建设的需要,也是提高个人素养、专业水平的需要。在市场竞争日趋激烈的今天,如拥有良好的职业道德品质,势必在以后的就业生涯中更胜一筹。

案例 1.6

违背职业道德造成的悲剧

从2003年年底到2004年2月,短短两个月间,国内连续发生了两起重大人员伤亡事故。

在重庆开县"12·23"井喷事故中,有忽视生产安全不履行监督职责的班组长;有违反操作规程的一线技术工人;有平时准备不足而在抢救时忙中出错指挥失当,造成井喷失控,使事故扩大的企业高级管理人员。这起事故造成234人死亡。

吉林中百商厦"2·15"火灾惨剧,竟是因商厦一名雇员随手扔出的一个没有摁灭的烟头引起。烟头引燃了仓库,结果大火烧死54人。偶然性里总是有其必然性。在火灾发生前,消防部门就发现存在一些安全隐患,并就此向中百商厦下达了责令限期改正通知书,但中百商厦的主要负责人却没有落实。

分析:这两起震惊全国的重大责任事故,皆因工作人员对工作规定和操守缺乏敬畏,不认真履行工作职责造成。一时的疏忽大意,造成难以估量的损失。因此,我们一定要树立正确的职业道德观,从精神上筑起安全生产、爱岗敬业、精益求精、追求卓越的城墙。

二、社会主义职业道德

职业道德在社会主义制度下进入了新的发展阶段。社会主义职业道德的核心是为人民服务,基本原则是集体主义,它是社会主义社会衡量个人职业行为和职业品质的基本准则,是社会主义核心价值观的客观要求,基本内容是:爱岗敬业、诚实守信、办事公道、热情服务、奉献社会。

(一)爱岗敬业

(1) 爱岗敬业的含义。爱岗敬业最基本的要求就是"干一行爱一行,爱一行钻一行"。爱岗与敬业是相辅相成的,是相互联系的。爱岗可以说是敬业的基础,敬业是爱岗的具体表现,不爱岗就根本谈不上敬业,不敬业也很难爱岗。

(2) 爱岗敬业的意义。爱岗敬业既是反映从业者道德的一面镜子,也是影响个人成长、成功的重要因素。各行业的从业者都应当立足本职、尽职尽责、脚踏实地,只有这样才能达到为人民服务的目的。只有做到爱岗敬业,才能担当时代大任,完成国家赋予的使命。

(3) 爱岗敬业的基本要求。树立正确的职业态度;树立正确的职业理想;不断提升职业技能;遵守职业纪律;正确处理选择职业与自身条件的关系。

（二）诚实守信

（1）诚实守信的含义。诚实守信是职业活动从事者在行业内立足的根基。诚实主要体现在职业活动中实事求是、勤勤恳恳、光明磊落；守信主要体现在言而有信、遵守契约、信守承诺。每一位从业者都要对自己的言行负责任，都要在具体的职业活动中体现出诚信品质、一诺千金的职业道德素养。

（2）诚实守信的意义。诚实守信在社会生活中有着极为重要的作用，其既能促进从业者身心健康发展，也是职场人生存和创业的基础，还是衡量个人职业道德修养的重要标准。诚实守信作为优秀的道德品质和职业道德历来很受重视，是通往职场的有力通行证。诚信的品质比实际技能更加可贵，是从业者的立身之本，更是事业走向成功的重要基石。

（3）诚实守信的基本要求。具备诚实可靠的本质；做实事，办真事；言必出，行必果；维护企业荣誉；保守企业秘密；忠诚于所属企业。

（三）办事公道

（1）办事公道的含义。办事公道是指各行业从业人员在本职工作中，都要做到公平、公正，不徇私情，不以权谋私，不以权损公。在从事职业活动时，应站在公正的立场上，严格遵守相应职业的道德规范。要树立正确的是非观，要合乎公理和正义。还要反腐倡廉，在遇到不讲原则、不奉公守法的威胁和干扰时要勇于面对并积极向组织寻求帮助。

（2）办事公道的意义。办事公道为从业者个人发展创造了公平公正的竞争环境。每个行业的从业者作为国家和社会建设的当事人，其地位、权利、义务以及人格等方面都是平等的。随着市场经济的发展，人们的法治观念、民主意识不断增强，也越来越要求从业者做到处事公平，进而创造一种办事公道、透明公开的社会环境。

（3）办事公道的基本要求。坚持实事求是，立场坚定；坚持照章办事，应不徇私情；坚持公私分明，防患于未然；坚持公平公正，要无私无畏。

（四）热情服务

热情服务是服务行业的一种核心理念，它强调的是在服务过程中，服务人员应以积极、友好、乐于助人的态度对待每一位顾客或用户。这种服务态度能够提升顾客的满意度和忠诚度，增强品牌形象，促进业务的长期发展。这一要求既体现了党的宗旨，也体现了社会主义道德的核心。

（五）奉献社会

（1）奉献社会的含义。奉献社会是对事业忘我的追求和全身心投入，这是一种精神追求，需要有明确的信念和崇高的理想。无私奉献并不是要否定正当的、合理的索取，而是要求每个有崇高理想和人生追求的公民，在个人利益与社会利益发生冲突时，自觉地将社会利益摆在第一位，将个人利益放在社会利益之后。

（2）奉献社会的基本要求。正确认识奉献与利益的相融性；正确处理奉献社会和吃苦耐劳的关系；有明确的人生目标，树立崇高的理想信念。

案例 1.7

教育家徐特立

无产阶级教育家徐特立始终"以教书为职业,以教育为事业",他从事教育工作70年,为国家培养了几代青年,被尊称为现代圣人、人民师表。在徐老60岁寿辰时,毛泽东给他的一封信中说:你是我20年前的先生,你现在仍然是我的先生。你始终坚持"革命第一、工作第一、他人第一",是革命队伍中的"一位坚强的老战士"。中华人民共和国成立以来,无数人民教师胸怀忠诚于党的教育事业的赤子之心,辛勤耕耘,为社会主义事业培养了大批优秀人才。

分析: 树立正确的社会主义世界观、人生观、价值观,自觉培养法律意识、纪律意识、自律意识,不断提升自身的人格境界,为今后更好地工作和生活打下坚实的基础。

三、职业精神的内涵

(一)敬业精神

敬业精神是职业精神的核心组成部分,它体现了从业者对于自身职业的热爱、专注和投入。这种精神不仅仅是对工作的认真态度,更是一种对职业价值、社会责任和个人成长的深刻理解和追求。

(1)热爱工作。一个具有敬业精神的从业者,会将自己的工作视为一项崇高的事业,而不仅仅是一种谋生手段。这种热爱不仅使他们在工作中充满激情和动力,也让他们在工作中不断追求进步和完善。

(2)专注工作。敬业的从业者会全身心地投入工作中,将注意力集中在工作的每一个环节和细节上。坚持不懈地追求工作的卓越和完美,不断提升自身的专业能力和综合素质。

(3)承担责任。敬业的从业者会将自己的工作视为一种社会责任和担当,确保工作的质量和效率,不辜负社会和客户的信任和期望。同时,也会在工作中积极承担责任和风险,勇于面对挑战和困难,不断寻求解决问题的方法和途径。

(二)诚信精神

诚信精神是职业精神的重要组成部分,它要求从业者在职业活动中保持诚实守信、言行一致的道德品质和职业操守。诚信不仅是个人品德的体现,更是职业活动中不可或缺的基本准则。

(1)真实、诚实。在工作中,从业者需要真实地反映工作进度、结果和问题,不夸大、不缩小、不隐瞒。同时,他们还需要遵守承诺,不轻易食言,确保自己的言行一致。

(2)遵守道德规范和法律法规。从业者需要了解并遵守所在行业的职业道德规范和法律法规,不做违法违规的事情,不参与不正当的竞争和交易。同时,他们还需要积极维护职业道德和行业形象,抵制不良风气和违法行为。

(三)团队协作精神

团队协作精神是职业精神中不可或缺的一部分,它强调的是团队成员之间的相互协作、共同合作的精神。在现代社会,许多工作都需要团队协作才能完成,因此,团队协作精神是每一个职业人士都应该具备的基本素质。

(1) 尊重和信任。团队成员之间应该相互尊重彼此的能力和贡献,相信彼此的能力和诚信。只有建立了这样的信任和尊重,团队成员才能更加自由地交流、分享经验和知识,更好地协作完成任务。

(2) 具备共同的目标和愿景。只有当团队成员都明确共同的目标和愿景时,才能形成强大的合力,共同朝着目标努力。团队成员需要时刻牢记团队的共同目标,将自己的工作与团队目标紧密结合起来,为实现团队目标贡献自己的力量。

(3) 具备良好的沟通和协调能力。团队成员需要时刻保持沟通畅通,及时交流工作进展和遇到的问题,共同寻找解决方案。同时,团队成员还需要具备良好的协调能力,能够协调各方面的资源,确保团队工作的顺利进行。

(四) 创新精神

创新精神是职业精神中的重要组成部分,它代表着不断追求进步、突破自我、勇于探索未知领域的态度和行为。在快速变化的社会环境中,创新精神对于个人和组织的成功至关重要。

(1) 勇于挑战传统和现状。在职业发展中,经常会遇到各种既定的规则和框架,而创新精神鼓励从业者敢于质疑这些规则和框架,勇于提出新的想法和解决方案。这种勇于挑战的精神可以推动从业者不断学习和成长,超越自我,实现个人价值的最大化。

(2) 具备跨学科和跨领域的思维能力。在现代社会,许多问题都需要综合运用不同领域的知识和方法来解决。因此,具备创新精神的人需要具备跨学科和跨领域的思维能力,能够从不同的角度和层面思考问题,提出创新的解决方案。这种综合性的思维方式可以帮助我们更好地应对复杂多变的职业环境。

(3) 持续学习和探索的过程。随着科技的快速发展和职业需求的不断变化,我们需要时刻保持学习的状态,不断更新自己的知识和技能。同时,我们还需要具备探索未知领域的勇气和决心,勇于尝试新的方法和技术,不断推动自己的职业发展。

(五) 劳动精神

劳动精神是指崇尚劳动、热爱劳动、辛勤劳动、诚实劳动、创新带动、团队合作的精神。2021年9月,党中央批准了中央宣传部梳理的第一批纳入中国共产党人精神谱系的伟大精神,劳动精神被纳入。劳模精神、劳动精神、工匠精神是以爱国主义为核心的民族精神和以改革创新为核心的时代精神的生动体现,是鼓舞全党全国各族人民风雨无阻、勇敢前进的强大精神动力。

(1) 崇尚劳动。这是劳动精神的核心特征,意味着对劳动的价值和意义有深刻的认同,认为劳动是有尊严的、光荣的,是社会进步和个人成长的重要途径。

(2) 热爱劳动。这体现了一种对劳动的积极情感和内在动力,愿意投入时间和精力去完成工作,享受劳动过程带来的成就感和满足感。

(3) 辛勤劳动。这是劳动精神在实践中的体现,指的是勤奋敬业、努力工作的态度,愿意付出努力去克服困难,不断提高工作效率和质量。

(4) 诚实劳动。这强调的是劳动的诚信和质量，要求在工作中遵守职业道德，诚实守信，不做虚假和欺骗性的工作。

(5) 创新劳动。劳动精神还包括对创新的追求，鼓励在工作中不断尝试新方法、新技术，提高工作效率，创造新的价值。

(6) 团队合作。在现代社会，劳动往往需要团队合作来完成，它体现了对劳动的尊重和热爱，是推动社会发展和个人成长的重要动力。

（六）工匠精神

工匠精神是一种职业精神，它是职业道德、职业能力、职业品质的体现，是从业者的一种职业价值取向和行为表现。具备工匠精神的从业者更容易获得成功和认可，同时也能够为企业和社会创造更多的价值。

(1) 敬业是工匠精神的重要基础。它要求从业者在工作中全身心投入，尽职尽责，追求卓越，以高度的责任感和使命感对待自己的职业。

(2) 精益是工匠精神的核心追求。它要求从业者在工作中不断追求卓越，追求极致的完美和精细，注重细节和品质，不断挑战自我，提高技能水平。

(3) 专注是工匠精神的重要体现。它要求从业者在工作中保持高度的专注和耐心，对待每一项工作都要用心、用情、用功，全身心投入工作中，不被外界干扰所影响。

(4) 创新是工匠精神的灵魂。它要求从业者在工作中不断探索、创新，勇于尝试新的方法和技术，寻求突破和进步，推动工作的不断改进和发展。

案例 1.8

高凤林的工匠精神

高凤林是中国航天科技集团公司第一研究院211厂发动机车间班组长，35年来，他几乎都在做着同一件事，即为火箭焊"心脏"——发动机喷管焊接。有时需要在高温下持续操作，焊件表面温度达几百摄氏度，高凤林却咬牙坚持，双手被烤得鼓起一串串水泡。因为技艺高超，曾有人开出"高薪加两套北京住房"的诱人条件聘请他，高凤林却说，我们的成果打入太空，这样的民族认可的满足感用金钱买不到。他用35年的坚守，诠释了一个航天匠人对理想信念的执着追求。

火箭的研制离不开众多的院士、教授、高工，但火箭从蓝图落到实物，靠的是一个个焊接点的累积，靠的是一位位普通工人的拳拳匠心。

分析：高凤林作为中国航天科技集团公司的一名普通班组长，展现出了令人钦佩的职业精神。他用35年的坚守和专注，诠释了什么是劳动精神和工匠精神。这种对理想信念的坚守和追求，是职业精神的最高境界。

（七）劳模精神

劳模精神是指"爱岗敬业、争创一流，艰苦奋斗、勇于创新，淡泊名利、甘于奉献"的劳动模范的精神。这种精神强调了劳动者在工作中应该具备的品质和价值观，是劳动者在长期实践中形成的宝贵精神财富。

(1)"爱岗敬业、争创一流"是劳模精神的核心。它要求劳动者热爱自己的工作,全身心投入,尽职尽责,追求卓越,努力成为行业中的佼佼者。这种精神体现了劳动者对工作的敬重和热爱,是推动工作不断前进的重要动力。

(2)"艰苦奋斗、勇于创新"是劳模精神的重要组成部分。它要求劳动者在工作中不畏艰难,勇攀高峰,不断挑战自我,追求卓越。同时,也要具备创新意识,勇于尝试新的方法和技术,推动工作的不断改进和发展。

(3)"淡泊名利、甘于奉献"是劳模精神的另一种体现。它要求劳动者在工作中不为名利所累,不计个人得失,以高度的责任感和使命感对待工作,为社会和人民做出更多的贡献。

四、职业精神在现代社会中的意义与价值

(一)职业精神与社会经济发展

职业精神与社会经济发展是相辅相成的,二者之间存在着密切的联系。

(1)职业精神是推动社会经济发展的重要动力。在现代社会中,劳动者的职业素质和工作态度直接关系到企业的运营效率、产品的质量和服务的水平。一个具备高度职业精神的劳动者,会全身心投入工作中,追求卓越,不断提高自己的技能和能力,为企业和社会创造更多的价值。

(2)职业精神有助于构建和谐的社会经济环境。在现代经济体系中,各行各业都相互联系、相互依存。一个具备职业精神的劳动者,不仅关注自身的利益,还注重与他人的合作和共赢。

(3)职业精神是企业文化建设的核心。企业文化是企业的灵魂,是企业在长期生产经营活动中形成的,并为全体员工所认同和遵守的价值观、信念、行为准则的总和。具备职业精神的企业文化的形成,有助于增强员工的归属感和忠诚度,提高员工的工作积极性和创造力,为企业的发展提供有力的支持。

(二)职业精神与企业文化塑造

职业精神在现代社会中的意义与价值不仅体现在推动社会经济发展上,更深刻地反映在塑造企业文化中。职业精神则是员工个体在工作中所展现出的精神风貌和职业操守,是企业文化的重要组成部分。

(1)职业精神对于企业文化塑造具有引领和导向作用。企业文化是企业发展的内在驱动力,而职业精神则是这种驱动力的重要来源之一。一个具备高度职业精神的员工,会以身作则,自觉遵守企业的规章制度,积极践行社会主义核心价值观,从而引领和带动整个企业的文化氛围。这种文化氛围一旦形成,就会成为企业发展的坚实基石,推动企业不断向前发展。

(2)职业精神有助于构建和谐的企业文化。具备职业精神的员工,会注重与他人的合作和沟通,以诚信、敬业、负责的态度对待工作,从而在企业内部营造出一种和谐、积极向上的文化氛围。这种氛围有利于增强员工的凝聚力和归属感,提高员工的工作积极性和创造力,为企业的发展提供有力的支持。

(3)职业精神是企业文化传承和创新的重要载体。企业文化不是一成不变的,它需要随着时代的发展而不断传承和创新。而职业精神作为企业文化的重要组成部分,正是这种传承和创新的重要载体。具备职业精神的员工,会在工作中不断总结经验,探索规律,改革创新,为企业文化的传承和创新提供源源不断的动力。

(4)职业精神有助于提升企业的品牌形象和竞争力。一个具备高度职业精神的员工,会以优质的服务、高效的工作和良好的职业道德赢得客户的信任和好评,从而为企业树立良好的品牌形象。具备职业精神的员工会不断追求卓越,提高工作效率,降低成本消耗,从而增强企业的市场竞争力。

(三)职业精神与个人职业发展

在现代社会中,职业精神对于个人职业发展的意义与价值不容忽视。职业精神不仅影响着一个人在职场中的表现和成就,更决定了他/她未来的职业走向和人生高度。

(1)职业精神是个人职业发展的内在驱动力。具备高度职业精神的人,会全身心投入工作中,追求卓越,不断提升自己的技能和能力。这种精神面貌的展现,不仅能够为企业和社会创造更多的价值,还能够为个人的职业发展奠定坚实的基础。

(2)职业精神是个人职场竞争力的重要体现。在现代职场中,竞争日益激烈,一个具备高度职业精神的人,会更容易获得他人的认可和信任,从而赢得更多的职业机会和发展空间。

(3)职业精神有助于个人实现自我价值。一个具备职业精神的人,会在工作中追求自我价值的实现,通过不断学习和努力,提升自己的综合素质和能力水平,有助于个人在职场中的成功,更能够让个人在精神层面得到满足和提升。

(4)职业精神有助于个人应对职场挑战和变化。在现代社会中,职场环境日益复杂多变,一个具备职业精神的人,会具备更强的适应能力和创新能力,从而更好地应对各种挑战和变化。

五、职业精神的培养与提升

(1)加强专业知识学习。专业知识是职业精神的基础。要不断学习和掌握与职业相关的理论知识,通过参加培训课程、阅读专业书籍、关注行业动态等方式,不断提升自己的专业素养。

(2)熟练掌握专业技能。除了专业知识,专业技能熟练也是职业精神的重要组成部分。要通过不断练习和实践,熟练掌握与职业相关的各项技能,提高工作效率和质量。

(3)培养责任感。责任感是职业精神的核心。要树立正确的职业观念,明确自己的职责和义务,对工作认真负责,勇于承担责任,积极解决问题。

(4)强化团队合作。团队合作是现代职场不可或缺的能力。要积极参与团队活动,增强团队合作意识,学会与同事沟通交流,协同完成工作任务。

(5)激发创新思维。创新思维是推动职业发展的关键。要保持敏锐的洞察力,关注行业趋势和技术发展,勇于尝试新的方法和思路,提出创新性的建议和解决方案。

(6)提升服务意识。服务意识是提升客户满意度和企业形象的关键。要树立正确的服务理念,关注客户需求和反馈,提供优质的服务和产品,赢得客户的信任和满意。

(7) 塑造职业道德。职业道德是职业精神的重要组成部分。要遵守职业道德规范,树立良好的职业形象,诚实守信、正直无私,做到言行一致。

(8) 持续自我提升。职业精神的培养和提升是一个持续的过程。要保持学习的热情和动力,不断反思自己的工作表现,积极寻求改进和提升的机会,实现自我超越。

案例 1.9

"时代楷模"张桂梅

张桂梅的故事几乎家喻户晓,她创办了中国第一所免费的女子高中——云南省丽江华坪女子高级中学。在这里,学生每天早上5点多起床,夜里12点后休息;3分钟之内要从教室赶到食堂,吃饭不超过10分钟……

"我生来就是高山而非溪流,我欲于群峰之巅俯视平庸的沟壑。"这是张桂梅给学校定下的校训,她鼓励女生们有自信,也有野心,希望她们"在山沟沟里也能看到外面精彩的世界,看到美好的未来"。

分析:张桂梅的职业精神在敬业奉献、勤奋拼搏、谦虚学习、勇敢有冲劲儿、团队合作、个人责任、聪明才智以及坚持不懈等方面都展现出了卓越的品质。她的职业精神不仅为学校的教育事业作出了巨大的贡献,也为我们树立了一个值得学习的榜样。让我们向张桂梅致敬,学习她的职业精神,为推动教育事业的发展贡献自己的力量!

专题活动

社会调查活动

一、活动目标

通过实践活动,加深学生对职业道德规范内容的认知。

二、活动流程

(1) 全班以小组为单位开展社会调查活动,参与同学去找一找、听一听成功职业人士是怎样面对自身职业的,认真倾听他们的建议和忠告。寻访"职业道德之星",仔细感悟他们的敬业精神与事业心,也可以采访身边的普通职业人。

(2) 活动结束后,将被采访者的经验与采访者自身的心得体会整理成书面材料,形成调查报告。调查报告要求数据翔实,选取素材具有说服力,要有论点并加以采访者自己的见解。核心内容围绕职业道德及其作用展开。

(3) 形式采用实地采访的方式,近距离接触职业人,设计提纲,做好记录。请同学以图片、文字的形式将资料记录下来,对优秀作品要进行展示表彰。

三、活动总结

通过小组报告,教师点评指导,加强学生对所学知识的掌握度。

(建议用时:课前给予3天社会调查时间,课堂给予30分钟讨论时间)

【课后思考】

1. 分组讨论职业道德在职业生涯中的意义。
2. 结合实际,谈谈你如何来培养职业精神?

1.3 职业道德修养与行为养成

【引入案例】

敬业求精的方文墨

"80后"的方文墨是一名技校毕业生,他身高1.88米,体重200斤。这样的身材是钳工中的另类,身高比一米的工作台高了将近一倍,不少老师傅都觉得这样的身体条件根本不可能成为出色的钳工。方文墨就不信这个邪,他把家里的阳台改造成了练功房。下班一回家,他就钻进阳台苦练技术。长年累月的苦练,让只有31岁的方文墨的背已经有些驼了。正常情况下,钳工一年会换10多把锉刀,方文墨一年却换了200多把,有几次居然生生把锉刀给练断了。经过不断努力,方文墨加工的精度达到了0.003毫米,相当于头发丝的1/25,这是数控机床都很难达到的精度。中国航空工业集团有限公司将这一精度命名为"文墨精度"。他25岁成为高级技师并拿到钳工的最高职业资格,26岁参加全国青年职业技能大赛并夺得钳工冠军,29岁成为中国航空工业集团有限公司最年轻的首席技能专家。

分析:方文墨之所以能取得这样的成果,在于他具备爱岗敬业的良好职业道德,他干一行爱一行,爱一行钻一行,敬业求精,尽职尽责。良好的职业道德是我们立足职场的重要条件和在职业生涯中脱颖而出的制胜法宝。

一、职业道德修养概述

(一)修养与道德修养的含义

(1)修养。修养是一个合成词,所谓"修",是指学习、提升、完善;所谓"养",是指培育、陶冶、教育。现代"修养"有两种常用解释:其一是指培养自己高尚的品质和正确的处世态度或完善的行为规范;其二是指思想、理论、知识、艺术等方面所达到的一定水平。

(2)道德修养。道德修养是修养的组成部分之一,它是个人自觉地将一定社会的道德要求转变为个人道德品质的内在过程。不同社会、时代和阶级的道德修养有不同的目标、途径、内容和方法。当今,道德修养是提升道德素养水平,铸就完美道德人格,培养优良道德品质的重要道德实践活动组成部分。

(二)职业道德修养的含义

职业道德修养,是指从业人员在道德意识和道德行为方面的自我教育及自我完善中所形成的优秀的职业道德品质以及达到的完美的职业道德境界。职业道德素质的提升,职场竞争力的增强,一方面靠他律约束,即社会的培育和组织的教导;另一方面就取决于自我修养提升。职业道德修养水平的提升,其实质为个人通过自身努力与职业实践参与,将社会职业道德规范内化为自身职业道德标准,以此来约束自我职业行为的过程。

二、职业道德修养的内容与作用

(一)职业道德修养的内容

职业道德修养是衡量从业者职业素养的决定性因素之一,它一般由四个方面组成,即职业道德"知"的修养,职业道德"情"的修养,职业道德"意"的修养,职业道德"行"的修养。

(1)道德认知。职业道德"知"的修养,是指从业者对道德价值及规范的认知力,包括在职业实践过程中应严格遵守的职业道德原则与行为要求,明晰以上原则与要求,对履行职业义务及职责具有关键性指导意义。

(2)道德情感。职业道德"情"的修养,是指从业者在对职业道德认知具有一定理解后,在职业活动中对职业道德原则与行为要求产生的内心情感。职业道德情感对职业道德信念的发展起到决定性作用,其表现为对道德的行为方式具有认同感,对于不道德的行为方式具有憎恶之感。

(3)道德意志。职业道德"意"的修养,是指从业者在履行职业义务及职责时,自觉排除困难,克服障碍的决心与精神,坚持正确职业道德要求并为之奋斗的毅力与行为。是否具有高品质的职业道德意志品质是鉴定从业者是否具有较高职业素养的重要衡量标准。

(4)道德行为。职业道德"行"的修养,是指从业者在对职业道德有相对正确的认知的情况下,将职业道德原则与行为要求外化的一种行为模式。在职业道德培养教育中,职业道德的行为与习惯的培训,是职业道德教育的重要内容。

(二)职业道德修养的作用

良好的职业道德修养是事业成功与否的重要因素,是提升自身价值和实现社会价值的重要前提条件。

(1)提升职业形象。职业道德修养是职业形象的重要组成部分。具备高尚职业道德的从业者,通常能够获得同事、合作伙伴和公众的尊重与信任,从而树立良好的个人和集体形象。

(2)推动事业发展。社会的进步发展会促进从业者在职业活动中激发能力与潜质,具有优良职业道德的从业者会受到人们的尊敬与信任,其职业行为会得到人们的宣传与鼓励,其个人事业会受到人们与社会的信任与帮助,对事业发展有良性推动作用。

(3)体现人生价值。人生价值的体现离不开良好的职业道德行为习惯,人生价值既包括社会价值也包括个人价值,是两者相互结合的产物。人的价值在服务社会的从业实践中体现的同时,也会在得到人们支持鼓励中得以实现。

(4)杜绝歪风邪气。具有良好的职业道德修养的从业者,在做好自身本职工作的同时,也会自觉提升个人思想政治觉悟。积极主动汲取正能量,培养全心全意为人民服务的决心与意识,保持抵制不良之风的斗志与勇气。只有具备良好的职业道德修养,才能抵制诱惑,坚定从业者的职业道德理想信念。

案例 1.10

好医生拒收红包彰显医德

王奶奶因摔伤致左肱骨骨折而住进了市中医院骨一病区。该病区主任胡医生在经过认真检查评估后,决定第二天上午为王奶奶进行手术治疗。第二天术后,胡医生顾不上休息就到病房查看王奶奶的术后情况,并详细为家属讲解术后注意事项。王奶奶的儿子为了表示感谢,非要给胡医生1000元红包。由于不想影响王奶奶休息,胡医生暂时收下,但随后立刻到住院收费处把1000元钱交到了王奶奶住院费里。后来得知真相的家属感动万分。

分析:胡医生高超的医术值得人们赞扬,良好的职业道德更加让人敬仰。他以自身行为践行了服务与奉献的精神,坚决抵制了职业腐败,自觉履行了廉洁从职的义务。

三、提升职业道德修养的途径与办法

职业道德修养的提升与发展贯穿于整个职业生涯,没有终点,需要用毕生的精力去探索。

(一)强化理论学习指导

理论是行动的指南针,只有不断地加强理论学习,才能丰富自身文化内涵修养,完善个人道德品质。开展政治思想理论和职业道德修养理论的学习,加强专业知识与法律法规的学习,以此提升职业道德修养层次,树立社会主义职业道德理想,并积极将理想化为行动,成为一名具有高度职业道德修养的从业人员。

(二)培养日常生活习惯

从小事做起。良好的职业道德行为养成是长期规范培养及自身努力的结果,要从点滴做起,慢慢积累,才能实现从量变到质变的飞跃。

从自我做起。良好的职业道德行为养成需要积极培养分辨是非的能力,严格遵守道德行为规范,养成长期性自律习惯,成为从业者强有力的精神支柱,磨炼顽强坚毅的职业道德意志品质。

(三)坚持理论结合实际

系统掌握专业知识与先进技术,全面培养专业兴趣与职业情操,在潜移默化中促进职业道德修养行为养成。在有关专业课中主动吸取相关职业道德内容,在学习过程中自觉按照职业规范要求系统学习。重视技能训练,提升职业素养。加强职业能力培训,将专业基础知识与职业技能训练相结合,多次实践、锤炼以形成过硬的职业技能,增强职业核心竞争能力。

（四）对标先进榜样人物

以榜样为镜，以模范为标杆，汲取砥砺前行的强大力量，逐步提升自我职业道德品质。对标榜样，深刻查找自身差距，把榜样教育成果转化为干工作的实际行动，做一名具有高层次职业道德标准的从业者。

（五）增强社会实践体验

职业道德教育不能单纯停留在理论基础上，更应该通过职业道德实践培养出深厚的职业情感，磨炼出坚毅的职业道德意志，树立好正确的职业道德目标，养成优质的职业道德行为习惯。

（六）提高自我修养境界

面对职场的困难与挑战，从业者应主动寻找自身的差距与不足，反省改进，即便在无人监督的情况下，仍然严格遵守职责，不断完善自我修养，如此才能拥有高层次职业道德品质。

案例 1.11

躬耕教育事业的苏步青

苏步青教授为中国数学教育和教育事业做出了卓越贡献，从教50多年，桃李满天下。早在20世纪30年代，苏步青在日本荣获理学博士，与同学陈建功相约，来到新建的浙江大学数学系任教。当时系里只有4个教师、10多个学生，图书资料奇缺，实验设备全无，经费无着落。他名为副教授，可连续几个月没有拿到一分钱。但他毫不动摇，他与陈建功每人开四门课，外加辅导、改作业、编教材、搞科研。靠这种自觉的事业心和意志力，为社会培养人才。

分析： 一份职业意味着一份责任，规范的职业道德行为，对于社会主义工作建设无异于坚实的基础堡垒。良好的职业道德对于从业者树立崇高的职业道德理想，促进从业者不断超越自我和实现自我人生价值具有非常重要的促进作用。因此，从业者在职业活动中，要认真履行职业职责，严格遵守职业规范，积极承担社会义务，努力将个人发展与社会进步有机地结合起来。

四、职业道德与行为养成

（一）职业道德与行为养成的重要性

职业道德作为一种有代表性的规范化主导型道德，良好的职业道德行为养成对于个人发展、企业成功乃至于社会进步都具有不可替代的重要意义。

（1）对于个人发展的重要性。随着当今社会竞争的激烈变化，对职业活动者的职业态度、职业理念、职业作风以及职业纪律要求也在不断攀升。遵守职业道德规范既是从业人员安身立命的必要法宝，更是从业者取得成功的基础动力，还是从业者全面发展的有效途径。

(2) 对于企业成功的重要性。职业道德作为企业文化的重要组成部分，是促进企业发展壮大、做大做强的思想文化保证。遵守职业道德规范管理，无疑是加强企业凝聚力及提升产品服务质量的重要手段和根本途径。有利于提升企业品牌，树立企业形象，全面提升企业竞争力。

(3) 对于社会进步的重要性。随着"一带一路"倡议的确立，我国加快了国际化的脚步，逐步成长为世界第二大经济体。在这种历史经济环境下，每一名职业人都应努力培养行业责任感，认真履行职业道德规范，牢牢地扎根在社会的各个岗位，为国家打下稳固的根基。只有这样，我们的国家才会朝着正确的方向发展前进，国家才会更加繁荣昌盛，才会实现坚实稳固的长治久安。

案例 1.12

职业行为是职业道德的放大镜

小王和小李是同乡好友，从同一所学校毕业，又在同一家公司上班，做同样的工作。

小王在学校时就严格按照职业道德的要求去做，工作后，严格遵守各项规章制度，业务日益纯熟，很快成为业务骨干，三年后被提升为车间副主任。小李在校时就对各种道德规范很排斥，认为规矩太多，约束了自己的自由。参加工作后总是马马虎虎、大大咧咧，经常出一些小差错，有一次还差点酿成事故。同事对他有意见，领导多次批评无效，只好将他辞退。

分析：职业行为是从业者职业道德的外在表现，良好的职业行为体现了从业者良好的职业道德和操守。

（二）常见的职业道德行为规范

1. 教师职业道德行为规范

教师是人类历史上最古老的职业之一，这一职业从出现到现在经历了漫长的发展过程，由古至今有夫子、师傅、先生一说。教育家加里宁说过："很多教师常常忘记他们应该是教育家，而教育家也就是人类灵魂工程师。"邓小平同志也曾说："人民教师是培养革命后代的园丁，他们的创造性劳动应受到党和人民的尊重。"一代伟人用"园丁"的称谓对教师给予了高度评价。而无论是人类灵魂的工程师还是辛勤的园丁，都必须严格遵守教师这一职业的道德规范，因为工程师如果没有道德、不负责任，就会造成极大的不良后果；园丁如果思想不端正，他培育的花朵和幼苗就不可能健康成长。教育家陶行知先生曾经说过："学高为师，身正为范。"由此可见教师恪守职业道德的重要性。

教师职业道德的主要内容如下。

(1) 爱国守法。热爱祖国，热爱人民，拥护中国共产党的领导，拥护社会主义。全面贯彻国家教育方针，自觉遵守教育法律法规，依法履行教师职责权利。不得有违背党和国家方针政策的言行。

(2) 爱岗敬业。忠诚于人民教育事业，志存高远，勤恳敬业，甘为人梯，乐于奉献。对工作高度负责，认真备课上课，认真批改作业，认真辅导学生。不得敷衍塞责。

(3) 关爱学生。关心爱护全体学生,尊重学生人格,平等公正对待学生。对学生严慈相济,做学生的良师益友。保护学生安全,关心学生健康,维护学生权益。不讽刺、挖苦、歧视学生,不体罚或变相体罚学生。

(4) 教书育人。遵循教育规律,实施素质教育。循循善诱,诲人不倦,因材施教。培养学生良好品行,激发学生创新精神,促进学生全面发展。

(5) 为人师表。坚守高尚情操,知荣明耻,严于律己,以身作则。衣着得体,语言规范,举止文明。关心集体,团结协作,尊重同事,尊重家长。作风正派,廉洁奉公。自觉抵制有偿家教,不利用职务之便谋取私利。

(6) 终身学习。崇尚科学精神,树立终身学习理念,拓宽知识视野,更新知识结构。潜心钻研业务,勇于探索创新,不断提高专业素养和教育教学水平。

案例 1.13

致命的不良习惯

从前有一个老和尚为了让小和尚练剃头,每天让小和尚在冬瓜上练习,每次小和尚在冬瓜上练习完之后,顺手将剃头刀插在冬瓜上,老和尚多次劝说,小和尚充耳不闻,置之不理,久而久之养成了坏习惯。有一天老和尚觉得小和尚合格了,于是让小和尚给自己剃头,小和尚很快就剃完,却习惯性地将刀像插冬瓜一样往老和尚头上一插……可怜人脑不比冬瓜,这样一刀下去,老和尚自然一命呜呼了。

分析:这个故事给了我们一点启示,一些平时不去注意的不良行为,任凭其发展下去,渐渐形成坏习惯,最终就会酿成大祸。良好的工作习惯可以将工作技能顺利地应用到具体工作中,从而高效地完成工作任务。不良的工作习惯起到的作用恰恰相反。

2. 秘书职业道德行为规范

(1) 忠于职守。作为秘书人员,忠于职守就是要忠于秘书这个特定的工作岗位,自觉履行秘书的各项职责,认真辅助领导做好各项工作。要有强烈的事业心和责任感,不擅权越位,不掺杂私念,不渎职。

(2) 服从领导。当好参谋,就是要发挥参谋作用,为领导出谋献策。作为领导工作的参谋和助手,应当严格按照领导的指示和意图办事。个人的积极性、创造性只能在服从领导的前提下发挥,不能用个人不成熟的想法甚至情绪化的意见影响和干扰领导的工作及决策。

(3) 兢兢业业。甘当无名英雄。要围绕领导的工作来展开活动,要求召之即来,来之能干,不计个人得失,有着吃苦耐劳、顾全大局的精神。

(4) 谦虚谨慎。办事公道,热情服务,谦虚谨慎。秘书人员要把为领导服务,为本单位各职能部门服务,为群众服务当作自己的神圣职责,要充分认识自己所从事的工作所具有的重要作用。

(5) 遵纪守法。遵纪守法指的是秘书人员要遵守职业纪律和与职业活动相关的法律、法规。廉洁奉公是高尚道德情操在职业活动中的重要体现,是秘书人员应有的思想道德品质和行为准则。秘书人员在职业活动中要坚持原则,要以国家、人民和本单位整体利益为重,以自己的实际行动抵制和反对不正之风。

(6) 恪守信用。秘书人员恪守信用就是要遵守时间、遵守诺言、遵守秘密。遵守时间,领导找秘书人员汇报工作时,秘书人员不准迟到。秘书人员自己安排的会议或会谈,自己要事先到场,并做好一切准备工作。秘书人员要严格遵守诺言,一经允诺的事情就要尽力办到。遇到曲折变化,要事先说明原因,使人信服。秘书人员掌握的机密较多,要求秘书人员必须具备严守机密的职业道德,自觉加强保密观念。

(7) 实事求是。秘书工作的各个环节都要求准确、如实地反映客观实际,从客观存在的事实出发。

(8) 勇于创新。作为领导的助手更应具有强烈的创新意识和精神。勇于创新,不空谈,重实干,在思想上是先行者,在实践上是实干家,不断提出新问题,研究新方法,走出新路子。

(9) 刻苦学习。新时期的秘书人员,在努力提高思想、科学文化素质方面要求更严格。秘书人员必须刻苦学习,努力提高自身的思想素质。秘书工作头绪繁多,涉及面广,所以秘书人员应有尽可能广博的知识,做一个"通才"和"杂家",以适应工作的需要。

(10) 钻研业务。掌握秘书工作各项技能。新时期的秘书人员必须了解和懂得与秘书工作有直接或间接关系的各项技能。

案例 1.14

飞行先驱——冯如

冯如(1884—1912年),号鼎三,广东恩平人。他是中国第一位飞机设计师、制造师和飞行家,被誉为"中国航空之父"。

冯如目睹美国先进工业,认为国家富强必须依靠工艺的发达,改变中国贫穷落后面貌非学习机械、发展工艺不可。他在研制出一些机械的基础上投入了飞机制造,第二次制造飞机并试飞获得成功,获得美国国际航空学会颁发的甲等飞行员证书,大长中国人的志气。

冯如创造了"六个第一",提出了航空战略理论,给中华民族航空事业和人民空军发展带来深远影响。他的成功取决于他的职业志向高远,职业追求坚定,职业态度端正。良好的职业道德为他的传奇职业生涯起到了保驾护航的重要作用。

分析:恪守职业道德就是要求各行业的从业者遵守本行业的道德规范,严格按照各项法律法规进行各种生产经营活动,培养和提高自律意识和法律意识,从业者应当依法行事,自觉地履行法律所规定的各项义务和责任。

专题活动

制作"自我修炼手册"

一、活动目标

通过实践活动,提升自身职业道德修养。

二、活动流程

(1) 全班同学参与,结合自身所学专业,填写表1-2。

表 1-2　自我修炼手册

理想职业:			所学专业:		
职业道德目标					
爱岗敬业	诚实守信	办事公道	热情服务	奉献社会	其他方面

探讨在今后的专业学习、职业生涯中如何践行社会主义职业道德。

(2) 教师总结点评,鼓励学生突破难点,寻找差距,积极改进。

三、活动总结

通过填写"自我修炼手册",同学之间互评,教师点评指导,加深学生对所学知识的掌握度。

(建议用时:20分钟)

一杯茶测试你水底下的冰山

一、活动目标

深刻理解职业道德和职业行为的关系。

二、活动流程

(1) 全班以小组为单位分组讨论问题。

(2) 重温冰山理论,围绕别人给你倒茶时你的反应进行思考并发言讨论,探讨不同反应折射出的职业道德,从而加深对职业行为和职业道德关系的理解。

三、活动总结

通过讨论,熟练掌握部分行业职业道德规范。通过教师点评指导,加深学生对所学知识的掌握度。

(建议用时:20分钟)

【课后思考】

1. 阐述职业道德的基本定义和内在含义。
2. 讨论培养职业道德品质的路径有哪些。

模块2　岗位认知与班组文化

哲人隽语

文化是组织的灵魂，规范是文化的体现。

——[奥]彼得·德鲁克

模块导读

掌握企业和其他组织机构的概念、特点、分类，了解它们在社会中的重要作用和意义。同时，熟悉岗位的含义、分类、地位和编制方式，理解岗位规范的定义、内容和提高方法，以及岗位规范对于组织内部管理和员工行为的重要性。此外，了解班组的概念、构成、功能和文化建设对于提高团队凝聚力、工作效率和员工满意度的意义和作用。

本模块从介绍企业和其他社会组织出发，聚焦于岗位与岗位规范，最后介绍企业中最基础的工作集合——班组。帮助学生了解社会中企业、其他社会组织的基本知识，理解组织中各个岗位的定位以及如何编制岗位，了解什么是班组，如何管理、建设班组。

能力目标

1. 了解企业的概念、分类、企业员工职业发展的路径。
2. 了解除了企业以外的组织机构的类型及其人员职业发展路径。
3. 了解岗位的含义、分类，掌握不同岗位在组织中的地位和作用。
4. 能够充分理解提高岗位素质的策略。
5. 能够理解班组的含义，以及在企业中的作用，掌握班组长的岗位职责。
6. 掌握班组管理以及如何对班组进行文化建设。

2.1　企业与其他组织机构

【引入案例】

企业与社会组织合作：共建绿色家园

在中国，越来越多的企业开始意识到与非政府组织（non-governmental organizations，NGO）合作的重要性，以解决社会问题并提升企业的社会责任形象。其中，一家名为"绿色之家"的企业与当地一家环保NGO合作，共同推动当地环境保护工作。该企业是一家以生产家居用品为主的公司，一直致力于提倡绿色生活理念。而该环保NGO在当地拥有丰富的环保资源和社会影响力。

这次合作的具体内容是，在企业的生产基地周边建立了一个"绿色家园"，旨在提升周边居民的环保意识和生活方式。该项目包括开展环保知识宣传、组织环保活动、开展环境保护实践等多个方面。

通过企业与 NGO 的合作,该项目取得了显著的成效。首先,周边居民的环保意识得到了提升,他们开始更加关注环境问题,改变了一些不良的生活习惯,如随地乱扔垃圾等。其次,环境保护工作得到了加强,河道更加清洁,绿化覆盖率得到提高,生态环境得到改善。最后,企业的社会责任形象得到了提升,获得了当地政府和社会的一致好评。

分析:从运作模式来看,案例中企业与 NGO 的合作展现了一种互补性的运作模式。企业提供了资金支持和物资捐赠,而 NGO 则利用其专业的环保知识和丰富的社会资源,共同推动了"绿色家园"项目的实施,这种合作模式体现了社会组织在资源整合、项目执行以及提高社会影响力等方面的优势。企业的文化责任在案例中得到了充分体现。绿色之家企业通过与 NGO 合作,积极承担社会责任,推动当地环境保护工作,展现了其高度的文化责任感。

在求职过程中,学生应充分了解自己的兴趣、专长和价值观,选择那些与自己理念相符的企业和岗位。同时,学生还应注重提升自己的综合素质和实践能力,通过参加实习及志愿服务等活动,积累社会经验,为未来的职业发展打下坚实基础。

一、企业及其员工职业发展

(一)企业的概念

企业通常被定义为一个经济实体,其目的是通过生产和销售商品或提供服务来获取利润。企业是一种组织形式,具有法律地位,可以独立承担责任、拥有资产并从事商业活动。企业在社会经济中扮演着重要的角色,对于增加就业机会、促进经济增长和社会发展都有着重要影响。

(二)企业的分类

1. 公司制企业

公司制企业是指按照公司法等法律规定设立的企业形式,其特点包括有限责任、法人独立、股东持股等。公司制企业通常包括有限责任公司(包括有限责任公司和股份有限公司)和股份合作制企业两种形式。①有限责任公司:有限责任公司是指股东以其认缴的出资额为限对公司承担责任,公司负有债务,股东只负有限责任的公司形式。股份有限公司:股份有限公司是指公司的资本分为若干股份,股东以其所持股份的数额对公司承担责任的公司形式。②股份合作制企业:股份合作制企业是指由工人、职员和其他合作者组成的,以出资或劳动等方式共同参与经营管理,共同承担风险,共享经济成果的经济组织。

2. 非公司制企业

非公司制企业是指不受《中华人民共和国公司法》《中华人民共和国中外合资经营企业法》《中华人民共和国中外合作经营企业法》《中华人民共和国外资企业法》调整,

目前仍然依法存续,从事生产、经营、服务的企业。非公司制企业也是依法设立、以营利为目的的,其从事生产经营活动但不具备公司设立条件。

注意:在法律理论中,一般把企业分为独资企业、合伙企业和公司企业,公司仅为企业的一种。在我国,公司均为企业,但企业并非都是公司。

非公司制企业主要包括以下几种类型。

(1)未改制的全民所有制企业、集体所有制企业、乡村集体所有制企业。全民所有制企业即指通常所称的国有工商业企业,是指以生产资料国有制为基础的依法自主经营、自负盈亏、独立核算、从事生产经营的经济组织。城镇集体所有制企业是指在城镇区域内设立的,以生产资料的劳动群众集体所有制为基础的,企业的财产属于劳动群众集体所有,实行共同劳动,在分配方式上以按劳分配为主体的社会主义经济组织。乡村集体所有制企业是指在乡村区域内设立的,以生产资料的劳动群众集体所有制为基础的,独立的商品经济组织。乡村集体所有制企业财产属于举办该企业的乡或者村范围内的全体农民集体所有,由乡或者村的集体经济组织行使企业的财产的所有权。

非公司制企业的投资者对企业的投资形成产权,对其所有的财产享有经营权,可以依法转让或者无偿划拨其投资形成的产权;企业可以依据经营权,有限制地处分其拥有的资产;非公司制企业由党委会、职工代表会、工会、厂长(经理)分别决策、管理。

(2)独资企业。个人出资经营,归个人所有和控制,由个人承担经营风险和享有全部经营收益的企业。

(3)合伙企业。由两个或多个合伙人共同投资经营的企业,合伙人承担无限责任,包括普通合伙企业和有限合伙企业两种形式。

(4)个体工商户。个体工商户是指在法律允许的范围内,依法经核准登记,从事工商经营活动的自然人或者家庭。

(三)企业的经营管理

企业的经营管理是指企业为实现既定目标,通过规划、组织、领导、控制等一系列管理活动,对资源进行有效配置和组织,以达到提高效益、提升竞争力的管理过程。

(1)规划与战略:负责企业经营管理中的规划和战略制定,包括长期发展规划、年度经营计划等。

(2)组织与领导:包括企业的组织结构、部门设置、岗位职责等,以及领导管理的理论和实践。

(3)人力资源管理:包括招聘、培训、激励、绩效考核、员工关系管理等方面,说明企业如何有效管理人力资源。

(4)市场营销:包括企业的市场定位、营销策略、产品定价、渠道管理等。

(5)财务管理:包括资金管理、投资决策、财务分析等方面,以及企业进行财务管理以实现经济效益。

(6)生产运作管理:包括企业的生产计划、生产组织、质量管理、供应链管理等,以及企业提高生产效率和产品质量。

(7)信息技术管理:企业利用信息技术提高管理效率和服务水平,包括信息系统建设和运营管理等方面。

(8) 风险管理：企业面临各种风险，包括市场风险、财务风险、人力资源风险等，企业还要进行风险管理和控制。

（四）现代公司制企业的职能部门

现代公司制企业的职能部门结构通常包括以下几个主要部门。

(1) 人力资源部门。人力资源部门负责公司员工的招聘、培训、绩效考核、薪酬福利设计、员工关系管理等工作。它的主要职能是确保公司拥有高效的人力资源，以支持公司的业务目标。

(2) 财务部门。财务部门负责公司的财务管理工作，包括会计核算、财务报表编制、预算管理、资金管理等。它的主要职能是确保公司的财务运作合规、有效。

(3) 市场营销部门。市场营销部门负责公司产品或服务的市场推广和销售工作，包括市场调研、品牌推广、销售渠道管理等。它的主要职能是开拓市场，增加公司的市场份额和收入。

(4) 研发部门。研发部门负责公司的产品或服务的研发工作，包括产品设计、技术创新、工艺改进等。它的主要职能是保持公司的竞争优势，不断推出具有竞争力的新产品或服务。

(5) 生产部门。生产部门负责公司产品或服务的生产制造工作，包括生产计划制订、生产过程管理、质量控制等。它的主要职能是保障产品或服务的供应，满足市场需求。

(6) 采购部门。采购部门负责公司原材料和设备的采购工作，包括供应商管理、采购合同管理等。它的主要职能是确保公司的生产和运营所需物资的及时供应和质量。

(7) 信息技术部门。信息技术部门负责公司信息系统的建设和维护工作，包括网络管理、软件开发、信息安全等。它的主要职能是提供稳定、安全、高效的信息技术支持，促进公司的信息化发展。

(8) 法务部门。法务部门负责处理公司的法律事务，包括法律顾问、合同起草与审查、诉讼处理、知识产权保护等。其主要职能是保障公司的合法权益，遵守法律法规，降低法律风险。法务部门与其他部门密切合作，为公司的经营活动提供法律支持和保障。

以上部门构成了现代公司制企业的主要职能部门结构，它们各司其职，共同协作，确保公司的各项工作顺利进行，实现公司整体目标。

（五）企业员工的职业发展

企业员工的职业发展是指员工在组织内部不断提升职业技能和经验，逐步实现个人目标的过程。以现代公司制企业为背景，员工常见的职业发展路径如图 2-1 所示。

```
初级技术人员 → 中级技术人员 → 高级技术人员 → 技术专家 → 技术管理人员
 （技术助理）  （技术工程师） （高级技术顾问）（首席工程师）（首席技术官）
```
(a) 技术人员职业发展路径

```
普通职员 → 初级管理人员 → 中级管理人员 → 高级管理人员 → 高层管理人员
（办事人员） （主管/经理）  （总监/高级总监）（副总裁/总裁） （CEO/董事长）
```
(b) 普通职员职业发展路径

图 2-1 员工常见的职业发展路径

（六）《中华人民共和国公司法》简介

《中华人民共和国公司法》是为了规范公司的组织和行为，保护公司、股东和债权人的合法权益，维护社会经济秩序，促进社会主义市场经济的发展而制定的法律。

该法律适用于中华人民共和国境内注册的各类公司组织，包括有限责任公司、股份有限公司等。根据《中华人民共和国公司法》，公司主要分为有限责任公司和股份有限公司两种类型。该法规定了公司的注册程序和条件，包括公司名称的选择、出资方式、出资额等，也规定了公司的组织形式，包括股东大会、董事会、监事会等机构，并规定了它们的职权和运作方式，其对公司组织和管理等方面做了全面规定，为中国公司的健康发展提供了法律保障。

2023年12月第十四届全国人民代表大会常务委员会第七次会议对《中华人民共和国公司法》进行了修订。

二、其他组织机构概述

（一）其他组织机构的定义及特点

一般而言，除了企业外社会中还存在一些其他的组织机构，包括政府机构、事业单位、社会团体、银行和保险机构、社会服务机构、文化教育机构等。

1．政府机构

从广义上来说，政府泛指一切国家权力机关，如立法机关、司法机关、行政机关以及一切公共机关；从狭义上来说，政府专指一个国家的中央和地方的行政机关，如总统、政务院等。

政府有如下特点。①主权性和独立性：主权性是指各级政府依照法律的规定独立行使执行和管理的行政权，具有独立自主地处理内外事务的最高权力。②强制性和约束性：作为国家权力机关的执行机关的政府具有强制性，表现为统治阶级借助于军队、警察、监狱等暴力工具强迫全社会服从它的统治。③执行性和实践性：政府是国家权力机关的执行机关，但在执行中，不只是消极被动地照章办事，而是积极能动地参与、影响国家的立法和制定政策。④综合性和动态性：政府按照法律的规定，综合领导和管理国家的各项公共事务，处理国内外各项重大关系问题。

2．事业单位

事业单位是指国家为了社会公益目的，由国家机关举办或者其他组织利用国有资产举办的，具有独立法人地位，从事教育、科技、文化、卫生等活动的社会服务组织。

事业单位有如下特点。①公益性质：事业单位的主要目的是提供公益性服务，而不是谋取利润，它们通常提供教育、医疗、科研、文化等服务，以满足社会公众的基本需求。②独立法人地位：事业单位具有独立法人地位，可以独立承担民事责任，享有与其法定目的相适应的权利和义务。③自主管理：事业单位在日常运作中具有一定的自主管理权，可以根据自身需要制定管理规章制度，独立决策和管理内部事务。④政府监管：虽然事业单位具有一定的自主管理权，但其设立和运作仍受政府监管，政府通过法律、政策等方式对事业单位进行管理和监督,确保其合法、规范运作。⑤长期稳定性:事业单位通常具有较高的稳定性和持续性,不会因市场竞争或经济波动而受到太大影响,可以长期为社会提供服务。

3. 社会团体

社会团体是指由个人或组织自愿组成,依法注册成立,具有独立法人地位,以追求共同利益或目标为目的的非营利性组织形式。社会团体通常包括各种协会、基金会、社团等。

社会团体有如下特点。①自愿组成:社会团体的成员是自愿加入的,没有强制性要求,成员之间基于共同利益或目标组成团体。②非营利性质:社会团体的活动不以营利为目的,其经费主要来自会员的捐赠、政府补助、赞助等非营利渠道。③追求共同利益或目标:社会团体成立的目的通常是追求一定的共同利益或目标,如维护会员权益、推动社会进步等。④民间性质:社会团体是民间组织,独立于政府和企业,具有一定的独立性和自主性。⑤注重社会责任:社会团体在追求自身利益的同时,也注重社会责任,为社会福祉和进步作出贡献。

4. 银行和保险机构

银行是一种金融机构,其主要业务包括吸收存款、发放贷款、提供支付结算等金融服务。吸收存款:银行接受客户存款,并根据存款类型支付一定利息。发放贷款:银行向客户提供贷款服务,以利息为代价。提供支付结算:银行通过电汇、支票、信用卡等方式为客户提供支付结算服务。信用中介:银行通过发行信用卡、提供担保等方式,为客户提供信用支持。资金调度:银行通过吸收存款和发放贷款进行资金调度,促进社会经济发展。

保险机构同样也是一种金融机构,其主要业务是向客户提供保险服务来转移风险。保险机构有如下特点。①风险转移:保险机构通过合同方式,承担客户在特定风险事件发生时的经济损失。②共济互助:保险是一种共济互助的机制,通过共同承担风险,实现风险的分散和降低。③长期性质:保险业务具有一定的长期性,保险机构需要长期管理和运营,以确保保险责任得到履行。④社会稳定作用:保险机构通过风险转移和共济互助,为社会经济稳定作出贡献。

5. 社会服务机构

社会服务机构是指为社会提供各类服务和帮助的机构,旨在满足社会各个群体的需求,提高社会福利水平和生活质量。

社会服务机构有如下特点。①提供多样化服务:社会服务机构提供的服务涵盖了各个领域,包括社会福利、社区服务、青少年活动等,以满足不同群体的需求。②强调社会责任:社会服务机构以提高社会福利为宗旨,强调社会责任感和公益性质,为社会弱势群体提供帮助和支持。③注重服务质量:社会服务机构注重提供高质量的服务,通过专业化的服务团队和科学管理方法,确保服务的有效性和可持续性。④与政府合作:社会服务机构通常与政府部门合作,共同制定服务政策和项目,发挥各自优势,共同促进社会发展和进步。

6. 文化教育机构

文化教育机构是指从事文化和教育领域的服务和活动的机构,包括图书馆、博物馆、艺术团体、培训机构等,旨在传承和弘扬文化,提供教育资源和服务。

文化教育机构有如下特点。①传承文化传统：文化教育机构致力于传承和弘扬民族文化传统,通过展览、演出、培训等形式,传播文化价值观念和精神内涵。②提供教育资源：文化教育机构为社会提供丰富多样的教育资源,包括图书、资料、课程等,促进公众知识和素养的提升。③促进艺术交流：艺术团体和文化机构通过展览、演出等活动,促进国际文化交流与合作,增进各国人民之间的了解和友谊。

(二) 其他组织机构的职业发展

不同类型组织机构中的职员职业发展有着各自的特点和路径。

1. 政府机构

(1) 职员通常通过公务员考试或内部选拔进入政府机构。

(2) 重要的职业发展途径是考取高级职称或参加领导干部选拔培训。

2. 事业单位

(1) 职员通常通过公开招聘或内部选拔进入事业单位。

(2) 职业发展路径包括晋升为部门主管、院长等高级管理岗位。

(3) 重要的职业发展途径是参加各类专业技术职称评审或参加领导干部培训。

3. 社会团体

(1) 职员通常通过招聘或自愿加入社会团体。

(2) 职业发展路径包括晋升为部门主管、会长等领导岗位。

(3) 重要的职业发展途径是根据工作表现获得更高级别的责任和权限。

4. 银行和保险机构

(1) 职员通常通过公开招聘或内部选拔进入银行和保险机构。

(2) 职业发展路径包括晋升为部门经理、分行行长等高级管理岗位。

(3) 重要的职业发展途径是取得金融从业资格证书、参加各类内部培训和提升。

5. 社会服务机构

(1) 职员通常通过招聘或志愿者方式加入社会服务机构。

(2) 职业发展路径包括晋升为项目主管、机构负责人等领导岗位。

(3) 重要的职业发展途径是根据工作表现获得更多的项目管理和领导机会。

6. 文化教育机构

(1) 职员通常通过公开招聘或内部选拔进入文化教育机构。

(2) 职业发展路径包括晋升为部门主管、馆长等高级管理岗位。

(3) 重要的职业发展途径是取得相关资格证书、参加各类专业培训和提升。

这些组织机构中的职员职业发展受到各种因素的影响,包括工作表现、学历背景、专业技能、个人素质等。通过不断学习和提升自己的能力,职员可以在各自领域取得更高级别的职业成就。

※ 拓展阅读 ※

赵明的西部计划之路

赵明是一名充满热情和理想的毕业生。他大学毕业后，毅然选择参加国家的西部计划，将自己的青春和才华贡献给西部地区的发展。他深知，西部地区虽然条件艰苦，但正是这里最需要人才的支援和建设。赵明被分配到了一个偏远的乡镇政府工作。初到此地，他面对的是基础设施落后、生活条件艰苦、语言和文化差异大等多重挑战。然而，他并没有被这些困难所吓倒，而是全身心地投入工作中。

赵明不仅实现了自己的职业发展，更重要的是实现了自己的人生价值。他用自己的实际行动证明了，只要有信念和毅力，就能够在任何环境下实现自己的价值和梦想。

分析： 赵明毕业后，并没有和其他同学一样选择舒适的工作环境，而是毅然决定投身基层，选择在乡镇政府这一平台锻炼自己。在乡镇政府的工作中，赵明面临诸多挑战，但他并未因此退缩。职业的发展不仅仅是追求个人的晋升和成就，更应该与国家和社会的需要相结合，实现个人价值与社会价值的统一。

专题活动

企业与其他社会组织的异同

一、活动目标

（1）让学生理解企业和其他社会组织的定义及其在社会中的角色。

（2）帮助学生区分企业和其他社会组织的特点和功能。

（3）激发学生思考不同类型组织之间的互动和影响。

二、活动形式

（1）分组辩论：将学生分成两组，一组代表企业，另一组代表其他社会组织，就各自的特点和作用展开辩论。

（2）案例分析：提供几个案例让学生分析，判断是属于企业还是其他社会组织，并说明理由。

（3）思维导图：让学生制作思维导图，比较企业和其他社会组织的异同之处。

三、活动流程

（1）活动开始前：简要介绍企业和其他社会组织的定义，并说明本次活动的目的和形式。

（2）活动进行中：组织分组辩论、案例分析和思维导图制作等环节，引导学生深入思考。

（3）活动结束后：总结辩论和分析结果，让学生分享自己的观点和体会。

（建议用时：20分钟）

【课后思考】

1. 简要说明企业的分类以及企业员工的发展路径。
2. 简要叙述现代公司制企业有哪些内设部门及各有什么功能。

2.2 岗位与岗位规范

【引入案例】

高端商务会所停车服务优化策略

在某商务会所，停车服务成为管理人员和保安人员面临的重要挑战。随着客流量增加，停车位有限，保安人员需要合理安排车辆停放，并体现高级服务特色。由于保安人员同时承担迎宾送宾和停车服务职责，两者必须兼顾，确保服务质量。曾发生的因停车服务不到位导致宾客流失事件，使得提升服务水平成为当务之急。

为此，需要确定保安人员的迎宾和送宾程序，并明确工作标准和规范，包括服务语言和行为标准。在服务语言方面，应以礼貌、细节为重，注意提醒宾客关键事项；在行为标准方面，动作规范化，如接车时的手势规范等，体现专业化服务水准。

此外，针对停车服务，保安人员需要进行专业培训，掌握停车技巧和管理方法，确保车辆有序停放。管理人员还应制订详细的停车管理方案，包括车位预留和指引等，提高停车效率和服务质量。实际操作中，应建立客户反馈机制，及时了解客户意见和建议，不断改进服务。同时，加强团队协作，保安人员之间要互相配合，确保服务顺畅进行。通过以上措施，商务会所可以有效提升停车服务质量和宾客满意度，增强竞争力。

分析：在案例中，客流量增加和停车位有限的情况下，保安人员需要合理安排停车，同时还要执行迎宾送宾职责。由于缺乏明确的岗位规范和培训，导致停车服务存在诸多问题，如工作混乱、服务质量不稳定、员工积极性低等。为解决这些问题，商务会所建立明确的岗位规范，加强保安人员的培训，制订详细的停车管理方案，并建立客户反馈机制，以提升停车服务质量和整体服务水平。

一、岗位的概述

（一）岗位的含义

岗位是指组织中为完成特定工作任务而设立的、具有一定权限和责任的工作职位。每个岗位都有明确的工作职责、权限范围和工作要求。岗位通常与组织的结构和职能密切相关，是组织运作的基本单元。通过明确定义和规范岗位，可以有效地分工和协作，提高组织的工作效率和绩效。

（二）岗位的分类

岗位可以根据不同的标准进行分类，以下是几种常见的分类方式。

1. 按工作性质分类

(1) 技术岗位：主要从事技术性工作，如工程师、程序员等。
(2) 行政岗位：主要从事行政管理和支持工作，如行政助理、文员等。
(3) 销售岗位：主要从事销售和市场推广工作，如销售代表、市场专员等。

2. 按工作级别分类

(1) 领导岗位：包括管理层和主管级别的岗位，如部门经理、项目经理等。
(2) 普通岗位：一般指执行具体任务的基层员工，如操作工、售后服务员等。

3. 按工作职能分类

(1) 生产岗位：主要从事产品制造和加工工作，如生产工人、操作工等。
(2) 服务岗位：主要从事为客户提供服务的工作，如服务员、客服专员等。
(3) 管理岗位：主要从事组织和协调工作，如项目经理、部门主管等。

4. 按工作对象分类

(1) 内部岗位：主要为组织内部其他部门提供服务和支持的岗位，如行政助理、内部审计等。
(2) 外部岗位：主要为组织外部客户或合作伙伴提供服务和支持的岗位，如销售代表、客户经理等。

5. 按工作特点分类

(1) 全职岗位：需要全天候从事工作的岗位。
(2) 兼职岗位：工作时间和强度较为灵活，一般不是全天候从事工作的岗位。

这些分类方式可以根据具体情况和需要进行组合和调整，以适应不同组织和行业的实际情况。

（三）不同岗位在组织中的地位和作用

不同岗位在组织中的地位和作用取决于其在组织结构中的位置和所承担的职责。一般来说，不同岗位在组织中的地位和作用可以分为以下几个方面。

(1) 组织结构中的位置：高级管理岗位通常在组织的高层结构中，具有较高的权力和决策权，对组织的整体发展方向和策略起着重要作用；而基层员工则在组织的底层结构中，主要负责执行具体任务和工作。

(2) 职责和责任：不同岗位的职责和责任不同。高级管理岗位通常需要负责制定组织的发展战略和目标，协调各部门之间的工作；而基层员工则需要根据具体要求完成具体的工作任务。

(3) 影响力和权威：高级管理岗位通常具有较大的影响力和权威，能够对组织的发展和运作产生重大影响；而基层员工的影响力和权威相对较小，主要在执行工作任务时发挥作用。

(4) 团队合作和协调：不同岗位的员工需要在工作中进行团队合作和协调。高级管理岗位需要协调各部门之间的工作，推动组织整体发展；而基层员工需要与同事协作，共同完成任务。

总的来说，不同岗位在组织中的地位和作用是相互关联的，各个岗位都在为组织的整体目标和发展作出贡献，共同推动组织的发展和进步。

二、岗位规范概述

通过了解岗位的规范,青年学生可对某一岗位的基本情况快速认知。

(一)岗位规范的定义

岗位规范是指对岗位工作内容、职责、权限、行为准则等方面进行明确规定和规范的文件或标准。岗位规范的制定旨在规范员工在岗位上的行为和工作方式,提高工作效率和工作质量,保障组织的正常运作。

(二)岗位规范的内容

(1) 岗位职责:对岗位所需承担的具体工作任务和职责进行描述,明确工作内容和工作目标。

(2) 权限范围:确定岗位在工作中所具有的决策权和操作权限,避免岗位之间的职权重叠和交叉。

(3) 行为准则:规定岗位工作人员在工作中应遵守的行为规范和道德规范,包括工作纪律、工作态度等方面的要求。

(4) 工作流程:描述岗位工作人员在完成工作任务时应遵循的工作流程和操作步骤,确保工作的顺利进行。

(5) 绩效评估标准:确定岗位工作人员的绩效评估标准和评价方法,以评估员工的工作表现和工作质量。

(6) 安全规范:规定岗位工作人员在工作中应遵守的安全操作规范和安全防护措施,确保员工的安全和健康。

案例 2.1

销售代表的岗位规范

1. 岗位名称

销售代表。

2. 岗位职责

(1) 开展销售活动,完成销售指标,确保销售业绩的实现。

(2) 负责开发新客户资源,维护和管理现有客户关系,提升客户满意度。

(3) 搜集市场信息和竞争对手信息,分析市场需求和趋势,为销售策略提供参考。

(4) 协助客户解决售后问题,处理客户投诉,维护公司声誉。

(5) 定期提交销售报告和销售计划,及时汇报工作进展和问题。

3. 权限范围

(1) 制订销售计划和销售策略,独立决策销售活动的具体实施方案。

(2) 确定价格和优惠政策,协调内外部资源支持销售工作。

(3) 签订合同和协议,管理客户信息和销售数据。

4. 行为准则

(1) 遵守公司的行为准则和职业道德规范,保持良好的职业形象。

(2) 具有良好的沟通能力和服务意识,能够建立信任关系,满足客户需求。
(3) 具备团队合作精神和抗压能力,能够适应高压销售环境。

5. 工作流程
(1) 熟悉公司产品或服务的特点和优势,能够准确介绍和推广。
(2) 遵循销售流程和销售管理规范,确保销售活动的有效进行。
(3) 定期参加销售培训和业务学习,不断提升销售技能和专业知识。

6. 绩效评估标准
(1) 销售业绩:完成销售指标和销售计划,实现销售目标。
(2) 客户满意度:保持良好的客户关系,有效解决客户问题和投诉。

7. 任职要求
(1) 大专以上学历,市场营销、商务管理等相关专业。
(2) 具有一定的销售经验,熟悉销售流程和销售技巧。
(3) 具有良好的沟通能力和表达能力,具备良好的团队合作精神和抗压能力。
(4) 熟练使用办公软件和销售管理工具,具备良好的计算机操作能力。

8. 其他
(1) 工作时间:根据销售需要,有一定的弹性工作时间。
(2) 薪酬待遇:根据工作业绩和绩效评估结果确定,具体面议。

以上是一个详细的销售代表岗位规范示例,涵盖了岗位职责、权限范围、行为准则、工作流程、绩效评估标准、任职要求等方面的内容。

(三) 提高岗位素质的措施

(1) 培训与发展。提供系统的培训计划,帮助员工提升技能和知识水平,适应岗位需求的变化,同时支持员工个人发展。培训的过程中员工通过学习既可以获得工作所需的技术和技能,也可以改进、端正态度。培训的目标在于使员工的知识、技能、价值观得到提升,推动个人和组织的双重发展,同样也提高了岗位素质。

(2) 激励与奖励。激励是指通过激发人们内在的动机和激情,使其产生积极的行为和态度,进而达到组织的目标。马斯洛的需求层次理论认为,人的需求可以分为生理需求、安全需求、社交需求、尊重需求和自我实现需求。只有满足了一个层次的需求,下一个层次的需求才会成为动机,所以激励是促进员工进取的重要因素,是管理中重要的手段,可以有效激发员工的工作动机和积极性,提高工作效率和绩效水平,进而实现组织的长远发展目标。

(3) 绩效评估。建立科学的绩效评估体系,定期评估员工的工作表现,根据评估结果提供晋升、奖励或培训机会。绩效评估为员工薪酬管理提供依据,是员工调迁、升降的重要依据,因此在绩效评估时要尽量避免误差,严格按照绩效考评制度进行考评。

(4) 团队建设。通过团队建设,团队成员更加注重团队合作,增强了团队成员之间的协作能力,提高了团队共同完成任务的效率和质量;团队建设增强了团队成员之间的凝聚力和归属感,使团队更加团结一致,共同为实现团队和组织的目标而努力。

（5）反馈和改进。建立定期的反馈机制，让员工可以及时了解自己的工作表现，包括优点和改进空间；鼓励员工提出对工作环境、流程和制度的建议和意见，保持反馈的开放性和多样性；鼓励员工在工作中提出创新思路和方法，促进岗位工作的创新和改进。

（6）文化营造。建立积极向上的工作价值观，强调团队合作、创新和责任意识，引导员工树立正确的工作态度和价值观；定期开展文化宣传活动，传播企业文化理念和社会主义核心价值观，强化员工对企业文化的认同感和归属感。

（7）员工福利。提供具有竞争力的薪酬水平，激励员工提高工作绩效，提高岗位素质；提供全面的健康保障，包括医疗保险、意外险等，保障员工身体健康，提高工作效率；提供灵活的工作时间安排，如弹性工作制、远程办公等，促进员工工作生活平衡，增强工作积极性；提供丰富多样的福利待遇，如节假日福利、生日礼物等，增强员工对企业的认同感和满意度。

专题活动

岗位规范拼图游戏

一、活动目标

通过拼图游戏，加深学生对岗位规范的理解，培养他们对规范的遵守意识和能力。

二、活动形式

将岗位规范分解成若干部分，每个部分写有一个规范内容，然后将这些部分印在拼图上。将学生分成若干小组，每组分发一套未拼装的拼图，要求学生根据拼图上的内容拼装出完整的岗位规范。

三、活动流程

（1）介绍岗位规范的重要性和内容，将学生分成小组，并分发拼图。

（2）学生根据拼图上的内容，合作拼装出完整的岗位规范。

（3）每组完成后，让他们逐条介绍拼图上的规范内容，并讨论规范的重要性和应用场景。

（4）整个活动结束后，进行总结，强调岗位规范的重要性，并鼓励学生在日常生活和工作中遵守规范。

（建议用时：20分钟）

【课后思考】

请填写以下餐厅经理的岗位规范。

1. 遵守规章制度：确保餐厅遵循所有_____、_____等规章制度，并定期组织_____和_____。

2. 餐厅运营管理：制订并执行餐厅的日常_____计划，包括人员排班、食材采购、库存管理等。

3. 客户服务管理：确保员工提供_____的服务，解决客户问题，提高客户满意度。

4. 财务管理：监督餐厅的财务_____，包括营业额、成本、利润等，确保财务数据的准确性和及时性。

5. 员工管理：负责员工的_____、_____和激励，确保员工队伍的稳定性和高效性。
6. 食品安全管理：负责餐厅的食品安全管理，确保食材_____、烹饪_____、餐具消毒等。
7. 营销活动策划：策划并执行各种_____活动，提升餐厅的知名度和吸引力。
8. 危机处理：制定并执行餐厅的危机处理预案，处理_____事件，保障餐厅正常运营。
9. 自我提升：不断学习新的管理_____和技能，提高自身的管理水平和综合素质。

2.3 班组及其文化建设

【引入案例】

深蓝科技：班组文化重塑之路

有一家名为深蓝科技的制造企业。近年来，随着市场竞争的加剧和员工队伍年轻化的趋势，企业发现传统的班组管理模式已经无法满足现代生产的需求。员工之间缺乏有效的沟通和协作，生产效率低下，甚至出现了员工流失的现象。

为了解决这些问题，深蓝科技决定从班组文化入手，打造一种新的班组管理模式。深蓝科技首先组织了一次全面的班组文化调研，深入了解班组成员的需求、期望和价值观。在此基础上，企业制定了一套符合自身特点的班组文化理念，强调团队协作、创新进取和持续学习。接下来，深蓝科技开展了一系列班组文化建设活动。例如，企业邀请了专业的团队建设顾问，组织了一次户外拓展训练，通过一系列富有挑战性的团队协作游戏，让班组成员在轻松愉快的氛围中加深了解，增强信任。此外，企业还定期组织内部培训，提升班组成员的技能和素质，激发他们的创新精神和团队合作意识。经过一段时间的实施，深蓝科技的班组文化建设取得了显著成效。班组成员之间的沟通更加顺畅，协作更加紧密，生产效率得到了显著提升。同时，员工流失率也得到了有效控制，员工满意度和忠诚度明显提高。

分析：这个案例展示了深蓝科技如何通过班组文化的建设，成功打造了一个具有凝聚力和团队精神的工作环境。案例中的实施过程详细而具体，从调研、制定理念、开展活动到推行自主管理，每一步都紧扣班组文化的社会主义核心价值观。这种系统性的班组文化建设方法具有很强的实用性和可操作性，对其他企业也具有一定的借鉴意义。此外，案例还强调了班组自主管理的重要性。通过赋予班组长更大的管理权限和激发班组成员的参与意识，企业不仅提高了班组的工作效率，还增强了员工的归属感和责任感。

一、班组概述

（一）班组的概念

在企业管理中，班组是指在生产、制造或服务过程中的一个基层组织单位，通常由一组员工组成，负责执行特定的工作任务或职能。

班组是企业内部组织结构的重要组成部分，是实现生产目标和保证生产效率的基础。班组通常由一名领导者（如班组长或组长）和若干名成员组成。班组的规模和组成可以根据企业的需要和工作性质而定，有些班组可能只有几个人，而有些班组可能由几十人甚至上百人组成。班组的主要职责包括执行生产计划、保障生产质量、维护生产设备、协调内部工作流程等。班组在企业中扮演着连接管理层和基层员工的重要角色，通过班组可以更好地组织和管理生产活动，提高生产效率，实现企业的目标。

（二）班组的特点

班组具有以下特点，如图 2-2 所示。

（1）结构小。班组通常由少数成员组成，可以是一个小团队或工作组。

（2）管理细。班组是企业中最小的生产服务单位，直接接触现场。

（3）工作全。班组成员通常需要处理不同类型的任务，接触到的内容更加广泛。

（4）工作实。班组长既是班组的成员，也负责组织、协调和监督其他成员的工作。

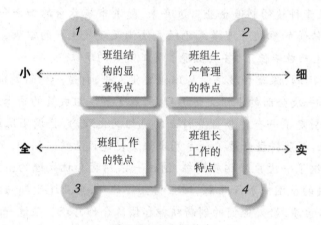

图 2-2 班组的特点

（三）班组在企业中的地位和作用

（1）基层管理和执行力量。班组是企业管理层和基层员工之间的桥梁，负责执行管理层的指令和计划。

（2）生产效率和质量保障。班组直接参与生产过程，负责执行生产计划，保障生产效率和产品质量。

（3）团队凝聚力和文化建设。班组是一个相对独立的工作小组，成员之间共同面对工作挑战，共同努力实现工作目标，从而增强了团队凝聚力和向心力。

（4）问题解决和改进提案。班组成员通常比较熟悉自己的工作环境和工作流程，能够及时发现问题并提出改进建议。

（5）安全生产和环境保护。班组负责执行公司的安全生产和环境保护政策，确保生产过程中的安全和环境卫生。

（四）现代班组

现代班组在企业管理中扮演着重要的角色，随着工业化和信息化的发展，班组管理也发生了许多变化。现代班组具有以下几个特点。

（1）自主性和灵活性。现代班组注重员工的自主性和团队的灵活性。

（2）技术化和智能化。现代班组借助先进的技术和信息化工具，提高生产效率。

（3）跨部门协作。现代班组通常会与其他部门和班组进行密切合作，共同完成跨部门的项目和任务。

（4）创新和改进。现代班组鼓励员工提出创新和改进的建议，推动企业的持续改进和发展。

（5）多样性和包容性。现代班组通常由不同背景的员工组合而成，具有多样性和包容性。

二、班组长的角色定位

（一）班组长的定义

班组长通常是指在企业或组织中负责管理一小组员工或工人的人员。他们负责监督小组的工作进度，协调工作任务，解决工作中的问题，确保小组达到既定的目标和标准。班组长通常需要具备一定的管理能力和沟通能力，以确保小组成员的工作效率和工作质量。

（二）班组长的地位和作用

班组长在企业生产经营中扮演着关键的角色，其地位和作用如下。

（1）生产管理者。班组长是班组的管理者，负责组织、协调和监督班组成员的工作，确保生产任务按时完成，生产效率得到提高。

（2）技术专家。班组长通常是班组成员中技术水平较高的人员。

（3）问题解决者。班组长负责处理班组中出现的问题和突发情况，包括设备故障、物料短缺、工艺问题等。

（4）沟通协调者。班组长在管理班组的过程中需要与上级管理者、其他班组和相关部门进行沟通和协调。

（5）安全生产监督者。班组长负责监督班组成员的安全生产，确保生产过程中的安全和环境卫生。

（6）团队领导者。班组长是班组的领导者，需要具备良好的领导能力和团队管理能力。

（三）班组长的岗位职责

班组长作为班组的管理者和领导者，其岗位职责主要包括以下几个方面。

（1）制订工作计划。根据生产任务和计划，制订班组的工作计划，安排生产任务和工作流程，确保生产过程的顺利进行。

（2）问题处理和解决。负责处理班组中出现的问题和突发情况，包括设备故障、物料短缺、工艺问题等。

（3）员工关系管理。管理班组成员之间的关系，促进团队的凝聚力和合作精神。

（4）生产数据统计和分析。负责记录和统计生产数据和工时，分析生产情况和生产效率，提出改进建议，促进班组的持续改进和发展。

※ 拓展阅读 ※

某新能源开发公司班组长的职责

(1) 熟悉并能操作站内设备和设施，组织班组人员独立完成工作，并处理突发设备故障和事故。

(2) 负责班组工作任务的完成，贯彻和检查各项制度的落实，填写生产运行记录。

(3) 负责班前安全教育，检查劳动保护措施，记录安全活动，执行安全、防火巡回检查制度，处理安全问题。

(4) 带领职工维护设备，定期排污，执行操作规程和工艺指标，确保安全生产。

(5) 严格执行安全操作规程，检查车辆充装前的安全，负责气量结算。

(6) 遵从站长领导，对违反制度的职工提出批评或处理意见。

(7) 严格执行和遵守劳动纪律，完成交接班工作，填写交接班记录。

(8) 熟练使用灭火器材，熟记火警和公司主管领导的电话号码，组织应急处理。

(9) 负责组织班组设备清洁和环境卫生工作。

（四）班组长的职业道德素质

班组长的职业道德素质是班组长的基本素质，应具有强烈的事业心、原则性和民主意识、高尚的情操，如图2-3所示。

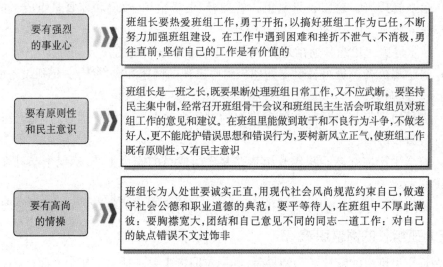

图 2-3　班组长的职业道德素质

※ 拓展阅读 ※

班组长的时间管理挑战

小张是某工厂模具车间班组长，为人勤奋，关心下属，服从管理，事事都亲自过问，但是每当下班时他却感觉自己一天无所作为：没有时间与家人相处，没有时间与朋友聚会，没有时间读书，业余时间当然也没有了。总之，每天都忙得不可开交，却感觉没有收获。小张一天的工作记录如表2-1所示。

表 2-1　小张一天的工作记录

序号	时间	具体事项
1	8:10	做好生产现场各项准备工作：文件准备、技术准备、物资准备、组织准备和生产秩序环境准备
2	8:30	组织召开班前早会,阅读作业指导书,开展生产预知活动,安排和分配生产任务
3	8:55	对生产设备进行点检
4	10:20	检查生产现场整理、整顿工作,并巡查生产现场
5	11:00	了解人员及工位情况
6	12:00	匆匆吃过午饭,看了一会儿报纸,与同事聊天,突然想起车间主任交代的关于班组安全月活动方案还没有完成,明天就要上交
7	14:00	与车间主任讨论招聘多能工事宜,确定具体职位要求
8	16:00	刚准备写班组安全月活动方案,有员工反映设备出现问题,无法正常运转,影响工作进度,于是找到设备部维修人员,并陪同对设备进行检查维修
9	17:00	填写工作日记,做好生产日报
10	17:30	到了下班时间还没有完成报告,将没有写完的报告和需要处理的文件带回家中,预计要加班到 24:00

分析：仔细研究小张一天的工作记录可以发现,如果合理安排每项工作,他不至于忙到需要晚上回家加班。以下事项,是小张可以不用亲自处理,或者说是可以延时处理或快速处理的。①生产设备的日常点检工作完全可以由作业员工负责,班组长只需要做好检查工作即可。②"与车间主任讨论招聘多能工事宜,确定具体职位要求"工作,可以由车间主任与人力资源部共同拟定职位基本要求后,由班组长提出具体修改意见。

三、班组管理及其文化建设

（一）班组管理概述

（1）班组管理的概念。班组管理是指对班组进行计划、组织、协调、控制、监督等管理活动,其职能在于对班组的人、财、物进行合理组织、有效利用。

（2）班组管理的五项工作。在班组管理中,有五项重要的工作,分别是计划、组织、协调、控制和监督。

计划是指制订班组工作计划,使工作有条不紊；组织是指组织生产,合理利用班组成员和严格执行规章制度；协调是指协调员工之间的关系,提高工作积极性；控制是指控制生产进度和目标,保证安全工作；监督是指监督生产全过程,对结果进行评估。

（3）班组管理的五项内容。另外,班组管理还包括五项内容,即对人、财、物、信息、时间的管理。对人的管理是对员工的管理；对财产的管理是对成本核算和资金流向的管理；对物的管理是对生产资料的管理；对信息的管理是对生产进度和上下级沟通的管理；对时间的管理是计划周全,按轻重缓急处理工作。

（4）班组管理的重点。班组管理的重点在于制度化、科学化、民主化。制度化是指健全并执行各项管理制度,好的制度能够规范行为；科学化是指运用科学的管理方法和手段,如计算机管理、目标管理等;民主化是指班组长要有民主意识,善于发挥员工的主动性和积极性,进行民主决策。

(二)班组文化的含义

班组文化是指在班组内形成的一种共同的价值观、信念、行为规范和工作方式,是班组成员在共同工作和生活中形成的一种文化氛围和共同认同。

班组文化通常反映了班组的特点、风格和氛围,可以帮助提升班组成员的凝聚力和团队精神,促进工作效率和质量的提升。班组文化对于班组的发展和稳定起着重要的作用,也是企业文化的重要组成部分。

※ 拓展阅读 ※

监视器作用何在

在许多企业,董事长在员工办公室中都会安装监视器,用以监控员工的工作情况。当老板在办公室时,员工通常会全力以赴工作;而当老板不在时,员工可能会聊天,看报纸或者做其他事情。这种文化将老板视为监工,强迫员工工作,而不是出于自身的动力。

分析: 上述案例反映了一种以监视和控制为主导的企业文化,这种文化通常会导致员工缺乏自主性和创造性,只是在被迫的情况下才会工作。

(三)班组文化建设的重要性

班组文化对于企业发展具有重要的意义,主要体现在以下几个方面。

(1)凝聚力和团队精神:班组文化可以增强班组成员的凝聚力和团队精神,使他们更加团结协作,共同面对挑战,提高工作效率和质量。

(2)员工激励和归属感:良好的班组文化可以激励员工的工作积极性和创造力,增强他们的归属感和忠诚度,有利于企业留住人才,提高员工的工作满意度。

(3)创新能力和问题解决能力:积极的班组文化能够鼓励员工敢于创新,勇于面对问题,培养员工的创新能力和问题解决能力,推动企业不断进步和发展。

(4)企业形象和文化建设:班组文化是企业文化的重要组成部分,良好的班组文化可以提升企业形象,吸引更多优秀人才加入企业,推动企业文化建设和品牌建设。

(5)员工关系和内部沟通:班组文化可以改善员工之间的关系,促进内部沟通和协作,减少冲突和误解,营造和谐的工作氛围。

(6)提升企业竞争力:通过良好的班组文化建设,企业可以提升自身的竞争力,更好地适应市场变化,快速响应客户需求,实现可持续发展。

(7)增加经济效益:通过建设班组文化,可以有效增强企业发展的内生动力,应对新的挑战,把握机遇,从内部管理、人员流动、企业文化等方面整体提高企业的发展质量,提升企业的经济效益。

综上所述,班组文化对于企业发展至关重要,它不仅影响着班组成员的工作态度和行为,也直接关系到企业的整体发展方向和竞争优势。因此,企业应该重视班组文化建设,不断完善和提升班组文化,为企业发展提供有力支持。

（四）如何对班组文化进行建设

1. 精神层面

（1）价值观塑造。要对班组文化进行建设，首先需要关注价值观的塑造。价值观是班组文化的核心，对班组成员的行为和态度产生深远影响。以下是可以用来塑造班组价值观的方法。①制定明确的社会主义核心价值观：班组领导可以与班组成员共同制定班组的社会主义核心价值观，确保其具体、明确，并能够指导班组成员的行为。②以身作则：班组领导和管理者应该以身作则，做出符合社会主义核心价值观的行为，成为员工的榜样。③强调重要性：通过培训、会议等方式，不断强调社会主义核心价值观的重要性，让班组成员深刻理解并内化这些价值观。④故事和事例：讲述符合社会主义核心价值观的故事和事例，以此激发班组成员的共鸣和认同。⑤定期评估：定期评估班组成员对社会主义核心价值观的理解和认同程度，及时调整和完善建设措施。

（2）文化宣传教育。文化宣传教育对于班组文化的发展起着至关重要的作用，可以通过多种方式来实现。①宣传视频：制作宣传视频，展示班组成员的工作风采、团队活动和成就，生动展现班组文化的魅力和活力。②团队活动：组织各类团队活动，如文化节、主题讲座、座谈会等，加强班组成员之间的交流和互动，促进班组文化的传承和发展。③培训和讲座：开展文化宣传教育培训和讲座，邀请专家学者或内部员工分享班组文化的重要性和实践经验，提升团队成员的文化素养和认同度。④数字化宣传：利用互联网和社交媒体平台，发布班组文化的相关信息和活动，扩大宣传范围，吸引更多人关注和参与。⑤文化展览和展示：举办文化展览和展示活动，展示班组的历史沿革、成果和文化传承，让更多人了解和认同班组文化。

案例 2.2

华为基本法

华为公司是一家全球知名的跨国科技公司，总部位于中国深圳，成立于 1987 年。华为专注于 ICT（信息与通信技术）领域，涵盖电信运营商网络、企业网络、消费者设备等业务领域，是全球领先的 ICT 解决方案提供商之一。华为基本法是华为公司内部的一套管理规范和价值观体系，旨在指导员工的行为准则和企业文化建设。该基本法的具体内容包括：第一，坚持客户至上。华为强调客户利益和需求，鼓励员工尽最大努力满足客户需求，提供优质的产品和服务。第二，追求卓越。华为鼓励员工不断追求卓越，不断创新，提高产品质量和服务水平，成为行业的领导者。第三，团队合作。华为强调团队合作精神，倡导员工之间互相尊重、信任和支持，共同努力实现企业目标。第四，担当责任。华为要求员工勇于承担责任，诚实守信，勇于面对挑战和困难，为公司和客户创造价值。第五，持续改进。华为倡导持续改进和学习，鼓励员工不断提高自己的能力和素质，适应市场和技术的变化。

分析： 华为基本法对华为企业产生了深远的影响。班组是华为内部的基本组织单位，基本法强调团队合作和担当责任，促进了班组内部成员之间的合作与信任，增强了班组的凝聚力和执行力。

2. 制度层面

在制度层面建设班组文化，可以从以下几个方面明确。①明确行为准则：制定班组文化的行为准则，包括对团队合作、诚信、创新等方面的要求，确立共同的文化认同和行为标准。②建立激励和奖惩机制：制定激励和奖惩机制，对符合文化社会主义核心价值观的行为给予奖励，对违背价值观的行为进行惩罚，形成文化建设的正向循环。③设立文化培训计划：制订文化培训计划，包括定期的文化教育培训、新员工入职培训等，使所有成员都能深入了解和认同班组文化。④建立文化评估机制：建立文化建设的评估机制，定期对班组文化进行评估和检查，及时发现问题并采取措施解决，确保文化建设目标的实现。⑤加强沟通和反馈机制：建立畅通的沟通和反馈机制，让员工能够自由地表达对文化建设的看法和建议，促进文化建设的共同参与和持续改进。⑥完善管理制度：在管理制度中融入班组文化要求，如在考核、晋升、岗位分配等方面考虑文化表现，使文化建设与管理制度相互配合、相互促进。

班组虽小，但制度必不可少，具体来说，一般班组需要建立以下制度：①晨会制度；②月初计划制度；③月中控制制度；④月末总结制度；⑤交接班制度；⑥巡回检查制度；⑦岗位练兵制度；⑧安全文明生产制度；⑨班组经济责任制度。

3. 物质层面

在物质层面建设班组文化，可以考虑以下几个方面。①文化氛围营造：通过装饰和布置工作场所，如选择符合文化理念的装饰品、色彩搭配等，营造出符合班组文化的工作氛围。②文化活动支持：提供场地和设施支持，如会议室、活动室等，用于组织各类文化活动，加强团队凝聚力和文化传承。③奖励和激励物品：提供符合文化的奖励和激励物品，如奖牌、奖杯、纪念品等，激励团队成员积极参与文化建设。④文化传播工具：提供文化传播工具，如文化宣传册、文化展示板等，用于传达班组文化的社会主义核心价值观和理念。⑤团队标识物品：设计符合文化的团队标识物品，如服装、文具等，增强团队成员的归属感和团队意识。⑥文化纪念品：制作班组文化纪念品，如定制礼品、纪念章等，作为团队成员的荣誉和回忆。

通过以上措施，可以在物质方面建设班组文化，营造出符合文化理念的工作环境和氛围，增强团队成员的文化认同感和团队凝聚力。

4. 参与层面

在员工参与层面，可以从以下几个方面着手提升员工的参与度。①建立开放的沟通氛围：鼓励员工积极参与团队讨论和决策，建立起开放、包容的沟通氛围，让每个人都有发言权和参与感。②设立奖励机制：设立奖励制度，奖励那些积极参与团队活动、提出建设性建议的员工，激励他们更加投入地参与到班组文化建设中。③提供培训和发展机会：为员工提供培训和发展机会，提升他们的能力和素质，增强其在团队中的价值感和认同感。④鼓励创新和分享：鼓励员工提出新想法、分享经验和知识，给予肯定和支持，营造出良好的创新氛围和学习氛围。⑤设立反馈机制：建立起有效的反馈机制，让员工能够及时地反馈意见和问题，管理层要及时回应和解决，增强员工对团队的信任感和依赖感。

5. 保障层面

提升班组文化可以从企业关心员工、保障弱势群体员工等方面入手,具体包括以下几个方面。①建立健全的员工关怀体系:建立健全的员工关怀体系,包括关注员工的身心健康、生活质量和工作满意度,提供必要的支持和帮助。②关注弱势群体员工的需求:关注弱势群体员工的需求,如残疾员工、老年员工等,提供相应的支持和帮助,确保他们能够平等参与工作和生活。③建立友好的工作氛围:营造友好、和谐的工作氛围,倡导团队成员之间相互尊重、理解和支持,增强团队凝聚力和归属感。

专题活动

团队文化创造者:打造班组乐园

一、活动目标

通过设计一个具有创意和互动性的实践活动,帮助班组成员深入理解和参与班组文化建设,增强团队凝聚力和员工归属感。

二、活动准备

(1) 制订活动计划和流程。

(2) 确定活动所需材料和场地。

三、活动流程

(1) 分组设计一个围绕班组社会主义核心价值观和文化特点的活动,可以是游戏、小组讨论、角色扮演等形式。

(2) 在活动中,每个成员都要积极参与,提出建设性意见和建议,共同探讨如何将班组文化融入日常工作中。

(3) 每个小组需要在规定时间内完成活动设计,并向其他小组展示自己的设计理念。

四、活动规则

(1) 尊重他人意见。

(2) 活动中禁止使用任何形式的歧视、攻击性言论。

(3) 鼓励团队合作,共同完成活动任务。

(建议用时:20分钟)

【课后思考】

班组长是生产线或工作团队中的基层管理者,他们在确保团队高效运作、任务顺利完成方面起着关键作用。但是近些年,企业扁平化趋势在组织管理领域中愈发显著,其特点主要体现在减少管理层级、优化系统结构以及提高管理效率等方面。在本节你学习了班组相关的知识,你认为有必要取消班组长吗?如果有必要,请说出取消该岗位的优点;反之亦然。

模块3 职业安全与职业健康

哲人隽语

尊重生命、尊重他人也尊重自己的生命,是生命进程中的伴随物,也是心理健康的一个条件。

——[美]弗洛姆

模块导读

职场安全和职业健康是所有企业和员工必须关注的问题。员工安全素质和健康意识的高低直接决定着安全管理的成败。要通过安全标志、危险源的学习和了解,做好职场安全事故的预防,学习掌握应急避险等相关常识性知识,提升自我在突发事件中自救和救人的能力。了解预防劳动及心理问题引起的身体损伤,预防常见职业病,培养良好的职业健康意识,防止职业病侵害。

本模块包括两方面的内容:职场安全与应急避险、劳动禁忌与职业健康。

能力目标

1. 熟悉并能够正确识别各类职场中的主要安全标志。
2. 学会识别职场中的危险源。
3. 掌握安全事故的预防知识和技能,培养防患于未然的安全意识。
4. 掌握应急避险的方法与技能。
5. 了解从事体力劳动、脑力劳动时容易引起身体损伤的原因,掌握预防损伤的措施。
6. 认识职业心理健康,了解解决职业心理问题的方法。
7. 认识职业病,理解职业病防护的重要性,掌握预防职业病产生的方法与技能。

3.1 职场安全与应急避险

【引入案例】

擅闯禁区惨遭意外

周某系某县建筑工程公司辅助工,某日上午周某在某工厂改扩建工程施工工地清理现场时,未听安全监护人员劝告,擅自进入红白带禁区内清理夹头。此时该队另一普工曹某正在15米高的平台上寻找工具,不慎碰动一块小铜模板,从15米高平台的预留孔中滑下,正好击中周某戴有安全帽的头部,经抢救无效死亡。

分析:《中华人民共和国劳动法》(以下简称《劳动法》)第五十六条规定,"劳动者在劳动过程中必须严格遵守安全操作规程",劳动者"对危害生命安全和身体健康的行为,有权提出批评、检举和控告"。某县工程队职工周某既未对工地管理混乱、安全防护措施缺乏提出批评,又违章进入红白带警戒区作业,违反了《中华人民共和国劳动法》关于劳动者在劳动安全方面的权利和义务的规定。

职场安全是指在工作场所中,保障员工的人身安全和身心健康,以及确保工作设施、设备和环境的稳定与安全。职场安全涵盖了多个方面,包括但不限于工作场所的物理环境安全、机械安全、电气安全、化学品安全、消防安全等。同时,职场安全还关注员工的安全意识和行为的培训与培养,以及企业安全管理制度的建立与完善。

一、安全标志识别

安全标志是一种用于提醒和警告员工注意安全的重要工具。在工作中,安全标志通常被用来指示危险区域、警示危险行为或提示安全操作规程。通过使用安全标志,企业可以有效地提高员工的安全意识和警觉性,减少事故发生的可能性。

通过职场中的各种安全标志,可以非常直接地对现场的安全隐患进行识别。职场中常见的安全标志一般有以下几种。

(一)安全色

1. 安全色的含义

安全色是表达安全信息的颜色,表示禁止、警告、指令、提示等意义。正确使用安全色,可以使人员能够对威胁安全和健康的物体和环境尽快作出反应;迅速发现或分辨安全标志,及时得到提醒,以防止事故、危害发生。

2. 安全色的用途

安全色用途广泛,如用于安全标志牌、交通标志牌、防护栏杆及机器上不准乱动的部位等。安全色的应用必须是以表示安全为目的和有规定的颜色范围。我国已制定了安全色国家标准。规定用红、黄、蓝、绿四种颜色作为全国通用的安全色。

(1)红色。红色表示禁止、停止、消防和危险的意思,如禁止标志、交通禁令标志、消防设备等。

(2)黄色。黄色表示注意、警告的意思,如警告标志、交通警告标志、道路交通路面标志、楼梯的第一级和最后一级的踏步前沿、防护栏杆及警告信号旗等。

(3)蓝色。蓝色表示指令、必须遵守的规定,如指令标志、交通指示标志等。

(4)绿色。绿色表示通行、安全和提供信息的意思,如表示通行、机器启动按钮、安全信号旗等。

(二)安全线

1. 安全线的含义

安全线是指在生产场所或工作区域中为了防止人员触及危险区域或设备而设置的警戒线。安全线通常由明显的线条、标志或设备组成,以提醒人员保持安全距离或限制进入特定区域。

2. 安全线的作用

安全线的作用主要是防止意外事故的发生,特别是在高风险行业如制造业、电力行业和化工行业等。通过设置安全线,企业可以有效地降低事故风险。

(三)安全标志

1. 安全标志的含义

安全标志是用以表达特定安全信息的标志,由图形符号、安全色、几何形状(边框)或文字构成。标志主要包括禁止标志、警告标志、指令标志、提示标志、说明标志、环境信息标志、局部信息标志等。

2. 安全标志的类型

安全标志一般包括禁止标志、警告标志、指令标志和提示标志4种类型,此外还有补充标志。我国规定的禁止标志共有40个,警告标志共有39个,指令标志共有16个,提示标志共有8个。

(1)禁止标志。禁止标志(图3-1)表示不准或制止人们的某些行动与行为。禁止标志通常用于指示某种危险行为是严禁的,如禁止吸烟、禁止用水等;禁止标志的几何图形是带斜杠的圆环,其中圆环与斜杠相连,用红色;图形符号用黑色,背景用白色。意在规范人在此处作业千万不能有的行为。

图3-1　禁止标志举例

(2)警告标志。警告标志(图3-2)用于提醒人们注意可能发生的危险,如当心触电、当心坠落等;警告人们可能发生的危险。警告标志的几何图形是黑色的正三角形、黑色符号和黄色背景。

(3)指令标志。指令标志(图3-3)通常要求人们必须采取某种安全措施或遵守某种规定,如戴安全帽、穿防护鞋等;通常指必须遵守的规定。指令标志的几何图形是圆形、蓝色背景和白色图形符号。

(4)提示标志。提示标志(图3-4)提供一些有益的信息或指示,示意目标的方向,如紧急出口、避险处等。提示标志的几何图形是方形、绿色背景、白色图形符号及文字。

图3-2　警告标志举例

图 3-3 指令标志举例

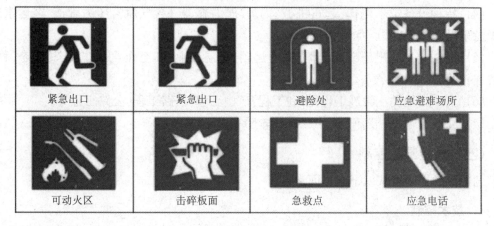

图 3-4 提示标志举例

二、危险源的识别

危险源的识别是指将生产过程中常见的危险源,通过正确的方法,准确、及时地识别,进而对其进行管理和控制,避免事故的发生。分析危险源应按确定的系统分析范围进行,以生产活动、人员、设备设施为对象,识别出所有可能引发事故的部位。判定其可能导致的事故类别和性质,并对危险源进行分析、评价,其过程也称为危险源辨识。

(一) 危险源的含义

危险源是事故发生的根源,是系统中具有潜在危险能量和物质的区域、场所、岗位、装置及设施,这些部位在一定的触发因素作用下可导致事故发生。也就是说,危险源是危险能量、物质集中的核心,是能量传出或爆发的地方。

(二) 危险源的实质与构成要素

危险源的实质是具有潜在危险的源点或部位,其构成要素包括潜在危险性、存在条件、触发因素。

危险源的潜在危险性是指一旦触发事故,可能带来的危害程度或损失大小,或者说危险源可能释放的能量强度或危险物质量的大小。危险源的存在条件是指危险源所处的物理、化学状态和约束条件状态。例如,物质的压力、温度、化学稳定性,盛装压力容器的坚固性。触发因素虽然不属于危险源的固有属性,但它是危险源转化为事故的外因,而且每一类型的危险源都有相应的敏感触发因素。如易燃、易爆物质,热能是其敏感的触发因素,又如压力容器,压力升高是其敏感触发因素。因此,一定的危险源总是与相应的触发因素相关联。在触发因素的作用下,危险源转化为危险状态,继而转化为事故。

(三) 危险源的分类

工业生产作业过程的危险源一般分为七类。

(1) 化学品类:毒害性、易燃易爆性、腐蚀性等危险物品。

(2) 辐射类:放射源、射线装置及电磁辐射装置等。

(3) 生物类:动物、植物、微生物等危害个体或群体生存的生物因子。

(4) 特种设备类:电梯、起重机械、锅炉、压力容器(含气瓶)、压力管道、客运索道、大型游乐设施、场(厂)内专用机动车。

(5) 电气类:高电压或高电流、高速运动、高温作业、高空作业等非常态、静态、稳态装置或作业。

(6) 土木工程类:建筑工程、水利工程、矿山工程、铁路工程、公路工程等。

(7) 交通运输类:汽车、火车、飞机、轮船等。

(四) 危险源的控制

危险源的控制可从以下三方面进行。

1. 技术控制

技术控制是指采用技术措施对固有危险源进行控制,主要技术有消除、控制、防护、隔离、监控、保留和转移等。

2. 人行为控制

人行为控制是指控制人为失误,减少不正确行为对危险源的触发作用。人为失误的主要表现形式有：操作失误，指挥错误，不正确的判断或缺乏判断，粗心大意，厌烦，懒散，疲劳，紧张，疾病或生理缺陷，错误使用防护用品和防护装置等。对人行为的控制：一是加强教育培训，做到人的安全化；二是应做到操作安全化。

3. 管理控制

可采取以下管理措施，对危险源实行控制。

（1）建立健全危险源管理的规章制度。
（2）明确责任，定期检查。
（3）加强危险源的日常管理。
（4）抓好信息反馈，及时整改隐患。
（5）搞好危险源控制管理的基础建设工作。
（6）搞好危险源控制管理的考核评价和奖惩。

（五）危险源与安全隐患

在日常安全管理中，经常有人会将危险源和安全隐患混为一谈，原因就在于二者联系紧密，使人不易辨别。

1. 危险源与安全隐患的定义

危险源：一个系统中具有潜在能量和物质释放危险的、可造成人员伤害、在一定的触发因素作用下可转化为事故的部位、区域、场所、空间、岗位、设备及其位置。

安全隐患：生产经营单位违反安全生产法律、法规、规章、标准、规程、安全生产管理制度的规定，或者其他因素在生产经营活动中存在的可能导致不安全事件或事故发生的物的不安全状态、人的不安全行为和管理上的缺陷。

2. 危险源与安全隐患的异同

（1）危险源与安全隐患的相同之处。危险源在特定条件下能够造成人员伤害或转化为事故；安全隐患无论是物的不安全状态、人的不安全行为还是管理上的缺陷，都是由于人的参与形成的。二者均能导致事故。安全隐患来自管理不当的危险源。例如，不能在加油站抽烟、接打电话，因为汽油是挥发物质，挥发出来的油气达到爆炸浓度后，遇火即炸。由于汽油本身的特性，使加油站成为一个危险源，在危险源范围内发生行为违章，于是安全隐患便产生了。所以安全隐患一般来说都是源于危险源的管理不当。如果没有了危险源，安全隐患也就不复存在。

（2）危险源与安全隐患的不同之处。

① 导致事故的可能性不同。管理得当的危险源不会导致事故，安全隐患则很可能直接导致事故。例如，机床传动机构在高速旋转中可能将人体某一部位带入而造成伤害事故，是一个危险源。对此种危险源的管理措施即为加装防护罩，加装防护罩后传动机构能够造成事故的本质属性虽未改变，但由于防护罩的隔离，传动机构已不能够对人造成直接伤害。如果将防护罩取消，传动机构直接暴露于人可接触到的地方，此时危险源便转化为安全隐患，发生事故的可能性也随之而来。

② 自身特性不同。危险源的危险性是因其自身的属性而产生的，具有不可消除性；

而安全隐患则是人的不当行为造成的,经过治理是可以完全消除的。例如,220V交流电能够造成电击伤害,这是由电自身的特性决定的。在现有科技条件下,无论怎样去管理,都是不能消除的,所以可以将电列入危险源。而不更换破损的带电导线则产生了触电的安全隐患,其中便有了人的参与,如果及时更换导线,安全隐患也就随之消除了,因此带电导线破损应算作安全隐患。

综上所述,在判定一类事物属于危险源还是安全隐患时,一要看该事物的存在是否会导致事故,二要看治理后危险性是否能够彻底消除。既不会直接导致事故又不能彻底消除危险性的即为危险源,反之则应列为安全隐患。

三、安全事故的预防

在职场中,做好安全事故的预防工作,能够避免或减少人身伤害和经济损失。大学生应当学习掌握相关的安全事故的预防知识和技能,养成防患于未然的安全意识。

安全与危险是相对的概念。危险是指系统中存在导致发生不期望后果的可能性,超过了人们的承受程度。安全是指生产系统中人员免遭不可承受危险的伤害。

(一)本质安全

本质安全是指设备、设施或技术工艺含有内在的能够从根本上防止发生事故的功能。具体包括以下四大要素。

(1) 人的安全可靠性:无论是管理人员还是作业人员,都能在任何作业环境和条件下按规程操作,杜绝违章,并充分认识到与个体和群体相关的设备状态、环境状况,主动执行相应的安全制度和机制。

(2) 设备的安全可靠性:任何设备都能以良好的状态运转,不带故障,各项保护设施齐全可靠,所有原材料都符合规定,满足使用要求。

(3) 制度的安全可靠性:通过对安全生产制度的严格执行,杜绝管理失误、指挥失误和操作失误,从而实现电力生产零缺陷、零事故。同时,制度体系自身还具有自我完善的特性,能够结合建设、生产、管理实践而不断修订。

(4) 环境的安全可靠性:通过辨识、评估和控制存在于生产作业中的所有危险源,降低现场作业环境的各种风险,不因时间、空间的变化而发生重大事故,形成人与其他要素相互补充、相互制约的安全管理系统。

本质安全四大要素相互作用、相互影响,共同决定了生产过程中的安全性和稳定性,企业应当在日常生产经营中重视并加强对这些要素的管理。

※ 拓展阅读 ※

海因里希法则

海因里希法则是美国著名安全工程师海因里希提出的300∶29∶1法则。这个法则意思是说,当一个企业有300个隐患或违章,必然要发生29起轻伤或故障,在这29起轻伤事故或故障当中,必然包含有一起重伤、死亡或重大事故。

海因里希法则提示我们:第一,安全事故的发生会经历多个环节,环环相扣,任何一个中间环节起到了预防作用,事故就能避免。第二,只有重视消除轻微事故,才能防止轻伤和重伤事故,否则大的事故发生只是时间问题。虽然这一经验性法则存在局限性,但不影响将其用于企业的安全管理上,即在一件重大的事故背后必有29件"轻度"的事故,还有300个潜在的隐患。可怕的是对潜在性事故毫无觉察,或是麻木不仁,结果导致无法挽回的损失。了解海因里希法则的目的,是通过对事故成因的分析,让人们少走弯路,把事故消灭在萌芽状态。

(二)班组安全培训教育的主要内容

班组安全培训教育的主要内容包括:本岗位安全操作规程,生产设备、安全装置、劳动防护用品(用具)的正确使用方法,事故案例分析等。

※ 拓展阅读 ※

班组安全教育中应做到"八忌"

一忌安全教育重形式轻结果,须以结果思维为导向。
二忌安全教育重说教轻沟通,须融入思想政治工作的方式方法。
三忌安全教育对象有遗漏,须对班组进行全员、全过程、全方位安全教育。
四忌安全教育监督不严,须完善相应的监督考核控制体系。
五忌忽视安全知识教育,须借助舆论宣传工具来对班组进行安全知识教育。
六忌忽视四新安全教育,须对"四新"进行重点安全教育("四新"即新员工、新工艺、新项目和新设备)。
七忌安全教育说得多做得少,须提高班组安全工作的执行能力。
八忌安全教育不总结经验,须及时总结经验与教训来不断进行持续改进工作。

(三)杜绝"三违"现象

(1)违章指挥。企业负责人和有关管理人员法治观念淡薄,缺乏安全知识,思想上存有侥幸心理,对国家、集体的财产和人民群众的生命安全不负责任。明知不符合安全生产有关条件,仍指挥作业人员冒险作业。

(2)违章作业。作业人员没有安全生产常识,不懂安全生产规章制度和操作规程,或者在知道基本安全知识的情况下,在作业过程中,违反安全生产规章制度和操作规程,不顾国家、集体的财产和他人、自己的生命安全,擅自作业,冒险蛮干。

(3)违反劳动纪律。上班时不知道劳动纪律,或者不遵守劳动纪律,违反劳动纪律进行冒险作业,造成不安全因素。

(四)践行"四不伤害"

(1)不伤害自己。要提高自我保护意识,不能由于自己的疏忽、失误而使自己受到伤害。

(2)不伤害他人。他人生命与你的一样宝贵,不应该被忽视,保护同事是你应尽的义务。

(3)不被他人伤害。人的生命是脆弱的,变化的环境蕴含多种可能失控的风险,你的生命安全不应该由他人来随意伤害。

(4) 保护他人不受伤害。任何组织中的每个成员都是团队中的一分子,要担负起关心爱护他人的责任和义务,不仅自己要注意安全,还要保护团队的其他人员不受伤害,这是每个成员对集体中其他成员的承诺。

(五)生产型职场安全事故的预防

生产型职场通常需要用电、机械进行重物搬运,容易发生安全事故,做好安全事故的预防非常重要。海因里希把造成人的不安全行为和物的不安全状态的主要原因归结为以下四个方面。

(1) 缺少正确的态度。个别职工忽视安全,甚至故意采取不安全行为。
(2) 技术、知识不足。缺乏安全生产知识和经验,或技术不熟练。
(3) 身体不适。生理状态或健康状况不佳。
(4) 不良的工作环境。照明、温度、湿度不适宜,通风不良,有强烈的震动,物料堆放杂乱,作业空间狭小,设备、工具存在缺陷,操作规程不合适,没有安全规程,还有其他妨碍贯彻安全规程的情形。

(六)服务型职场安全事故预防

服务型职场具有人员规模复杂、形式开放流动、过程动态变化等特点,因此具有和生产型职场不同的安全风险因素。

(1) 防止滑倒摔伤。
(2) 防止烫伤、中暑等高温伤害。
(3) 防止食物中毒。
(4) 防止触电伤害。
(5) 防止火灾。
(6) 防止爆炸。
(7) 保障燃气安全。

职场安全不仅是对职场员工的从业保障,更是对职场周围环境人群的保护,因此至关重要。职场负责人以及职场员工对事故危险源的早期识别,为职场事故预防奠定了良好的基础。不同环境下职场事故的定期预防措施,使得职场安全防患于未然。

四、应急避险

火灾是职场中常见的险情,正确的逃生疏散方法可以有效降低伤亡率,火灾应急预案和完备的消防设施必不可少。在遇到意外伤害的过程中,第一时间采取正确的创伤处理特别是止血包扎至关重要。在面临心脏骤停时,心肺复苏技术可以在有效的时间内抢救伤病员。以下介绍火灾的疏散与逃生方法、应急避险的方法与技能。

案例 3.1

"11·16"山西永聚煤业火灾事故

2023年11月16日6时50分许,吕梁市离石区永聚煤业有限公司地面联建楼在工人上下井交接班时,二楼浴室发生火灾。火灾区域的顶部安装着1700余组吊篮,里面存放着矿工棉衣裤、靴子等个人物品。因受火灾高温炙烤,吊篮、网架以及存放物品散落地面、层层堆积。6时51分,吕梁市消防支队接到火情报警后。事故现场,8辆消防车、30余辆救护车、90余名医护人员、150余名救援人员全力进行应急处置救援。14时44分,火被扑灭,64人被送往医院救治,其中抢救无效死亡26人,住院治疗38人,搜救工作基本结束。

分析:各行业领域针对特定区域场所的火灾风险特点,制作消防安全提示挂图、视频,在场所醒目位置张贴、播放。要分区域设置明显的安全疏散路线提示标牌,提示人员关注所在位置安全疏散路线。要指导各行业加强员工消防培训,掌握初起火灾扑救和组织人员疏散能力,确保发生火灾能够第一时间处置,快速组织疏散。教育引导群众掌握安全用火用电用气和火灾自救逃生知识。

(一)火灾的疏散与逃生方法

1. 火灾的危害

火灾是指在时间或空间上失去控制的燃烧所造成的灾害。在各种灾害中,火灾是最经常、最普遍的威胁公众安全和社会发展的主要灾害之一。

(1)火灾的分类。火灾根据可燃物的类型和燃烧特性,分为A、B、C、D、E、F六大类。

① A类火灾:固体物质火灾。

② B类火灾:液体或可熔化的固体物质火灾。

③ C类火灾:气体火灾。

④ D类火灾:金属火灾。

⑤ E类火灾:带电火灾。

⑥ F类火灾:烹饪器具内的烹饪物(如动植物油脂)火灾。

(2)火灾的危害因素。火灾对人体的危害主要包括烟和各种有毒的燃烧产物。在实际中,火灾对人的危害是综合性的,其主要的危害因素有以下四种。

① 缺氧:人体正常呼吸时,空气中的氧含量一般为21%左右(体积比)。在火场上,由于可燃物消耗掉了氧气,使氧含量下降。严重的人体大脑会失去知觉,呼吸及心脏同时衰竭,数分钟内可死亡。

② 高温:火场上的气体温度在短时间内即可达到几百摄氏度。只要呼入的气体温度超过70℃,就会使气管、支气管内黏膜充血起水泡,组织坏死,并引起肺水肿而窒息死亡。

③ 烟尘:火场上的热烟尘是由燃烧中析出的碳粒子、焦油状液滴,以及房屋倒塌时扬起的灰尘等组成。这些烟尘随热空气一起流动,吸入呼吸系统后,能堵塞、刺激内黏膜,有些甚至能威胁生命。

④ 毒气:研究资料表明,人如果七天七夜不吃饭就能饿死;三天不喝水就能渴死;三分钟不呼吸就能窒息死亡;如果吸入毒气,不到一分钟就能中毒死亡。

2. 灭火的相关常识

(1) 常见的灭火工具。常见的灭火工具包括手提式干粉灭火器、灭火毯、消火栓、防烟面罩、逃生绳、强光手电等。

① 手提式干粉灭火器（图3-5）。手提式干粉灭火器适用于易燃、可燃液体、气体及带电设备的初起火灾。

② 灭火毯（图3-6）。灭火毯又称消防被、灭火被、防火毯、消防毯、阻燃毯、逃生毯，其灭火的主要原理是隔绝空气，具有小巧轻便、可二次使用、无失效期等优点。不仅可以将灭火毯覆盖在家中着火物品上进行紧急灭火，还可以在火灾逃生的时候将灭火毯披在自己身上。

图3-5　手提式干粉灭火器

图3-6　灭火毯

③ 消火栓（图3-7）。遇有火警时，根据箱门的开启方式，按下门上的弹簧锁，销子自动退出，拉开箱门后，取下水枪拉转水带盘，拉出水带，同时把水带接口与消火栓接口连接上，按下箱体内的消火栓报警按钮，把室内消火栓手轮顺开启方向旋开，即能进行喷水灭火。

④ 防烟面罩（图3-8）。防烟面罩又称消防过滤式自救呼吸器，由面罩和滤毒罐组成，一旦遇到火灾，只要拉开面罩套上即可正常呼吸。

图3-7　消火栓

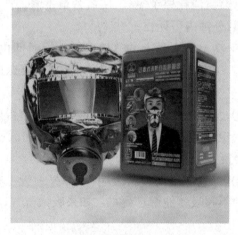

图3-8　防烟面罩

⑤ 逃生绳(图3-9)。逃生绳是火灾逃生中的重要工具之一,在高层建筑中使用较多。

⑥ 强光手电(图3-10)。带声光报警功能的强光手电具有火灾应急照明和紧急呼救功能,可用于火场浓烟以及黑暗环境下人员疏散照明和发出声光呼救信号。

图3-9 逃生绳

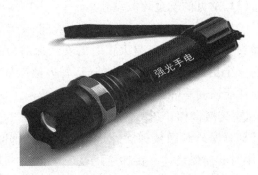

图3-10 强光手电

(2) 灭火器材的选择。

① 扑救A类火灾即固体燃烧的火灾,应选用水型、泡沫、磷酸铵盐干粉、卤代烷型灭火器。

② 扑救B类即液体和可熔化的固体物质火灾,应选用干粉、泡沫、卤代烷、二氧化碳型灭火器。这里值得注意的是,化学泡沫灭火器不能灭B类极性溶性溶剂火灾,因为化学泡沫与有机溶剂接触,泡沫会迅速被吸收,使泡沫很快消失,这样就不能起到灭火的作用。醇、醛、酮、醚、酯等都属于极性溶剂。

③ 扑救C类火灾即气体燃烧的火灾,应选用干粉、卤代烷、二氧化碳型灭火器。

④ 扑救D类火灾即金属燃烧的火灾,就我国情况来说,还没有定型的灭火器产品。国外灭D类的灭火器主要有粉装石墨灭火器和灭金属火灾专用干粉灭火器。在国内尚未定型生产灭火器和灭火剂珠情况下可采用干砂或铸铁沫灭火。

⑤ 扑救E类火灾即带电火灾,应选用磷酸铵盐干粉、卤代烷型灭火器。

⑥ 扑救F类火灾即烹饪器具内的烹饪物(动植物油脂)火灾,忌用水、泡沫及含水性物质,应使用窒息灭火方式隔绝氧气进行灭火。

(3) 灭火的基本方法。

① 冷却灭火法:将灭火剂直接喷射到燃烧物上,控制物质的温度,使其降低到燃点以下,以达到灭火的目的,水和二氧化碳是常用的进行冷却灭火的灭火剂。

② 隔离灭火法:将燃烧物体与其附近的可燃物隔离或疏散开,以达到灭火的目的。适应于扑救爆炸物品、流体、固体和气体的各种火灾。

③ 窒息灭火法:阻止空气流入燃烧区或用不燃物质冲淡空气,使燃烧物得不到足够的氧气而停止。一般在燃烧部位小、容易封堵,且用水进行灭火效果较差的场合采用窒息灭火法。

④ 化学抑制灭火法:将化学灭火剂喷入燃烧区使之参与燃烧的化学反应,从而使燃烧停止。

3. 安全疏散设施

（1）安全疏散设施的组成。安全疏散设施包括逃生路线图、疏散指示标志、疏散走道、安全出口、事故照明以及防烟、排烟设施等。有时还包括用于救生的避难袋、救生绳、救生梯、缓降器、救生网、救生垫、升降机等。

（2）常见的安全疏散设施。

① 安全出口。建筑物内发生火灾时，为了减少损失，需要把建筑物内的人员和物资尽快撤到安全区域，这就是火灾时的安全疏散，凡是符合安全疏散要求的门、楼梯、走道等都称为安全出口。如建筑物的外门、着火楼层梯间的门、防火墙上所设的防火门、经过走道或楼梯能通向室外的门等。

② 疏散楼梯。疏散楼梯包括普通楼梯、封闭楼梯、防烟楼梯及室外疏散楼梯四种。疏散楼梯（室外疏散楼梯除外）均应做成楼梯间，围成楼梯间的墙皆应是耐火极限不低于 2.5 小时的非燃烧体。楼梯应耐火 1～1.5 小时。

③ 事故照明灯和疏散指示标志。建筑物发生火灾时，正常电源往往被切断，为了便于人员在夜间或浓烟中疏散，需要在建筑物中安装事故照明灯和疏散指示标志，对安全疏散起到很好的作用，可以更有效地帮助人们在浓烟弥漫的情况下，及时识别疏散位置和方向，迅速沿发光疏散指示标志顺利疏散，避免造成伤亡事故。

④ 火灾事故广播。在安装有事故照明和疏散指示标志的场所，应同时安装事故广播系统。以便在紧急情况下同时有声光效应，使人员尽快有秩序地疏散，事故广播系统可与火灾报警系统联动。

⑤ 避难层和屋顶直升机停机坪。高度超过 100 米的公共建筑，应设置避难层（间）和屋顶直升机停机坪。

⑥ 其他安全疏散设施。除了以上常见的安全疏散设施，根据需要，通常还会配备防火卷帘门、避难袋、救生绳、救生梯、缓降器、救生网、救生垫、升降机、强光手电等设施。

（二）应急避险的方法与技能

1. 创伤处理

创伤分为开放性创伤和闭合性创伤。开放性创伤是指皮肤或黏膜的破损，常见的有擦伤、切割伤、撕裂伤、刺伤、撕脱、烧伤；闭合性创伤是指人体内部组织的损伤，而没有皮肤黏膜的破损，常见的有挫伤、挤压伤。

（1）开放性创伤的处理。

① 对伤口进行清洗消毒。可用生理盐水和酒精棉球，将伤口和周围皮肤上沾染的泥沙、污物等清理干净，并用干净的纱布吸收水分及渗血，再用酒精等药物进行初步消毒。在没有消毒条件的情况下，可用清洁水冲洗伤口，最好用流动的自来水冲洗，然后用干净的布或敷料吸干伤口。

② 止血。对于出血不止的伤口，能否做到及时有效地止血，对伤员的生命安危影响较大。在现场处理时，应根据出血类型和部位不同采用不同的止血方法：直接压迫——将手掌通过敷料直接加压在身体表面的开放性伤口的整个区域；抬高肢体——对于手、臂、腿部严重出血的开放性伤口，都应抬高，使受伤肢体高于心脏水平线；压迫供血动

脉——手臂和腿部伤口的严重出血,如果应用直接压迫和抬高肢体仍不能止血,就需要采用压迫供血动脉技术;包扎——使用绷带、毛巾、布块等材料压迫止血,保护伤口,减轻疼痛。

③ 烧伤的急救应先去除烧伤源。将伤员尽快转移到空气流通的地方,用较干净的衣服把创面包裹起来,防止再次污染;在现场,除了化学烧伤可用大量流动清水冲洗外,对创面一般不做处理,尽量不弄破水泡,保护表皮。

(2) 闭合性创伤的处理。较轻的闭合性创伤,如局部挫伤、皮下出血,可在受伤部位进行冷敷,以防止组织继续肿胀,减少皮下出血。

如发现人员从高处坠落或摔伤等意外时,要仔细检查其头部、颈部、胸部、腹部、四肢、背部和脊椎,看看是否有肿胀、青紫、局部压痛、骨摩擦声等其他内部损伤,假如出现上述情况,不能对患者随意搬运,需按照正确的方法进行搬运,否则,可能造成患者神经、血管损伤并加重病情。

现场常用的搬运方法有:① 担架搬运法。用担架搬运时,要使伤员头部向后,以便后面抬担架的人可随时观察其变化。② 单人徒手搬运法。轻伤者可扶着走,重伤者可让其伏在急救者背上,双手绕颈交叉垂下,急救者用双手自伤员大腿下抱住伤员大腿。

如怀疑有内伤,应尽早使伤员得到医疗处理;运送伤员时要采取卧位,小心搬运,注意保持呼吸道畅通,注意防止休克。

运送过程中,如突然出现呼吸、心搏骤停时,应立即进行人工呼吸和体外心脏挤压法等急救措施。

(3) 伤口包扎方法。

① 螺旋式包扎:适用于四肢骨干处伤口的止血包扎。起始时由内至外缠绕一圈,然后斜向上缠绕,后一圈需盖住前一圈的 1/2 ~ 2/3(图 3-11)。

② 8 字形包扎:适用于四肢关节处伤口的止血包扎。用绷带在关节上由内向外缠绕一圈以固定敷料,以 8 字形反复缠绕包扎,最后在关节上缠绕固定(图 3-12)。

③ 绷带蛇形法:多用在夹板的固定上。先将绷带环形缠绕数圈固定夹板,然后按绷带的宽度作间隔,斜着向上缠或下缠(图 3-13)。

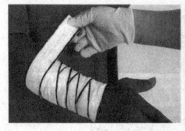  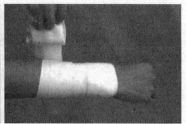

图 3-11　螺旋式包扎　　　图 3-12　8 字形包扎　　　图 3-13　绷带蛇形法

④ 三角巾包扎:主要用于头部伤口或者胸、腹部伤口。将三角巾底边置于患侧伤口处压住敷料,将顶角和两边角拉向健侧,用两边角压住顶角打结即可(图 3-14)。

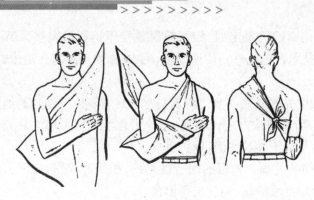

图 3-14 三角巾包扎

2．心肺复苏

心肺复苏适用于由多种原因引起的呼吸、心脏骤停的伤病员，如急性心肌梗死、严重创伤、电击伤、挤压伤、踩踏伤、中毒、溺水等。

（1）心肺复苏的流程。

① 识别心脏骤停。在实施心肺复苏之前，首先要确定患者是否出现了心脏骤停。心脏骤停的迹象包括：a. 突然倒地或失去意识；b. 呼吸停止或急促；c. 无脉搏或脉搏微弱。

② 呼叫急救服务。一旦确定患者出现了心脏骤停，应立即拨打当地的急救电话。在等待急救人员到场之前，可以进行心肺复苏。

③ 胸外按压。胸外按压是心肺复苏的重要步骤，目的是通过按压胸部来挤压心脏，促使血液流动。正确的按压位置是胸骨的下半部分，每次按压深度应为 5～6 厘米，频率为每分钟 100～120 次（图 3-15）。

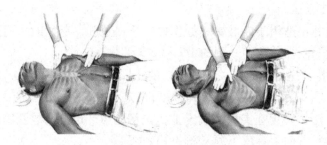

图 3-15 胸外按压

④ 开放气道。在心脏骤停的情况下，患者的气道可能会堵塞，因此需要开放气道。可以使用仰头举颏法或推举下颌法来开放患者的气道。保持患者的头部后仰，清理呼吸道，确保呼吸道畅通（图 3-16）。

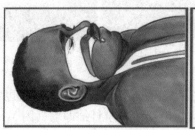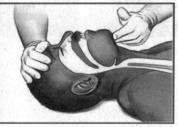

图 3-16 开放气道

⑤ 人工呼吸。在开放气道后,应进行人工呼吸。将气吹入患者的肺部,每次吹气应持续吹气 1 秒以上,吹气量为 400～600 毫升,使胸部隆起。人工呼吸的频率应为每分钟 10～12 次(图 3-17)。

图 3-17 人工呼吸

⑥ 循环与通气。心肺复苏应该以 30 次胸外按压和 2 次人工呼吸为一个循环,反复进行这个循环 5 次后,再次评估被救者是否恢复意识,如果被救者可以睁眼,比较配合,可以再观察被救者嘴唇是否变红润,手指甲床是否变红润温暖,如果有变化说明心肺复苏是有效的。

(2) 注意事项。心肺复苏是一种紧急救援措施,需要正确掌握其步骤和技巧。如果不确定如何进行心肺复苏,应立即寻求专业救援人员的帮助。在进行心肺复苏之前,请确保周围环境安全,避免对患者造成进一步伤害。在整个急救过程中,应持续关注患者的反应和生命体征,评估患者的状况,以便在必要时采取进一步措施,等待专业救援人员到场。

专题活动

安全标志速记大赛

一、活动目标

通过学习安全标志及其具体类型,掌握不同安全标志的含义,增强职场安全意识。

二、活动准备

教师提供不同类型的安全标志图片,可采用 PPT 随机播放。

三、活动流程

将班级以小组为单位进行划分,教师随机在教室大屏幕上展示不同类型的安全标志,采用小组必答和小组抢答的方式进行安全标志识别。在规定展示的数量内,回答正确数量多的小组获胜。

四、活动规则

(1) 必答题环节:每个小组依次回答 5 个安全标志含义,回答正确一个安全标志含义的加 1 分,回答错误的不加分,全部回答正确加 5 分。

(2) 抢答题环节:教师展示安全标志,各小组派代表举手示意,在教师宣布抢答开始后最先举手的小组可选择自己回答或者指定小组回答,回答正确的小组加 1 分,回答错误的小组扣 1 分。

(建议用时:40 分钟)

灭火器的选择与使用

一、活动目标

通过学习了解不同类型的灭火器,学会在不同类型火灾时正确选择灭火器和正确操作灭火器。

二、活动准备

教师准备不同类型的灭火器道具,在教室屏幕呈现不同场景的火灾图片。

三、活动流程

(1) 各小组回答正确操作灭火器的理论方法。
(2) 模拟不同类型的火灾场景,分组进行操作灭火的训练。
(3) 每个小组轮流进行模拟火灾和灭火器的操作,其他小组成员观察并给予评价。
(4) 各小组派代表总结演练中不同类型的火灾和相应的灭火器选择。

教师总结评估各小组灭火器选择和操作的正确性和规范性,评选出最佳小组。

(建议用时:20分钟)

【课后思考】

1. 安全标志有哪些类型?
2. 请谈一谈如何控制危险源。
3. 扑救电器火灾应首先做什么?在带电时,可用什么灭火器扑救?

3.2 劳动禁忌与职业健康

【引入案例】

企业未安排新员工上岗职业健康检查遭处罚

2023年8月,重庆市江津区卫生健康综合行政执法支队职业健康大队卫生监督员到某机械零部件公司开展职业卫生监督检查,该企业正在进行正常生产活动,其中机床加工、检验等岗位存在粉尘、噪声等职业病危害因素。卫生监督员查看该用人单位职业健康档案资料时发现,冷镦工李某、机加钻孔工陈某无上岗前职业健康检查报告。经调查核实,该用人单位分别于2022年10月和2023年2月招聘两人入职,但未安排两人进行上岗前职业健康检查。最终,该企业因违反《中华人民共和国职业病防治法》被行政处罚。

分析:职业病防治工作事关劳动者的身体健康与用人单位的有序生产,职业健康检查是职业病防治工作中的重要组成部分,也是预防和控制职业病的一项重要措施。《中华人民共和国职业病防治法》第三十五条第二款:用人单位不得安排未经上岗前职业健康检查的劳动者从事接触职业病危害的作业;不得安排有职业禁忌的劳动者从事其所禁忌的作业;对在职业健康检查中发现有与所从事的职业相关的健康损害的劳动者,应当调离原工作岗位,并妥善安置;对未进行离岗前职业健康检查的劳动者不得解除或者终止与其订立的劳动合同。

职业健康应以促进并维持各行业职工的生理、心理及社交处在最好状态为目的；防止职工的健康受工作环境影响；保护职工不受健康危害因素伤害；将职工安排在适合他们的生理和心理的工作环境中。现代医学与卫生学调查研究表明，各种职业环境和条件都存在着影响人类健康的有害因素；不同的职业、不同的职业场所、不同的职业劳动环境与条件、不同的劳动方式，甚至对同一企业，不同的管理者和不同素质的劳动者，都有不同的职业健康问题。

一、体力劳动引起的身体损伤及预防

（一）体力劳动引起的身体损伤及原因

（1）长期重复一定姿势引起疾患。由于劳动者需要在工作中长期重复一定的姿势，导致个别器官或系统过度紧张而引起疾患。

（2）不良劳动环境条件。如高温、寒冷、潮湿、光线不足、通道狭窄等，增加了劳动者劳动负荷，提高了劳动强度，容易产生疲劳和损伤。

（3）劳动组织和劳动制度安排不合理。如劳动时间过长、劳动强度过大、休息时间不够、轮班制度不合理等，也容易形成过度疲劳，造成身体损伤。

（4）劳动者身体素质问题。劳动者身体素质不强，安排的劳动强度与劳动者身体状况不适应。

（二）预防体力劳动身体损伤的措施

（1）采取合理的工作姿势。改善作业平台和劳动工具，使之符合人体解剖学特点，加强劳动者作业训练，使劳动者能够采取正确的工作姿势和方式，尽量避免不良作业姿势，避免和减少负重作业，使身体各部位处于自然状态，减轻身体承受的压力。

（2）改善劳动环境。科学合理地设计劳动环境，控制劳动环境中的各种有害因素，创造良好的劳动环境条件，如适宜的温度、湿度、光照、空间等，这样既有利于劳动者的健康，又能够提高劳动效率。

二、过度脑力劳动对身心健康的影响及预防

（一）脑力劳动引起的身体损伤及原因

过度脑力劳动产生疲劳，表现为对工作的抵触，疲劳信号告诉我们需要进行调整和恢复，应该停止工作。如果继续强迫大脑工作，则会造成脑细胞的损伤，或使脑功能恢复发生障碍。脑力劳动过度会对人体的身心健康造成较大的危害，主要包括以下方面。

（1）生理健康失常。长期过度脑力劳动，使大脑缺血、缺氧，会使神经衰弱，从而导致注意力不集中，记忆力下降，思维欠敏捷，反应迟钝。睡眠规律不正常，白天瞌睡，大脑昏昏沉沉；夜晚卧床后，大脑却兴奋起来，难以入眠，乱梦纷纭，甚至直到天亮，醒后大脑疲劳不缓解，精神不振。

（2）心理健康失常。由于上述生理功能的失衡，造成心理活动失衡，出现忧虑、紧张、抑郁、烦躁、消极、敏感、多疑、自卑、自责等不良情绪，表面上强打精神，内心充满困惑和痛苦、无奈和彷徨，继而对工作学习丧失兴趣，产生厌倦感，甚至产生轻生念头。

（二）从事脑力劳动时缓解疲劳的方法

（1）学会科学用脑。应科学地使用大脑，设法提高用脑效率。大脑左半球具有主管语言、数学、抽象思维的功能，因此脑力劳动者主要使用的是左脑半球，当过度用脑，感到头脑不清、头痛、昏昏欲睡时，可适当做一些轻松愉快的文娱活动，使左脑半球得到休息，缓解疲劳。

（2）合理膳食，加强营养。注意饮食营养的搭配，含蛋白质、脂肪和丰富的B族维生素食物，如豆腐、牛奶、鱼类及肉类食物，可防止疲劳过早出现；多吃水果、蔬菜和适量饮水，也有助于消除疲劳。

（3）保证充足睡眠，放松身心。生活要有规律，应养成良好的作息习惯，每天要留有足够的休息时间以消除身心疲劳，恢复精力和体力。

（4）坚持运动锻炼。通过跑步、打球、打拳、骑车、爬山等有氧运动，增强心肺功能，加快血液循环，提高大脑供氧量，促进睡眠。

（5）头部按摩。当用脑过度、头昏脑涨时，可用梳子或手指梳理头部皮肤，或通过对头部穴位的按摩，适当刺激体表，促进血液循环，改善大脑疲劳的症状。

※ **拓展阅读** ※

我国女职工四期劳动保护标准

（1）经期保护标准。女职工在月经期间，所在单位不得安排其从事高空、低温、冷水和国家规定的第三级体力劳动强度的劳动。

（2）孕期保护标准。女职工在怀孕期间，所在单位不得安排其从事国家规定的第三级体力劳动强度的劳动和孕期禁忌从事的劳动。对于怀孕7个月以上的女职工，用人单位不得安排其从事夜班劳动，也不得安排其在正常劳动时间以外延长劳动时间，对不能胜任原劳动的怀孕女职工，应当根据医务部门的证明予以减轻劳动量或者安排其他劳动，并在劳动时间内安排一定的休息时间。

（3）产期保护标准。女职工生育享受不少于90天的产假。产假分为两个部分，即产前假15天，产后假75天。如果孕妇早产，可以将不足的产前假和产后假合并使用。如果推迟生产，可将超出的天数按病假处理。

（4）哺乳期保护标准。女职工在哺乳未满1周岁的婴儿期间，用人单位不得安排其从事国家规定的第三级体力劳动强度的劳动和哺乳期禁忌从事的其他劳动，不得安排其延长工作时间和夜班劳动。对于有不满1周岁婴儿的女职工，其所在单位应当给予每班2次，每次不少于30分钟的哺乳时间。

三、职业心理健康

职场中的心理健康容易被人忽视，因为职场给人的感觉就是理性和严肃，一般不会流露出情感。在工作中人与人之间必然存在互相联系，不同人的性格和做事风格都不同，因此面对职场中的冲突或矛盾时，若解决不好，就容易引起职场心理疾患，且这种疾患通常不为人知，给人带来的伤害也是巨大的，因此了解职场心理健康很有必要。

(一)职业心理

职业心理是人们在职业活动中表现出的认识、情感、意志等相对稳定的心理倾向或个性特征。同人一样,职业也有拟人化的心理和性格,不同的职业具有不同的性格特质。在职业心理中,性格影响着一个人对职业的适应性,一定性格的人适于从事某种特定的职业;同时,不同的职业对人也有不同的性格要求。在求职的路上,清晰自己所选择的职业性格对于自己的职业发展来说是非常关键的。

职业心理的内涵主要包括以下几个方面。

(1)职业活动伴随有共同的心理过程。人们在职业活动中要经历选择职业、谋求职业、获得职业或者失业、再就业的过程。在这些过程中必然伴随着认知、情感、意志等共同的心理过程。

(2)职业活动中反映出个性不同和差异。不同个性心理特征的个人适合不同的社会职业,在选择职业时又有不同的心理表现,认识、情感、意志表现出不同的特点。

(3)不同职业阶段有不同的职业心理。职业活动中的心理现象千奇百怪、纷纭复杂,依据职业活动经历的过程,职业心理可分作择业心理、求职心理、就业心理、失业心理、再就业心理等。

(4)不同的职业心理特点影响着人们的生活。择业、求职、就业、失业、再就业等不同阶段的人的心理特点,时刻影响着人们的生活态度、生活方式、价值取向。

(二)职业心理健康的标准

职业心理健康的标准主要体现在以下几个方面。

(1)心理适应力强。职场上风云变幻,调职、转岗、跳槽、失业已经成为普遍。需要有较强的心理适应能力,能快速摆脱原有境遇的影响,迅速投入新的工作环境中。

(2)自我调节能力强。遭遇重创后,心理从创伤恢复到正常水平的能力较强。现代人每天遇到很多突发事件,这时最好能快速走出创伤困扰。

(3)可掌控情绪。受到一定刺激时,要有合理的情绪反应,以及随着客观情况的变化的情绪。情绪稳定性好,通常能够保持心情愉快。

(4)与人和谐相处。融洽和谐的人际交往关系是一个人心理健康的重要标志。

(三)常见的职业心理健康问题

常见的职业心理健康问题包括:职业压力感、职业倦怠感和职业方向感、组织归属感、人际亲和感的不良状态,并由此引发的焦虑障碍(强迫症、恐惧症、焦虑症)、躯体形式障碍(疑病症、持续性躯体形式疼痛障碍等)、神经衰弱、厌食症、睡眠障碍、性功能障碍、人格障碍(偏执、分裂、反社会、回避型人格)或成瘾行为(酒精、烟草、药物、毒品等依赖)等。

(四)解决职业心理问题的建议及方法

(1)定期开展职业心理健康评估,在遇到职业心理问题困扰时,要积极寻求心理专家的帮助。长期压抑会导致心身疾病,甚至发生突发性的不良事件。

(2)要把心理问题与精神问题区分开来。心理问题是每个正常人都会面临的问题,每个人或多或少都会遇到负面情绪的困扰而影响学习、生活和工作。要学会及时自我心理调节或主动寻求心理专家的帮助；避免压抑自我,任凭负面情绪损伤身心或采取伤人伤己的极端行为。

(3) 学会自我调节。要加强个人修养,养成乐观、豁达、平静的个性。合理安排生活,培养多种兴趣,将注意力投注到兴趣爱好上,避免无所事事而胡思乱想。要勇于创新,制定合适的、有一定难度的工作目标,并为之努力,体验实现目标后的自我价值感和生命的意义。

四、职业危害与职业病

不同的职业环境在不同程度上都会造成一定的职业损伤,体力劳动和脑力劳动的职业损伤因从业方式和职业内容不同而表现不同。为避免职业损伤的发生或者减少职业损伤的程度,都应采取相应的措施进行预防。工作中要加强对职业生理健康和职业心理健康的关注。女职工是特殊的群体,因体质和特殊的生理期更需要有特殊的职业保护。物理性、化学性、生物性等多种因素引起的职业病都会对从业者造成身体上的严重损伤,需要采取具体的保护措施加以预防。

（一）有关概念

职业危害是指人们所从事的职业或职业环境中所特有的危险性、潜在危险因素、有害因素及人的不安全行为所造成的危害。职业危害包括两个方面：①职业意外事故。即在职业活动中所发生的一种不可预期的偶发事故。②职业病。即在生产劳动及其他职业活动中接触职业性有害因素引起的疾病。职业病与职业危害因素有直接联系,并且具有因果关系和某些规律性。

职业病是指企业、事业单位和个体经济组织等用人单位的劳动者在职业活动中,因接触粉尘、放射性物质和其他有毒有害物质等因素而引起的疾病。

（二）常见的职业病种类

2013年12月23日,原国家卫生和计划生育委员会、人力资源和社会保障部、国家安全生产监督管理总局、全国总工会4部门联合印发《职业病分类和目录》,将职业病分为10类：职业性尘肺病及其他呼吸系统疾病、职业性皮肤病、职业性眼病、职业性耳鼻喉口腔疾病、职业性化学中毒、物理因素所致职业病、职业性放射性疾病、职业性传染病、职业性肿瘤、其他职业病。

（三）职业病危害警示标识与职业病防护设施

职业病危害警示标识（表3-1）是指在工作场所设置的可以使劳动者对职业病危害产生警觉,并采取相应防护措施的图形标识、警示线、警示语句和文字。《中华人民共和国职业病防治法》规定对产生严重职业病危害的作业岗位,应当在其醒目位置,设置警示标识和中文警示说明。警示说明应当载明产生职业病危害的种类、后果、预防以及应急救治措施等内容。

表 3-1 职业病危害警示标识

危害因素	警告标示图	指令标示图	设置地点
粉尘	注意防尘	必须戴防尘口罩	清灰区、平头区
噪声	噪声有害	必须戴护耳器	剪板机、平头区
高温	注意高温	注意通风	等离子切割燃气炉
毒物	当心中毒	必须戴防毒面具	喷标、喷涂

1. 常见的职业病危害警示标识

职业病危害警示标识通常设置在工作场所可能存在和产生相应职业病危害的醒目位置。

常见的职业病危害警示标识主要有：图形标识、警示线、警示语句、有毒物品作业岗位职业病危害告知卡、中文警示说明。

（1）图形标识。图形标识分为禁止标识、警告标识、指令标识和提示标识。

① 禁止标识。禁止不安全行为的图形，如"禁止入内"标识。

② 警告标识。提醒对周围环境需要注意，以避免可能发生危险的图形，如"当心中毒"标识。

③ 指令标识。强制做出某种动作或采用防范措施的图形，如"戴防毒面具"标识。

④ 提示标识。提供相关安全信息的图形，如"救援电话"标识。

图形标识可与相应的警示语句配合使用。图形、警示语句和文字设置在作业场所入口处或作业场所的显著位置。

（2）警示线。警示线是界定和分隔危险区域的标识线，分为红色、黄色和绿色三种。按照需要，警示线可喷涂在地面或制成色带设置。在高毒物品作业场所，设置红色警示线；在一般有毒物品作业场所，设置黄色警示线。警示线设在使用有毒作业场所外缘不少于 30cm 处。

（3）警示语句。警示语句是一组表示禁止、警告、指令、提示或描述工作场所职业病危害的词语。警示语句可单独使用，也可与图形标识组合使用。例如，禁止入内、禁止启动、注意防尘、注意高温、戴防毒面具、接触可能引起伤害和死亡、有毒有害、腐蚀性等。

（4）有毒物品作业岗位职业病危害告知卡。根据实际需要，由各类图形标识和文字组合成有毒物品作业岗位职业病危害告知卡（以下简称告知卡，图3-18）。告知卡是针对某一职业病危害因素，告知劳动者危害后果及其防护措施的提示卡。告知卡是设置在使用高毒物品作业岗位醒目位置上的一种警示，它以简洁的图形和文字，将作业岗位上所接触到的有毒物品的危害性告知劳动者，并提醒劳动者采取相应的预防和处理措施。告知卡包括有毒物品的通用提示栏、有毒物品名称、健康危害、警告标识、指令标识、应急处理和理化特性等内容。

图3-18 职业病危害告知卡示例

（5）中文警示说明。使用可能产生职业病危害的化学品、放射性同位素和含有放射性物质的材料的，必须在使用岗位设置醒目的警示标识和中文警示说明。警示说明应当载明内容：产品特性、主要成分、存在的有害因素、可能产生的危害后果、安全使用注意事项、职业病防护以及应急救治措施等。

2．常见的职业病防护设施

（1）除尘设施：包括轴流风机、离心风机、密闭罩、集尘风罩、过滤设备、各种除尘器、洒水器、喷雾降尘设备等。

（2）防毒设施：包括隔离栏杆、防护罩、过滤设备、排风扇（送风通风排毒）、燃烧净化装置、吸收和吸附净化装置等。

（3）减震降噪设施：包括吸声（吸声材料）、隔声（隔音罩、门、窗等）、消声（消声器）、减震（减震器、隔震垫等）。

（4）防暑降温、防寒、防潮：包括空调、风扇、暖炉、除湿机等。

（5）防电离辐射：包括屏蔽网、罩等。

3．防护用品分类

防护用品按使用功能可分为头部防护用品、呼吸防护用品、眼（面）部防护用品、耳部防护用品、手部防护用品、足部防护用品、躯干防护用品、皮肤类防护用品、坠落防护用品、其他类防护用品（图3-19）。

图3-19 个体防护用品举例

常见的个人使用的职业病防护用品主要如下。

（1）防尘口罩：主要用于防粉尘、烟、雾以及微生物等颗粒物。分为可更换式和随弃式，包含油性防尘口罩KP类和非油性防尘口罩KN类。

（2）防毒面具：适用于有毒有害气体工作场所，可根据气体选择对应的滤毒罩。

（3）防噪耳塞（机）：保护人的听觉免受强烈噪声的损伤。广泛适用于有强噪声的工作场所。

（4）护目镜：防冲击，防飞溅，防粉尘，防紫外线。

（5）焊接面罩：适用于电焊焊接、打磨切割。

（6）防冲击面屏：适用于有飞溅的碎片、液体、化学药品和熔化的金属、辐射热等危险场所。

（7）正压式空气呼吸器：防止吸入对人体有害的毒气、烟雾、悬浮于空气中的有害污染物或在缺氧环境中使用。

（8）长管呼吸器：适用于密闭空间、缺氧和有毒有害气体环境。

（四）职业病的预防

1．职业病预防原则

职业病预防遵循三级预防的原则，以保护职业人群的健康。

（1）一级预防：改进生产工艺和生产设备，配备防护设施及个人防护用品，从根本上消除或减少工人接触的机会和程度。

（2）二级预防：定期进行工作场所职业危害因素检测，对接触职业病危害因素的劳动者定期进行职业健康检查，以期及早发现病损，及时处理。

（3）三级预防：如不幸罹患职业病，应明确诊断，积极治疗，合理促进康复，防止病情恶化。

2．常见职业病的预防

（1）粉尘引起的职业病预防。呼吸防护用品（图3-20）是防止缺氧和有毒、有害物质被吸入呼吸器官时对人体造成伤害的个人防护装备，是预防尘肺病的重要护具，常用的有防尘口罩和防毒面具。防尘口罩是从事和接触粉尘的作业人员必不可少的防护用品。防尘口罩只能防尘，防毒面具可以防护有毒气体、吸附气味，且防护性能更强，全面罩防毒面具可以防护呼吸系统、面部、眼睛等。

(a) 防尘口罩

(b) 防毒面具

图3-20　呼吸防护用品

要严格按照使用说明书佩戴防尘口罩，确保每次佩戴位置正确。必须在接尘作业中坚持佩戴，及时发现口罩的失效迹象，并进行及时更换。当防尘口罩的任何部件出现破损、断裂和丢失（如鼻夹、鼻夹垫），以及明显感觉呼吸阻力增加时，应废弃整个口罩。防尘口罩的任何过滤元件都不应水洗，否则会破坏过滤元件。使用过程若感觉其他不舒适，如头带过紧、阻力过高等，不允许擅自改变头带长度，或将鼻夹弄松等，应考虑选择更舒适的口罩或其他类型的呼吸器。

※ **拓展阅读** ※

防尘口罩的正确使用方法及步骤

第一步，洗手。在使用口罩之前，应先洗净手部，可以使用免洗洗手液进行手部消毒。

第二步，检查口罩。确保口罩没有明显破损或污渍，如有破损，应立即更换一只新的口罩。

第三步，展开口罩。将口罩展开，确保金属条位于鼻梁上方，褶皱部分朝外。

第四步，佩戴口罩。将口罩的下部覆盖住嘴和下巴，确保口罩紧贴面部，没有间隙，使用鼻夹或其他适配器调整口罩的贴合度，用双手的指尖轻轻按压口罩的金属条，使其紧贴鼻梁，以防止口罩滑落。

第五步，调整。用双手将口罩的上部和下部分紧紧压实，确保口罩与面部贴合良好，没有明显空隙。

第六步,佩戴时间。防尘口罩的佩戴时间一般不超过4小时,如果口罩变湿、变脏、呼吸困难或有异味,应及时更换新的口罩。

第七步,摘除口罩。在摘除口罩之前,应再次洗净手部,从后部抓住口罩带子或耳挂,避免触摸口罩本体,以免污染手部,将口罩从后向前拉下,同时避免接触到口罩内部。

第八步,处理口罩。将已使用的口罩放入密封袋中或直接丢弃于有害垃圾桶内,注意不要将口罩随意丢弃在公共场所。

以上是防尘口罩的基本使用方法,确保正确佩戴和使用口罩对于防护效果至关重要。

(2) 噪声引起的职业病预防。噪声引起的职业病是指劳动者在工作场所中,因接触噪声而引起的疾病。根据国家《职业病分类和目录》,噪声引起的职业病主要如下。

① 职业性噪声聋:长期接触噪声,导致听力损伤,最终导致耳聋。

② 爆震聋:由于突然发生的强烈噪声对听力的急性损伤,导致听力丧失。

③ 职业性噪声性听力损失:长期接触噪声,导致听力逐渐下降,但尚未达到职业性噪声聋的程度。

劳动者在工作中接触噪声,应采取相应的防护措施,如佩戴耳塞和耳罩(图3-21)等,以减少噪声对听力的影响。

图3-21 耳塞和耳罩

※ 拓展阅读 ※

护耳器的正确使用方法与步骤

(1) 耳塞。发泡棉式的耳塞应先搓压至细长条状,慢慢塞入外耳道,待它膨胀后封住耳道。佩戴硅橡胶成形的耳塞,应分清左右塞,不能弄错;插入外耳道时,要稍微转动放正位置,使之紧贴耳道内。耳塞分多次使用式及一次性两种。前者应定期或按需要清洁,保持卫生;后者只能使用一次。戴后感到隔声不良时,可将耳塞缓慢转动,调整到效果最佳位置为止。如果经反复使用效果仍然不佳,应考虑改用其他型号、规格的耳塞。多次使用的耳塞会慢慢硬化失去弹性,影响减音功效,因此,应做定期检查并更换。

(2) 耳罩。使用耳罩时,应先检查罩壳有无裂纹和漏气现象,佩戴时应注意罩壳的方位,顺着耳郭的形状戴好。将耳罩调校至适当位置(刚好完全盖上耳郭)。调校头带张力至适当松紧度。定期或按需要清洁软垫,以保持卫生。用完后存放在干爽位置。耳罩软垫也会老化,影响减音功效,因此,应做定期检查并更换。

无论是戴耳塞,还是戴耳罩,均应在进入有噪声工作场所前戴好,工作中不得随意摘下,以免伤害鼓膜。休息时或离开工作场所后,到安静处才摘掉耳塞或耳罩,让听觉逐渐恢复。

专题活动

职场安全大辩论

一、活动目标

学生通过所学知识对相关辩题进行辩论,强化对职业健康的认识和理解。

二、活动准备

多媒体教学设备、辩论赛PPT、计时器。

三、活动流程

(1) 教师在屏幕上呈现辩题。

正方:职业生理健康比职业心理健康更重要

反方:职业心理健康比职业生理健康更重要

(2) 班级同学根据所学知识,形成正方与反方。

(3) 依据辩论规则,正反双方委派发言人交替进行观点陈述。

(4) 正反双方总结发言。

(5) 教师点评:根据现场辩论,对双方同学的观点进行现场点评。评选出本场辩论的最佳辩论员和获胜方。

(建议用时:30分钟)

【课后思考】

1. 什么是职业病?我国有哪些职业病分类?
2. 简述防尘口罩的正确使用方法及步骤。

第二部分

融入职场

第二部分

扁中人心

模块4　职业形象与职业礼仪

哲人隽语

人无礼则不生,事无礼则不成,国家无礼则不宁。

——《荀子·修身》

模块导读

　　形象礼仪是个体在日常生活中展示给他人的一种非语言性的交往形式,它涉及个人的仪表、仪态、举止等多个方面。恰当的礼仪不仅能展示个人的风度和魅力,更能通过细致入微的行为彰显个体的内涵和修养。在个人形象的塑造上,形象礼仪扮演着至关重要的角色,它使得个人在社交场合中能够给人留下深刻而良好的第一印象。形象礼仪同样是提升职业素养不可或缺的一环。无论是商务会议、谈判合作还是日常办公,得体的着装、优雅的举止、礼貌的言谈都能展现出个人的专业素养和职业精神。职业形象与礼仪是进入职场后在人生价值、职业理想、个人追求等方面与社会进行沟通交流并为之运用发展的有效途径。

能力目标

1. 了解职业形象、职业礼仪的概念及意义。
2. 熟悉职场中对形象、服饰和姿态的基本要求。
3. 了解求职形象与基本礼仪规范,掌握提升个人职业形象的途径方法。
4. 能够运用化妆修饰技巧和面试时的妆容规范。
5. 能够在不同的场合选择符合要求的妆容和服饰,在面试时选择合适的服饰。
6. 掌握介绍礼仪、名片礼仪和常用办公礼仪。
7. 掌握应聘面试流程及注意事项。
8. 能够运用面试礼仪举止规范。

4.1　职业形象

【引入案例】

毁掉客源的职业形象

　　一天,黄先生与两位好友小聚,来到某知名酒店。接待他们的是一位五官清秀的服务员,接待服务工作做得很好,可是她面无血色,显得无精打采。黄先生一看到她就觉得心情欠佳,仔细留意才发现,这位服务员没有化工作妆,在餐厅昏黄的灯光下显得病态十足。上菜时,黄先生又突然看到服务员涂的指甲油缺了一块,他的第一个反应就是"不知是不是掉我的菜里了",但为了不惊扰其他客人用餐,黄先生没有将他的怀疑说出来。用餐结束后,黄先生唤柜台内服务员结账,而服务员却一直对着反光玻璃墙面挤压自己的痘痘,丝毫没注意到客人的需要。自此以后,黄先生再也没有去过这家酒店。

分析: 职业形象是在特定的职场中体现专业性和职业素养的仪表仪容,案例中的酒店服务员在工作场所中未按规定化工作妆,导致略显病态,致使顾客用餐存在不安全的体验,残缺的指甲油和当众挤压痘痘的行为让顾客产生不卫生的感觉。服务员不专业的职业形象致使这家酒店在无形中丧失了客源。

一、职业形象概述

(一)职业形象的含义

职业形象泛指职业人在公众面前树立的形象,包括外在形象、品德、修养和职业态度等。外在职业形象并不是指一个人的外貌长相和穿衣打扮,而是指通过衣着打扮、言行举止反映自己的个性、形象及给公众所留的印象,是个人与其职业相适应并在公众面前树立起来的能反映其内在气质和职业特点的外在形象及举止行为。

(二)职业形象对职业发展的意义

每个职业都有其特定的职业形象。高雅有品质的职业形象不但能够展示个体的能力、专业水平和社会地位,还可以使人在求职、社交活动中彰显自信与尊严,对职业成功具有比较重要的意义。职业形象和个人的职业发展有着密切的关系。

(1)展现性格特征。企业在招聘员工时对应聘者职业形象的关注程度远远超过我们的想象。他们觉得那些职业形象不合格、职业气质差的员工不容易在众人面前获得较高认可度,不容易在与人合作过程中产生较好的工作效果。

(2)影响工作业绩。沟通所产生的影响力和信任度来自语言、语调和形象三个方面,其中形象所占的比例最大,影响最深。塑造和维护高雅文明的个人形象就成为当今即将步入职场的高职院校学生的必修课程。

(3)助推职业生涯。职场员工的职业形象在很大程度上影响着企业的发展和进步。只有真正意识到了个人形象与修养的重要性,才能体会到高雅文明的个人形象在职业中所带来的美好精神风貌和现实意义。

二、职业仪容

仪容是指一个人的自然外观容貌。仪容包括发部、面部、颈部、手部等。仪容的修饰与一个人的道德水平和审美情趣有关。讲究仪容就是对外观容貌进行必要的整理和修饰,使得仪容符合职业活动要求和礼仪规范。

(一)发型修饰

发型是仪容的重要组成部分,也是他人第一眼关注的地方,整洁得体的头发不但令人心情愉悦,更能给人留下美好的印象。修饰头发应做到以下几点。

（1）头发整洁。头发要常梳、常洗和常理，以保持头发整洁、光亮、有弹性。切忌使用异味洗发护发用品。当头皮出汗、出油、蓬垢时，一定要选择适合的洗护用品及时打理。

（2）长短适中。在塑造职业形象时，头发的长短和发型要符合职业、身份、个人条件、工作环境等因素，不同职业按照不同的标准和要求，以端庄、典雅为宜。男士头发的标准是前不覆额，侧不掩耳，后不及领；女士头发长度不宜超过肩部，必要时盘发、束发，不宜披散。

（3）适度美化。头发要勤于梳洗，可根据自己的发质和工作环境以及气候决定。中性头发每周洗两三次，干性头发每周洗一两次，油性头发最好每天洗一次。清洗头发的时候要注意洗发用品的选择，应选用高品质的弱碱性洗发用品，避免使用碱性过大的洗发用品。

（二）面部修饰

在职业中，仪容多指人的面容，作为最令人注目的地方，其美化修饰是非常重要的，必须予以重视。干净整洁的面部辅之以适当的修饰，会给人清爽宜人、淡雅美丽之感。

（1）修饰眼部。眼睛是心灵的窗户，是人际交往中被人关注最多的地方。修饰眼部要注意清洁眼睛。及时清除眼部分泌物，注意用眼卫生，预防眼部疾患。选择与佩戴眼镜时，应注意保持眼镜的清洁。

（2）修饰眉毛。眉毛应以自然美为主，依据脸型修理不同样式的眉形能使人的脸部显得轮廓分明。个别眉毛较粗浓的女生，或者眉毛较淡、形状不太理想者，可以请专业修眉师帮助美化修饰。

（3）修饰口部。要坚持早晚刷牙，保持口腔清洁无异味。与人交谈时要保持一定的距离，切勿口沫横飞。即将进入公共场合前，不要吃有刺激性气味的东西，必要时，可口含茶叶、口香液以祛除气味。适当呵护自己的嘴唇，防止嘴唇干裂、暴皮和生疮。

（三）肢体修饰

（1）修饰手部。在日常生活中，手需要与人接触或经常触碰物品，从清洁、卫生、健康的角度来讲，餐前便后、外出回来及接触各样物品后，都应及时洗手。手指甲应定期修剪，长度以不能从手心的正面看见为宜。

（2）修饰腿部及脚部。修饰腿部，应当注意细节的重要性。工作场所忌光腿和穿戴破损的丝袜，不暴露腿部。修饰脚部应注意以下几点：不裸露脚部；勤洗脚，勤洗鞋，勤洗袜，勤剪脚指甲。

（四）化妆修饰

化妆是生活中的一门艺术。一个人进入职场，适度化妆且得体，可以更好地展现职业人员的风采，特别是对于女性职员更是尊重别人的礼貌行为。职业妆需要塑造的是淡雅、自然、优雅、知性、颇具亲和力的整体造型，切忌过于前卫另类。面部化妆以眼部化妆为重点的重点、关键的关键。

1. 职业妆的基本要求

（1）修饰得体。在化妆时要注意适度矫正，以使自己化妆后能够恰当得体地提升美感,扬长避短。

(2) 真实自然。化妆要求美化、生动,更要求真实、自然,淡妆为主,少化浓妆。化妆的最高境界,是没有人工修饰的痕迹,显得天然美丽。

(3) 整体协调。高水平的化妆,强调的是整体效果,充分考虑到光线对化妆的影响力,使妆面、全身、场合、身份均较为协调,以体现出自己的不俗品位。

(4) 修饰避人。化妆应在无人之处,可在化妆间或洗手间进行。勿当众化妆,勿在异性面前化妆,勿残妆露面。

(5) 饰物适宜。遵守以少为佳、同质同色、符合身份的原则。佩戴饰物要考虑人、环境、心情、服饰风格、妆容等诸多因素的关系,力求整体搭配协调。

2. 化妆的原则

(1) 美化的原则。化妆意在使人变得更加美丽,因此在化妆时要注意适度修饰,扬长避短。在化妆时不要自行其是、任意发挥、寻求新奇。

(2) 自然的原则。自然是化妆的生命,化妆的最高境界是"妆成有却无"。要井井有条;讲究过渡,体现层次。

(3) 协调的原则。高水平的化妆,强调的是整体效果。第一,妆面协调;第二,全身协调;第三,身份协调。

(五) 职场仪容误区

(1) 妆容过重。有些人在职场中过分追求妆容的完美,使用了过多的化妆品或者化了过于明显的妆容,这可能会让人觉得不够专业,也可能会让人觉得过于张扬。

(2) 发型夸张。一些人可能为了追求时尚,选择了一些比较夸张的发型,比如过于鲜艳的颜色、奇异的发型等。这些发型可能会让人觉得不够稳重,也可能会分散他人的注意力,影响工作效率。

(3) 着装随意。尽管有些人认为在职场上应该穿着舒适,但是过于随意的着装可能会让人觉得不够专业。比如,穿着背心、短裤或者拖鞋等,可能会让人觉得不够重视工作。

(4) 配饰过多。有些人可能会在配饰上花费过多的心思,使用大量的饰品来装饰自己。然而,过多的配饰可能会分散他人的注意力,也可能会让人觉得不够专业。

(5) 指甲夸张。一些人可能会在指甲上花费过多的时间,使用过于鲜艳的颜色或者奇异的图案。这些指甲可能会让人觉得不够专业,也可能会分散他人的注意力。

总之,职场仪容应该以专业、大方、得体为主,避免出现过于夸张或者随意的仪容。同时,也应该根据不同的行业和企业文化来选择合适的仪容,以适应职场的要求。

案例 4.1

<h3 style="text-align:center">小李与小白</h3>

小李与小白是同学,两人应聘到一家公司。上班第一天,小李化了精致的妆容,身着一套深色职业套装;而小白身穿一套休闲服,脚踏运动鞋。第一天数十名新员工里,只有小李穿了正装。培训经理指派小李作为班长代表新员工发言,得到了领导的赏识,派到公司的重要部门报到。小白想不通,无论是能力还是容貌她都超过小李,为什么上班后却落

到了小李的后面呢?

分析：第一印象对职场新人来说非常重要。整洁适宜的职业着装作为事业成功的助推器，是职场人都应当认真对待与把握的，它关系到大家未来职场的走向，对于完善个人职业形象，提升个人职业素养大有裨益。

三、职业服饰

服饰是一种无声的语言，体现了一个人的社会地位、文化品位、艺术修养，以及为人处世的态度。正确得体的着装能体现个人良好的精神面貌、文化修养和审美情趣。良好职业形象的树立与正确着装有着密切的联系。

（一）着装场合区分

职业交际中所涉及的场合有三种：公务场合、社交场合、休闲场合。因每个人在年龄、性别、形体、职业等方面都有所不同，着装时必须考虑根据自己的个性选择最合适的服饰。不同的场合对服饰的要求有所不同，应视具体情况而定。

（1）公务场合。公务场合是指工作时涉及的场合，一般包括在办公室、会议厅及外出执行公务等情况。工作场合着装宜选择套装、套裙、工装、制服，也可以选择长裤、长裙、长袖衫。公务场合着装的基本要求是：端庄大方，得体保守。

（2）社交场合。社交场合是指在工作之余和共事伙伴或商务伙伴进行交往应酬的场合。社交场合着装的基本要求是：时尚得体，个性鲜明。宜穿礼服、时装、民族服装。这种社交场合所选择的服饰最好能衬托周围的环境，不宜过分庄重保守。

（3）休闲场合。休闲场合是指工作之余的活动场合，如健身运动、观光游览、购物休闲等场合。休闲场合着装的基本要求是舒适自然。适合选择的服装如运动装、牛仔装、沙滩装及各种非正式便装，如T恤、短裤、凉鞋、拖鞋等。

（二）着装"三服"要求

在职业装中涉及较多的三类服装是企业制服、男士西服和女士服装，简称"三服"，都有其不同的着装礼仪。

（1）企业制服。企业制服是指由某个企业统一制作，并要求某一个部门，某一个职级的员工统一穿着的服装。穿着制服时要保证制服的干净、整洁、完整，不允许出现制服又脏又破、随意搭配，以及制服与便服混穿的现象。

（2）男士西服。男士穿着西装时，衬衫的领子要挺括，不可有污垢、汗渍；下摆要塞进裤子里，系好领口和袖扣；里面的内衣领口和袖口不能外露。穿西装一般应系领带，领带结要饱满，与衬衫领口要搭配；长度以系好后大箭头垂到皮带扣为宜；领带夹在衬衫的第三粒与第四粒纽扣之间。皮鞋的颜色不应浅于裤子，最好选深色，黑皮鞋可以配黑色、灰色、藏青色西服，深棕色鞋子配黄褐色或米色西服，鞋要上油擦亮。袜子一般应选择黑色、棕色或藏青色，与长裤颜色相配。三件套的西装，在正式场合下不能脱外套。

（3）女士服装。办公室服饰应尽量考虑与办公室色调、气氛相协调，并与具体的职业分类相吻合。服饰的质地应尽可能考究，舒适方便，以适应整日的工作强度。较为正式的场合，应选择女性正式的职业套装或套裙；较为宽松的职业环境，可选择造型感稳定、线条感明快、富有质感和挺感的服饰。暴露、花哨、反光的服饰是办公室所禁忌的。

（三）职业姿态

姿态是人们在外观上可以明显地察觉到的活动、动作，以及在动作、活动之中身体各部分呈现出的样子。在人际交往中，优雅的姿态可以透露出自己良好的礼仪修养，增加不少好印象，进而赢得更多合作和被接受的机会，创造财富。

1．站姿

站立是职业交往中一种最基本的姿态，最基本也最常见（图4-1）。优美的站姿是保持良好体型的秘诀，也是训练优美体态的基础。男士站姿总要求是姿势挺拔，刚毅洒脱；女士则应秀雅优美，亭亭玉立。

（1）正规式站姿。抬头挺胸，立腰收腹，目视前方，双臂自然下垂，双腿并拢直立，两脚尖张开60°，身体重心落于两腿正中；男性也可两脚分开，比肩略窄，将双手合起，放在腹前或背后。

（2）工作场合站姿。主要包括垂直站姿、前交手站姿、后交手站姿、单背手站姿、单前手站姿。

2．坐姿

坐姿是静态的，指人在就座以后身体所保持的一种姿势。对大多数人而言，不论是工作还是休息，坐姿都是其经常采用的姿势之一。坐姿的基本要求是身体直立端正，神态从容自如，全身自然放松（图4-2）。

图4-1　标准站姿

图4-2　标准坐姿

（1）常态坐姿。入座时要轻要稳；面带笑容，双目平视，嘴唇微闭，微收下颚；双肩放松平正，两肩自然弯曲放于椅子或沙发扶手上；坐在椅子上，要立腰、挺胸，上体自然挺直；双膝自然并拢，双腿正放或侧放，双脚平放或交叠；坐椅子上，至少要坐满椅子的2/3，脊背轻靠椅背。

（2）工作场合坐姿。主要包括正襟危坐式、垂腿开膝式、双腿叠放式、双腿斜放式、双脚交叉式、双脚内收式、前伸后屈式。

3．行姿

在职业交往过程中，端庄文雅的走姿是最引人注目的身体语言，也最能展示一个人的气质与修养。走姿可以体现一个人的精神面貌，女性的走姿以轻松敏捷、健美为好；男性的走姿以协调稳健、刚毅为宜。

（1）行姿的基本要求。身体重心稍前倾，抬头挺胸收腹，上体正直，双肩放松，两臂自然前后摆动，脚步轻而稳，目光自然，尽量走出从容、平稳的直线。行走时应遵守行路规则，行人之间互相礼让。男女一起走时，男士一般走在外侧。

（2）行姿规范标准。头正收颌，双目平视，表情自然。两肩平稳，防止上下前后摇摆，双臂前后自然摆动。上身挺直，收腹立腰，重心稍前倾。两脚尖略开，脚跟先着地，两脚内侧落地。行走中两脚落地的距离大约为一个脚长，即前脚的脚跟距后脚的脚步一个脚的长度为宜。步速平稳，行进的速度应保持均匀、平衡，不要忽快忽慢。

4．蹲姿

蹲姿是由站立的姿势转变为两腿弯曲和身体高度下降的姿势。职业中蹲姿是人们在较特殊场合下所采用的一种暂时性的体态。虽然是暂时性的体态，仍需特别注意，因为正确恰当的蹲姿能够体现一个人的修养，不恰当的蹲姿有损形象。

（1）正确的蹲姿。①高低式蹲姿。男性选用这一方式时较为方便。其要求是：下蹲时，左脚在前，右脚在后。左脚应完全着地，小腿基本上垂直于地面；右脚则应脚掌着地，脚跟提起。此刻右膝低于左膝，右膝内侧可靠于左小腿的内侧，形成左膝高右膝低的姿态。臀部向下，基本上用右腿支撑身体。②交叉式蹲姿。交叉式蹲姿通常适用于女性，尤其是穿短裙的女性。它的特点是造型优美典雅，其特征是蹲下后两腿交叉在一起，如图4-3所示。其要求是：下蹲时，右脚在前，左脚在后，右小腿垂直于地面，全脚着地，右腿在上，左腿在下，二者交叉重叠；左膝由后下方伸向右侧，左脚跟抬起，并且脚掌着地；两脚前后靠近，合力支撑身体；上身略向前倾，臀部朝下。

图4-3　交叉式蹲姿

（2）女士蹲姿的注意事项。除上述内容以外，女士还要注意：无论是采用哪种蹲姿，都要切记将双腿靠紧，臀部向下，上身挺直，使重心下移；女士绝对不可以双腿分开而蹲；速度不可以过快或过猛。在公共场所下蹲，应尽量避开他人的视线，尽可能避免后背或正面向人。

职业仪容与仪姿的重要性在每个行业都有具体体现，良好的职业形象不仅仅体现了个人文化素养，还会产生积极的宣传效应，甚至还会弥补从业者的某方面不足。反之，不良的个人形象往往会令人生厌，即便是一流的技术与硬件设施也无法给他人留下好的印象。个人形象会代表企业形象，反映组织管理与服务水平，甚至还会展现国家精神风貌。完美的职业形象无异于赢在从业的起跑线上，良好的职业形象会使我们更容易在各自的职场当中收获成功。

案例 4.2

王小姐的着装

经理派王小姐到南方某城市参加商品交易洽谈会。王小姐认为这是领导的信任,更是见世面长本领的好机会。为了这次任务的成功完成,王小姐进行了精心细致的准备。当准备完毕各种业务后,她开始为选择什么形象参与会议才合适犯愁了。经过认真的思考,根据对商务形象的认识,她塑造的形象是:身着浅红色吊带上装和白色丝织裙裤,脚上是白色漆皮拖鞋,一头乌黑的长发飘逸地披散在肩上,浑身散发着浓郁的香水味道。王小姐认为这样既能突出女性特点,清新靓丽,又具有时代感。她相信自己的形象一定能赢得客商的青睐。结果,出席会议的那天,王小姐看到参会的人们时顿时觉得很尴尬,男士们个个都是西装革履,女士们都穿的是职业装,唯独王小姐穿的是具"有时代感、清新靓丽"的服装。整个会议开下来,王小姐神情都特别不自然。

分析:在不同的场合有不同的着装要求。在正式的场合应着正装,娱乐场合中我们应该以休闲装为主。选择着装时,还要考虑到自己的年龄、身份、地位。王小姐在正式的会议场所,应选择简洁干练的职业装,而非吊带、裙裤和拖鞋,不合时宜的着装导致王小姐异常尴尬,也降低了别人心目中对自己和公司的评价。

专题活动

塑造专业形象,展现职场魅力——商务着装实践

一、活动目标

(1) 了解商务场合的着装要求和搭配技巧,掌握不同场合下的着装原则。
(2) 学习基本的商务礼仪,包括会面礼仪、交谈礼仪、餐桌礼仪等。
(3) 通过模拟演练,提高学生的职业素养和应变能力,展现个人魅力。

二、活动流程

(1) 将学生分成若干小组,每组扮演不同的角色,如主持人、发言人、参会人员等。
(2) 在模拟场景中,学生需要按照不同的角色进行着装,按照商务礼仪的要求进行实际操作。
(3) 展示过程 5 分钟,进行展示。
(4) 评价总结 5 分钟,互评总结。

具体考核标准如表 4-1 所示。

表 4-1 商务着装具体考核标准

序号	评价标准	描述	评估方法	最高分数/分
1	着装规范性	学生是否按照商务场合的着装规范进行着装	观察学生的着装,检查是否符合商务场合的着装要求	10
2	整洁度	学生着装的整洁程度	观察学生衣物的干净程度,检查是否有污渍、破损或褶皱	10
3	搭配协调性	学生着装的色彩、款式搭配是否协调	评估学生的服装搭配是否合理、得体以及符合商务场合的审美标准	10

续表

序号	评价标准	描述	评估方法	最高分数/分
4	创新意识	学生在商务着装中是否展现出个人风格和创新意识	评估学生的着装是否能够在遵循规范的同时,展现出个人特色和创意	10
5	适应性	学生能否根据不同商务场合调整自己的着装	考查学生在不同商务场合下是否能做出适当的着装调整,展现出适应性	10
6	礼仪意识	学生是否了解并遵守商务着装的礼仪要求	通过观察或提问,检查学生对商务着装礼仪的了解程度和遵守情况	10
7	反馈与互动	学生在实践训练中的反馈和互动情况	收集学生对实践训练的反馈意见,评估其对商务着装的理解和态度,并观察其是否积极参与互动	10
8	学习与进步	学生在实践训练中学习商务着装知识和技巧的能力及进步情况	观察学生在学习过程中的进步,如着装知识的增加、搭配技巧的提升等	10

三、活动总结

模拟演练结束后,进行总结和反思。首先由学生分享自己在模拟演练中的体验和感受,以及遇到的困难和挑战。其次,教师对整个模拟演练过程进行总结和评估,指出学生在商务礼仪和着装方面的优点和不足。最后,可以提出针对性的提升建议和改进措施,帮助学生在未来的商务活动中更好地展现自己的职业素养和魅力。

(建议用时:40分钟)

【课后思考】

1. 请你讲讲职业形象有何意义。
2. 请你陈述一下职场中对形象、服饰和姿态的基本要求。
3. 讨论一下提升个人职业形象的途径方法。

4.2 职业礼仪

【引入案例】

最好的介绍信

一位先生要雇一个没带任何介绍信的小伙子到他的办公室做事,先生的朋友挺奇怪。先生说:"其实,他带来了不止一封介绍信。你看,他在进门前先蹭掉脚上的泥土,进门后又先脱帽,随手关上了门,这说明他很懂礼貌,做事很仔细;当看到那位残疾老人时,他立即起身让座,这表明他心地善良,知道体贴别人;那本书是我故意放在地上的,所有的应试者都不屑一顾,只有他俯身捡起,放在桌上;当我和他交谈时,我发现他衣着整洁,头发梳得整整齐齐,指甲修得干干净净,谈吐温文尔雅,思维十分敏捷。难道你不认为这些小节是最好的介绍信吗?"

分析：良好的职业礼仪是建立专业形象的基础。通过得体的着装、言谈举止和待人接物的方式，可以展现出个人的专业素养和职业态度。这种形象不仅能够帮助个人在职场中赢得尊重和信任，还能够提升个人的职业形象和品牌价值。良好的职场礼仪能够促进信息的顺畅传递，减少误解和冲突。通过倾听、给予尊重和礼貌地回应他人，可以建立起积极、和谐的工作氛围，增进别人的信任与好感。案例中的小伙子就是通过良好的职业礼仪获得了较好的职场介绍信。

一、职业礼仪概述

（一）职业礼仪的含义

职业礼仪是指人们在职业场所中应当遵循的一系列礼仪规范。掌握并恰当运用职场礼仪规范，将有助于完善和维护从业者的职业形象。职场礼仪不仅可以有效地展现一个人的教养、风度、气质和魅力，还能体现一个人对社会的认知水平、个人的学识、修养和价值。通过职场礼仪在复杂的人际关系中保持冷静，按照规范要求在多变的职场环境中约束行为，通过礼仪细节在漫长的职业成长中完善自我，从而推动个人事业不断前进。

（二）职业礼仪对职业发展的作用

（1）营造良好人际关系。本着真诚友善、和谐平等、互帮互助、自信自律、诚实守信的职场礼仪原则，用礼仪规范约束个人行为。通过学习礼仪知识，掌握人际交往技巧，积累交往经验，在职场交往过程中学会遵循社会礼仪的基本原则，有利于营造良好的人际关系。

（2）提高社会适应能力。职业礼仪教育可指导从业者换位思考，在礼仪教育的过程中学会如何做人做事，从而提高个人社会适应能力。礼仪素养也逐渐成为用人单位在招聘过程中综合素质考核的重要因素。在应聘过程中得体的着装与谈吐、优雅的举止与风度，无疑是应聘者迈向工作岗位的重要基石。

（3）促进事业和谐发展。学习基本的职场礼仪规范和知识，能帮助求职者培养良好的道德情操和优雅的礼仪风度，纠正不正确的行为习惯，帮助防止不正当行为的发生和发展。强化个人自我约束和自我管理能力，规范个人职场行为，在职场中考虑他人心理反应，提升工作质量，促进事业和谐有序发展。

案例 4.3

国际舞台展风采

某次，国内一家知名科技公司的李经理受邀参加一个在国际会议中心举办的重要商业洽谈会。这不仅仅是一个简单的商业会议，更是一次国际公司形象、团队素质及商业策略的较量。李经理深知这次会议对公司来说意义重大，因此他早早地开始准备。

李经理明白，在国际场合，时间观念尤为重要。因此，他不仅提前半小时到达了会场，还对会场的布局、座位安排等进行了详细的了解。当其他代表陆续到达时，他已经坐在了自己的座位上，准备就绪。

会议开始后，李经理时刻保持高度的专注。他不仅仅是在听发言者的内容，更是在观察发言者的肢体语言、表情等细微之处,以捕捉更多的信息。在会议中,每当有其他代表发言时,他都会给予充分的注意,并在需要时做出积极的回应。

在发言过程中,李经理时刻关注着与会者的反馈。当发现某些内容可能引起误解或疑问时,他会立刻进行解释或补充。同时,他也鼓励与会者提出问题和建议,与他们进行了深入的互动和交流。

会议结束后,李经理并没有急于离开。他主动与其他代表交换了名片,并与他们进行了进一步的交流。这不仅展现了他的礼貌和职业素养,更为公司赢得了更多的合作机会和潜在的商业伙伴。

最终,李经理的出色表现赢得了与会者的一致好评。这次会议不仅为公司带来了商业上的成功,更为其在国际舞台上赢得了良好的声誉。

分析:李经理在国际商业洽谈会上的表现堪称职场礼仪的典范。他有严谨的时间观念,展现了他对会议和其他代表的尊重;始终保持专注的态度:会议过程中,李经理始终保持着高度的专注,这不仅是对发言者的尊重,更是自己职业素养的体现;李经理的发言条理清晰、逻辑严密,充分展现了他对商业策略、技术优势的深入了解。在发言过程中,时刻关注与会者的反应,及时调整自己的发言内容和方式,这展现了他高超的应变能力和职业素养。会议结束后,他主动与其他代表交换名片,并进行深入的交流,这体现了他的国际视野和前瞻性。

二、社交礼仪

(一)沟通礼仪

沟通作为两人及多人交流的基本方式,是社会交往最广泛使用的形式之一。沟通的底线原则是尊重他人与自我谦和,一个善于沟通交流且熟练掌握沟通礼仪的从业者,本身就具备了取得职场成功的先决条件。

(1)语言恰当。语言表达清晰流畅,准确表达思想意图;沟通过程亲切友好,给沟通双方良好体验;谈话有节,适度幽默,时间把控有度。

(2)举止得体。适度修饰仪表,保持整洁外表;姿态优美放松,手势运用适当;礼貌进退,表情得当,无过分多余动作。

(3)距离适当。社交距离为0.5~1.5米,礼仪距离为1.5~3米。

(4)认真倾听。正确使用规范化交流语言,淡化双方之间的陌生感,消除对方的抵触情绪;认真倾听交谈者的表述,不随意打断他人谈话。

(二)称呼礼仪

称呼作为思想语言交流的基本组成,不仅仅体现了双方的角色,同时也反映出了人与人的亲疏远近。恰当的称呼是语言交流得以顺利进行的重要条件,相反则会造成阻碍,留下不愉快的印象,给以后的交往带来不良的影响。

(1)符合身份。当清楚对方身份时,可以以对方的职务或身份相称;如不清楚对方身份,可以以性别相称,如"某先生""某女士"。

(2)符合年龄。称呼长者时,务必尊敬,不可直呼其名;称呼同辈人时,可称呼其姓名，熟识后也可去掉姓称其名；称呼晚辈时，可在其姓前加"小"字，或直呼其名。

(3) 遵循一定顺序。多人打招呼时，应遵循长幼有序、先上后下、先近后远、先女后男、先疏后近的原则。

(三) 介绍礼仪

介绍作为日常交流与社交活动的重要方式，是人与人沟通的第一步。正确利用介绍，不仅可扩大朋友圈、交际圈范围，更有助于进行自我展示和自我宣传。

(1) 介绍他人。应遵循把男性介绍给女性，把后来者介绍给先到者的原则；应遵循把晚辈介绍给长辈，把职务低者介绍给职务高者的原则；介绍双方时，应提前和双方做好意图说明，给予双方思想准备；要举止文雅，介绍一方的同时，目光要照顾到另一方，如图4-4所示。

(2) 自我介绍。在社交场合要寻找适当时机进行自我介绍，应突出自己的优点和特点；自我介绍时，语言应简单流畅，切勿自吹自擂，保持谦逊有礼；应以站立姿态为佳，举止端庄大方，表情友好亲切。

(四) 名片礼仪

(1) 出示名片。男性递给女性，职务低的人递给职务高的人；如多人在场，应按照顺时针方向依次递送，切勿越过他人；递送名片时，应保持微笑，上身前倾，注视对方，双手奉上；递送名片应把握好时机，初次见面时，边自我介绍边出示名片，双方交谈时，主动奉上名片表示希望日后联系；结束会面时，送上名片可加深对方印象，如图4-5所示。

图4-4 介绍他人

图4-5 出示名片

(2) 接受名片。接受名片时，应起身相迎，双手接过，态度恭敬；接受名片后，仔细浏览一遍，表示对对方的尊重；浏览名片后，要在现场妥当收藏，切勿随手放置或随意把玩，在接受对方名片后,要回敬对方一张名片。如当时未携带名片,应表示歉意后,及时做出解释,切莫没有反应。

(3) 索要名片。向他人索要名片时,可主动提议交换名片,并先将自己的名片递出,态度要诚恳主动;面对他人索要名片时,一般不应直接拒绝,如确有必要,可委婉表达,同时需注意分寸。

(4) 注意事项。注意名片是否存在残缺褶皱;不宜涂改名片,印刷字迹清晰;不宜头衔过多,内容真实可靠。

案例 4.4

大意失荆州

一位国家经济贸易委员会的处长王女士奉派随团出访,前去欧洲开展招商引资工作。出国之前她更换了电话和住址,却忘记重新印制一套名片。来到国外,由于人生地不熟,再加上时间紧迫,王女士来不及印制新名片。所以,每到送名片的时候,为了留下自己的电话和住址,她赶紧在名片上临时用钢笔加注了上电话号码和地址。半个月跑下来,王女士累得精疲力尽,却未见有外商与其有过实质性接触。后来经人指点,才明白问题出在哪儿。原来原因就出在她自己奉送给外商的名片上。为了图省事,王女士临时用钢笔在自己的名片上加注了电话号码和联系地址,可是在外商看来,名片犹如一个人的"脸面",对其任意涂涂改改,加加减减,只能表明她的为人处世敷衍了事,马马虎虎。

分析:商务交往中,名片是从业人员的形象大使,内容应真实有效,文字应简要精练,设计上应大方别致,要符合职业和个人形象。王女士不该在代表一个人的"脸面"的名片上胡乱涂改,给人造成马虎大意、不注意形象的印象,导致业务冷淡,影响工作的开展。

三、办公礼仪

(一) 办公室基本礼仪

办公室既是办公的公共场所,又是展示企业文化与综合软实力的良好途径。从业者严格遵守办公室礼仪规范,既能展示职业形象,同样还可以折射出自身良好职业素质。

(1) 办公室礼仪要求。办公室陈设应以整洁、便捷、高效为标准;保持办公桌上物品摆放有序,不摆放无关物品;每日擦拭办公室,及时清理废物;文件按时分类归档,做好个人计算机的保密工作。

(2) 办公室言谈举止。姿态端庄优雅,精神积极向上;遵守规章制度,注重文明礼貌;讲话音量适中,严禁嬉笑打闹;区分公事私事,恪守职业道德。

(二) 办公区域内基本礼仪

相对从业者而言,办公环境较为固定。无论是在办公区域还是使用办公设备都应遵守礼仪规范,以便更好地展示个人素养与企业形象。

(1) 电梯礼仪。遵循次序,切勿强挤;帮助他人,展现风度;侧身挪动,保持安静。

(2) 会议室礼仪。提前预约，及时归还；保持整洁，恢复陈设；清理资料，关闭设备。

(3) 使用办公设备礼仪。节约使用，杜绝浪费；先后有序，公私分明；避免遗失，严禁泄密。

(4) 食堂用餐礼仪。按时就餐，选取适度；轻拿轻放，保持卫生；餐具归位，清理残食；相互礼让，及时离位。

（三）办公人际关系礼仪

办公室人际关系是指办公室内部工作人员之间的相互关系，良好的办公室人际关系有利于整体团队建设，同样是从业者提升修养的有效手段。

(1) 与上司的相处礼仪。尊重上级领导，不越权不越级；注重场合礼节，把握适度原则；汇报及时准确，内容条理清晰；及时完成任务，主动反馈信息。

(2) 与同事的相处礼仪。尊重他人隐私，保持平等谦虚；注重交往分寸，切莫谈论私事；尊重他人成果，借物及时归还；处理负性情绪，厘清个人往来。

(3) 与下级的相处礼仪。尊重独立人格，听取意见建议；批评就事论事，帮助改正错误；宽容胸怀以待，切勿迁怒他人；勇于承担责任，培养提携下属。

(4) 与宾客的相处礼仪。主动热情接待，谈吐大方有节；确认访者身份，明确来访意图；按照职责分配，协助办理事宜；拒绝收受礼赠，恪守保密原则。

四、通信礼仪

（一）传统通信工具礼仪

1. 电话通信礼仪

(1) 礼貌接听。电话铃响两遍就接，不要拖时间。拿起呼筒第一句话先说"您好"。如果电话铃响过四遍后，拿起听筒应向对方说"对不起，让您久等了"，这是礼貌的表示，可消除久等的不快。如果电话内容比较重要，应做好电话记录，包括单位名称、来电人姓名、谈话内容，以及通话日期、时间和对方电话号码等。如对方要找的人不在，不要随便传话以免不必要的误解。如必要，可记下其电话、姓名，以便回电话。

(2) 态度礼貌。电话的问候语会直接影响对方对你的态度、看法。通电话时要注意尽量使用礼貌用词。说话态度要和蔼，语言要清晰，既不装腔作势，也不娇声娇气。这样说出的话哪怕只是简单的问候，也会给对方留下好印象。只要脸上带着微笑，自然会把这种美好的、明朗的表情传给对方。

(3) 时间选择。打电话时，应礼貌地询问："现在说话方便吗？"要考虑对方的时间。一般往家中打电话，以晚餐以后或休息日下午为好；往办公室打电话，以上午 10：00 左右或下午上班以后为宜，因为这些时间比较空闲，适宜交流。

(4) 结束通话。挂电话前的礼貌用语也不应忽视。挂电话前，向对方说声"请您多多指教""抱歉，在百忙中打扰您"等，会给对方留下好印象。

(5) 私人电话。办公场合尽量不要打私人电话，若在办公室里接到私人电话，尽量缩短通话时间，以免影响其他人工作和损害自身的职业形象。

2．邮件通信礼仪

（1）主题简明。邮件主题不要含糊其词，字数越少越好。

（2）内容得体。正文条理清晰，标点符号运用得当。除"您好"和"谢谢"要用感叹号以外，其他都不用感叹号，因为在书面语和电子邮件的沟通中，感叹号代表情绪过于激动，与公务交流不相适宜。

（3）称呼准确。写称呼一定要把对方的职位和姓氏写出来。如果不清楚职位，可以用姓氏加先生或者女士。如果十分熟悉，可以用双方都习惯的称呼方式，但这种称呼方式仅限于非正式邮件。正式邮件必须要在姓氏后加职位，通常要用"您好"，而不是"你好"。如果用"你好"，有一种平级的关系，既不谦虚，也不太礼貌。

（4）结束落款。写完正文之后，落款一定要写上自己的部门和日期，该说的一些感谢的话也要说，加上落款，就是一封完整的邮件。

3．短信通信礼仪

（1）称谓恰当。无论以何种形式与他人进行沟通和交流，正确的称谓都尤为重要，见字如面。

（2）首句映题。内容一定要简单扼要、简短精悍，在首句中即反映出主题，帮助接收方及时高效地读取信息。

（3）内容简洁。尽可能用一条信息容纳全部信息，如多项内容需要按条列出，避免一句话一发送，一件事一发送。

（4）尾语设置。如果是比较重要的事情，可在结尾处注明："收到请回复，谢谢！"如果没有收到回复，有必要打个电话确认对方是否收到信息。特殊的公务短信如通知，应使用专用尾语"特此通知"，以示规范和严谨，如无以上需求，可写明"以上是×××全部内容"。

（5）署名规范。如所发送的内容属于工作事务的公务短信，结尾署名需要较为正式和规范，具体可参考公文写作格式。

（二）新型通信工具礼仪

1．QQ通信礼仪

（1）工作QQ与私人QQ相区分，办公QQ只交流办公事宜，且不可发布与工作无关的个人信息。需添加他人为好友时，应备注好个人信息，以方便对方确认。

（2）使用QQ工作群时，应按群名片要求填写，群昵称的一般格式为"部门+真实姓名"，与其他群成员交流时，应文明礼貌、相互尊重。

（3）及时查看QQ消息并给予回复，发送消息前应仔细检查，以免造成不必要的误解。一般不宜使用"抖动"功能催促对方，尽量不使用QQ表情作为回复内容。

（4）主动与对方发起对话时，应以"你好"或"请问"等礼貌用语作为开始，在简单作完自我介绍后，和盘托出要说的事情或问题，发送内容应简洁、明了。对方回复后，应第一时间表示感谢。

（5）发送文件时，应提前告知对方，在确认对方方便接收的情况下，再进行传输。如要发送大文件,应将文件压缩后传送,以便节省对方接收时间。

2. 微信通信礼仪

(1) 使用微信作为办公交流工具前,应提前整理个人信息,充分展示自身较高职业素养的一面,还可设置一张职业感强的本人照片作为头像,增强辨识度。

(2) 虽然微信沟通即时便捷,但在发送微信时也应尊重对方作息时间,同时控制数量;如有紧急问题需要及时处理,应采取电话沟通方式,切勿一味等待,以免耽误重要事情。

(3) 及时查看消息并给予回复,文本发送前要检查无误,尽量避免撤回。如发送文本出现错误,发现后应第一时间补发一条信息进行解释。文本内容应简洁、有针对性,可配以图片加以辅助说明。

(4) 发送工作信息时,最好避免使用语音功能,如一定要使用,请选择安静的环境,并做到口齿清晰,语速得当。同样,在接收语音消息时也应小心谨慎,尽量减少使用外放功能,严禁泄露交谈信息。

案例 4.5

不知所"错"的小贺

在一个秋高气爽的日子里,迎宾员小贺,着一身剪裁得体的新制服,第一次独立地走上了迎宾员的岗位。一辆白色高级轿车向饭店驶来,司机熟练而准确地将车停靠在饭店豪华大转门的雨棚下。小贺看到后排坐着两位男士,前排副驾驶座上坐着一位身材较高的外国女宾。小贺快步走上前,以优雅姿态和职业性动作,先为后排客人打开车门,做好护顶姿势,并目视客人,礼貌亲切地问候,动作麻利而规范、一气呵成。

关好车门后,小贺迅速走向前门,准备以同样的礼仪迎接那位女宾下车,但那位女宾满脸不悦,使小贺茫然不知所措。通常后排座为上座,一般凡有身份者皆此就座。优先为重要客人提供服务是饭店服务程序的常规,这位女宾为什么不悦?小贺错在哪里?

分析:对于职场人士来说,具备专业的职场礼仪知识,并能做到根据不同的职场环境运用不同的沟通技巧,展现自己专业的职业素养,往往会让个人事业如鱼得水。尊重妇女是一种社会公德。在西方国家流行着这样一句俗语——"女士优先"。在社交场合或公共场所,男子应经常为女士着想,照顾、帮助女士。迎宾员小贺未能按照国际上通行的礼仪做法先打开女宾的车门,致使那位外国女宾不悦。

🔍 专题活动

商务场合中的职业礼仪实践

一、活动目标

通过实践活动,使学生深入了解并掌握商务场合中的职业礼仪,提升个人形象,增强职场竞争力。

二、活动流程

(1) 角色分配。在活动开始之前,根据学生的兴趣和特长,将他们分为不同的小组,并为每个小组分配具体的商务场景角色,如会议组织者、与会者、谈判代表、接待人员等。

(2) 场景设定。为每个小组设定一个具体的商务场景,如商务会议、商务谈判、商务接待等。

(3) 展示15分钟。每个小组自定场景,展示时介绍场景资料和准备过程,如会议议程、谈判议题、接待流程等。

(4) 评价总结10分钟,互评总结。

职业礼仪具体评价标准如表4-2所示。

表4-2 职业礼仪具体评价标准

序号	评 价 标 准	标准分值/分	评分/分
1	自我介绍与为他人介绍顺序清晰	10	
2	称呼、问候、握手、递名片等礼节规范	20	
3	迎接礼仪手势正确,语言、神态协调	15	
4	接打电话礼貌用语得当	15	
5	服饰得体,符合商务场合要求	20	
6	态度积极,表情自然,体现自信	20	
	合计	100	

三、活动总结

(1) 分享经验:在模拟演练结束后,学生进行经验分享,如在演练中的体会、遇到的困难和解决方法等。

(2) 反思与改进:教师对学生展示进行点评。学生需要对自己的表现进行反思和总结,找出自己在职业礼仪方面的不足和需要改进的地方。同时,他们也需要制订具体的改进计划,明确下一步的学习目标和行动计划。

(建议用时:30分钟)

【课后思考】

1. 陈述职场礼仪的基本原则。

2. 讨论在职场中正确使用职业礼仪的注意事项。

4.3 求职面试的礼仪

【引入案例】

失败的面试

科研机构招聘科研人员,由于待遇优厚,应者如云。某高校李云同学化着浓妆,穿着时尚前往面试。只见她挽着同宿舍的张某袅袅婷婷地步入科研机构面试大厅,进入前她又掏出化妆盒补了一下妆。进入面试所在的屋子后,她径直坐在考官面前的椅子上。主考官问她有什么特长,她说在学校是公关部长,有能力组织各种文艺活动,说着将她想给主考官看的资料从包里拿出来,在包里翻了半天,好不容易找到了,结果拿出来的时候将她的化妆品也带出来了,撒了一地,考官们面面相觑。

分析:除去学历及专业原因,从职业形象角度来观察,李云同学此次面试注定失败。李云同学面试时妆容过于浓重,衣着不符合职场要求,且不应该在面试的时候带伙伴,表明她缺乏自信。她不应该在面试的大厅里补妆,在进入面试场所后未向考官问好,且未征得考官同意就擅自坐下,都体现了她不懂职场礼仪,没有修养。并且她回答的特长与所要应聘的岗位能力要求不符合。另外,她对应聘时自己的准备物品存放得不合理,杂乱无章,忙中出错,给人留下极其不好的印象。套裙最好不要高过膝盖3厘米,穿丝袜,配一双系带皮鞋,不宜穿高跟鞋。化淡妆,不留长指甲,最好涂自然色的指甲油。不可携带与面试无关的东西进入面试室。

一、求职仪容要求与礼仪规范

(一) 形象服饰

面试过程中,个人形象绝对不容忽视,第一印象的好与坏,会给面试官留下深刻印象。面试官也会根据个人形象对应聘者的学识、品位、修养、习惯等做出最初判断。

1. 着装原则

(1) TPO原则。T表示时间原则,即服饰打扮应根据不同时段决定;P表示地点原则,即服饰打扮应与具体场合相协调;O表示目的原则,即服饰打扮给人留下的最终印象,并通过所选服饰充分展示传达出应聘者的价值取向、文化修养、审美品位等个人信息。

(2) 整体性原则。面试着装应端庄得体、干练精明、朴素大方、温文尔雅,保持整体协调统一,在穿着方面应表现出稳重、大方、干练及富有涵养的个人形象,如图4-6所示。

(3) 整洁原则。应聘者在任何情况下,衣着均应保持干净整洁。具体而言,要忌残破、忌褶皱、忌脏乱。衣服的领口、袖口处不能沾有污渍,不能有开线、破洞,扣子、配饰应配备齐全。

图4-6 求职形象

2. 男性注意事项

头发清洁整齐,长短适中,发色庄重;着单色衬衫,西装以素色为宜,穿着前应熨烫笔挺;领带应紧贴领口,平整,可加领带夹;服装与鞋袜颜色应以保守为主;清洁脸部、手部,保持体味清新;配镜者,镜框款式应简洁大方。

3. 女性注意事项

发型文雅端庄,梳理整齐,发色庄重;着装大方得体,套装为宜,裙长应在膝盖上下;无过多配饰,配饰应简单朴实;肤色丝袜,无抽丝、破洞;鞋子光洁明亮,跟高5厘米为宜;不宜擦拭过多香水。

（二）仪容要求

1．精致适度

应聘仪容装饰既是对应聘者提升自信的手段，也是对面试官尊重的表现。面试妆容塑造要扬长避短，整体协调统一，展现应聘者的个人魅力。面试发型设计应符合大众主流审美，既不能蓬头垢面，也绝对不能油头粉面。应设计出与应聘职位相符合的发型，展示应聘者的职业气质。

2．修饰避讳

在公共场合化妆、补妆、整理内衣是极为失礼的事情，给他人不尊重的感觉，显得层次格局不高，毫无修养可言，有损应聘者个人形象。如需补妆，要到化妆室等较为私密的地方进行。补妆时，应及时查看发型是否整齐，口红是否沾染，面容是否脱妆，衣着是否异常。

（三）礼仪规范

1．守时守约

面试应提前15分钟到达面试指定地点，做到守时守约以表诚意，增强用人单位的信任度。无论是迟到还是违约，都是极其不尊重面试官的行为，如因客观原因造成无法按时赴约，应在第一时间主动打电话通知用人单位，无论是否得到许可，都应表示感谢。

2．神态交流

面试过程中，切勿东张西望、表情不定，如望天花板、不停翻眼、拂头发、摸耳朵、咬嘴唇、抖腿，无意识地玩手指，玩笔或笑场用手捂嘴的情形。面试就座后，应保持微笑，礼貌回答面试官的提问，做到表情自然，切忌僵硬死板、面无表情。真诚自信的微笑，既能很好地展示自己，又能舒缓面试中紧张的情绪。回答问题时，应注意与面试官的眼神交流。同时，应聘者不能只关注一个面试官，而对其他面试官"不闻不问"。用眼神与每位面试官进行沟通是十分必要的，可以为成功聘用打下基础，应聘者在面试时以正视主面试官为主，环视其他面试官为辅。

3．仪态大方

"行如风、站如松、坐如钟"是对人体姿态审美标准的最好概括。

（1）行姿。行姿基本要求为"舒展、庄重、稳健"。人行走的姿态能反映出其个性、素质及修养等，是职业仪态礼仪的一部分。正常行走姿势，应当是身体重心前倾，昂首挺胸，上身保持直立，两腿步伐伴有节奏向前迈步；两眼目视前方，目光自然平静，不要眼神涣散。男性应步伐沉稳有力，女性应步履自然，均以直线方向行进。

（2）站姿。站立时应当做到身体直立，双腿稍开，姿态稳定，不应持物，目视前方五个方面。站姿所禁忌的是歪脖、挺腹、斜腰、翘臀、屈腿等。切忌双手抱在胸前或叉腰，或放进裤袋；不要东倒西歪、耸肩勾背、左摇右晃；不要弯腰或驼背，这样会显得轻浮、缺乏自信和教养，更重要的是有失个人形象的端庄大气。

（3）坐姿。应聘者在面试时坐姿应注意沉着、安静、端正。入座时要轻而缓，动作协调柔和，不随意拖拽椅子，应轻轻用手拉出椅子，不要弄出大的声响。尽可能坐在椅子上

1/2处。入座和起座时动作要和缓，不要过急或过猛。从椅子旁边走到椅子前入座，背对椅子轻轻坐下。落座后，挺胸收腹，腰部挺起，将双手放到腿上。

（4）手势。应聘者手势应当规范，尽量少用，不可滥用。面试时，手势不宜多，动作不宜过大。面试中不得用手抓挠身体的任何部位，避免出现拉衣袖、抓头发、抓耳挠腮、玩饰物、揉眼睛、不停抬腕看表等手势。如需送上材料，应将材料文字正面面向面试官，双手奉上，表现大方得体、谦和自信。

4．前期准备

（1）个人简历与资料。应聘者需准备电子版和纸质版的个人简历，简历内容应真实无误、简单明了。同时，还应准备各类证件及证书的原版、复印件、扫描版。

（2）面试心理准备。面试前应换位思考，根据你所面试的职位要求及面试单位的特点，试想一下面试官会从哪些方面考量、评价应聘者。同时，求职者还应全面审视自己的优缺点，做到更好地介绍推荐自己。

（3）收集招聘单位资料。应聘者在面试前应了解面试单位目前的经营情况、企业文化、未来发展等情况，这样既可增强面试者的信心，还能有针对性地做好准备功课。

（4）演练面试礼仪。在面试到来前演练整个面试流程，熟悉面试礼仪，如握手、入座、标准站姿、递送物品等。同时，面试前一定要试穿面试着装，以便及时发现问题和及时处理。

案例 4.6

还未开始就结束的面试

一次，有位老师带着三个毕业生同时应聘一家公司的业务员职位，面试前老师怕学生面试时紧张，同人力资源部主任商量让三个同学一起面试。三位同学进入人力资源部主任办公室时，主任上前请三位同学入座。当主任回到办公桌前，抬头一看，欲言又止，只见两位同学坐在沙发上，一个架起二郎腿，而且两腿不停地颤抖，另一个身子松懈地斜靠在沙发一角，两手攥握手指咯咯作响，只有一个同学端坐在椅子上等候面试。人力资源部主任起身非常客气地对两位坐在沙发上的同学说："对不起，你们二位的面试已经结束了，请回去。"两位同学四目相对不知何故，面试什么都没问就结束了。你知道其中的缘故吗？

分析：就业竞争日益激烈，面试又是求职成功与否的关键。如何才能提高求职成功率呢？青年学生除了具备扎实的专业知识，还应该重视和掌握求职礼仪，不能因为不懂面试礼仪而与理想的工作失之交臂。案例中被淘汰的两名求职者，在面试时就因不遵守面试礼仪，坐姿不端正，导致面试还未正式开始就直接被淘汰出局。

二、面试中礼仪举止

（一）入门礼仪

进入面试房间前，仔细倾听自己是否被叫到，如被叫到，应第一时间回复"到"，而后进入面试房间。无论房门是虚掩着还是开着，都应敲门应允后进入，切勿冒失闯入，给人留下无礼的印象。开关门动作应轻巧缓和，在向各位面试官行礼问好后，主动报出姓名，未经允许不得擅自坐下，等待面试官说"请坐"后，方可落座，坐下时姿态优雅、端庄得体。

（二）握手礼仪

在求职面试过程中,握手为常用礼仪方式。握手既能增进交流,同时还能树立应聘者良好个人形象。握手的标准方式为两者相距一步远,双足立定,上身微微前倾,伸出右手,四指并拢,手掌与地面垂直,拇指张开与对方相握,虎口相交,握力适中,随即分开,恢复原状。与人握手时,表情要自然、热情、友好。必须同时双眼注视对方的双眼,切勿东张西望。

（三）称呼礼仪

面试过程中,应正确、适当称呼对方,借此体现应聘者教养及对面试官的尊重。一般方式为：姓+职务,如王经理、孙主任。

（四）自我介绍

面试中,自我介绍切忌长篇大论,应在最短时间内将个人优势展现出来。做到个人定位清晰,语言表达流畅,叙述简洁有力。做自我介绍时,应表现谦虚、落落大方,切勿自吹自擂、言不达意,具体时间控制在40秒。

（五）谈话礼节

（1）音调抑扬顿挫。讲话时应注意音调的高低起伏、抑扬顿挫以增强讲话效果。应避免平铺直叙、过于呆板的音调。这种音调让人听着乏味,达不到预期的效果。

（2）讲话速度快慢适中。讲话时,要依据实际情况调整快慢,讲话速度最好不要过快,应尽可能娓娓道来,给他人留下稳健的印象,也给自己留下思考的余地。

（3）措辞要谦逊文雅。切勿大大咧咧,不注重措辞,这样容易给面试官造成不好的印象。另外坚持以事实说话,少用虚词、感叹词。

（4）要符合常规。语言的内容和层次应合理、有序地展开,注意语言的逻辑性和层次感。

（5）尽量不要用简称、方言和口头语,以免对方难以听懂。当不能回答某一问题时,应如实告诉对方,含糊其词和胡吹乱侃会导致惨败。

（六）职业化展示

面试过程中,用有声和无声的语言与动作,展示应聘者的职业化举止,向面试官展示"我是这个职位的最佳人员"。

（1）沟通能力。用最高效简洁的方式传递信息,在互动中认真倾听对方的观点并给出积极的回应,并在整个过程中传递出对对方的尊重。

（2）专业能力。展示对专业知识深度与广度的灵活掌握和充分理解,通过专业知识展示,表明应聘者对录用职位的符合程度。

（3）学习能力。展示应聘者的学习意愿,并具有在外部反馈和工作积累里学习总结的能力,并能将学习到的经验复用在工作场景内。

（4）协作能力。表现出可快速融入团队的能力,能积极响应团队内部各类需求,尽力提供协助,协同内外部资源完成团队工作。

（5）判断能力。能准确领会对方意图,迅速准确地找到完整答案,回答与提问环环相扣,紧密联系。

(七) 注意事项

(1) 关好手机。面试前,自动将手机关机或调至静音状态。
(2) 使用敬语。多用"您""贵公司""请""谢谢"等敬语。
(3) 善于倾听。面对提问时,应集中精力,切勿漫不经心、精神涣散。
(4) 保持安静。如巧遇熟人,切勿旁若无人地大声嬉笑打闹。

三、面试结束礼仪

(一) 礼貌告别

面试结束后应礼貌话别,应对占用面试官宝贵时间而致以感谢,然后携带好个人物品从容离开。这不仅仅是礼貌之举,同时会给面试官留下很好的印象。

(二) 书面致谢

感谢信是对面试官的一种尊重,会加深面试官对应聘者的良好印象。在表达应聘者对这份职位的热情的同时,让面试官更加确认这是一个合适的求职者。

(三) 注意事项

(1) 始终如一。即使面试官明确告知未录取结果,也应冷静大方,切勿浮躁不安。
(2) 保持淡定。不急于追问面试结果,切勿表现得急功近利,让人心生反感。
(3) 彬彬有礼。离开时在对面试官礼貌有加的同时,也要对工作人员表示尊重与感谢。

案例 4.7

以小见大的面试

福特从大学毕业后,去一家汽车公司应聘。同时应聘的三四个人都比他学历高,当前面几个人面试后,福特觉得自己没什么希望了。但既来之,则安之。他敲门进了董事长的办公室,一进办公室,他发现门口地上有一张纸,他弯腰捡了起来,发现是一张废纸,便顺手扔进了废纸篓里。然后才走到董事长的办公桌前,说:"我是来应聘的福特。"董事长说:"很好,很好,福特先生,你已被我们录用了。"福特惊讶地说:"董事长,我觉得前面几人都比我好,你怎么把我录用了?"董事长说:"福特先生,前面三位的确学历比你高,而且仪表堂堂,但是他们的眼睛只能看大事,而看不见小事。你的眼睛能看见小事,我认为能看见小事的人,将来自然能看到大事。一个只能看见大事的人,他会忽略很多小事,他是不会成功的。所以,我才录用了你。"后来,果不出所料,福特成为美国福特公司的创始人。

分析: 一粒沙子看世界,几个花瓣谈人情。应聘中的一件小事看似寻常,出自无意,但却往往能反映一个人的内在素质,并被主试人捕捉、赏识。案例中福特在面试中守时懂礼,从小事入手,最终击败强有力的竞争对手,获得了难得的就业机会,开启了辉煌的职业生涯。

专题活动

"塑造专业形象,展现自我风采"——求职面试礼仪实践训练

一、活动目标

通过本次实践训练,使学生了解并掌握求职面试中的基本礼仪规范,提高学生在面试中的自我展示能力和职业素养,为将来的求职面试做好充分准备。

二、活动流程

(1) 角色分配。将学生分为若干小组,每组包括一名面试者和若干名面试官或观察者。

(2) 问题设置 5 分钟,面试官指定 5~10 个问题。

(3) 面试过程 20 分钟,模拟面试按照真实的面试流程进行,包括面试官提问、面试者回答、面试官点评等环节。在面试过程中,面试者需要注意自己的仪态、表情和语言表达,展现出自己的专业素养和职业形象。

(4) 评价总结 10 分钟,互评总结。

具体评价标准如表 4-3 所示。

表 4-3 面试礼仪实践评价标准

序号	评价标准	标准分值/分	评分/分
1	仪表着装	25	
1.1	服装整洁、得体,符合面试要求	10	
1.2	色彩搭配协调,展现专业形象	10	
1.3	细节处理到位,如领带、鞋子等	5	
2	仪态举止	30	
2.1	坐姿端正,不随意晃动	10	
2.2	行走稳健,不慌张	10	
2.3	表情自然,面带微笑	10	
3	语言表达	25	
3.1	语言清晰、流畅,逻辑性强	10	
3.2	态度积极,展现自信	10	
3.3	回答问题准确、具体	5	
4	面试准备	10	
4.1	对公司背景、职位要求了解充分	5	
4.2	简历、自我介绍准备充分	5	
5	礼仪细节	10	
5.1	面试前敲门、问候等礼仪到位	5	
5.2	面试结束后致谢、道别等	5	
	合计	100	

三、活动总结

通过小组之间互评和教师点评指导，加深学生对所学知识的理解，提升学生面试实际操作能力。

（建议用时：45分钟）

【课后思考】

1. 讨论面试中的禁忌。
2. 谈谈面试中、面试后相关礼仪要求。

模块5　个人能力与工作方法

哲人隽语

一个人应该善于使用自己的才能,使它不至于枯竭,而且要和谐地发展。

——[苏]高尔基

模块导读

个人能力是从事专业工作的基本条件。主动提升个人能力,并使之与未来从事岗位工作所需的能力相匹配,是进入职场前最为重要的准备工作。在校期间,青年学生应该结合自身的职业规划,对自己的目标职业进行考察,了解其所需的岗位工作能力,进行针对性锻炼和培养。要充分提升自我学习能力、自我管理能力和解决问题能力等能力。为了在岗位工作中做出成绩,还需要将个人能力与现实环境多磨合,熟悉工作流程,掌握工作技巧与方法,善于整合应用外部资源,这样才能让能力更好地发挥出来。

能力目标

1. 掌握提高岗位胜任力的方法。
2. 能够熟知用人单位看重的岗位工作能力并有计划地提升。
3. 学习树立勇于表达的意识和培养善于表达的能力。
4. 能够熟知他人表达的意思,学会与他人友好交流的方法。
5. 掌握解决问题的能力,提高工作效率。
6. 掌握解决问题的能力与技巧。

5.1　自我学习能力

【引入案例】

麦肯锡注重学习

麦肯锡公司的发展历程其实不像外界看来的那么一帆风顺,在漫长的发展过程中一直受到来自行业内,诸如波士顿咨询集团公司等一些强大对手的竞争压力。但是,麦肯锡公司通过有效的知识管理和卓越的学习机制,培育公司的核心竞争力,与时俱进,在压力和挑战面前越战越勇,始终立于不败之地。

麦肯锡公司从1980年开始就注重学习,把知识的学习与积累作为获得和保持竞争优势的一项重要工作,在公司内部营造一种平等竞争、激发智慧的环境。为了解决经验不能交流的问题,麦肯锡创办了一份内部刊物,专门供那些拥有宝贵经验却又没有时间和精力把这些经验整理成正式论文或著作的专家们,把他们的思想火花简单地概括出来,并与同仁共享。这种灵活的交流方式不仅使有益的知识和经验在公司内得到有效的传播,激励创新和坦诚的交流,而且也有助于提高知识提供者的个人声誉,为他们在公司里的发展提供良好的环境和机会。这种自由选择的方式还有助于甄选真正富有价值的点子和思想。

20世纪90年代以来,人类社会进入知识经济时代,环境的变革和组织的发展对每一家公司都提出了新的挑战,对于像麦肯锡这样知识密集型国际著名大型咨询公司来说,更是一场大的挑战。麦肯锡的领导者深知,只有继续致力于完善公司的学习机制和知识管理,才能适应知识经济时代所面临的严峻考验,在激烈的竞争中始终屹立不倒。

分析: 从我们出生以来,人的一生无时无刻不能离开学习,学习是一个人进步的前提。材料中的麦肯锡公司注重学习,最终令自己处于不败的境地。在迎接知识经济所带来的严峻挑战与竞争时,麦肯锡公司敢于创新,增强自我学习,利用专门的机构和专业的人员,耗费大量的时间进行思想火花的收集工作,麦肯锡公司坚持做下去,赢得了辉煌的成就。

一、自我学习能力的含义

(一)自我学习能力的概念

什么是自我学习呢?自我学习是区别于学校教育而言的,也就是说脱离了学校教育的学习,都可以称为自我学习。自我学习分为主动自我学习和被动自我学习。主动自我学习是指一切主动而独立获取知识、掌握技能、增长才干、提高思想品德等的学习形式;被动自我学习是指参加各类岗位培训、技能培训以及一切以提高自身素质和价值为目的的学习形式。

自我学习能力是指一个人独立学习的能力,即在独立学习、主动探求新知、获取技能过程中所形成的具有独立性、目的性、自主性、创造性等特性的多种能力综合所形成的个性心理特征。

(二)自我学习与终身学习的关系

自我学习与终身学习是相辅相成的。自我学习是实现终身学习的重要手段和途径,而终身学习则是自我学习的目标和归宿。通过自我学习,个体可以在任何时间、任何地点、任何领域进行学习,这恰恰符合终身学习的理念和要求。通过不断地学习,我们可以不断地提升自我,开拓思维,适应社会的变化和发展趋势,在工作和生活中更加充实和快乐,实现自我价值的最大化。

二、自我学习能力的表现

自我学习能力主要表现为以下六种能力。

(1)信息的查找、获取、鉴别能力。能熟练地使用各种工具书,有效地利用图书馆,具有对文献资料的查找、检索能力,能够通过大量地阅读而有效地获取知识和技能。

(2)信息的筛选、整理、改造能力。能够根据社会和个人的需要选择图书资料,具有对知识的分类整理、归纳总结能力,能够运用所掌握的知识分析和解决问题。

(3)信息的组合、编码、改造能力。能够利用记忆、感知的原材料,通过归类、综合、比较、推理、分析、判断、抽象和综合等方法,对信息进行积极的加工,去伪存真,去粗取精,形成自己的见解和结论。

(4) 自我学习研究能力。能够正确而熟练地运用复杂的知识信息资料,在自我学习中发现问题,提出和解决问题,选择研究课题,具有基本的设计能力、实验技能和一定的研究水平,能独立地撰写实验报告或论文,客观准确地阐明观点。

(5) 自我管理约束能力。能够自觉地对自我学习的方向、内容、进度、时间等进行自我管理,对学习质量、学习效果进行自我检查。能够对自己的行为和时间进行约束,科学合理地运用时间,正确处理工作、家庭、学习之间的矛盾,有一定的"挤"劲和"钻"劲。

(6) 独立分析解决问题能力。自我学习能力强的人,有一定的社会实践经验,心理成熟、感知丰富,思维的逻辑性、批判性较强,具有独立处理问题的优势和独立分析及解决问题的能力。

案例 5.1

毛腊生的成功

2008年,"贵州省突出贡献高技能人才"和"中国航天基金奖"这两项荣誉颁给了同一个人,他就是在铸造技术方面具有独特才能并获得卓越成绩的毛腊生。

1977年,刚刚初中毕业的毛腊生进入铸造工厂工作。由于学历有限,刚进厂的他就连看图纸都感到异常的吃力。但是,性格倔强的毛腊生并没有自暴自弃,而是下定决心刻苦学习,主动向同事请教铸造知识和技术,总结工作经验。凭借着孜孜不倦学习的精神,毛腊生熟练地掌握了很多技术理论,很快就成为工厂里的技能精英,获得了工厂领导的赞赏。

面对成就,毛腊生没有骄傲,更没有放弃自主学习的习惯。他开始不断为自己设定更长远的目标,又不断地通过自主学习提高技能。后来,毛腊生先后参与了数十个铸造项目的技术革新。荣获"全国劳动模范""全国技术能手""贵州榜样·最美人物"等称号。

分析:毛腊生的成功是一个典范,展示了一名技术工人如何通过不懈努力,克服初始的困难和挑战,最终在专业领域获得突出的成就。通过毛腊生的故事,我们可以看到,无论面临何种困难,只要有决心、主动学习、不断进步,一个人就能在平凡的岗位上做出不平凡的业绩,为社会做出重要贡献。

三、终身学习理念

(一) 终身学习的概念

终身学习(lifelong learning)是指社会每个成员为适应社会发展和实现个体发展的需要贯穿于人的一生的、持续的学习过程。终身学习是对自身不断提升的态度和行为。终身学习能使我们克服工作中的困难,解决学习中的新问题,满足我们生存和发展的需要,使我们得到更大的发展空间,不断提高生活品质。它不仅仅局限于求学时期,而是一个持续性的过程,也就是我们常说的"活到老,学到老",在一生中,每个人都需要不断地学习和继续教育。

（二）终身学习的途径

国家正在大力推进教育数字化，建设全民终身学习的学习型社会、学习型大国。社会公众可以通过学历教育、职业技能培训、职业技能竞赛、数字化自我学习等多种途径实现终身学习。

（1）学历教育。国家重视青年学生的学历教育，可以通过单招考试、专升本考试、考研、自学考试、函授学习等方式提升自己的学历。比如，统招专升本就属于全日制普通高等教育性质本科，专科应届毕业生通过专升本考试，在本科院校进行两年的学习，修满学分后授予普通高等教育本科学历证书，符合条件的颁发学位证书，毕业后第一学历为本科。

（2）职业技能培训。职业技能培训是按照国家职业分类和职业技能标准进行的规范性培训。近年来，我国终身职业技能培训制度建设取得成效。2022年5月，新修订实施的《中华人民共和国职业教育法》强调职业学校教育和职业培训并举，确立了职业技能培训的法定地位。在持续多年的一揽子普惠政策的支持下，劳动者可以比较方便地获得免费或补贴性职业技能培训。目前，对劳动者的职业技能培训普惠政策基本上做到全覆盖。社会公众可以通过各种渠道获知人力资源和社会保障部发布的职业技能培训项目目录和机构目录，并根据个人实际需要选择合适的培训机构，参加有针对性的培训项目。

（3）职业技能竞赛。青年学生和在职职工还可以参加一些职业技能竞赛，比如全国职业院校技能大赛等国赛、省赛、市赛，在比赛的过程中提升自己的专业技能水平，深化对所学知识的理解，并在团队协作中锻炼自己的团队合作能力和解决问题能力。

（4）数字资源。我国智慧教育发展迅速，现在已建立国家智慧教育公共服务平台等信息化平台，2023年新接入在线精品课、专业教学资源库等2.8万种，累计汇聚各类优质资源727万余条，青年学生要善于利用数字资源实现自我提升。

（三）终身学习的方法

（1）找到兴趣点。兴趣是最好的老师，也是最好的动力。如果你对某个领域或方向感兴趣，就会主动地去学习和探索，而不是被动地去应付和完成。所以，你要找到自己真正感兴趣的东西，并在其中寻找乐趣。

（2）设定目标和计划。如果你有一个明确而具体的目标，你就会有一个清晰而有效的计划，并为之付诸行动和实践。所以，你要设定自己合理而具体的目标，并根据自己的实际情况和能力来制订计划。

（3）寻找资源。如果你有丰富而多样的资源，你就会有更多的途径和渠道来获取和分享知识和技能。所以，你要寻找自己可用且有效的资源，并利用好这些资源。

（4）建立反馈机制。如果你有及时而真实的反馈，你就会有更多的机会和方法来检查和改进自己的学习效果和质量。当然，反馈也不是一味地遵从，你可以随时分析和评估自己的反馈机制，让自己保持客观和理性。

案例 5.2

终身成就艺术家游本昌的学习之路

游本昌，中国著名的表演艺术家，以其在戏剧、电影和电视剧中的杰出表现而闻名，他的艺术生涯跨越了半个多世纪。

游本昌的艺术成就背后,是他终身学习的理念和实践。他从小就对表演艺术充满热情,不断学习和探索各种表演技巧。在戏剧学院学习期间,他刻苦钻研表演理论,观摩前辈艺术家的演出,不断丰富自己的表演内涵。即使在成为知名演员后,游本昌也没有停止学习的脚步。他经常参加各种艺术研讨会和表演工作坊,与同行交流学习,不断吸收新的艺术理念。他认为,艺术是无止境的,只有不断学习,才能保持艺术的生命力。游本昌的终身学习理念不仅体现在艺术上,还体现在他对生活的态度上。他关注社会热点,关心年轻人的成长,积极参与公益活动,用自己的影响力传播正能量。

通过终身学习,游本昌不仅提升了自己的艺术水平,还实现了个人价值的不断提升。他的经历告诉我们,终身学习不仅是一种责任,更是一种生活的态度。只有不断学习,才能不断进步,实现自我价值的最大化。

分析:这个案例充分展示了终身学习的重要性。无论是在艺术领域还是在其他行业,终身学习都是一个人保持竞争力和实现自我价值的关键。游本昌的经历告诉我们,只有不断学习,才能不断进步,适应社会的发展。

四、提高自我学习能力的方法

提高自我学习能力是一个持续和多方面的过程。以下这些方法,从不同的方面,更全面地帮助同学们系统地提升自己的学习能力。

(一)目标和计划

(1)明确目标。首先,你需要确定自己为什么要学习,以及你希望达到什么样的水平。明确的目标可以帮助你保持动力,并在学习过程中提供方向。设定清晰的短期和长期目标,以便你可以逐步实现它们。短期目标可以让你进步和收获成就感,而长期目标可以提供方向和动力。

(2)制订计划。你需要为每个目标制订具体的行动计划和时间表。这包括你将如何学习,每天或每周将投入多少时间,以及如何评估自己的进度。

案例 5.3

杨建华的自我学习

杨建华是一名鼓风机厂的普通工人。年少时的他为了实现自己的理想,初中毕业后就投身到了热爱的事业中,成为鼓风机厂的工人。进入工厂后,他开始利用一切时间和机会学技术,晚上自己在家学展开、放样等基本功,每天早早到工厂练习电焊、铆工等技术。借来的专业书都快被他翻破了,他按照书上图形制作出的纸模型已经装了好几麻袋。

工作中的杨建华总是处于一种不断学习、不断总结和提高的状态,他的自我学习精神不仅让他成为"中国焊接机壳拼装第一人",也让他蜚声国际。有人统计过,在过去的一年当中,杨建华所做的工艺革新足有数百次。杨建华自主学习、爱岗敬业的精神也鼓舞了企业里的其他员工。

分析：杨建华早早地定下目标，制订计划，养成了良好的学习习惯，总是随身携带笔记本记录问题和解决方法，这种习惯帮助他不断积累知识和经验。通过杨建华的案例，我们可以看到，自我学习和持续进步是个人职业成功的关键。他的故事鼓励着所有人，无论职业背景如何，通过努力和坚持，都能实现自己的价值和梦想。同时，这也反映了终身学习的重要性，以及个人努力对企业和社会发展的积极影响。

（二）时间管理

（1）合理规划时间。你需要确保你有足够的时间来专注于学习，意味着你需要调整你的时间表，以便为学习腾出时间。

（2）避免拖延。拖延是学习的主要障碍之一。了解自己拖延的原因，并采取相应措施避免。例如，设定截止日期，或者使用时间管理工具或方法。

（3）学会自律。自律是学习的关键。学会自我控制，坚持完成你的学习计划，即使面对困难和诱惑，也不要改变提前设定的想法，准确地按照时间表完成。

（4）时间管理四象限法。时间管理四象限法（图5-1）是一种重要的时间管理方法，是指把工作按照重要和紧急程度进行时间划分的一种方法，即有重点地把主要的精力和时间集中地放在处理那些重要但不紧急的工作上，这样可以做到未雨绸缪，防患于未然。由美国的管理学家史蒂芬·科维提出，至今被众多人使用。

图5-1 时间管理四象限法

第一象限包含的是一些重要且紧急的事情，这一类的事情具有时间的紧迫性和影响的重要性，无法回避也不能拖延，必须首先处理和优先解决。比如应付难缠的客户，重大项目的谈判，重要的会议工作，住院开刀等。这是考验我们的经验、判断力的时刻。

第二象限包含的是重要但不紧急的事情。做好事先的规划、准备与预防，很多急事将无从产生。这个领域的事情不是很紧急，最好主动去做，这是发挥个人领导力的领域，更是传统低效管理者与高效卓越管理者的重要区别，建议管理者要把80%的精力投入该象限的工作中，以使第一象限的"急"事无限变少，不再瞎"忙"。

第三象限是不重要也不紧急的事,大多是些琐碎的杂事,没有时间的紧迫性,也没有那么重要,如发呆、上网、闲聊、闲逛,但我们往往在第一、第三象限来回奔走,忙得焦头烂额,不得不到第四象限去疗养一番再出发。

第四象限的事件是紧急但不重要的事。表面看很像第一象限,因为迫切的呼声会让我们产生"这件事很重要"的错觉——实际上就算重要也是对别人而言。我们花很多时间在这个里面打转,其实不过是在满足别人的期望。

(三) 学习技巧

(1) 主动学习。主动学习不仅仅要被动接受信息,还要主动思考、提问和应用。例如,你可以通过解决问题、参与讨论或进行实践来加深你的理解。

(2) 多样化学习。不同的人适合不同的学习方式和工具。你可能需要尝试多种方法,以找到最适合你的方式。这可能包括视频、书籍、实验、项目等。

(3) 创建学习环境。创建一个适合学习的环境,减少干扰和分心。这可能意味着整理你的工作空间,关闭社交媒体通知或找到一个寂静的地方学习。

(4) 持续学习。学习是一个持续的过程,不要停止学习。不断更新你的知识,跟上最新的发展趋势,才能一直站在发展的主流中。

(四) 自我激励

(1) 奖励机制。你可以为自己的小目标设立奖励,以增强学习动力。例如,当你完成一个项目或达到一个里程碑时,你可以给自己一些小奖励。

(2) 积极心态。保持积极和乐观的态度,遇到困难时更容易找到解决方案。记住,失败是成功的前奏,每次失败都是学习的机会。

(五) 反思和调整

(1) 定期反思。定期回顾自己的学习过程和结果,看看哪些方法有效,哪些需要改进。这可以帮助你更好地了解自己的学习方式,并做出相应的调整。

(2) 灵活调整。根据反思的结果,及时调整学习方法和计划。如果你发现某种方法不起作用,不要害怕改变方向。

(六) 其他

(1) 健康的生活习惯。良好的作息和饮食习惯能显著提高学习效率。确保你有足够的睡眠,保持健康的饮食,以及定期进行锻炼。

(2) 社交和合作。与他人交流和合作,不仅可以获得新的视角,还可以增加学习的乐趣。你可以加入学习小组,与志同道合的人一起学习。

(3) 培养好奇心。保持好奇心,对未知事物保持开放的态度。这将使你更愿意探索新领域,并保持学习的热情。

(4) 学会放松。学习不是唯一的重要事情。学会放松和休息,以避免过度劳累。定期休息可以帮助你保持精力和动力。

专题活动

小铁桶实验

一、活动目标

提高学生对时间管理的意识。

二、活动流程

(1) 教师把石块一一放进铁桶里。当铁桶里再也装不下一块石头时,停下来。问学生:"现在铁桶里是不是再也装不下什么东西了?""是。"学生们回答。

(2) 教师从桌子底下拿出碎石。向已装满石块的铁桶里装碎石。"现在铁桶里是不是再也装不下什么东西了?"教师再问。"还……可以吧。"有了上一次的经验,学生们变得谨慎了。

(3) "没错!"教授一边说,一边从桌子底下拿出一小桶细沙,倒在铁桶的表面。慢慢摇晃铁桶,铁桶的表面就看不到细沙了。"现在铁桶装满了吗?""还……没有。"学生们虽然这样回答,但心里其实没底。"没错!"教授看起来很兴奋。

(4) 这一次,他从桌子底下拿出的是一罐水。他慢慢地把水往铁桶里倒。

(5) 提问:"这个小实验说明了什么?"

(建议用时:20分钟)

【课后思考】

1. 什么是时间管理四象限法?思考如何更好地将时间管理四象限法应用到日常学习生活中。

2. 自我学习的能力表现在哪些方面?如何充分地认识高效的自我学习对自己成长的重要意义?

5.2 自我管理能力

【引入案例】

网络游戏的诱惑

米明现在是大二的学生,曾经以优异的高考成绩获得学校的新生奖学金,但是现在他却面临着退学的境地。这些都要从大一刚入学开始说起。米明进入大学后并没有因为高额的奖金受到激励,反而有解放的欣喜。原来在读中学的时候,父母管教严格,学习和生活都是按部就班进行。到了大学,远离了父母,米明感到自由了。他没有好好静下心来思考上大学的目的,而是随波逐流寻找给自己带来短时快乐的活动。自由的大学生活给了他许多个人时间与空间,他逐渐迷上了网络游戏,且一发不可收拾。要上的课,他再也不去了;要做的作业,他也懒得做;甚至连考试,他也不愿意去参加。当面临退学的时候,米明才恍然醒悟自己浪费了太多美好时光。

分析:自我管理能力是非常重要的,米明同学因为缺乏自我管理能力,以为进入大学的校园,远离了父母的管理和约束,便放纵自己,沉迷于网络游戏、不听课、不写作业,耽误了自己的学业,面临退学的危机。身为学生的我们,理应将学业放在第一位,游戏可以适当地玩,但要具备一定的自我管理能力,在面对外界种种的诱惑时,我们要做到的是管住自己,不可以深陷其中而无法自拔,耽误了自己的大好前途。

一、自我认知管理

（一）自我认知的含义

自我认知（self-cognition）是指对自己的洞察和理解,包括自我观察和自我评价。自我观察是指对自己在感知、思维和意向等方面的觉察;自我评价是指对自己的想法、期望、行为及人格特征的判断与评估,这是自我调节的重要条件。

自我,也称自我认知或自我意识,是个体对自己存在的觉察,包括对自己行为和心理状态的认知。认识并实事求是地评价自我,是自我调节和人格完善的重要前提。

简单地说,自我认知就是一个人对自己的看法,如一个人对自己的生理状态、心理状态、个性特点以及自己与他人或组织的关系的认识等。自我认知通常包括自己对自己身心状态的了解、评价、监督和自我教育等。在人们的自我认知中,最重要的是对自己心理状态的认识。

（二）自我认知的重要性

研究发现,人类有400多种优势。优势的数量并不重要,最重要的是应该知道自己的优势是什么,之后要做的则是将自己的生活、工作都建立在自身的优势之上,这样才会成功。

在研究成功人士的过程中,人们发现尽管成功者路径各异,但他们都有一个共同点,就是"扬长避短"。传统上,我们强调要弥补缺点,纠正不足,并以此来定义"进步";而事实上,当人们把精力和时间用于弥补缺点时,就无暇顾及增强和发挥优势了。

有缺陷并不可怕,可怕的是非要从事与缺陷相关的工作;有特长当然是好事,但把特长弃之不用,与没有也就没什么区别了。人才放错了地方就是垃圾,这个道理好像大家都知道,但为什么总有那么多的人找不到适合自己的位置呢？关键是缺少对自己的正确认识以及对自己职业生涯的一个长期的科学规划。

（三）自我认知的内容

古人云："君子博学而日参省乎己,则知明而行无过矣。"年轻人要做好个人的职业生涯规划,首先要学会自我认知,要客观地认识自我,分析自己的职业价值观、职业兴趣、职业能力、行为风格、个性特征等,了解自己最看重什么,喜欢干什么,能够干什么,适合干什么等。那么,对我们来说,当下最需要自知的内容是什么呢？

（1）自己的性格特点。知道自己的性格特点能够增强职业选择的针对性,进而享受工作带来的快乐。

（2）自己的分量有多重。知道自己的分量有利于把握自信的分寸,使自己既不自卑也不自负。

（3）自己的潜力有多大。知道自己的潜力有利于增强自信,确立目标,使自己积极进取、乐观向上。

案例 5.4

李明的自我认知管理

李明是一名年轻的销售员,他发现自己的工作表现一直不理想,但也不知道问题出在哪里。于是,他决定进行自我认知管理,以找出自己的优点和不足,并制订相应的改进计划。

首先,李明开始认真反思自己的工作方式和态度。他回顾了自己的销售记录,并找出了自己的弱点,比如缺乏耐心、不够自信、对产品知识不够熟悉等。然后,他开始寻找改进的方法。他制订了学习计划,每天花时间学习产品知识和销售技巧,并参加了一些培训课程。同时,他也开始练习增加耐心和自信,比如通过冥想和积极心态训练来提高自己的耐心和自信心。

李明还开始记录自己的工作和生活,每天写下自己的工作进展和生活感悟。这帮助他更好地了解自己的情绪和行为模式,并及时发现和纠正自己的不足。随着时间的推移,李明逐渐发现自己的工作表现有了明显的提高。他的销售额开始增长,他也变得更加自信和有耐心。他成功地通过自我认知管理,找到了自己的弱点并制订了有效的改进计划,从而提高了自己的工作表现和生活质量。

分析:这个案例表明,自我认知管理是一种强大的工具,可以帮助个人提高自我意识和自我管理能力,从而实现个人目标和提高生活质量。通过认真反思自己的优点和不足,并制订相应的改进计划,个人可以不断提升自己的能力和表现,实现自我成长和发展。

二、自我角色管理

(一)角色定位的含义

角色定位(role definition)是指群体成员适应角色要求,接受群体行为规范,符合群体发展需要的过程。

换句话说,一个人角色定位能力的高低就是适应角色要求能力的高低,接受群体行为规范能力的高低,符合群体发展需要能力的高低。具体来说,就是一个人在学生时期做学生的能力如何,做儿女的能力如何;上班之后做员工的能力如何,做领导的能力如何;成家之后做丈夫(妻子)的能力如何,做父亲(母亲)的能力如何等。

以此类推,同学当中,班长有班长的角色定位,团支书有团支书的角色定位,小组长有小组长的角色定位,男生有男生的角色定位,女生有女生的角色定位,高中生有高中生的角色定位,青年学生有青年学生的角色定位……

(二)角色定位的演变

角色定位是一个演变的过程。昨天的你是什么角色,今天的你是什么角色,明天又该给自己做什么样的角色定位……有的人很少变化,有的人经常变化。

任何人在自己的一生中都要存在于一定的社会关系中,扮演一定的社会角色。能够清楚了解自己并准确定位自己社会角色的人,通常都是社会适应能力强的人、容易获得成功的人。由于社会地位、能力等方面的原因,不同的人有不同的分工,也就是说有一个主角和配角的问题。在配角的位置以主角的眼光考虑全局,做好自己手中的事;在主角的位置以配角的眼光考虑细节,做好决策。所以说,良好的角色定位能力是通向成功的门票。

(三)角色定位的意义

诺曼·考森斯说过:"人生最大的悲哀不是死亡,而是活着的时候不知人生的意义,如同一具行尸走肉。"一个人要想取得成功,给自己的人生定位是非常重要的。

真正给自己做好人生定位的确不是一件易事。有许多人活到老,还不知道自己内心的愿望或者不能够按照自己内心的愿望活着。要做好人生角色定位,首先要分析自己内心真正的想法和愿望、自己的兴趣和爱好,明明白白地找出自己真正想要的、对自己有意义和有价值的东西。苏格拉底说:没有经过思考的人生是不值得过的人生。成功的道路有千万条,找到一条适合自己的道路。每个人都有区别于其他人的潜力和特质。

(四)青年学生的角色定位

角色理论认为,社会中的每个角色都由角色权利、角色义务和角色规范三个基本要素组成。青年学生角色定位的过程,是逐渐认识其在大学期间及就业之后所承担的职责,明确社会对他们的具体期望的过程。对于青年学生来说,角色和责任是相辅相成的,意识到自己扮演的角色,才能明白自己应承担的责任。

(1)学生角色。青年学生在高校的学习阶段,是社会化过程的重要舞台。青年学生应具备良好的文化素质。文化素质不应单纯是知识"量"的问题,更重要的是"质"的问题,同时兼顾"博"与"深"的问题,形成良好的知识结构。这要求青年学生认真对待所学专业知识,具备丰富的专业知识储备;要学习心理健康知识,增强抵御挫折的能力。

(2)子女角色。我们每个人的第一个舞台就是家庭,第一个角色便是为人子女。青年学生要准确认识这样的角色定位,以对自己负责、对家庭负责的态度,树立清晰的家庭责任意识,增强对角色的认同感,以自己的身体力行扮演好家庭希望的角色。以感恩的心对待家庭的付出,承担家庭的义务,从思想上尊敬、热爱双亲,在行为上要体现出对父母发自内心的爱。

(3)公民角色。青年学生作为社会公民,应自觉履行社会责任,用相应的社会道德规范要求自己。这既是社会对公民的客观要求,也是现代人应该具备的品质。社会主义核心价值观个人层面的内容包括:爱国、敬业、诚信、友善,是公民必须恪守的基本道德准则。

案例5.5

乞丐搬砖

一个乞丐来到一个庭院,向女主人乞讨。这个乞丐很可怜,他的右臂没有了,空空的袖子晃荡着,让人看了很难过。可是女主人毫不客气地指着门前的一堆砖对乞丐说:"你帮我把这些砖搬到屋后去吧。"

乞丐生气地说:"我只有一只手,你还忍心叫我搬砖?不愿给就不给,何必捉弄人?"

女主人并不生气,俯身搬起砖来。她故意只用一只手搬了一趟说:"你看,并不是非要两只手才能干活。我能干,你为什么不能干呢?"

乞丐怔住了,他用异样的目光看着女主人,过了好一会儿,终于俯下身子,用唯一的一只手搬起砖来。两小时后，他把砖搬完了，气喘吁吁地一屁股坐在地上。

女主人给了乞丐20元钱。乞丐接过钱，很感激地说："谢谢你！"

女主人说："你不用谢我，这是你自己凭力气挣的工钱。"

乞丐说："我不会忘记你的。"说完他深深地鞠了一躬就走了。

此后还来过几个乞丐，那堆砖也就在屋前屋后来回了几趟。当然也有些乞丐一听女主人的要求，就生气地走开了。

家里的孩子疑惑地问母亲："你叫乞丐把砖从屋前搬到屋后，又从屋后搬到屋前，你到底想把砖放在什么地方？"

母亲对他说："砖放在哪里都一样，可搬不搬对乞丐来说可就不一样了。"

据说若干年后，那个曾经在这里搬过砖的独臂乞丐又来到了这个院子，他已经是一个很体面的富翁了，他是来感谢女主人当年对他的帮助的。女主人拒绝了他的金钱，说："这是你自己干出来的。如果你一定想做点什么，那就去帮助那些连一只手都没有的人吧。"

分析： 女主人并没有直接给予乞丐金钱，而是给了他一份工作，这不仅给了他自主性，也维护了他的尊严。这种做法有助于乞丐重建自信，找到自己的角色定位，认识到自己也有能力通过劳动获得收入。这个案例强调了通过赋予个体自主性和尊严，以及提供积极激励，可以帮助他们实现自我价值，改变生活态度，并最终实现个人发展和社会融合。

三、自我目标管理

（一）自我目标管理概述

1．自我目标管理的含义

"目标管理"的概念是管理专家彼得·德鲁克（Peter Drucker）1954年在其名著《管理的实践》中最先提出的，其后他又提出"目标管理和自我控制"的主张。德鲁克认为并不是有了工作才有目标，恰恰相反，而是有了目标才能确定每个人的工作。

自我目标管理是指在一定时期内，根据外部环境与自身条件正确地设定目标，激励自己参与目标的制定和分解，并在成才的行动中实行自我控制，自觉地完成目标，围绕目标的实现开展活动，保证总目标实现的一系列管理过程，使我们在生活、学习和工作中有明确的前进方向，变被动为主动。

2．自我目标管理的首要任务

自我目标管理的首要任务是确立自己的人生目标。我们的生活中充满了许多无法预测的因素，我们无法弄清楚明天会发生什么事情。处在这样一个忙碌的世界上，有时因为我们没有人生的目标，没有好好规划一下自己的人生，因而导致了失败。为了使自己有一个美好的命运，给自己确立一个明确而长期的人生目标吧！

（二）制定人生目标需要考虑的因素

（1）目标要长远。一个思想深邃的人不仅要看到现状，同时还要注意未来的发展。在为实现长远目标而学习、实践、行动的过程中，你会逐渐变得更有知识，更有能力，更胸怀宽广。

（2）目标要伟大。这里说的伟大，是指要考虑做大事，要考虑更多的人、更多的事，在更大的范围内解决更多的问题。一个心智正常的人，应该掌握自己的人生使命，高悬某种理想或希望，全力以赴，使自己的生活能够完成一个对于自己来说伟大的目标，从而实现自己的人生价值。

（3）目标要崇高。崇高的目标造就崇高的人物。人的地位可以不高，但人生的目标却不可以低贱。那些令人尊敬的成功者，他们成功的主要原因之一就是有崇高的理想在激励着他们前进，激励着他们发挥自己的潜能。

（三）自我目标管理的重要作用

（1）目标能决定成功。埃德蒙斯认为，伟大的目标构成伟大的心。一个人之所以伟大，是因为他树立了伟大的目标。伟大的目标可以产生伟大的动力，伟大的动力导致伟大的行动，伟大的行动必然会成就伟大的事业。小目标对应小成功，大目标对应大成功，这个成功规律永远不会改变。因此，只有拥有一个远大的目标，才能够高瞻远瞩，取得大的成功。

（2）目标能激发沉睡的潜能。我们时常听到关于鲸鱼搁浅海滩的报道。专家在对鲸鱼进行跟踪研究的过程中发现，它们之所以会搁浅海滩甚至暴死滩头，是追逐沙丁鱼的缘故，是那些微小的沙丁鱼群将这些庞大的鲸鱼引入了死亡的歧途。仔细想想，现实中不也有不少人像这些鲸鱼一样吗？他们拥有聪明、智慧、活力和激情，可就是没有远大的理想和目标。由于没有目标的指引，他们迷失了前进的方向，把自己的精力和智慧浪费在了没有意义的横冲直撞之中。所以，成为一个什么样的人比你得到什么东西重要得多。

（3）目标能激发超越自我的欲望。给自己定下目标之后，它就会在两个方面起作用：既是努力的依据，也是对你的鞭策。目标给了你一个看得见的靶子，随着你努力实现这些目标，成就感会油然而生。对许多成功人士来说，制定目标和实现目标犹如一场令人兴奋的激烈比赛。随着一个又一个目标的不断实现，你的思维方式和工作方式往往也会渐渐改变，你的人生将从此与众不同。

（4）目标使我们关注工作成果。不成功者常常混淆工作本身与工作成果的差别。他们以为做大量的工作，尤其是做艰苦的工作，就一定会带来成功。殊不知，任何工作本身都不能保证一定会成功。要想让工作发挥作用，就一定要朝着一个明确的目标前进。也就是说，衡量成功的尺度不是你做了多少工作，而是取得了多少成果。

案例 5.6

保险销售员的故事

有个同学举手问老师："老师，我的目标是想在一年内赚100万元！请问我应该如何规划我的目标呢？"

老师便问他："你相不相信你能达成你的目标？"他说："我相信！"老师又问："那你知不知道要通过哪种行业来达成？"他说："假设我从事保险行业。"老师接着又问他："你认为保险业能不能帮你达成这个目标？"他说："只要我努力，就一定能达成。""我们来看看，你要为自己的目标做出多大的努力，根据我们的提成比例，100万元的佣金大概要做300万元的业绩。一年要做300万元业绩，一个月要做25万元业绩，每一天要做

8300元业绩。"老师说。

"每一天要做8300元业绩,那大概要拜访多少客户呢?"老师接着问他,"大概要50个人""那么一天要拜访50人,一个月要拜访1500人,一年呢?就需要拜访18000个客户。"

这时老师又问他:"请问你现在有没有18000个A类客户?"他说没有。"如果没有,就要靠拜访陌生人。你平均一个人要谈上多长时间呢?"他说:"至少20分钟。"老师说:"每个人要谈20分钟,一天要谈50个人,也就是说你每天要花16个多小时在与客户交谈上,还不算路途时间。请问你能不能做到?"他说:"不能。老师,我懂了。这个目标不是凭空想象的,是需要凭着一个能达成的计划而定的。"

分析: 这个案例描绘了一个保险销售员在设定和实现销售目标过程中的一次自我反省和目标调整。该同学在设定目标时,可能过于理想化,没有考虑行业的特点、个人资源和个人能力等因素,目标的实现需要基于现实的情况进行计划和调整。在意识到自己设定的目标可能过于不切实际后,该同学表现出了自我认知和调整的能力。这种能力对于职业发展和个人成长至关重要。

四、自我习惯管理

(一)习惯的含义

习惯就是人的行为倾向。用心理学的语言来说,习惯就是刺激与反应之间的稳固连接。它是一种恒常而无意识的行为倾向,反复地在某种行为上产生,是心理或个性中的一种固定的倾向。

习惯的力量是巨大的,它是经过长时期不断重复的行为而形成的一个模式。熟悉的地方没有风景,一种行为或者思维方式经过长时期的沉淀后,会在人们心中形成印刻效应,可以说是动物性的条件反射:碰到给定的条件,就会产生既定的反应。形成一些习惯后,我们就如同有一些固定的模式和轨道,自觉不自觉地按照它们的指引行动。这些习惯强化生根后,就表现为性格特征。所以说,好的习惯让人受益终身,而坏的习惯让人终生受害。

(二)培养习惯的"四步魔法"

周士渊是从清华园走出的大众演说家、习惯研究专家,他研究的"习惯配方"帮助很多人将积极心理学的思想从知道转变为做到,实现了可持续的幸福。

1. 必要性分析

所谓必要性分析,是指培养这个习惯对你是否有必要。如果没有必要,培养它当然毫无意义,但如果有必要,而且必要性极大,那我们当然就会多下功夫。必要性实际上就是重要性,它帮我们解决一个动力问题。因为做任何事都需要动力,而这动力当然就来自这件事对我们的重要程度。例如,一位"回头率"极高的漂亮姑娘正处在人生的关键时期,可这阵身体突然发胖,致使她往日的风采和魅力大减。试想,如果她得到了一个可以减肥的"习惯配方",那她行动起来的劲头一定是超乎寻常的。因为对她而言,这实在是太有必要了。

2. 可行性研究

可行性研究是指当我们仔细分析了培养这个习惯的必要性后,还要对其可行性做认真研究。因为有了必要性以后,是否可行还是个大问题。

比如,有的同学认为外语对自己实在是太重要了,于是心一横,发誓要养成每天记100个单词的习惯,这样,一天记100个,10天记1000个,100天记10000个,但这样做能长久吗?显然有问题。为什么?因为单词是要不断复习才能记住的。开始几天也许还可以,但越到后面复习量就会越大,甚至大到你根本就无法应对。那时,这个习惯就只能中途夭折了。

3. 策略性探讨

培养习惯"四步魔法"必经的第三步,便是策略性探讨。所谓策略性探讨,是指当必要性和可行性都充分以后,还必须探讨其策略性,否则这习惯照样难以养成。例如,一位年轻女性住在16楼,为了减肥、健身,希望养成每天上下班不乘电梯的习惯,但总是在几天后便失败。

这个问题很典型,我们不妨一起来分析。

试想,为了减肥、健身,天天爬16层高楼,毕竟是一件极艰苦的事。开始她一定是咬着牙,喘着气,才一步步艰难地把腿挪到16层的;而随后几天,她一定会累得浑身酸痛,以至骨头架子都像散了似的;再以后,她一定在心里激烈斗争,以致终有一天,她实在无法坚持了,于是中途放弃,并无可奈何地安慰自己:"胖一点就胖一点嘛,这算什么,还丰满呢!"

这也许就是那位女士败下阵来的真实过程,也一定是我们许多人曾败下阵的真实过程。

那采用所谓的"策略性"又应如何去做呢?

你想,一下子要爬16层高楼当然难度极大。那怎么办呢?别急,别总想一口吃个胖子,要慢慢来。开始几天,乘电梯到十三四层,爬两三层。爬两三层一定很轻松,没什么问题吧?好了,过些天再加一层,也没什么问题吧?好了,过些天再加一层……朋友,只要你不急不慢、循序渐进,一天天脚踏实地、步步为营、稳扎稳打,终有一天,你会在不知不觉中每天爬16层楼还感觉轻松自如、兴致勃勃、精神抖擞、豪情满怀。

这个例子说明什么呢?说明培养一种习惯,除了要研讨它的必要性和可行性外,还必须探讨它的策略性。策略性关键在两个字——"少"和"小"。

所谓"少",就是从总体战略而言,每个阶段培养的习惯,要讲究一个"少"字,千万不能"多";所谓"小",是从具体战术而言,每个习惯开始培养时,要讲究一个"小"字,千万不能"大"。

4. 1分钟"修身日志"

之所以用"修身"两字,是因为在习惯上下功夫,是我们"修身"的根本途径;对于"修身,齐家,治国,平天下"的古训而言,"修身"又是"齐家""治国""平天下"的基础。

那"修身日志"如何具体操作呢?我们可以利用自己的日记或工作日志,也可以专门为此打印一个简单的表格,每天记上几行就足矣。

第一行当然是某年、某月、某日、天气等；第二行便是每天例行要记的"1 分钟修身日志"。例如，某年某月某日，在"修身日志"那一行上写道："习惯……"。

这"习惯……"是指每天必须提醒、盯住的那些习惯。这里要说明一下，开始时你盯住的习惯千万要少，一两个、两三个足矣；但以后熟练了就可量力而行，适当增加。此外，哪个习惯养成了、巩固了，就可以把这项撤掉，再随时添新的。这样，围绕着你的目标、难题、瓶颈、短板，你总在培养各种新习惯，你的生活就会变得趣味无穷。

根据西方学者的研究，一个习惯的养成大约需要 21 天。但这是个平均数，因为有的习惯很容易养成，也许重复几次就行了；但有的就比较难，尤其是克服各种坏习惯，也许几个月都困难。所以，不妨把习惯的培养大致分为 3 个阶段：一是初始关键期，也是咬牙坚持期，需要 1 个星期左右；二是乘胜追击期，也是习惯养成期，需要 1 个月左右；三是巩固期，也是享受成果期，需要 100 天左右。

案例 5.7

用自我管理习惯实现职业跃升

李华，一个普通的职场人，通过自我管理习惯的培养，实现了职业生涯的跃升。他从一个普通职员，逐步晋升为部门经理，最终成为公司高管。他的成功，得益于他良好的自我管理习惯。

第一，李华制定了明确的目标。他知道自己想要在职业生涯中达到什么水平，因此他为自己设定了清晰的短期和长期目标。这些目标为他提供了方向，使他能够更加专注地工作。

第二，李华养成了时间管理的习惯。他合理规划自己的工作时间，将任务按照优先级排序，确保重要的工作得到足够的关注。他还学会了合理安排休息时间，以保证工作效率和身心健康。

第三，李华注重自我提升。他定期学习新知识，参加培训和研讨会，以提高自己的专业能力和综合素质。他还阅读各种书籍，扩大自己的知识面，提高自己的思维能力。

第四，李华培养了良好的工作习惯。他严格遵守工作纪律，按时完成任务，保持工作质量。他还注重与同事的沟通和合作，形成良好的团队氛围。

第五，李华注重情绪管理。他学会了控制自己的情绪，避免因为工作压力和个人问题而影响到工作表现。他还学会了积极应对挫折和困难，保持良好的心态。

分析：通过这些自我管理习惯的培养，李华在职业生涯中取得了显著的成功。他的故事告诉我们，良好的自我管理习惯对于个人职业发展至关重要。只有通过自我管理，我们才能实现自我提升，达到更高的职业目标。

专题活动

寻找"校园十大坏习惯"

一、活动目标

寻找"校园十大坏习惯"。

二、活动流程

各组比赛,找出校园十大坏习惯有哪些。班长组织小组成员讨论,记录下来交给教师。然后上网搜索"校园十大坏习惯",对比之后,相似多的组获胜。相似少的组可以不服输,但要说出充分的理由以证明自己的观点是正确的。

(建议用时:20分钟)

【课后思考】

1. 反思自己身上有没有恶习,若有,敢不敢在大家面前公开并下决心改变?
2. 寻找一种能提升自己的好习惯,坚持21天,看对自己成长有何帮助。

5.3 解决问题能力

【引入案例】

这是问题吗

(1) 春节结束,三亚返程机票一票难求,票价在1万元以上,我怎么回去上班呢?
(2) 我要把1万元人民币兑换成美元,怎么做?
(3) $389.5 \times 280.03 = ?$
(4) 我要撰写6000字的调查报告,怎么写出来?
(5) 政府如何采取措施控制上涨较快的物价?
(6) 我要创业,但不知如何选择项目。

分析:问题无处不在,人生来就是为了解决问题而活着的。那么,问题的确切含义到底是什么?问题有哪些类型?我们天天面对各种各样纷繁复杂的问题,如何提高解决问题的能力呢?

一、解决问题及解决问题能力

解决问题的能力对于任何职业道路都至关重要。无论你在哪里工作,你都会面临各种问题。如果你想取得成功,能够有效地解决这些问题是必需的。如果你正在找工作,展示解决问题的能力可以帮助你找到梦想的工作。

但是,究竟什么是解决问题的能力?你能做些什么来改善它们?如果你正在寻找一个新的职位,你怎么能在求职期间展现你解决问题的能力,以帮助你找到一份很棒的工作?

(一) 解决问题的含义和步骤

解决问题是指在面对挑战、困难或未知情况时,通过分析、思考、创新和实践,找到一个或多个可行的方案,达到解决问题的目的。解决问题是一个涉及多个步骤和能力的复杂过程,包括确定问题、分析问题、提出假设、验证假设、实施方案、评估结果和总结经验等。

(1) 确定问题。确定问题是解决问题的基础。要明确问题的本质和核心,了解问题的具体情况,包括问题的背景、影响范围和相关因素。明确问题是制订解决方案的前提,只有准确地识别问题,才能找到有效的解决办法。

(2) 分析问题。分析问题是对问题进行深入的剖析。要找出问题的原因、影响和各种相关因素,为解决问题提供依据。分析问题时,可以采用分解问题、归纳总结、逻辑推理等方法,从不同角度和层面理解问题,以便找到解决问题的线索。

(3) 提出假设。提出假设是根据对问题的分析和已知信息,提出一个或多个可能的解决方案。假设是解决问题的初步尝试,需要根据实际情况进行验证。提出假设时要敢于创新,勇于尝试新的思路和方法,为解决问题提供更多可能性。

(4) 验证假设。验证假设是通过实验、调研、分析等方法,对提出的假设进行验证。验证过程要严谨、客观,避免主观臆断和片面理解。通过验证,可以找出可行的解决方案,也可以排除不合适的方案,为解决问题提供有力支持。

(5) 实施方案。实施方案是在找到可行的解决方案后,制订详细的实施计划。实施计划要明确目标、步骤、时间、人员、资源等,确保方案的顺利实施。在实施过程中,要注重沟通、协作和调整,以应对可能出现的问题和变化。

(6) 评估结果。评估结果是对实施的解决方案进行评估,看是否达到了预期的效果,是否解决了问题。评估结果要全面、客观,既要关注问题的解决程度,也要关注实施过程中的优点和不足。通过评估,可以总结经验教训,为以后解决类似问题提供参考。

(7) 总结经验。总结经验是对整个解决问题过程的总结,提炼经验教训。总结经验要深入分析问题的本质、解决问题的方法和效果,找出成功的因素和不足之处,为今后解决类似问题提供借鉴。

(二) 解决问题能力的重要性

解决问题能力的重要性在个人发展、团队协作及社会进步的各个方面都有着显著的体现。

首先,在个人发展层面,具备良好解决问题能力的人更能适应快速变化的社会和工作环境。这种能力帮助他们识别问题的根本原因,提出创新的解决方案,并有效地执行这些方案。这对于个人的职业发展、提高工作效率以及处理日常生活的问题都是至关重要的。

其次,在团队协作层面,解决问题能力是推动团队协作、提升组织绩效的关键因素。一个团队如果能够迅速并有效地解决问题,就能保持高度的竞争力,更好地应对市场挑战。这需要团队成员之间良好的沟通、协调以及各自独立的问题解决能力。

最后,在社会进步层面,解决问题能力对于社会稳定和发展具有重要意义。面对复杂的社会问题,如经济波动、环境污染、公共安全危机等,需要政府、企业和社会各界共同参与,采取有效的措施来解决。一个社会如果能够培养出大量具有解决问题能力的人才,对这个社会的长期繁荣和发展将是极大的促进。

案例 5.8

教育机构的数字化转型

随着在线学习的兴起,一家传统教育机构面临市场份额被新兴在线教育平台侵蚀的困境。为应对这一挑战,该机构决定进行数字化转型,组建了一个跨部门的问题解决团队。面临将线下教学内容转化为线上资源的挑战,团队通过深入研究和分析,开发了一套既能保证教育质量又适合在线教学的课程体系。

接着,团队专注于技术平台搭建,优化了用户界面并引入实时互动功能,以提高学生的参与度和学习效果。然而,市场分析显示家长和学生对于新平台的接受度未知。为克服这一障碍,营销团队开展了一系列市场推广活动。

通过团队合作、专业分析和市场研究,教育机构成功应对了数字化转型过程中的挑战。他们的在线平台不仅保留了传统教育的核心优势,还在用户体验和技术支持上取得了显著进步。最终,帮助机构稳住了现有市场份额,吸引了更多新用户,实现了业务持续增长。

分析:这个案例体现了解决问题能力和方法的重要性,证明了拥有解决问题的能力和方法,对于企业在竞争激烈的市场中保持领先地位至关重要。

二、职场八大解决问题能力

职业人的主要职责就是解决各种各样的企业问题,需要具备八大解决问题的能力。

(一) 目标关注能力

一个能够解决问题的职业人首先是能够迅速确定解决问题的目标并能够集中精力关注目标的人。有的人一天做很多事情,整天忙得焦头烂额,但效果却极差。为什么?目标分散。有的人则只关注工作本身,常常为了做某件事而做,甚至仅仅是为了完成交办的任务而完成,忘记了这个任务的真正目的。

(二) 计划管理能力

职业人的工作效率首先来自于出色的计划管理能力。计划就像梯子上的横杆,既是你的立足之地,也是你前进的目标。计划阶段就是起步阶段,是成功真正的关键阶段。巴顿将军说过:"要花大量的时间为进攻做准备。一个步兵营进行一次配合很好的进攻,至少需要花两个小时的准备时间,匆忙上阵只会造成无谓的伤亡。在战争中,没有什么不是通过计算实现的,任何缺乏细致、合理计划的行动都不会取得好的结果。"

(三) 观察预见能力

良好的观察预见能力让我们能够在竞争日益激烈的社会大环境下,寻找到很好的生存发展机遇,同样地也可以预防一些未来可能发生的对于我们事业有所阻碍的事情。可以说,成功源于拥有一双会观察、会发现的眼睛。

(四) 系统思考能力

《第五项修炼:学习型组织的艺术实践》中提到的第五项修炼就是一个系统思考的

问题。实际上,中国古代智慧,特别是《易经》中的核心思想也是一个系统思考问题,强调了面对任何问题的时候,都要善于从整体上进行考虑,而不仅仅就事论事。只有这样,职业人才能形成大局观。

(五)深度沟通能力

美国著名企业家卡耐基先生曾指出,一个人事业的成功因素,只有15%是由他的专业技术决定的,另外的85%则要靠人际关系。在这个人际关系复杂的社会,要想使自己成功,就应该强化自身的沟通能力。企业管理过程的大量问题也是沟通问题,甚至有的企业家称:"企业中99%的问题都是沟通造成的。"具备强大的沟通能力是解决问题的前提。

(六)适应矛盾能力

企业经营管理过程中有大量相互矛盾的事情,很难找到十分绝对的问题,更是很少存在唯一的最佳答案。如果总是用"非此即彼"的思维方式,问题往往难以解决,甚至可能把问题引向死胡同。因此,职业人要善于适应矛盾,避免绝对化地看问题,拥有开阔的思维,不固守成功经验,既能这样又能那样,追求解决问题方案的开放性,不钻牛角尖。

(七)全神贯注与遗忘能力

"未来不迎,当时不杂,既过不恋",曾国藩这句话的意思就是,对于那些已经过去的事情,不要过于留恋;现在做的事情要清晰、有条理;那些将来可能发生的事情,还没有到眼前,不要着急处理。这可以说是曾国藩一生的职业总结。职业人要善于选择最重要的事情,投入全部精力解决,有些事情则需要快速遗忘。

(八)执行到位能力

就个人而言,执行到位能力就是将事情做到位的能力,这是一切职业人的基本能力。如果不能说到做到,不能做到位,职业人也就缺少了立身之本,一切设想就会沦为梦想,一切问题仍然会是问题,甚至成为更加严重的问题。

具备这八种能力,是成功解决问题的前提和基础。我们在平时的工作过程中,应该努力地去培养这些能力。当问题来临的时候,我们会泰然处之,灵活地去处理它们。处理问题、求得生存与发展是我们职业人的根本目的。培养能力也是为了解决问题,我们的一切行为都要指向解决问题。

案例 5.9

食品安全检测公司的创新解决方案

食品安全一直是公众关注的焦点,为了确保食品的安全和质量,一家食品安全检测公司承担着为食品生产商和消费者提供检测服务的重任。然而,随着食品种类的增多和生产工艺的复杂性增加,传统的检测方法已经无法满足快速、准确检测的需求。

研发团队决定结合现代分子生物学技术和先进的传感器技术,开发一种新型快速检测设备。该设备能够在不破坏食品样本的前提下,迅速识别并定量分析食品中的有害物质。为了确保新设备的实用性和广泛适用性,研发团队与食品生产商和消费者进行了多次沟通，收集了他们的需求和反馈，对设备进行了多次改进。

在研发过程中，团队遇到了不少挑战，如传感器的灵敏度、设备的稳定性和数据分析的准确性等。通过团队成员之间的紧密合作和不断地实验优化，他们最终克服了这些技术难题，成功研发出了新型检测设备。

该设备的投入使用，极大地提高了食品安全检测的效率和准确性，使得检测结果更加可靠。同时，由于新设备采用了自动化和智能化技术，检测过程更加便捷，大大降低了检测成本。这使得食品安全检测公司能够为客户提供更加优质的服务，赢得了市场的认可和信赖。

分析：这个案例充分展示了解决问题能力和方法的重要性。通过研发团队的创新思维和紧密合作，以及与客户的有效沟通，食品安全检测公司成功地解决了一系列技术难题，研发出了一种能够满足市场需求的新型快速检测设备。这不仅提高了公司的竞争力，也为食品行业的健康发展提供了有力保障。

三、解决问题能力的培养

解决问题能力的培养，主要从以下几个方面展开。

（一）激发好奇心和求知欲

好奇心和求知欲是培养解决问题能力的重要条件。好奇心和求知欲是对知识本身感兴趣，它是一种最重要的、最稳定的动机。好奇心和求知欲能促进创新性思维的发展和对问题的解决。

好奇心强的人对于新事物往往主动地进行探究，提出各种问题，并寻找问题的答案，发现事物的内在规律。求知欲旺盛的人对于所要解决的问题，不满足于现成的答案和习惯的方案，也容易打破权威的束缚，而自己积极地去独立思考，寻找答案，试图发现新问题，找到新答案。

（二）训练发散式思维

在长期的实践中，每个人都形成了自己惯用的、格式化的模式，当面对外界事物的变化或现实问题时，我们会不假思索地把它们纳入自己特定的思维框架中，并沿着特定的思维路径对它们进行思考和处理。思维定势可以让我们在从事某些活动和处理某些问题时轻车熟路，节省很多时间和精力。但思维定势的存在也会束缚我们的思维，使我们养成用常规的方法解决问题的习惯，而不再去外界寻求其他更便捷的路径。

要打破思维定势，让我们的思维发散开来，就必须锻炼我们思维的敏捷性和灵活性，在思考问题时既能从一个角度看问题，又能在必要时改变角度看问题，或者同时从几个角度看问题。

1. 头脑风暴法

头脑风暴法是一种关于发散式思维的训练方法。美国心理学家A.F.奥斯本（A. F. Osborn）提出一种"急剧联想法"，也称"头脑风暴法"（brainstorming），是指由一部分人集中在一起以讨论会议的形式进行，在轻松的氛围中，大家可以各抒己见，自由联想，充分发挥创造性，在较短时间内产生大量可能有实用价值的设想。这种方法以集体讨论的方式进行,可以为每个人提供知识互补、思想共鸣的条件。同时,鼓励每一个人畅所欲言,不管数量和质量如何,把每一个人的想法都记下来。

2．设问法

还有另一种发散式思维的训练方法——设问法:对要改进的事物进行分析、展开、综合,明确问题的性质,以提问的方式寻找新的途径,从多角度灵活地处理问题。5Whys:通过问"为什么?"来识别问题的根本原因。通过反复问"为什么?",可以帮助深入了解问题的细节,发现潜在的原因,可以与鱼骨图结合使用。在用鱼骨图识别出潜在的原因后,你可以使用5Whys深入这些原因,找到根本原因。还有5W1H法,就是为什么(Why)、做什么(What)、什么人(Who)、什么时候(When)、什么地方(Where)、如何做(How)。

3．鱼骨图分析法

鱼骨图(图5-2)是由日本管理大师石川馨先生所发展出来的,故又名石川图。鱼骨图是一种发现问题"根本原因"的方法,它也可以称为"因果图"。鱼骨图原本用于质量管理。

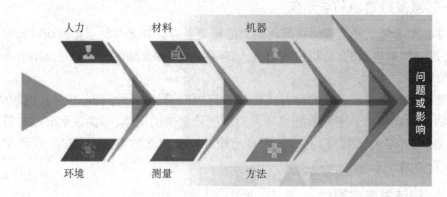

图 5-2　鱼骨图示意图

1)鱼骨图的定义

问题的特性总是受到一些因素的影响,我们通过头脑风暴找出这些因素,并将它们与特性放一起,按相互关联性整理而成的层次分明、条理清楚,并标出重要因素的图形就叫特性要因图。因其形状如鱼骨,所以又叫鱼骨图,它是一种透过现象看本质的分析方法。同时,鱼骨图也用在生产中,用来形象地表示生产车间的流程。

2)鱼骨图的类型

(1)整理问题型鱼骨图。各要素与特性之间不存在原因关系,而是结构构成关系。

(2)原因型鱼骨图。鱼头在右,特性值通常以"为什么……"来写。

(3)对策型鱼骨图。鱼头在左,特性值通常以"如何提高/改善……"来写。

3)制作鱼骨图的步骤

(1)分析问题原因/结构。

① 针对问题点,选择层别方法(如人机料法环等)。确定大要因(大骨)时,现场作业一般从"人机料法环"着手,管理类问题一般从"人事时地物"着手,应视具体情况决定。

② 按头脑风暴分别对各层别类别找出所有可能原因（因素）。应尽可能多而全地找出所有可能原因，而不仅限于自己能完全掌控或正在执行的内容。对人的原因，宜从行动而非思想态度面着手分析。

③ 将找出的各要素进行归类、整理，明确其从属关系。通过相对条件的比较，找出相关性最强的要素归类。

④ 分析选取重要因素。大要因必须用中性词描述（不说明好坏），中、小要因必须使用价值判断（如……不良）；中要因跟特性值、小要因跟中要因有直接的原因—问题关系，小要因应分析至可以直接下对策。

⑤ 检查各要素的描述方法，确保语法简明、意思明确。选取重要原因时，不要超过7项，且应标识在最末端原因。

(2) 绘制鱼骨图。

① 填写鱼头（按为什么不好的方式描述），画出主骨。

② 画出大骨，填写大要因。

③ 画出中骨、小骨，填写中、小要因。

④ 用特殊符号标识重要因素。

要点：绘图时，应保证大骨与主骨呈60°夹角，中骨与主骨平行。

4) 鱼骨图使用步骤

(1) 找出要解决的问题。

(2) 把问题写在鱼骨的头上。

(3) 召集同事共同讨论问题出现的可能原因，尽可能多地找出问题。

(4) 把相同的问题分组，在鱼骨上标出。

(5) 根据不同问题征求大家的意见，总结出现问题的原因。

(6) 拿出任何一个问题，研究为什么会产生这样的问题。

(7) 针对问题的答案再问为什么。这样至少深入五个层次（连续问五个问题）。

(8) 当深入第五个层次后，认为无法继续进行时，列出这些问题的原因，而后列出至少20种解决方法。

鱼骨图是项目管理中用于识别、探索和可视化问题原因的有效工具。适用场景包括问题解决、质量管理、流程改进和风险评估。通过确定问题、划分类别、识别原因和深入分析，团队可以识别导致问题的根本原因并制订相应的应对措施。

4. 多角度思维方法

(1) 顺向思维。顺向思维是循着问题的直接指向去思考。

(2) 逆向思维。逆向思维是从与问题相反的角度对原意进行质疑。比如过河需要船，这是正向思维。我们可以问：不乘船就不能过河吗？还有什么办法？这样进行深思，就会得出许多新见解，如修桥过河、游泳过河、潜水过河、坐飞机或气球飞过河、挖地下隧道钻过河等。以逆向思维立论，常常会得出新意。

(3) 纵向思维。纵向思维是在原材料已知内容基础之上，对原材料做合理的推想和引申，从而得出新意。

(4)横向思维。横向思维也称侧向思维,即通过联想把材料内的已知内容要素同材料外的其他内容要素联系起来思考。这两种内容要素之间的关系,常常是相似、相关或相反。这种联想可以由此及彼,也可以由彼及此。

(三)培养创造想象力

创造想象力是适应变化万千的未来社会所应具有的一种学习体系和形式,就是要求学习者在学习知识的过程中,不拘泥于书本,不墨守成规,以已有的知识为基础,结合学习的实践和对未来的设想,运用创造性思维,独立思考,大胆探索,别出心裁,提出新思路、新设计、新途径、新方法的学习活动。

(四)重视个性的培养

个性因素有时影响人们解决问题的发挥。因此,要培养解决问题的个性,都有以下几个特点:远大的理想和强烈的事业心、个性的独立性、意志的坚定性、一丝不苟的态度、强烈的创新欲望、广泛的兴趣爱好等。

(五)善于交流信息

很多创造思想的火花都是在交流信息中产生的。在思想碰撞过程中会源源不断地产生火花,我们可以从这些思想的火花中找出对自己有用的创造性思维,从而让自己的思想不断地发展和提高。

案例 5.10

智能家居公司的软件升级挑战

智能家居行业的竞争日益激烈,一家智能家居公司为了保持市场领先地位,不断推出新功能和改善用户体验。然而,在一次软件升级中,公司遇到了前所未有的挑战。

紧急问题解决小组首先收集了用户的反馈和故障报告,通过数据分析,确定了问题的根源:软件升级后的兼容性问题。为了找到解决方案,团队成员采用了系统性的问题解决方法,将问题分解为多个子问题,并分别进行研究和分析。

经过几轮的讨论和测试,紧急问题解决小组提出了一个综合解决方案。软件工程师修改了代码错误,并更新了软件版本。测试人员对更新后的软件进行了全面测试,确保兼容性问题得到解决。客户服务团队则通过官方网站和社交媒体向用户发布了更新信息和安装指南。

最终,通过团队的共同努力,兼容性问题得到了有效解决,用户的满意度得到了恢复。这次事件也使公司认识到了问题解决能力和方法的重要性。公司领导决定加强团队协作和沟通,提高软件开发的质量和稳定性,以避免类似问题的再次发生。

分析:这个案例表明,拥有解决问题的能力和方法对于企业在面临挑战时至关重要。通过系统性的问题解决方法、团队成员的紧密合作以及与用户的有效沟通,智能家居公司成功地克服了软件升级带来的挑战,维护了品牌形象,并提高了用户的满意度。

专题活动

如何解决餐厅服务质量差的问题

一、活动目标

练习发散思维方法,利用发散思维的方法解决餐厅服务质量差的问题。

二、活动流程

(1) 教师将学生进行分组,每组6人。

(2) 学生自行扮演1名老板、3名餐厅后厨、1名收银、1名前厅;在老板的主持下,分析为什么这个月服务质量差。

(3) 分析过程中可利用头脑风暴法、鱼骨图分析法、5 Why 分析法,收集餐厅服务质量差的原因。原因可能包括:员工培训不足,厨房操作慢,员工不足,订餐系统过时等。罗列出问题清单。

(4) 制订解决方案。邀请小组成员一起讨论并制订解决方案。针对提出来的问题,寻找解决措施,制订解决方案,共同解决服务质量差的问题。

(建议用时:20分钟)

【课后思考】

1. 思考平时最常用哪些能力来解决问题。

2. 在利用发散思维解决上述问题时,你有何感受?简要陈述你的观点。

模块6　职场交往与职业社交

哲人隽语

我们所知道的最好、最可靠、最有效而又最无副作用的兴奋剂是社交。

——[美]爱默生

模块导读

当青年学生走入社会、投身于岗位中后,如果不懂如何与同事进行交往,没有较强的职场社交能力,就很难在该工作岗位上做到如鱼得水。青年学生在多年理论知识的学习和社会实践的参与过程中,已经掌握和累积了工作相关的经验与知识,可以在该专业岗位上大放异彩,不应该因为职场社交出现问题而阻碍了自身的发展。本模块通过阐述典型的案例,介绍职场交往的方法与职业社交的能力,多方面、宽领域地让大家了解职业交往的需求和必要性,进而准确定位自己的职业需求和社交基础。通过学习本章知识,可以提高社交素质意识,丰富社交知识,练就职场社交能力,为人生未来职业的发展奠定坚实的基础。

能力目标

1. 学习树立勇于表达的意识和培养善于表达的能力。
2. 能够熟知他人表达的意思,学会与他人友好交流的方法。
3. 了解团队合作的重要性。
4. 能够理解建设团队的意义和原则。
5. 掌握社交的基本原则和基本礼仪。
6. 学会如何培养自己的社交能力,完善自我。

6.1　表达与交流

【引入案例】

推销员出身的汽车大王

一名优秀推销员,为了把自己手中的产品推销出去,就要和性格不同的陌生人交往,忍受不友好、轻蔑或性格暴躁的人的伤害。如果能把这些伤害当作研究各类人群的经验,提高自己应对各种不同性格的人的沟通技巧,把购买产品变成顾客的自愿行为,就非常了不起,也是一名成功推销员所必备的优秀品质。20世纪70年代,风靡世界的汽车大王美国福特汽车公司总裁艾柯卡(图6-1)就是推销员出身,后来他担任了美国克莱斯勒汽车公司董事长兼总经理,救活了即将倒闭的克莱斯勒汽车公司。当时,艾柯卡的声望还高于美国总统,很多民众曾劝他竞选美国总统。

图6-1　福特汽车公司总裁艾柯卡

分析:表达能力和与人交流能力是一个人走向成功必不可缺少的优秀品质。一名推销员往往要将表达能力与交流能力训练和发挥到极致,一个优秀的推销员往往还要忍受冷眼和伤害,化痛苦为动力和成长的经验,这种人往往会越战越勇,进而走向成功。艾柯卡从一名优秀的推销员而成长为美国福特公司的总裁就说明了这一点。

一、表达与交流概述

(一)表达的含义及分类

表达是将思维所得的成果用语言、语音、语调、表情、行为等方式反映出来的一种行为。表达以交际、传播为目的,以物、事、情、理为内容,以语言为工具,以听者、读者为接收对象。进一步地,表达是观察、记忆、思维、创造和阅读的综合运用。表达是各种学习能力、智力的尖端反映。表达几乎包括了一切高级行为、一切艺术、一切表露出来的情绪。

表达的方式分为以下几种。

(1)叙述。叙述是写作中最基本、最常见的一种表达方式,它是作者对人物的经历和事件的发展变化过程以及场景、空间的转换所做的叙说和交代。

(2)描写。描写是把描写对象的状貌、情态描绘出来,再现给读者的一种表达方式。它是记叙文中的主要表达方式之一。描写的手法运用得好,能逼真传神、生动形象,使读者如见其人、如闻其声、如临其境,从中受到强烈的艺术感染。

(3)抒情。抒情就是抒发和表现作者的感情。它是抒情文体中的主要表达方式,在一般文学作品和记叙文中,也常常把它作为重要的辅助表达手段。

(4)议论。议论就是作者对某个议论对象发表见解,以表明自己的观点和态度。它的作用在于使文章鲜明、深刻,具有较强的哲理性和理论深度。在议论文中,它是主要表达方式;在一般记叙文、说明文中,也常被当作辅助表达手段。

(5)说明。说明是用简明扼要的文字,把事物的形状、性质、特征、成因、关系、功用等解说清楚的表达方式。具体地说,语言表达能力具体指用词准确,语意明白,结构妥帖,语句简洁,语言平易,合乎规范,能把客观概念表述得清晰、准确、连贯、得体,没有语病。

（二）交流的含义及分类

所谓交流，就是发送者与接收者之间，为了一定目的，运用一定的符号和语言所进行的信息传递的过程。交流的方式大致可以分为：面对面交流、电话、命令、文件、会议、电子沟通（传真、电子邮件、视频会议、即时通信工具如QQ、微信等）、口头沟通、书面沟通（包括备忘录、信件、报告和其他书面文件）、非语言沟通（衣着、动作、表情、手势等体态语言，警笛、红绿灯、谈话的语调、音量、手语、旗语等）。

（三）表达与交流之间的差异

表达主要是指个体通过言语、肢体语言、文字等方式，将自己的思想、感情、需求或意见展现出来的过程。良好的表达能够使信息传递更加清晰、准确，减少误解。在表达中，重点在于个体如何将自己的内在世界展现给他人。

交流是在表达的基础上，进一步包含了信息的互换和思想互动的过程。它不仅仅是单向的信息传递，还包括了倾听、理解对方的信息，以及反馈等环节。交流是一个双向或多向的过程，重点在于双方或多方的互动和理解。

总而言之，表达更多关注于个体如何表达自己，而交流则侧重于双方或多方之间的信息互动和思想沟通。一个有效的交流过程，必然包含了一次成功的表达，但交流的成功还依赖倾听、理解和反馈等其他环节。

案例 6.1

项目管理中的有效沟通

在一个软件开发项目中，项目经理张女士以其出色的沟通技巧而备受赞誉。她深知准确交流在项目管理中的重要性，因此采取了一系列措施来确保沟通的有效性。

张女士首先明确了项目的目标和需求，并与团队成员进行了详细的讨论，确保每个成员都对项目的目标有清晰的认识。她通过明确的目标和期望，为团队成员提供了明确的方向。在项目执行过程中，张女士定期与团队成员进行沟通，及时了解项目的进展和问题。她通过开放式的沟通方式，鼓励团队成员提出问题和建议，并及时解决。张女士还注重沟通的准确性和清晰性。她使用明确术语，确保团队成员对项目的需求、任务和期望有准确的理解，避免了误解和混淆。

通过张女士的有效沟通，团队成员之间的合作更加顺畅，工作进展顺利，项目按时完成，并取得了优异的结果。团队成员对项目的认同感和满意度也显著提升。

分析：这个案例表明准确交谈在项目管理中的重要性。通过明确的目标、及时的沟通和准确的表达，项目经理能够确保团队成员对项目有清晰的认识，提高工作效率，最终实现项目的成功。

二、如何准确地表达观点

（一）适应情景，明确角色

准确地把握情景，是准确表达的第一步。俗话说："到什么山上唱什么歌。"任何成功沟通都是准确适应情景的结果。表达意见的情景包括时间、场合、对象、缘由等。一般分为正式和非正式两种：正式的表达比较严肃、规范，如各种有准备的会议、各种洽谈、各种正式的谈话、工作汇报等；非正式的表达则比较随意，时间和地点的选择往往是随机的，如闲聊、倾诉等。

适应情景最重要的是要把握以下四个方面。

1．区分正式与非正式的场景

我们说话常常根据双方的熟悉程度、表达内容的重要程度以及交流的目的来确定我们使用语言的正式程度。同样的话题可能因为聆听者与表达者的关系不同造成使用的语言也不同。

假设你是一家公司的普通职员，公司刚开完季度总结会，你和总经理一起乘电梯下楼，你可以这样对总经理说："李总，这季度大家都很努力，公司业绩不错，有没有考虑庆祝一下？"

如果和你一起乘电梯的是你的同事，你可能这么说："嘿，这段时间大伙儿挺卖力的，给公司挣了不少的钱，他们也该请我们一顿吧！"

这两段话表达的意思是一样的，但如果相互替换会怎样呢？用后一段话对李总说显然过于随便，会让领导听起来有一点过分，当然，李总与你关系特别密切的情况除外。在同事之间用前一种说法显得过于正式，好像在汇报工作。

2．表达与聆听双方的角色定位

每一个人在社会上都担当许多角色：上司、下属；销售方、顾客；同事、朋友、父母、子女；兄弟姐妹等。每个人在具体的表达语境中，根据双方已有的关系基础和交谈的目的，一般说话者只有一种角色是适当的，某些时候也有可能具有两种甚至多种角色身份。

3．表达与聆听双方在具体的语境中的角色关系

（1）亲密型：表达双方的角色处于同一层次，而且彼此关系非常亲密。如亲友之间，特别是夫妻、恋人、知心朋友之间的交流。

（2）随意型：表达双方的角色处于同一层次，彼此关系是临时的、随意的，双方保持一定的距离。如熟人之间的日常交谈，旅途中陌生旅客之间的聊天等。

（3）商讨型：表达双方处于比较正式的交际情景之中，双方地位大致相等。如双边洽谈、学术讨论等。

（4）服务型：表达双方地位上有差异，一方为另一方提供服务。如服务员与顾客之间的交谈。

（5）求助型：表达双方由于交际目的的确定，双方地位有差异，一方请求帮助，另一方提供帮助。如向陌生人问路，向他人求援等。

（6）支配型：表达双方地位明显不同，一方支配另一方，"权势差异"很突出。支配者有权利支配，不管对方是否愿意；被支配者有义务接受支配者的控制。如上下级布置工作，军队里发布命令，法庭审讯时的提问等。

（7）敌对型：表达双方处于排斥、对立状态之中。如日常生活中的吵架、政治生活或工作中的抗议等。

4．不同类型角色如何表达

（1）使用好称呼语。称呼是角色定位的标志。称呼"尊敬的领导"，定位的是上下级关系，说话者是下级；叫一声"哥们"，定位的是亲密型朋友，说话者需要的是随意交谈等。

（2）注意不同类型角色的用语要求。把握了自己与对方的角色关系，在表达的语言使用上，不同类型的角色关系交谈应注意以下事项。

① 亲密型表达的用语要亲切、和谐，感情色彩较浓。

② 随意型的表达多以信息交流为主，话题转换较快，使用非正式语言，用语随便，较为自由。

③ 商讨型的表达一般有固定的话题，双方要围绕主题发表意见，展开讨论，使用较正式的语言，要坦率、平等。

④ 服务型的表达双方要友好，提供服务者语言要热情、温和、礼貌、周到，请求服务的一方也要礼貌、文明，注意平等交谈。

⑤ 求助型的关系多少带有一点临时性，因此，求助的一方语言必须客气、谦恭、礼貌，提供帮助的一方则有两种可能：愿意提供帮助的表现为热情、大方；不愿提供帮助的则会是冷淡甚至无礼。

⑥ 支配型的语言一般比较正式，支配者语言中明显带有使令性，用语比较规范。

⑦ 敌对型的语言常带有论辩、呵斥、针锋相对的特点，此时表达的情绪比较激动，用语感情强烈，但要注意讲理为主，论理要清晰，论据要充分。

（二）语言规范，清晰表意

1．要注意语音形式和语体使用的规范

注意不同场合约定俗成的语音规范要求，在大众传播和公开的场合要尽量使用通用的语音，如普通话。在私密的表达中，用双方感到亲切的语音效果比较好。如老乡交谈用同地域的当地语音比较亲切，感情容易交流；同行业交谈用行业的术语、专用词汇比较容易沟通等。

2．要注意区分正式与非正式表达的语体规范要求

在非正式表达中，使用过多的书面语、抽象的词汇和客套的仪式语言会使人感到别扭、生硬；同样，在正式表达中，使用非正式交谈中的口语词汇和随意的交谈对话，会使人感到不严肃、对对方不尊重。两者都不会有好的沟通效果。所谓语言得体，首先表现在语言风格的恰当使用上，语体使用不当会影响交谈效果。

3．要克服表意上的障碍，注意表意清晰

（1）在措辞上要注意恰当、简洁、典雅。措辞不当主要表现在：咬文嚼字，用词粗俗，陈词滥调，滥用术语，或是过多的口头禅，交谈中要注意避免这些不当的用词。

（2）在内容上要注意简明、合理，条理清晰。内容失调主要表现在：不分主次，不知所云；口若悬河，冗长烦琐；言过其实，不着边际等。交谈中要力争做到以下几方面。

① 言之中的。一方面要针对交谈的话题，紧扣主题；另一方面要针对交谈的对象，因

人施语。

② 言之有物。交谈最忌废话、大话、空话，内容要实在，用词要恰当，感情要真挚。

③ 言之有理。在交谈中，表达的观点和看法都要有充分的理由，观点和证据之间要有必然的逻辑联系，要令人信服。

④ 言之有序。交谈话语的逻辑层次要先后有序，一方面，自己的表达语段中要注意逻辑顺序，条理清晰；另一方面，在接应对方的话题自我发挥时，要符合逻辑发展的合理有序，不能偏离主题。

案例 6.2

职场沟通的艺术

张女士是一位资深营销经理，但在与技术部门沟通时遇到困难。她决定提升沟通技巧，首先分析了之前的沟通方式，发现自己过于直接，缺乏说服力，未考虑到技术部门的需求和限制。

张女士采取策略性沟通方式，确保对技术细节有足够了解，使用内行语言。她通过提出问题引导对方思考，使对方感觉被重视。她还学会在提出要求时给出充分理由，使技术部门理解并接受她的观点。

这种改变使技术部门同事更积极地参与讨论，提出建设性反馈。两部门之间的沟通变得更加顺畅，张女士的营销计划得到更好的执行。

分析：张女士的成功在于她能准确地表达自己的观点，同时激发他人的积极性和创造力。她的案例表明，有效沟通不仅是传达信息，更重要的是理解、尊重他人，并在沟通中寻求共同点。通过提升沟通技巧，张女士改善了跨部门合作，增强了领导力，取得了更大的职场成功。

三、如何友好与他人交流

（一）把握主题，积极交谈

1. 话题和主题

话题是交谈的内容。随意性交谈的话题是随机的、分散的；正式性会谈讨论的话题一般比较确定、集中。

主题是交谈中的焦点，是话题所体现的中心意义，一般是交谈的宗旨，是主动交谈一方或者双方共同的意图所在。

有时交谈的主题显露在话题之中，如销售员与客户围绕产品交谈，主题是销售产品，这是销售员交谈的主旨，是他主动谈话的意图。有时销售员并没有谈产品，而是与客户侃足球、谈天气，或是谈论双方感兴趣的其他事情，此时，主题没有显露在话题之中，但它是维护良好关系，表达感情的需要，也有其一定的目的。

2. 交谈的类型

任何有效的交谈必须把握好交谈的类型。在进行交谈前，我们要了解不同类型交谈的特点,根据类型选择恰当的交谈方式,力求取得交谈的成功。根据交谈的目的,交谈可以分为以下几种类型。

(1) 说服式交谈。这类交谈的目的是一方要就某些问题对另一方进行劝导说服。因为它以说服为目的,所以说服者在交谈中是交谈方向和内容的控制者,是发话的主体,在交谈中起关键作用。由于被说服者是交谈目的的承载者,在交谈中也起着十分重要的作用。没有被说服者的配合和转化,交谈不可能有效进行。

(2) 商讨式交谈。这类交谈的目的是通过交谈者的相互讨论、协商,就某些问题统一意见,或达成合作协议,比如外交谈判、经贸洽谈等活动。这种交谈应具有统一性、建设性和合作性的特点。需要交谈各方严肃认真地表达自己的见解,从一定的原则出发,求同存异,达到交谈的目的。

(3) 论辩式交谈。这类交谈的目的在于交谈各方对某些问题各抒己见,展开辩论,比如法庭辩论、学术争论等交谈活动。这种论辩式交谈,应该注意说话的科学性、针对性和严肃性。

(4) 调查式交谈。这种类型的交谈的目的在于互相配合,一方就另一方所做的调查和询问进行答复。这种交谈的目的,决定了它常以问答为基本形式。它要求问话者的语言要具有目的性、明确性和启发性;答话者的语言具有针对性、真实性和完整性。只有交谈双方彼此配合,才能完成调查和交谈任务。

(5) 倾诉式交谈。这类交谈的目的是一方将自己的欣喜、苦恼、怨恨以及打算或决定告诉对方,与对方分享喜悦,请对方分担烦恼,接受或同情倾诉方的怨恨,或者征询对方的评价。这类交谈以说话者对听话者的信赖为基础,往往具有很强烈的感情色彩。

3. 提问的技巧

交流的目的是获取信息,在倾听过程中,恰当地提出问题,往往有助于相互沟通。人们通过提问的内容可获得信息,也可从对方回答的内容、方式、态度、情绪等其他方面获得信息。提问时应注意以下事项。

(1) 以理解的态度交谈。理解对方,诚恳而准确地提出一些双方都能接受的问题,从而更有利于双方的沟通。

(2) 选择适当的时机。应在双方充分表达的基础上再提出问题。过早地提问会打断对方思路,而且显得十分不礼貌;过晚提问会被认为精神不集中或未能理解,也会产生误解。

(3) 提问的内容少而精。提问就是为了获得某种信息,问题要少而精,不要漫无边际,要适合于对方的理解水平等。

(4) 不要给对方造成压力。压力会使对方产生恐惧感,如:"如果你不诚实地回答我的问题,我就……"

除了强权问话、审问之外,作为友善的提问应表明共享和承诺的伙伴关系,如:"如果你能告诉我,将有助于我澄清问题。"

(5) 要避免一些不愉快的提问。不要提有关私生活和侮辱对方的问题,如:"你的体重是多少公斤呀?""你的头发怎么变稀了呀?"

4. 围绕主题有效交谈的几种叙述方式

(1) 重复。重复包括对对方语言意义的解释和复述。交谈者的重复犹如回音壁，用略微不同的词句去重复对方的话，能让对方知道你的反应。举例如下。

甲："我失恋了，我很痛苦，为了他，我牺牲了许多，他却爱上了别人。"

乙："是呀，失恋是很痛苦的事情，你为了他，确实牺牲了许多，你要注意自己的身体。"

在运用重复时，交谈者一方常将自己的反应加在乙方语言之前：

"我听到你刚才说……"或"听起来似乎……"

"根据我个人的理解，你说的是……"

像这样的开头语可帮助交谈者移情入境，并通过表达自己重复对方谈话的意向来帮助对方确认交谈的反应，以利于继续交谈。

(2) 澄清。澄清是将一些模棱两可、含糊不清、不够完整的陈述弄清楚，其中也包含试图得到更多的信息。

它可以引导讲述一般情况的对象进行深入的描述。举例如下。

甲："我和他不能相处。"

乙："你和谁难以相处？"

甲："我的上级。我尽了最大努力跟他搞好关系，但我仍然感到他总是贬低我。"

乙："你似乎对你和上级之间的关系感到灰心。最近有什么事使你为难了？"

甲："我想……是我在休假回来时，一大堆工作压在那里……"

在澄清时，常用"我不完全了解你所说的意思，能否告诉我……""你的意思是不是……"

(3) 阐明。阐明是深入明确的解释，是为对方接受、理解自己的新观点，认识新事物提供进一步深入说明的方法。举例如下。

甲："你知道……我在退休前……我工作很忙，每天我要会见一些人，直至晚上八点。但有什么用呢？我现在坐在这儿，读点书，吃点东西，再没有什么了。"

乙："我理解，你将毕生的精力用来帮助别人，但由于你退休了，很难找到什么有意义的事去做，你可能会感到空虚和孤独，因为不能再帮助和影响别人了。"

(4) 自我袒露。自我袒露是向自己信任的人表露有关自己的事情。应该如何进行自我袒露，这是沟通中重要的技巧问题。袒露只能在与你有重要的关系时才应该发生。如果你向不熟悉的人袒露得太早太多，也可能引起误会，不利于关系的发展。

(5) 沉默。沉默在交谈中有以下含义：一是当倾听人沉默不语，但保持良好的目光接触且不时点头或以微笑回应时，说明对讲话者的信任和支持。二是当倾听人长期沉默不语，但目光较长时间固定且面部与讲话人所要表达的情感相符合时，说明是受到讲话人的打动。三是当倾听人长时间对谈话没有反应、沉默不语时，说明对谈话毫无兴趣。记住：短时间的沉默是有效交谈的重要组成部分。

(二) 主动倾听，拉近关系

在沟通中，当你把注意力集中在他人所说内容的时候，你已经成为一个倾听者。当你把谈话的重要观点在头脑中进行勾画，并考虑提出问题或对提出的观点进行质疑时，你就成为一个主动的倾听者。

(1) 使用目光交流。眼睛是心灵的窗户,双方交谈时,要注意保持目光交流。通常情况下,用柔和目光不时地注视对方的眼睛,表明自己对所讲的内容感兴趣,而斜视和心不在焉的呆滞或东张西望会使说话者产生不良印象。

(2) 使用肢体语言表示。用点头、微笑和皱眉等肢体语言表示自己的兴趣。参与的姿势要放松,手臂不要交叉,不要僵硬不动,要随说话人的语言做出反应。

(3) 使用有声语言回应。必要时,边听边用"嗯""哼""啊""我明白了""我知道""没错""对"等词语来肯定和赞扬说话者,表示你兴趣和鼓励对方继续说下去。

(4) 记笔记。在条件允许的情况下,特别是在重要的交谈或会议上,做笔记是表明自己在积极倾听的重要动作。

(5) 不要插嘴。在主动倾听时,还要注意不要随意插嘴,打断对方讲话;不要抢着帮别人说话。随意打断对方的讲话,会被视为不礼貌。合适的时机,可以礼貌地请求插话,如"对不起,打断一下……"对方允许后,可以插话。

总之,主动倾听不仅可以避免自己产生误解,同时可以让对方知道自己在倾听。在对方说话的时候有相应的动作,能让对方完全觉得你在认真倾听,表明你对对方的尊重。倾听是有效沟通的润滑剂和刺激剂。

案例 6.3
团队合作中的有效沟通

在一家大型企业中,市场部和研发部共同负责一个新产品的开发和推广项目。这两个部门之间的合作至关重要,但却经常因为沟通不畅而产生冲突。

为了改善这种情况,市场部的李先生主动与研发部的同事进行了友好的交流。他首先对研发部同事的工作表示尊重和赞赏,然后表达了自己对项目的一些看法和建议。研发部的同事感受到了李先生的诚意和友善,也愿意倾听他的观点,并提出了自己的意见。双方通过友好的交流,共同商讨解决方案,最终达成了共识。在项目执行过程中,李先生继续与研发部的同事保持友好的交流。他们定期召开会议,分享进展和观点,并通过友好的沟通解决了一些分歧和冲突。

由于李先生与研发部同事之间的友好交流,团队合作变得更加顺畅,项目进度加快,最终取得了超出预期的成果。双方的关系也变得更加紧密,合作更加愉快。

分析:本例说明了友好与他人交流在团队合作中的重要性。通过友好的交流,团队成员能够更好地理解彼此的观点和需求,解决分歧和冲突,提高工作效率,实现共同的目标。

四、当众演讲的注意事项

(一) 演讲内容的分类

一般情况下,根据演讲者所要达到的目的,演讲的内容可以分为两大类:为达到告知或说明目的的告知型演讲和为达到说服目的的说服型演讲。

(1) 告知型演讲。传授知识的演讲,包括实物的演讲、过程的演讲、事件的演讲、概念的演讲等。

(2) 说服型演讲。试图改变或强化听众信仰和行为的演讲,包括事实问题、价值问题和政策问题的说服型演讲。

(二) 演讲开场、展开和结束的内容安排技巧

1. 开场白的组织技巧

第一印象是很重要的。你可以在完成你的演讲主题以后再去考虑开场白。开场白能够建立起你的可信度和信誉,唤起听众的注意力,引发他们的兴趣。常用的方法如下。

(1) 运用与主题相联系的一个故事、幽默或大家都熟悉的事情开场。

(2) 通过与演讲主题相关的自我介绍,让听众感觉到你有资格来谈论这个话题。

(3) 预览演讲的主题,满足听众的疑问(从演讲中得到什么)。必要时可以告诉听众所需要的大概时间。

(4) 巧妙的提问。即以一个提问来开始。例如:"请问,你们都有几个生日?"以引起听众的兴趣,接下来再展开话题。

(5) 直接引入主题。第一句话就点出主题。演讲开头的方法远远不止上述的五种,列举上面几种方法,旨在提供一个思路,你完全可以在这个基础上根据现场的实际情况创造出更为精彩的开头。

2. 内容展开的技巧

依据听众记忆曲线图显示,在组织演讲材料时千万不要将重要的内容"埋藏"在中央地带,演讲重点应放在显著的位置:开头或结尾或者两者都有。针对这一情况,可用直接法或间接法来对你演讲的主体内容进行组织安排。

(1) 直接法:直接切入主题,即在记忆曲线开始处阐述重点,这一方式具有许多优点,即增进理解、面向听众、节省时间。

直接法主要适合:理性的信息,不含有情感性的因素;听众更关心结论;沟通者可信度较高等,这是常用的一种方法。

(2) 间接法:间接进入主题,即在记忆曲线的末端才列出结论,有时又称这种方式为神秘故事法。间接法对于听众来讲,理解起来比较耗费时间,而且也比较困难。

3. 非语言的运用技巧

非语言的运用技巧包含定好基调,把握语音规范,肢体(身态)语言自然准确方面。

首先是定好基调。每个演讲人发言的内容不同,个性特点不同,同时性别、音质、语言特点不同,基调就不同。一般来讲,政治类可用慷慨激昂式,反思类用深沉凝重式,故事类用潺潺流水式。

其次是把握语音规范。说话准确,有抑扬顿挫。发音规范、清楚、没有说错字,没有口头禅,音质、音量、语速、重音、停顿、语调、节奏等的把控合适。

最后是肢体(身态)语言自然准确。站姿:男士为双脚与肩同宽,女士为丁字步。移动自然。手势可自然下垂、握拳、扣胸、举高等,与环境内容相适。眼神可先环视,然后

平视,与专注某一观众结合。

4. 有效的结尾方法

(1) 结尾发出信号,提示结束。例如,可以直接说"让我们总结一下""总之"等;也可通过动作、语音语调的变化来作为演讲的结束提示。

(2) 增强与听众的情感交流,强化听众对演讲中心思想的理解和共鸣。例如,小结主要的观点;使用一个引语或做一个喜剧效果的陈述以回应开场白。

(3) 告知型演讲应强调演讲主题,总结主要论点;说服型演讲应提出建议或要求,力求打动听众。

案例 6.4

雷军的小米 SU7 发布会

雷军毕业于武汉大学,是小米科技有限责任公司董事长兼首席执行官。2024年3月28日,小米SU7发布会在中国电动车界掀起一股热潮。这场发布会是一个高压力的场合,因为听众包括了许多行业专家和高层管理者。

为了确保演讲成功,雷军团队做了充分的准备。他首先对市场趋势进行了深入的研究,并准备了详细的演讲稿。而且进行了多次的彩排,包括语速、语调和肢体语言的调整,以确保能够清晰、流畅地传达信息。

在演讲前,还进行了一些放松和准备的练习,如深呼吸和正面思考,以减轻紧张和焦虑。当站在讲台上时,他保持了自信和冷静的态度。他通过引人入胜的开场白吸引了听众的注意力,然后通过清晰的逻辑和有力的论据阐述了市场趋势。在演讲过程中,与听众保持了良好的眼神交流,使听众感受到他的热情和自信。他还适时地设置了一些互动环节,如提问和讨论,以增加听众的参与感。

最终,雷军的演讲获得了巨大的成功。听众对他的演讲给予了高度评价,27分钟卖出了5万台小米汽车。他的演讲内容有深度、表达清晰、充满魅力,他的演讲不仅提升了他在行业内的声誉,还为他的公司带来了更多的商机。

分析:当众演讲的成功与否与演讲者的准备、自信和表达能力密切相关。通过充分的准备和有效的表达技巧,演讲者能够吸引听众的注意力,传达信息,并留下深刻的印象。

专题活动

辩论赛:科技发展对人类生活的影响是正面还是负面的

一、活动目标

锻炼青年学生们的演讲与表达能力。

二、活动流程

1. 准备阶段

学生们自主参与,分成两个团队:一个团队认为科技发展对人类生活的影响是正面的,为正方;另一个团队认为科技发展对人类生活的影响是负面的,为反方。

学生们利用10分钟时间进行研究和准备,包括收集相关数据、事实和论据,以及准备辩论策略。

2. 辩论阶段

正方首先发言,提出他们的观点和论据,支持科技发展对人类生活的积极影响。

反方接着发言。

每个团队发言后,对方团队有机会进行反驳和辩论。

3. 交叉辩论阶段

在这个阶段,两个团队可以互相提问和回答问题,进一步辩论和阐述自己的观点。

4. 总结阶段

每个团队有机会进行总结发言,总结他们的观点和论据,并强调他们的立场。

5. 评判阶段

教师和其他学生根据辩论的表现和论据的合理性,评判哪个团队更有说服力。

可以设立评判标准,如论据的充分性、逻辑性、说服力等。

(建议用时:30分钟)

【课后思考】

1. 思考当我们面对老师、同学、父母等不同的对象时,我们的表达和交流有什么不同。

2. 撰写一个自我介绍的演讲稿,全方位介绍自己,并思考可以利用哪些演讲的语言和非语言技巧。

6.2 团队合作与建设

【引入案例】

螃蟹与蚂蚁

生活在海边的人常常会看到这样一种有趣的现象:几只螃蟹从海里游到岸边,其中一只也许是想到岸上体验一下水族以外世界的生活滋味,只见它努力地往堤岸上爬,可无论它怎样执着、坚毅,却始终爬不到岸上去。这倒不是因为这只螃蟹不会选择路线,也不是因为它动作笨拙,而是它的同伴们不容许它爬上去。每当那只企图爬离水面的螃蟹就要爬上堤岸的时候,别的螃蟹就会争相拖住它的后腿,把它重新拖回到海里。人们也偶尔会看到一些爬上岸的海螃蟹,但不用说,它们一定是单独行动才上来的。

在南美洲的草原上,有一种动物却演绎出浑然不同的故事:酷热的天气,山坡上的草丛突然起火,无数蚂蚁被熊熊大火逼得节节后退,火的包围圈越来越小,渐渐地,蚂蚁似乎无路可走。然而,就在这时出人意料的事发生了:蚂蚁们迅速聚拢起来,紧紧地抱成一团,很快就滚成一个黑乎乎的大蚁球,蚁球滚动着冲向火海。尽管蚁球很快就被烧成了火球,在噼噼啪啪的响声中,一些居于火球外围的蚂蚁被烧死了,但更多的蚂蚁却绝处逢生。

分析:单丝不成线,独木不成林。一个人的力量是有限的,俗话说:"众人拾柴火焰高。"团队的力量是巨大的,团队的意义能使得不可能化为可能,使得烦琐的工作顺利完成。案例中螃蟹与蚂蚁的做法则截然不同,当螃蟹要成功上岸时,身边的同伴往往会起反作用,阻碍想上岸的螃蟹前进,如此,所有螃蟹都不能登上海岸看一看外面的世界。而蚂蚁在遇到火烧的危险时则会聚集成一团,一些蚂蚁牺牲小我而成就团队的大我,从而使整个团队渡过难关,这就是团队的力量。

一、认识团队

1994年,组织行为学权威、美国圣地亚哥大学的管理学教授斯蒂芬·罗宾斯首次提出了"团队"的概念:为了实现某一目标而由相互协作的个体所组成的正式群体。它合理利用每一个成员的知识和技能协同工作,解决问题,达到共同的目标。团队要有一个既定的目标,为团队成员导航。没有目标,这个团队就没有存在的价值。团队内的成员,在工作上相互依附,在心理上相互关注,在感情上相互影响,在行为上有共同的规范。团队就是由两个或者两个以上相互作用、相互依赖的个体,为了特定目标而按照一定规则结合在一起的组织。

团队和群体的区别:群体可能是有共同的目的,但缺乏协作性,是没有凝聚力的人群。协作性是群体和团队最根本的差异。群体的协作性可能是中等程度的,有时成员还有消极和对立的情绪,但团队中有的是一种齐心协力的气氛。团队中除了领导者要负责之外,每一个团队的成员也要负责,甚至要一起相互作用、共同负责。

(一)团队的特征

(1)明确的目标。高效的团队对于要达到的目标有清楚的了解,并坚信这一目标包含重大的意义和价值。这种目标的重要性还激励着团队成员把个人目标升华到群体目标中。高效的团队中,成员愿意为团队目标进行承诺,清楚地知道团队希望他们做什么工作以及他们怎样共同工作完成任务。

(2)互补的相关技能。高效的团队是由一群有能力的成员组成的。他们具备实现理想目标所必需的技术和能力,以及相互良好合作的个性品质,从而能出色地完成任务。

(3)高度的忠诚、承诺、活力。高效团队的成员对团队表现出高度的忠诚和承诺,为了能使团队获得成功,他们愿意去做任何事情。每一个人都愿意为目标全力以赴,觉得工作非常有意义,可以不断进步。

(4)相互的信任。成员间相互信任是高效团队的显著特征,也就是说,每个成员对其他人的行为和能力都深信不疑。并且能够真诚地互相赞赏,这是团队成长的动力。

(5)良好的沟通。团队成员能通过畅通的渠道交换信息,包括各种言语和非言语信息。此外,管理层与团队成员之间健康的信息反馈也是良好沟通的重要特征,有助于管理者知道团队成员的行动,消除误解。

(6)公认的领导。高效团队的领导往往担负的是教练或后盾的作用,他们对团队提供指导和支持而不是试图去控制下属。他们能在不同的情境中做出适当的领导行为。

(7)最佳的绩效。能够充分利用有限的资源,创造出最佳的绩效,即团队能够做出当时的最佳决策并有效执行。

(8)共同的荣誉感和向心力。团队中的个人以自己身为团队的一分子为荣,个人受到鼓舞并拥有自信、自尊，队员以自己的工作为荣，并有成就感和满足感，有强烈的向心力和团队精神。

（二）个人与团队的关系

相传佛教创始人释迦牟尼曾问他的弟子："一滴水怎么样才能不干涸？"弟子们面面相觑，无法回答，释迦牟尼说："把它放到大海里去。"

一个人再完美，也就是一滴水；一个团队、一个优秀的团队就是大海。一滴水很快就会干枯，它只有投入大海的怀抱，才能永久地存在。同理，个体也只有和团队结为一体，才能获得无穷的力量。只有团队成长了，我们个人才可能有发展的空间。因此，美国著名管理大师彼得·圣吉说："不管你个人多么强大，你的成就多么辉煌，你只有保持你与他人之间的合作关系，这一切才会有现实意义。"

团队中有各种类型的人，如动力型、开拓型、保守型、外向型、内向型等。而各人又有各自独特的，甚至他人无法代替的优势和长处，当然各人也都有弱点和短处。将每个人的优秀、长处，根据工作实际合理地搭配起来，优势互补，就能发挥最佳的整体组合效应。

（三）班组与团队的差异

班组是企业中基本作业单位，是企业内部最基层的劳动和管理组织，班组在现在企业中也多按照"最小行政单元"来进行划分。它是企业组织结构中的基础，负责执行具体的工作任务，是企业生产活动得以顺利进行的基石。

团队是指一种为了实现某一目标而由相互协作的个体所组成的正式群体。班组和团队的主要区别在于以下方面。

（1）责任方面。班组成员之间不承担责任，不追求共同的业绩成果，而是依赖个人优点和业绩目标的实现。团队强调个人责任感和相互负责，通过共同努力实现业绩增量，依赖讨论、争论和决策，以及信息和经验的分享，以相互提高业绩水平。

（2）目标方面。班组侧重于实现个人目标，关注如何完成任务，而不是成员间的沟通和协作。团队目标更加集中，成员间必须密切协作，重点在于成员间的交往和沟通，共同创造工作产品。

（3）人数方面。团队通常人数较少，不超过10人，以便更好地协作和达成共识。班组在人数较多时，虽然有规模上的好处，但协作难度增加，不易达成共识，且后勤问题较多。

（4）领导方面。班组必须有正式的领导，负责目标、任务、计划和日程安排。

综上，团队更注重成员间的协作和共同目标的实现，而班组则更侧重于个人业绩和目标的达成。

案例 6.5

紧急救援行动中的团队合作

在一场突如其来的自然灾害中，一个地区的居民受到了严重的影响，需要紧急救援。救援团队由多个部门和专业的志愿者组成，包括消防员、医护人员、士兵、志愿者等。

在救援行动中，团队成员面临着巨大的压力和挑战。他们需要迅速地评估形势，制订救援计划，并有效地执行。团队成员之间的紧密合作和默契是救援行动成功的关键。他们通过有效的沟通和协调，迅速地分配任务和资源，确保每个环节都能顺利进行。在救援过程中，团队成员相互支持、相互信任，共同努力克服困难。他们展现了出色的专业能力和团队合作精神，不畏艰险，不放弃任何一条生命。

由于团队成员之间的紧密合作和共同努力，救援行动取得了巨大的成功。受影响的居民得到了及时的救助，伤亡人数降至最低。

分析：这个案例表明团队合作在紧急救援行动中的重要性。通过建立良好的合作关系以及有效的沟通和协作，团队成员能够共同解决问题，克服困难，实现共同的目标，挽救更多的生命。

二、团队合作

（一）团队合作的含义

团队合作指的是一群有能力、有信念的人在特定的团队中，为了一个共同的目标相互支持、合作奋斗的过程。团队合作是一种为达到既定目标所显现出来的合作和协同努力的精神。它可以调动团队成员的所有资源和才智，并且会自动地驱除所有不和谐、不公正现象，同时会给予那些诚心、大公无私的奉献者适当的回报。

（二）团队合作的基础

（1）真诚。真诚是人与人相处合作的基础。真诚即真实诚恳。真诚的人会真心实意、坦诚待人，从心底感动他人。只有真诚相待，才可以赢得别人的信任。曾国藩先生曾经给"诚"下过定义：一念不生是谓诚。诚于中而形于外。因此，真诚的心就像阳光雨露般能温暖人心、净化心灵。

（2）信任。人无信不立，没有信任就没有合作。信任建立在开诚布公、真诚相待的基础上。团队合作中信任表现在两个方面：你是否信任别人？你是否被别人信任？没有信任，团队合作就无从谈起。

（3）尊重。古语中尊重是指将对方视为比自己地位高而必须重视的心态及其言行，现在已逐渐引申为平等相待的心态及其言行，即无条件承认并接受对方所拥有的一切，不因自己的好恶而挑剔、指责和论断。人人都需要尊重，互相尊重才能长久合作。尊重他人的话语权，尊重他人与自己不同。

（4）付出。人人都喜欢与乐于付出的人合作。如果一个人一味地索取，别人就会离他远去。在付出中体会到的不仅仅是团队的生机和活力，还有一份做人的快感和满足。付出所产生的作用是成全别人、喜悦自己。付出赋予人幸福和快乐。人与人之间的付出符合这样的逻辑：我想你快乐，你快乐我也快乐。

（三）团队合作的原则

（1）尊重信任。尊重信任是团队合作的基础和原则。团队合作中，尊重他人很重要，不以自己的意志代替他人的意志。尊重团队每个人的发言权，尊重每个人的思想、观念、经历好恶等与自己不同。信任很重要。在一个团队中,信任能够减少和避免因猜疑带来的内耗,能够增强企业的凝聚力,上下更加齐心。信任的价值是创造,信任可以创造出崭新的局面,可以开创出更有效的方式,创造出远远大于个人能量的团队张力。

(2) 遵守承诺。遵守承诺是诚信的表现。人无信不立,在团队合作中,既要敢于承诺,又要重视承诺、兑现承诺。实现承诺的方法是聚集目标。兑现承诺的干扰很多,比如拖延的习惯,"没关系,对方不会在意"的自我安慰,等等。实现承诺就把焦点放在承诺的目标上,排除所有干扰,漂亮地兑现诺言。

(3) 积极沟通。每个人与他人的知识、能力、经历各不相同,这造成了每个人在对待和处理问题时,会产生不同的想法,人和人之间的差异不可避免。那么团队合作如何达成共识?沟通交流是协调的开始,团队合作离不开积极的沟通,积极的沟通贯穿于团队合作的始终。通过积极的沟通,建立团队共同的行为规范,才可能调动所有人的积极性、主动性,才能创造出"1+1>2"的团队合力。

(4) 彼此负责。团队合作需要队员之间彼此负责任。发生任何事情都不抱怨,不指责,而是以一种负责任的态度去对待,团队是我,我是团队,时常想的是我能为团队做什么。优秀的团队不需要领导提醒团队成员竭尽全力工作,因为队员很清楚需要做什么,他们会彼此提醒注意那些无助于成功的行为和活动。

(5) 高效行动。任何好的想法,只有通过行动才能够变为现实。高效行动就是要在单位时间内创造最大价值。就像古人所说的"军中无戏言""令出如山"。能否在规定的时间内保质保量地完成任务,是考核团队的重要指标。

案例 6.6

锁 和 钥 匙

一日,锁对钥匙埋怨道:"我每天辛辛苦苦为主人看守家门,而主人喜欢的却是你,总是每天把你带在身边。"而钥匙也不满地说:"你每天待在家里,多安逸啊!我每天跟着主人,日晒雨淋的,多辛苦啊!"

一次,钥匙也想过一过锁那种安逸的生活,于是把自己偷偷藏了起来。主人出门后回家,不见了开锁的钥匙,气急之下,把锁给砸了,并把锁扔进了垃圾堆里。主人进屋后,找到了那把钥匙,气愤地说:"锁也砸了,现在留着你还有什么用呢?"说完,把钥匙也扔进了垃圾堆里。

在垃圾堆里相遇的锁和钥匙,不由感叹起来:"今天我们落得如此可悲的下场,都是因为我们在各自的岗位上,不是相互配合,而是相互妒忌和猜疑啊!"

很多时候,人与人之间的关系都是相互的,互相扯皮、争斗,只能是两败俱伤。唯有互相配合、团队协作,方能共同繁荣!

分析:这个故事通过锁和钥匙的对话及后来的遭遇,传达了一个重要的道理,即团队合作和相互配合的重要性。在这里,锁和钥匙分别象征着合作伙伴或团队成员。它们各自拥有不同的功能和角色,但只有当它们相互协作时,才能发挥最大的效用。

三、团队建设

建立团队是实现共赢的一种有效方法,团队可以实现某个目标,同时满足团队成员的需求。俗话说:"一个和尚挑水喝,两个和尚抬水喝,三个和尚没水喝。"三个和尚建立团队,其目的是更有效地取水喝,结果互相推诿,三个人的合力为零,只是个体的简单堆砌,毫无意义,当然不是有效的团队。

(一) 优秀团队的要素

优秀的团队必定是任务执行能力和人际关系合力两个要素良好结合的团队。如果一个团队里成员的关系再融洽,但不能高效地完成任务,就不能被认为是成功的。同理即使团队的任务完成得再好,如果缺乏融洽的关系也是不可能保持长久的。团队成员并不需要勉强自己"喜欢"谁而使工作卓有成效,当然,也不能指望缺乏相互尊重、相互支持的团队能取得竞争优势。

(二) 建设团队的原则

(1) 优势互补原则。完成团队目标需要方方面面的人才。由于才能全面的人是很少的,团队必须整合起个体各自的优势,弥补个体的不足,发挥整体的作用。就像打篮球一样,个子高的当中锋,个子矮、善运球的当组织后卫,跑得快的可当前锋,等等,发挥各自的优势组织成一个优秀的团队。

(2) 志同道合、目标一致原则。组建团队时,成员的共同志向、信仰很重要。常言道:志同道合,志不同则道不合。团队的成功离不开明确一致的目标。一致的目标引领大家齐心协力。《西游记》团队的目标就是去西天取经,正是这共同一致的目标引领师徒四人克服了千难万险,最终实现了目标。

(3) 团结合作原则。选拔团队成员时,每个人都有其不同的长处和优势,但也有不同的缺点和不足。往往优点突出的人,其缺点和个性也比较突出。正如将世界球星组成一个足球队,不一定取得球赛胜利那样,失去协作的团队就会变成一盘散沙,优点也会变成缺点。能否做好团结合作是选拔团队成员的一个重要的标准。

(三) 企业文化对团队的重要性

企业文化是指一个组织中共同拥有的价值观、信仰、行为准则和象征等,它反映了组织的使命和愿景。企业文化对于企业的发展至关重要,它不仅能够增强员工的凝聚力和向心力,提高服务意识和服务质量,更有助于塑造品牌形象,提升市场竞争力。

(1) 增强员工归属感。积极的企业文化可以让员工感受到自己是企业大家庭的一员,从而增强员工的归属感。当员工觉得自己被视为重要的一分子时,他们会更愿意投入时间和精力,为提高客户服务质量而努力。

(2) 提高员工工作满意度。积极的企业文化可以传递出对员工的尊重和关注,这有助于提高员工的工作满意度。当员工感受到自己的工作被认可和赞赏时,他们会更积极地投入工作中,提高服务质量。

(3) 促进员工成长和发展。积极的企业文化应该鼓励员工不断学习和成长。通过提供培训机会和晋升机制,员工可以实现个人职业发展目标,从而提高整体服务水平。

案例 6.7

娃哈哈的企业文化

一个企业的成长历程,绝非企业主与员工单打独斗的结果,其背后必有深厚的文化底蕴作为支撑,为其注入源源不断的生命力。娃哈哈集团作为中国饮料行业的璀璨明珠,其辉煌成就的背后,不仅在于其卓越的产品品质和市场策略,更在于其独特的企业文化。

娃哈哈"家"文化的主要内容如下。

(1) 娃哈哈宗旨:健康你我他,欢乐千万家。

(2) 娃哈哈精神:励精图治,艰苦奋斗,勇于开拓,自强不息。

(3) 娃哈哈经营哲学:凝聚小家,发展大家,报效国家。

(4) 娃哈哈座右铭:先将诚信施于人,才能取信于人。

(5) 娃哈哈工作要求:认真,严格,主动,高效。

(6) 娃哈哈行为准则:忠诚,创新,负责,亲情。

(7) 娃哈哈工作作风:拉得出,打得响,过得硬。

(8) 娃哈哈人才观:唯德唯才,有用即才,人皆为才。

(9) 娃哈哈团队意识:道相同,心相通,力相聚,情相融。

(10) 娃哈哈社会主义核心价值观:敬业爱岗,能上能下,崇尚科学,精益求精。

娃哈哈始终坚持以"健康你我他,欢乐千万家"为企业使命,致力于为消费者提供健康、美味的饮品,为社会创造更多的价值。这种使命感和责任感,照亮着前行的道路,正是值得每个人深入体会与学习的典范。它凝聚了企业的智慧与经验,为每一位读者呈现了一个真实、立体、生动的娃哈哈世界。

(四) 组建团队的方法

组建团队的方法主要包括以下几种。

(1) 确定团队目标。首先,需要明确团队的目标。确立一个明确的、被团队成员广泛接受和认可的团队目标。明确的团队目标好比"北斗星",可以为管理者提供协调组织行动的方向,引导组织成员形成统一的行动,激励团队不断前进。

(2) 拆解目标,明确职责。根据明确的目标,按实际情况、分时间段拆解团队绩效指标,分析确定需要的人力和能力,明确角色和责任,确保加入团队的每个人都知道他们在团队中的地位和职责,并能够充分发挥自己的长处。

(3) 招募合适的人才。根据团队的需求和目标,寻找合适的人才。考虑成员的技能、经验、人际关系和团队合作能力等因素。多样性和互补性也是一个成功团队的重要因素。组建一支优秀的团队,成员间要做到角色互补。"团队之父"贝尔宾博士曾提出:"没有完美的个人,只有完美的团队。"

(4) 良好的沟通机制。沟通是合作的基础,不进行充分的沟通,难以使成员间达成默契、形成共识,一个好的团队要形成一个有效的沟通机制和畅通的渠道,给员工提供一个良好的信息交流平台,在沟通中建立相互信任、帮助的模式,让团队成员观点在沟通中一致，进而价值观一致，最终行动一致。

（5）设定目标和评估绩效。确保团队成员都知道他们的工作目标，并建立评估机制来跟踪和评估团队的绩效。及时提供反馈和认可，以鼓励团队成员的积极表现。通过良好的团队竞争，可以激发成员的积极性和创造性，竞争可以刺激每位成员的进取心，使他们力争上游，发挥最大的潜能。

（6）培育团队精神。团队精神是团队成员在领导的带领下，相互沟通交流，协同一致地为共同的愿景而努力奋斗的精神，核心是协同合作，最高境界是向心力和凝聚力空前增强，团队成员之间相互信任，促使团队和企业高效运转。一个企业如果有着坚固的团队精神，那么职工间、领导与职工之间有着很好的工作默契，可以使工作效率大幅度提高。

案例 6.8

企业的核心价值

一个外企招聘白领职员，吸引了不少人前去应聘。应聘者中有本科生，也有研究生，他们头脑聪明、博学多才，是同龄人中的佼佼者。聪明的董事长知道，这些学生有渊博的知识做后盾，书本上的知识是难不倒他们的，于是，公司人力资源部就策划了一个别开生面的招聘会。

招聘开始了，董事长让前六名应聘者一起进来，然后发了15元，让他们去街上吃饭。并且要求，必须保证每个人都要吃到饭，不能有一个人挨饿。饭的价格不高，但是每份最低也得3元。他们一合计，照这样的价格，六个人一共需要18元，可是现在手里只有15元，无法保证每人一份。于是，他们垂头丧气地出了餐厅。回到公司，董事长问明情况后摇了摇头，说："真的对不起，你们虽然都很有学问，但是都不适合在这个公司工作。"

其中一人不服气地问道："15元钱怎么能保证6个人全都吃上饭？"董事长笑了笑说："我已经去过那家餐厅了，如果5个或5个以上的人去吃饭，餐厅就会免费加送一份。而你们是6个人，如果一起去吃，可以得到一份免费的午餐，可是你们每个人只想到自己，从没有想到凝聚起来成为一个团队。这只能说明一个问题，你们都是以自我为中心、没有一点团队合作精神的人。而缺少团队合作精神的公司又有什么发展前途呢？"听闻此话，6名青年学生顿时哑口无言。

分析：这个案例讲述了一个外企招聘过程中的一段小插曲，通过这个插曲，企业董事长传达了对团队合作精神的重视。这个案例提醒我们，在职场中，个人能力固然重要，但团队合作精神同样不可或缺。在现代企业中，团队合作能力被视为员工必备的素质之一，它是推动企业发展和实现共同目标的关键。

专题活动

最完美的团队——西游记团队的角色扮演

一、活动目标

高绩效团队的角色分析。

二、活动流程

(1) 教师先简单讲解《西游记》中人物的特色,再分组讨论唐僧、孙悟空、猪八戒、沙和尚等人物去西天取经过程中分别为集体作出了哪些贡献。

(2) 每个小组推荐一名代表,谈谈《西游记》中最吸引自己的是哪个角色。

(3) 每个小组推荐一名代表,根据自己的性格特征及《西游记》中的人物,谈谈自己在团队中更适合哪个角色。

(建议用时:20分钟)

【课后思考】

1. 如果让你组建一个社团,你会从哪几个方面着手准备?
2. 结合自己的性格特点,分析自己在一个团队中更适合做什么。

6.3 社交能力

【引入案例】

不同人的选择

有三个人要被关进监狱三年,监狱长允许他们每人提一个要求。

美国人爱抽雪茄,要了三箱雪茄。法国人爱浪漫,要了一个美丽的女子相伴。而犹太人说,他要一部与外界沟通的电话。

三年以后,第一个冲出来的人是美国人,嘴里鼻孔里塞满了雪茄,大声喊道:"给我火,给我火!"原来他忘了要火了。

接着出来的是法国人。只见他手里领着一个小孩,那个美丽的女子手里挽扶着一个小孩,肚子里还怀着第三个。

最后出来的是一位犹太人,他紧紧握住监狱长的手说:"这三年来我每天与外界联系,我的生意不但没有停顿,反而增长了200%。为了表示感谢,我送你一辆劳斯莱斯!"

分析:社交能力也是我们在工作和生活中必不可少的能力之一,良好的社交能力能够令你在任何场所都游刃有余,更容易获得成功。材料中的犹太人看到了社交的重要性,他在监狱中利用电话积极与外界社会联系,了解社会发展的最新动向,最终使得他的产业发展更大,而美国人和法国人仅仅是为了满足自己的欲望,没有得到更大的收获。

一、社交能力和社交原则

(一) 社交能力的含义

从一般含义上说,所谓社交,就是人与人之间的相互结识互动过程中的相互理解、相互影响。它是人的思想、观念、兴趣、情感和态度的相互交流过程,其目的在于沟通、协调和建立起良好的人际关系。所谓社交能力,就是人们在社会生活中与他人沟通思想,联络感情,增进友谊,从而建立起广泛的社会联系的一种素养和能力。

(二) 社交的原则

在现代社会中,学习和掌握一定的社交能力和社交技巧,对于人们的工作、学习和生活都有着十分重要的意义。社交的基本原则如下。

(1) 互酬原则。人际交往时,人与人之间的关系是相互的,其行为具有互酬性。因此,在我们的交往中,应该常常想到"给予"而不是"索取";相反,如果取而不予,就会失去朋友。如果一个人没有认识到培养社交素质必备的互酬原则,不懂得社交中的相互性,则坠入社交迷茫是在所难免的。

(2) 自我袒露原则。向别人敞开心扉比关闭心扉更能使人感到满足,而且这种好的感觉也会再次感染别人。如果不敢与人交往,不敢向别人敞开心扉,就会阻碍自己人格的完善,必然直接影响自己未来的职业生涯乃至人生发展。

(3) 真诚评价原则。人们在交往的过程中,免不了要互相议论或评价,对人评价的态度要诚恳,情感要真挚。如果恶意诽谤,口是心非,或者阳奉阴违,就会招致对方的反感。

(4) 互利原则。古人云:"投我以桃,报之以李。"互利原则要求我们在人际交往中了解对方的价值观倾向,多关心、帮助他人,并保持对方的得大于失,从而维持和发展与他人的良好关系。

案例 6.9

社交能力的重要性

曾经有两位同学小明和小红,他们在学业成绩上都非常优秀,但在其他方面却有着截然不同的表现。

小明性格开朗,善于与人交往,无论是在课堂上还是课下,他总能和同学们打得火热。他懂得如何与人沟通,善于倾听别人的意见,并能够给予合适的建议。因此,他在班级中的人缘非常好,大家都很喜欢和他在一起。

相比之下,小红就显得比较内向。她不善于与人交流,总是独自一个人行动。虽然她在学习上非常优秀,但她在班级中的存在感并不强。同学们对她的了解也不多,因此她的人际关系并不如小明。

一次,班级里组织了一次团队活动,需要同学们分组合作完成任务。小明和小红都被分到了同一组。在活动过程中,小明的社交能力得到了充分体现。他能够和团队成员们良好沟通,协调大家的工作,使得团队效率大大提高。而小红则显得有些无所适从,她不太会表达自己的想法,也不懂得如何与人合作。

在活动结束后,班级里的同学们对小明和小红的表现有了不同的评价。小明因为社交能力强,善于与人合作,得到了同学们的一致好评。而小红则因为社交能力不足,使得她在团队中的作用并不明显,从而影响了整个团队的表现。

分析: 这个案例充分说明了社交能力的重要性。在现实生活中,我们经常需要与他人合作,而良好的社交能力能够让我们更好地与人沟通,协调工作,提高团队效率。同时,社交能力也是建立人际关系的重要途径。只有具备良好的社交能力,我们才能在人际交往中游刃有余,赢得他人的好感和信任。因此,我们应该重视社交能力的培养,学会与人沟通,善于合作,这样才能在学习和工作中取得更好的成绩。

二、社交能力的培养

(一)为什么要培养社交能力

在这个快速发展的社会中,社交能力已经成为我们生活中不可或缺的一部分。无论是在工作中、学习中还是生活中,我们都需要与各种各样的人打交道。培养青年学生的社交能力,可以建立良好的人际关系,可以从他人身上学到很多新的知识和技能,了解不同的文化和思想,从而不断提升自己的综合素质。通过学习社交技巧,我们还提高了沟通能力,拓展了人脉圈,增强了自信心,促进了个人成长,并提高了情商等。因此,我们应该重视培养社交能力,从而在人际交往中更加自如和得心应手。

(二)如何培养社交能力

(1) 全面了解自己。一个人要想取得社交的成功,必须对自己做出客观的分析和评价。主要包括以下内容:自己在他人心目中的形象如何?自己的脾气、性格和处事方式等是否会赢得更多人的喜欢?自己在以往的社交中有哪些值得总结和提高的地方?通过上述的自我分析和自我评价,可以发现自己在社交生活方面存在的缺陷,从而明确今后的改进目标。

(2) 充分了解对象。要充分了解交往对象的性格和类型。社交成功的一个重要"秘诀",就是要对交往对象有较为全面的了解,这种了解不仅包括交往对象的身份、经历以及家庭和社会背景,而且包括其脾气、爱好、兴趣、习惯等个性特征,这样我们在社交过程中就能做到因人而异、区别对待。同时在社交过程中还要学会揣摩对方的心理活动和心理变化,因为这是社交成功的关键所在。

(3) 消除紧张心理。社交中紧张、畏惧心理的产生,根源在于一些人对自己缺乏自信。特别是初次见面或同某些领导交谈时,这种心理障碍常常显得更为严重。因此,要想提高自己的社交能力,必须克服这种心理障碍。要学会肯定自己。可以先采用心理强化法,努力找出自己的长处,即使自认为不值一提的特长,也可通过心理强化,把它扩大成足以自豪的优点,借以缩短与对方的距离,增强自己的信心。如果我们能够在心理上与对方保持平等的地位,就能以平等的态度与其进行交往。

(4) 学会自我控制。在社交场合中,有时难免会发生令人不快或引起争吵的事,这时就要求我们进行自我控制,不致因发怒而伤害到同学和朋友。要学会宽容和制怒,学会用意念来控制自己的行动。

(5) 开拓社交范围。要广泛开拓自己的社交范围,这是因为人的需要是多层次的,人的爱好也是多层次的,所以,人所结交的朋友也应是多层次的。只有广为交友,才能使自己获得人生和事业的成功。

(6) 经常参加活动。一个人要想提高自己的社交能力,固然离不开书本知识的学习,但更重要的是要善于在社交活动的实践中加以学习、观察和总结。从社交成功人士的身上,以及从自己的亲身经历中取得直接或间接经验,这样才能使自己的社交能力得到较大的提高,从而逐步展现出一个社交成功者的风采。

案例 6.10

张华的改变

张华是一位技术能力出众的软件工程师。他在编程和软件开发方面有着深厚的专业知识,工作认真负责,技术作品也广受好评。然而,张华却总是沉浸在自己的世界里,对社交活动不感兴趣,他更愿意独自面对计算机,沉浸于代码的世界。

在工作中,张华经常因为不善于与团队成员沟通,导致项目进度受阻。尽管他的技术能力很强,但他的社交能力不足,使得团队其他成员对他的评价并不高。

在职业发展方面,张华也因为社交能力不足而受到影响。尽管他的技术作品优秀,但由于他不愿与人交流,使得他的作品很难得到更广泛的认可。张华因为缺乏领导力和团队协作能力而多次与晋升失之交臂。

在心理健康方面,由于他很少与人交流,使得他在面对压力和挫折时,很难得到他人的支持和帮助。这使得他在工作中遇到问题时,容易产生焦虑和抑郁情绪。

意识到自己的问题后,张华开始努力提升自己的社交能力。他报名参加了沟通技巧培训班,学会了如何主动与他人交流,表达自己的想法和感受。在团队工作中,他开始主动承担责任,与团队成员积极互动,共同推进项目进度。此外,他还积极参加公司组织的各类活动,拓宽了自己的交际圈子,建立了更多的人际关系。

经过一段时间的努力,张华的社交能力得到了显著提升。他的团队协作能力得到了同事的认可,项目进展顺利。他的职业发展和心理健康状况也得到了改善。

分析: 无论是在职场还是在生活中,社交能力都是一个人成功与否的关键因素。只有具备良好的社交能力,才能够更好地与他人沟通,建立人际关系,实现个人价值和职业发展。因此,我们应该重视社交能力的培养,努力提升自己在这一方面的素养。

三、不同场合下的社交

(一) 与领导相处

(1) 不卑不亢。与领导相处,要采取不卑不亢的态度,既不能唯唯诺诺、一味附和,也不能恃才傲物。因为沟通只有在公平的原则下进行,才可能坦诚相待,求得共识。

(2) 工作为重。上下级之间的关系主要是工作关系,因此,下属在与领导相处时,应从工作出发,以做好工作为沟通协调之要义。既要摒弃个人的恩怨和私利,又要摆脱人身依附关系,在任何时候、任何问题上都是为了工作,为了整个团队的利益,都要作风正派、光明磊落。切忌对领导讨好谄媚、百依百顺,丧失理性和原则,甚至违法乱纪。

(3) 服从至上。上级居于领导地位,掌握全盘情况,一般来说考虑问题比较周全,处理问题能从大局出发。在与上级沟通时坚持服从原则,是一切组织通行的原则,是组织获得巩固和发展的基本条件。事实证明,如果下属与上级相处时拒不服从,那么组织就会像一盘散沙,不可能顺利发展。当然,服从不是盲从,下属一旦发现领导的某些错误,就应抱着对工作高度负责的态度,及时向领导反映,并请求领导予以改正。

(4) 非理想化。在与领导相处时,下属不能用自己头脑中形成的理想化模式去要求现实中的领导,从而造成对领导的苛求。坚持非理想化原则,就必须全面地看待领导,既要看到其优点和长处,又要看到其缺点和短处,同时还要能够容纳领导的一般性错误和缺点,克服求全责备的思想。

(二)与同事相处

(1) 互相尊重。尊重是人的需要,也是沟通的前提。职场人士的尊重需要包括团队成员给予的重视、威望、承认、名誉、地位和赏识等。每个成员都希望获得其他成员的承认,因此,高明的领导者都十分尊重员工。尊重是相互的,古人云:"敬人者,人恒敬之。"因此,职场中要想得到同事的尊重,就必须首先尊重同事的人格,尊重同事的工作和劳动,尊重同事在整个团队中的地位和作用。

(2) 真诚待人。常言道:"精诚所至,金石为开。"同事之间要互相沟通,就必须消除不必要的戒备心理,摒弃"逢人只说三分话,不可全抛一片心"的处世原则,怀坦荡,以诚相待。唯有真诚,才能打开同事心灵的窗口,才能激起思想和情感的共鸣。反之,如果当面一套、背后一套,或者说的一套、做的一套,就会失信于人,引起人们的反感。

(3) 互谅互让。职场人士都希望有一个平和的、令人心情舒畅的工作环境。但是,同事之间由于经历、思想、性格、修养、观点、立场等各方面的差异,看问题的角度会有所不同,处理问题的思路与方法也不尽一致。面对这种差异和分歧:一是不要过度争论,以免激化矛盾,影响彼此之间的关系;二是要通过换位思考充分理解对方,并本着从工作出发、为全局着想的原则,求同存异,互相谦让。

(4) 大局为重。同事之间由于工作关系走在一起,就形成了一个利益的共同体。其中的每一分子,都要有集体意识和大局意识。因此,在与上司、同事交往时,要尽量保持同等距离,即使和某些同事兴趣相投、关系密切,也不要在工作场合显现出来,以免让别的同事产生猜疑心理;在与本单位以外的人员接触时,更要形成荣辱与共的"团队形象"观念,多补台、少拆台,不要为自身小利而损害集体大利;不可外扬"家丑",对自己的同事品头论足甚至恶意攻击,影响同事的外在形象。

(三)与客户相处

(1) 客户为主。设身处地为对方着想,急顾客之所需。主动说明顾客购买某种东西或者服务所带来的好处。对这些好处做详细、生动、准确的描述,才是引导顾客购买商品或者服务的关键。"如果是我,会需要什么样的服务呢?"进行这样的换位思考,就能深入顾客所期望的目标。最好用顾客的语言和思维顺序来介绍产品,安排说话顺序,不要一股脑地说下去,要注意顾客的表情,灵活调整服务语言,并力求通俗易懂。

(2) 侧耳倾听。"三分说,七分听",这是人际交谈基本原理——倾听原则在推销语言中的运用。在推销商品时,要"观其色,听其言"。除了观察对方的表情和态度外,还要虚心倾听对方议论,洞察对方的真正意图和打算。要找出双方的共同点,表示理解对方的观点,并要扮演比较恰当、适中的角色,向顾客推销商品、提供服务。

(3) 措辞严谨。在保持积极的态度时,沟通用语也要尽量选择体现正面意思的词。要保持商量的口吻,不要用命令或乞求语气,尽量避免使人丧气的说法。例如:

"很抱歉让您久等了。"(负面论调)

"谢谢您的耐心等待。"(积极的说法)

"问题是那种产品都卖完了。"(负面论调)
"由于需求很多,送货暂时没有接上。"(积极的说法)
"我不想给你错误的建议。"(负面论调)
"我想给你正确的建议。"(积极的说法)

(4)"低褒微谢"。"低"是态度谦恭、谦逊平易;"褒"是褒扬赞美;"微"是微笑;"谢"是感谢。推销人员要常面带微笑,给顾客带来好的心情。要感谢顾客的照顾。如"谢谢您,这是我们公司的发票,请收好。""谢谢您,我马上就通知公司。"

案例 6.11

张先生在不同场合的应对策略

张先生,一家知名企业的市场营销经理,他在工作中需要应对各种不同的社交场合,包括商务洽谈、行业会议、公司活动等。张先生具备出色的社交技巧,总能成功地应对各种场合,赢得他人的认可和尊重。以下是针对张先生在不同场合下的社交成功案例分析。

(1) 商务洽谈。在一次重要的商务洽谈中,张先生对合作方的需求和诉求进行了深入研究,了解了对方的痛点。在洽谈过程中,他积极倾听,尊重对方的意见,并巧妙地运用数据和实例来支持自己的观点。张先生还注意在洽谈中建立情感共鸣,使双方在合作中形成了良好的信任基础。最终,张先生成功签订了合作协议,为公司带来了新的发展机遇。

(2) 公司活动。在公司举办的一次团队建设中,张先生积极参与并发挥了领导作用。他注重团队成员之间的沟通与协作,鼓励大家发挥自己的特长,为团队的成功贡献力量。在活动中,张先生巧妙地运用游戏和团队竞赛等形式,提升了团队的凝聚力和向心力。他还关注团队成员的个人成长,为大家提供了宝贵的建议和帮助。最终,团队成功完成了任务,公司活动取得了圆满成功。

(3) 私人聚会。在一次私人聚会上,张先生遇到了来自不同行业的朋友。他善于运用聊天技巧,找到了与各位朋友的共同话题,并在交流中展现了自己的幽默感和诚意。张先生注意在聚会中照顾到每个人的情绪,让每个人都感到舒适和愉快。通过这次聚会,张先生扩大了人际关系网络,为今后的职业发展奠定了基础。

分析: 综上所述,张先生具备卓越的社交技巧,能在不同场合下应对自如。他注重倾听、善于沟通、建立信任,并关注他人的需求和感受。这些成功的社交案例为我们提供了宝贵的启示,教会我们在各种场合如何与他人建立良好的关系,实现共同成长。

专题活动

迈出社交的第一步

一、活动目标

观看社交恐惧治愈短片《洞穴》,提高社交能力。

二、活动流程

(1) 教师播放社交恐惧治愈短片《洞穴》,为 6 分钟。
(2) 分小组讨论观看视频后的感受。

(3) 各小组派代表总结发言。
(4) 分享自己在生活中的困境,共同商讨解决办法。
(建议用时:20分钟)

【课后思考】

1. 初入职场,向上司汇报工作时,可能会遇到挑战,如无法得到充分的认可,或被批评,你会如何应对?

2. 如果你是一名销售员,遇到客户前来咨询产品,你应该如何应对?

模块7 质量意识与现场管理

哲人隽语

质量不是偶然出现的,而是经过精心设计的。

——[美]约瑟夫·朱兰

模块导读

在现代企业的运营中,质量意识与现场管理的重要性不容忽视。质量意识是企业文化的重要组成部分,它强调全员参与、持续改进,确保产品和服务始终满足或超越客户的期望。一个具备高度质量意识的企业,能够减少缺陷,提高客户满意度,从而赢得市场信任和忠诚度。而现场管理作为生产和服务交付的直接环节,对于保证质量和提升效率起着至关重要的作用。通过有效的现场管理,企业可以确保生产流程的顺畅、资源的合理利用、安全隐患的及时排查,从而提升整体生产效率和产品质量稳定性。

质量意识与现场管理对于企业的长远发展至关重要。它们不仅是提升产品质量和生产效率的关键因素,更是构建企业核心竞争力、实现可持续发展的基石。因此,加强质量意识的培养和现场管理的优化,对于任何追求卓越的企业而言都是不可或缺的任务。

能力目标

1. 能够充分理解质量的含义及相关概念。
2. 明确质量标准的要求,掌握质量管理方法。
3. 强化质量责任感,培养质量意识。
4. 利用现场管理的三大工具,提升预防和应对现场安全风险的能力。
5. 能够使用现场管理方法对现场出现的问题进行分析并提出有效的解决方案。

7.1 质 量 意 识

引入案例

中国国家博物馆收藏的 092 号国家文物

成立于1984年的海尔,最初只有冰箱一种产品,那时候,提升产品品质就是关键。1985年,厂长张瑞敏接到一位客户的投诉,说工厂生产的冰箱有质量问题,于是他带队突击检查了仓库,发现仓库中已经生产出来的冰箱居然有76台不合格。在研究处理办法时,张瑞敏做出了一个决定:召开了全体员工大会,把76台冰箱当众全部砸掉。正是这样的态度,为海尔确立了质量意识,3年后的1988年,海尔冰箱就获得了冰箱行业的第一块金牌,此后获奖无数,张瑞敏带头挥下去的那柄大锤还被中国国家博物馆收藏为国家文物,编号为"国博收藏092号"。

分析:"砸冰箱"事件让海尔确立了产品质量优先的品牌特质。通过这个事件,海尔在用户心中留下了质量有保障的印象。从此海尔的产品成为质量的代名词。

质量是企业的生命线,它关乎企业的声誉、客户满意度和长期竞争力。质量不仅仅是一个产品或服务的优劣程度,更是一种对客户需求的满足度。在当今竞争激烈的市场环境中,高质量的产品和服务是企业的核心竞争力。只有通过提供优质的产品和服务,企业才能赢得客户的信任和忠诚。同时,质量意识的培养对于企业和个人来说都至关重要。质量意识强调的是对质量的追求和持续改进的精神。只有具备质量意识的企业和个人,才能在工作中始终保持对质量的关注和追求,从而不断提升自己的工作水平。

一、质量的定义

国际标准化组织(ISO)对质量的定义是:一组固有特性满足要求的程度。强调产品、工程、服务的特性满足标准规范和市场需求的程序。

(一)质量的含义

关于质量的含义可以从以下几方面理解。

(1)质量存在于不同领域中。对质量管理体系来说,质量的载体不仅针对产品,即过程的结果(如硬件、流程性材料、软件和服务),也针对过程和体系或者它们的组合。也就是说,所谓"质量",既可以是零部件、计算机软件或服务等产品的质量,也可以是某项活动的工作质量或某个过程的工作质量,还可以是指企业的信誉、体系的有效性。

(2)定义中特性是指事物所特有的性质,固有特性是事物本来就有的,它是通过产品、过程或体系设计和开发及其之后实现过程形成的属性。例如,物质特性(如机械、电气、化学或生物特性)、感官特性(如用嗅觉、触觉、味觉、视觉等感觉控测的特性)、行为特性(如礼貌、诚实、正直)、时间特性(如准时性、可靠性、可用性)、人体工效特性(如语言或生理特性、人身安全特性)、功能特性(如飞机最高速度)等。这些固有特性的要求大多是可测量的。赋予的特性(如某一产品的价格),并非是产品、体系或过程的固有特性。

(3)满足要求就是应满足明示的(如明确规定的)、通常隐含的(如组织的惯例、一般习惯)或必须履行的(如法律法规、行业规则)的需要和期望。只有全面满足这些要求,才能评定为好的质量或优秀的质量。

(4)顾客和其他相关方对产品、体系或过程的质量要求是动态的、发展的和相对的。它将随着时间、地点、环境的变化而变化。所以,应定期对质量进行评审,按照变化的需要和期望,相应地改进产品、体系或过程的质量,确保持续地满足顾客和其他相关方的要求。

(5)"质量"一词可用形容词如差、好或优秀等来修饰。

(二)质量的相关概念

(1)产品质量。产品质量是指产品满足规定需要和潜在需要的特征和特性的总和。任何产品都是为满足用户的使用需要而制造的。对于产品质量来说,不论是简单产品还是复杂产品,都应当用产品质量特性或特征去描述。产品质量特性依产品的特点而异,表现的参数和指标也多种多样,反映用户使用需要的质量特性归纳起来一般有六个方面,即性能、寿命(即耐用性)、可靠性与维修性、安全性、适应性、经济性。

(2) 服务质量。服务质量是产品生产的服务或服务业满足规定或潜在要求(或需要)的特征和特性的总和。特性是用以区分不同类别的产品或服务的概念,无论是有形产品的生产企业还是服务业,服务质量都是企业在竞争中制胜的法宝。服务质量的内涵与有形产品质量的内涵有区别,消费者对服务质量的评价不仅要考虑服务的结果,而且涉及服务的过程。服务质量应被消费者所识别和认可。

(3) 过程质量。过程质量是指过程满足规定需要或潜在需要的特征和特性的总和,也可以说是过程的条件与活动满足要求的程度。上述产品质量和服务质量的特性要由"过程"或"活动"来保证,是在设计研制、生产制造、销售服务的全过程中实现并得到保证的。产品和服务质量从形成过程来说,还有设计过程质量、制造过程质量、使用过程质量及服务过程质量之分。

(4) 工作质量。工作质量是指与质量有关的各项工作,对产品质量、服务质量的保证程度。对一个工业企业来说,也就是企业的管理工作、技术工作对提高产品质量、服务质量和企业经济效益的保证程度。工作质量涉及各个部门、各个岗位工作的有效性,同时决定着产品质量和服务质量。然而,它又取决于人的素质,包括工作人员的品质意识、责任心、业务水平。

二、质量标准

质量标准是指对产品的结构、规格、质量、检验方法所做的技术规定。按照《中华人民共和国标准化法》和《中华人民共和国产品质量法》等法律、法规的规定,我国的标准体系由国家标准、行业标准、地方标准和企业标准等构成,同时采用和转化使用国际标准。

(一) 产品质量标准的内容

完整的产品质量标准包括技术标准和管理标准两个方面。

(1) 技术标准。技术标准是对技术活动中需要统一协调的事务制定的技术准则。根据其内容不同,技术标准又可分解为以下三方面的内容。

① 基础标准:标准化工作的基础,是制定产品标准和其他标准的依据。常用的基础标准主要有:通用科学技术语言标准;精度与互换性标准;结构要素标准;实现产品系列化和保证配套关系的标准;材料方面的标准等。

② 产品标准:对产品质量和规格等方面所做的统一规定,它是衡量产品质量的依据。产品标准的内容一般包括:产品的类型、品种和结构形式;产品的主要技术性能指标;产品的包装、储运、保管规则;产品的操作说明等。

③ 方法标准:以提高工作效率和保证工作质量为目的,对生产经营活动中的主要工作程序、操作规则和方法所做的统一规定。它主要包括检查和评定产品质量的方法标准、统一的作业程序标准和各种业务工作程序标准或要求等。

(2) 管理标准。管理标准是指为了达到质量的目标,而对企业中重复出现的管理工作所规定的行动准则。它是企业组织和管理生产经营活动的依据和手段。管理标准一般包括以下内容。

① 生产经营工作标准。它是对生产经营活动的具体工作的工作程序、办事守则、职责范围、控制方法等的具体规定。

② 管理业务标准。它是对企业各管理部门的各种管理业务工作要求的具体规定。

③ 技术管理标准。它是为有效地进行技术管理活动,推动企业技术进步而设置的必须遵守的准则。

④ 经济管理标准。它是指对企业的各种经济管理活动进行协调处理所设置的各种工作准则或要求。

（二）质量标准的类型

我国现行的产品质量标准,从标准的适用范围和领域来看,主要包括：国际标准、国家标准、行业标准（或部颁标准）和企业标准等。

（1）国际标准是指国际标准化组织（ISO）、国际电工委员会（IEC）,以及其他国际组织所制定的标准。

（2）国家标准是对需要在全国范围内统一的技术要求,由国务院标准化行政主管部门制定的标准。

（3）行业标准又称为部颁标准,由国务院有关行政主管部门制定并报国务院标准行政主管部门备案,在公布国家标准之后,该项行业标准即行废止。当某些产品没有国家标准而又需要在全国某个行业范围内统一技术要求时,则可以制定行业标准。

（4）企业标准主要是针对企业生产的产品没有国家标准和行业标准的,制定企业标准作为组织生产的依据而产生的。已有国家标准或者行业标准的,国家鼓励企业制定严于国家标准或者行业标准的企业标准。企业标准只能在企业内部适用。

（三）质量管理的方法

在质量管理活动中,要求把各项工作按照做出计划、计划实施、检查实施效果,然后将成功的纳入标准,不成功的留待下一循环去解决。这一工作方法是质量管理的基本方法,也是企业管理各项工作的一般规律,被称为PDCA 循环（图 7-1）。

图 7-1 PDCA 循环

1. PDCA 的基本含义

P、D、C、A 在 PDCA 循环中代表的含义如下。

（1）P（plan,计划）：包括方针和目标的确定,以及活动规划的制订。在计划阶段,首要的动作是需要找出现阶段的实际问题。通过对问题的有效分析、现状的实际评估,设定具体目标,寻找问题的深层次原因,初步拟出问题解决方案,区分主要因素和次要因素,然后根据性地制订策略和计划。

（2）D（do,执行）：按照预定的计划、标准,根据已知的内外部信息,设计出具体的行动方法、方案,进行布局。再根据设计方案和布局,进行具体操作,努力实现预期目标。在处理的思路上,充分考虑对工作任务的分解和结果的追踪。

(3) C (check,检查):总结执行计划的结果,确认实施方案是否达到了目标,清楚哪些对了,哪些错了,明确效果,找出问题。需要在执行过程当中定期反复地对计划阶段制订的路径、问题和解决方案,以及为实施制订的行动措施与具体任务进行验证。

(4) A (act,处理):处理阶段是 PDCA 循环的关键。对总结检查的结果进行处理,对成功的经验加以肯定,并予以标准化;对于失败的教训也要总结,引起重视。对于没有解决的问题,应提交给下一个 PDCA 循环去解决。该阶段的重点在于修订标准,包括技术标准和管理制度。没有标准化和制度化,就不可能使 PDCA 循环转动向前。

以上四个过程不是运行一次就结束,而是周而复始地进行,一个循环运行完了,解决了一些问题,未解决的问题进入下一个循环。全面质量管理活动的全部过程,就是质量计划的制订和组织实现的过程,这个过程就是按照 PDCA 循环,不停顿地周而复始地运转的。PDCA 每循环一次,品质水平和治理水平均更进一步。

2. PDCA 循环的特点

PDCA 循环可以使我们的思想方法和工作步骤更加条理化、系统化、图像化和科学化。它具有如下特点。

(1) 大环套小环,小环保大环,互相促进(图 7-2)。PDCA 循环通过各个小循环的不断运转,推动上一级循环直至整个循环持续运转起来,从而把企业的管理工作有机地结合在一起。

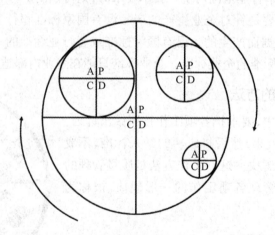

图 7-2 PDCA 循环嵌套

(2) PDCA 循环每转动一周就上升一个台阶,犹如在"爬楼梯"(图 7-3)。每经过一次循环,一些问题就会得到解决,并总结取得一定成果,质量水平就会上升到一个新的高度,有了新的更高的目标,在新的基础上继续 PDCA 循环。如此往复,质量问题不断得到解决,产品质量和管理水平就会不断得到改进和提高。

(3) 在 PDCA 的每一个阶段中又包含着一个 PDCA 的过程。

(4) PDCA 循环的转动不是靠哪一个人的力量,而是集体的力量,是整个企业全员推动的结果。

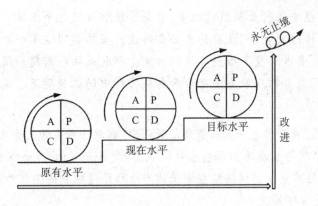

图 7-3　爬楼梯式的循环

PDCA 循环作为质量管理的基本方法,不仅适用于整个工程项目,也适用于整个企业和企业内的单位、班组及个人。

3．PDCA 的应用阶段

(1) 计划阶段。计划阶段是要通过市场调查、用户访问等,摸清用户对产品质量的要求,确定质量政策、质量目标和质量计划等。包括现状调查、分析、确定要因、制订计划。

(2) 执行阶段。执行阶段是实施上一阶段所规定的内容。根据质量标准进行产品设计、试制、试验及计划执行前的人员培训。

(3) 检查阶段。检查阶段主要是在计划执行过程之中或执行之后,检查执行情况,看是否符合计划的预期结果效果。

(4) 处理阶段。处理阶段主要是根据检查结果,采取相应的措施。巩固成绩,把成功的经验尽可能纳入标准,进行标准化,对于失败的教训也要总结,引起重视。遗留问题则转入下一个 PDCA 循环去解决。

质量持续改进是一种系统性的方法,通过不断识别和消除质量问题的根本原因,提高产品和过程的质量水平。除 PDCA 循环 (plan-do-check-act) 外,常用的方法还有六西格玛 (six sigma)、故障模式与影响分析 (FMEA)、持续质量改进 (continuous quality improvement, CQI)、5W1H 分析法等。

三、质量意识概述

质量意识是一个企业从领导决策层到每一个员工对质量和质量工作的认识和理解的程度,这对质量行为起着极其重要的影响和制约作用。

案例 7.1

降落伞的故事

这是一个发生在第二次世界大战中期美国空军和降落伞制造商之间的真实故事。在当时,降落伞的安全度不够完美,即使经过厂商努力的改善,使得降落伞制造商生产的降落伞的良品率已经达到了 99.9%,应该说这个良品率即使现在许多企业也很难达到。但是美国空军却对此公司说不,他们要求所交降落伞的合格率必须达到 100%。于是降落伞制造商的总经理便专程去飞行大队商讨此事,看是否能够降低这个水准。因为厂商认为,能够达到这个程度已接近完美了,没有什么必要再改。当然美国空军一口回绝,因为品质没有折扣。后来,军方要求改变了检查品质的方法。那就是从厂商前一周交货的降落伞中,随机挑出一个,让厂商负责人装备上身后亲自从飞行中的机身跳下。这个方法实施后,不良率立刻变成零。

分析：任何产品,只要存在一丝一毫的质量问题,都意味着失败。许多人做事时常有"差不多"的心态,对于领导或是客户所提出的要求,即使是合理的,也会觉得对方吹毛求疵而心生不满。对待产品质量应该保持精益求精的态度和严谨细致的工作作风。因为我们是生产者,同时我们也是消费者。

（一）质量意识的心理成分

(1) 对质量的认知。所谓对质量的认知,就是对事物质量属性的认识和了解。任何事物都有质量属性,这种属性只有通过接触事物的实践活动才能把握。一般说来,人们总是先接触事物的数量属性,例如,事物的大小、多少,然后才可能接触事物的质量属性。质量相对于数量,可能更难把握。因此,对质量的认知过程可能比对数量的认知过程更长,也更难一些。从这个角度看,对质量的认知更需要通过教育培训来强化。

(2) 对质量的信念。对质量的认知是解决"什么是质量"的问题,而对质量的信念是解决"质量应当怎样"的问题。质量信念往往可以使人形成一种质量意志,也就是在具体的工作中,能够左右员工去完成相应的质量要求。质量信念还可能左右人对质量的情感,使员工对产品质量和质量工作形成热爱的感情。从心理学角度看,质量信念联系着与质量相关的知、情、意三个方面,在质量意识中具有核心作用。

(3) 相关的质量知识。所谓质量知识,包括产品质量知识、质量管理知识、质量法制知识等。一般来说,质量知识越丰富,对质量的认知就越容易,对质量也越容易产生坚定的信念。质量知识丰富,也能够提升员工的质量能力,从而使其产生成就感,增强对质量的感情。可以说,质量知识是员工质量意识形成的基础和条件,但是,质量知识的多少与质量意识的强弱并不一定成正比。

（二）质量意识的功能

意识在产品质量形成中的作用是不言而喻的。质量意识差,是工作质量差的根本原因。心理状态不佳,可能造成差错,发生质量事故,但毕竟是偶发性的。质量能力弱,工作质量当然不会好,但能力弱可以通过学习训练而提高。产品质量长期上不去,工作质量经常出差错,追究起来,往往就归结到质量意识上。

质量意识具有对员工质量行为的控制功能,使其行为符合质量意识的要求。特别是在质量遇到冲击出现波动的情况下,质量意识往往能够坚定员工质量意识所指导的行为,不因为外界的干扰而动摇或改变自己的质量行为。

质量意识又具有对质量的评价功能。这种评价功能不是判断产品质量水平的能力,而是质量意识在对产品质量、工作质量和质量管理功能的价值评价中的具体表现,反映了员工的价值观,或者说是质量在员工价值观中所占的地位及所起的作用。

质量意识在工作中还具有调节功能。员工在工作中必然会遇到各种各样的问题,包括对质量的干扰、冲击、损害等,需要员工进行必要的调节。质量意识就能起到这样的调节功能。它是质量意识的具体表现,但又有其独特的意义。

四、质量意识的培养

质量意识的形成、巩固和发展都有赖于质量教育。质量教育的目的就是促进员工质量意识的形成,也就是说,质量意识的建设依赖质量教育,质量教育就是为了质量意识建设。质量教育是广义的,不仅包括了办班上课、各种培训,更重要的是平时通过开展质量活动对员工进行潜移默化的教育。质量教育有以下两个方面的目的。

(1) 教育者或教育的组织者,即企业方面的目的。企业进行质量教育的目的是提高产品质量,以求获得更好的经济效益。在质量教育和产品质量之间还存在一些中间环节。这就是质量意识的质量能力以及由它们所决定的质量行为。质量教育的直接目的是增强员工的质量意识,提高员工的质量能力。产品质量仅仅是质量意识和质量能力以及由它们所决定的质量行为的功能作用之产物,离开质量意识和质量能力以及质量行为这些中间环节,质量教育和产品质量以及经济效益几乎难以发生直接联系。

(2) 受教育者即员工的目的。学习者的学习行为是由学习动机促成的。如果缺乏学习动机,无论外界如何施加压力也是徒劳的。员工接受质量教育或学习质量知识的动机应当是提高自己的质量意识和质量能力,这是企业对员工的要求,员工自己也应当这样要求自己。但是,员工的质量意识和质量能力提高后,得不到认可,得不到"用武之地",员工就不可能有较强的学习动机。质量教育必须与质量奖惩联系起来,质量奖惩反过来又成为质量教育的基本前提。

激发员工的学习动机,首先,应当对员工进行学习的目的性教育。在质量教育中,要使员工充分认识到学习对提高产品质量以及自己的质量意识和质量能力的意义,使员工感到学习内容与工作密切相关,员工的学习动机就会强烈起来。其次,要注意研究质量教育的内容、形式和方法,激发员工的学习兴趣,使员工通过学习得到精神上的满足。最后,还应当适当地采取奖惩、竞赛、考试等动机诱因,激发员工的学习动机。

案例 7.2

猴子与香蕉

西点实验室有一个很经典的故事:有 6 只猴子关在一个实验室里,头顶上挂着一些香蕉,但香蕉都连着一个水龙头,猴子看到香蕉,很开心地去拉香蕉,结果被水淋得一塌糊涂,然后 6 只猴子知道香蕉不能碰了。换一只新猴子进去,就有 5 只老猴子和 1 只新猴子,新来的猴子看到香蕉自然很想吃,但 5 只老猴子知道碰香蕉会被水淋,都制止它,过了一些时间,新来的猴子不再问,也不去碰香蕉。再换一只新猴子,就这样,最开始的 6 只猴子被全部换出来,新进去的 6 只猴子也不会去碰香蕉。

分析:这个故事反映的是培训的重要性。培训的重要性是把好的经验做好培训,让大家共享,培训好了,可以少犯错误,少走弯路,大家都会向同一个方向,也是正确的方向使力,这样的团队或公司会战无不胜。

专题活动

设计一张有关质量意识的宣传海报

一、活动目标

此次活动要求设计一张有关质量意识的海报,以吸引员工参与并加深对质量的理解。

二、活动要求

(1) 主题明确。海报主题应突出质量意识,强调产品质量对企业和消费者的重要性。

(2) 设计简洁。避免过多的文字和复杂的图案,保持简洁明了的设计风格。

(3) 视觉冲击力强。使用醒目的颜色和图像吸引员工的注意力。

(4) 信息准确。确保海报上的信息准确无误,避免误导员工。

(5) 企业文化融入。将公司文化元素融入海报中,使其更具代表性和凝聚力。

(6) 提交格式。请将设计文件以 PDF 或 JPEG 格式提交,以"质量意识海报"命名。最终通过评比,推选出最有影响的主题宣传海报。

(建议用时:40 分钟)

【课后思考】

1. 什么是 PDCA 循环?其主要特点是什么?

2. 谈一谈如何培养自己的质量意识。

7.2 现场管理

【引入案例】

从建筑施工违规案例看现场管理

2023 年 12 月 5 日鞍山住房和城乡建设局(以下简称鞍山住建局)公开曝光两起建筑施工违规典型案例,透过现场看本质,让我们一同发现现场管理存在的问题。

案例一:违规使用未经验收的施工起重机械(塔式起重机)

在一次例行检查中,鞍山住建局执法人员发现辽宁某建筑公司正在使用的施工起重机械(塔式起重机)未经验收就投入使用。执法人员责令该单位限期整改,但该单位逾期未整改,被处罚 10 万元。

案例二:专职安全生产管理人员未在施工现场履职

2023 年 8 月,鞍山住建局在一起联合检查中发现,某工地实名制系统中专职安全生产管理人员付某打卡照片与本人不符,是他人代替打卡,且该专职安全生产管理人员一直未在施工现场履职。遂责令限期改正,并处以罚款 2000 元的行政处罚。

分析:现场管理,勿以事小而不为。现场管理是工地管理的重要环节,通过现场管理,项目经理抓牢施工的每一处环节,让工地有序运转。然而,在实际施工中,传统的现场管理模式并不能让管理者第一时间掌握现场动态,就导致了一些安全隐患的产生。可能微不足道诸如杂物堆积、塔式起重机不验收等的小事,足以引起重大安全事故。

一、现场管理的内涵

(一)现场的含义

所谓现场,就是指企业为顾客设计、生产、销售产品和服务以及与顾客交流的地方。现场为企业创造出附加值,是企业活动最活跃的地方。例如,在制造业中,开发部门设计产品,生产部门制造产品,销售部门将产品销售给顾客。企业的每一个部门都与顾客的需求有着密切的联系。从产品设计到生产及销售的整个过程都是现场。

(二)现场管理的含义

现场管理是生产第一线的综合管理,是生产管理的重要内容,也是生产系统合理布置的补充和深入。

现场管理是用科学的标准和方法对生产现场各生产要素进行管理,包括人(工人和管理人员)、机(设备、工具、工位器具)、料(原材料)、环(环境)、法(操作规程、加工或检测方法),对其进行合理有效的计划、组织、协调、控制和检测,使其处于良好的结合状态。达到优质、高效、低耗、均衡、安全、文明生产的目的。现场管理中有五大要素,具体如下。

(1)"人"是指现场的所有工作人员,不仅包括员工,也包括了大小领导在内。

(2)"机"是指现场工作中所需要用到的所有设备以及辅助工具。设备的运转是否正常,工具的好坏都影响着工作进度,好的设备管理能提高工作效率,提高生产质量。

(3)"料"是指工作中需要的材料,包括了半成品、配件、原料等。

(4)"环"是指环境,环境也会间接影响工作的质量以及产量,或对员工的安全造成一定影响,导致事故的发生,所以环境是尤为重要的。

(5)"法"是指工作方法或技术,指产品或服务输出过程中所需遵循的规章制度。

(三)现场与现场管理的联系

企业管理活动中,要维持企业的正常运作,就必须使所有的资源处于良好的、平衡的状态,加强现场管理,以有限的资源获得最佳的经济效益。现场是企业管理活动的缩影,企业的主要活动都是在现场完成的,走进企业的现场,就能够比较清楚地知道该企业的管理水平,从而知道企业的经营状况。

现场能提供大量的信息。要想获得准确的第一手材料,只有到现场去做深入细致的调查。

现场是问题萌芽产生的场所。现场是企业活动的第一线,无论是什么问题,都直接来自现场,出现问题时如不及时采取对应的措施,放任自流而任其发展,向着好的方面发展的概率要比向坏的方向发展的概率小得多。

现场最能反映出员工的思想动态。员工会将思想动态有意识或无意识地反映到他的工作上,都是会直接或间接地影响产品和生产效率。

总之,进入现场能清楚地了解现场的实际情况,现场是企业所有活动的出发点和终结点,不重视现场管理的企业终究是要衰败的。

二、现场管理的三大工具

（一）标准化

企业里有各种各样的规范,如规程、规定、规则、标准、要领等,这些规范形成的文字化东西统称为标准（或称标准书）。制定标准,而后依标准付诸行动则称为标准化。那些认为编制或改定了标准即已完成标准化的观点是错误的,只有经过指导、训练才能算是实施了标准化。

（二）目视管理

目视管理是利用形象直观而又色彩适宜的各种视觉感知信息来组织现场生产活动,达到提高劳动生产率的一种管理手段,也是一种利用视觉来进行管理的科学方法。

目视管理的目的是将管理者的要求和意图让大家都看得见,借以推动看得见的管理、自主管理和自我控制。目视管理可以展现标准,展示一些警告信息,让员工得到及时的提示与提醒,员工很容易去遵守、调整、比较、判断、区分,也方便相关管理和职能人员对现场作业状况进行监督,同时,也便于进行培训。

目视管理的特点是形象直观,容易识别,简单方便,传递信息快,提高了工作效率,信息公开化,透明度高,便于现场各方面的人员的配合与相互监督。另外,目视管理能科学地改善生产条件和环境,有利于产生良好的生理和心理效应。

（三）看板管理

看板管理是发现问题、解决问题的非常有效且直观的手段,是现场管理必不可少的工具之一。看板管理是可视化管理的一种表现形式,即对数据、情报等内容进行直观的呈现,主要目的是对管理项目特别是情报进行透明化管理。它通过各种形式,如：标语、现况板、图表、电子屏等把文件上、脑子里或现场等隐藏的情报揭示出来,以便任何人都可以及时掌握管理现状和必要的情报,从而能够快速制订并实施应对措施。

实施看板管理后,任何人都可从看板中及时了解现场的生产信息,并从中掌握自己的作业任务,避免了信息传递中的遗漏。此外,针对生产过程中出现的问题,生产人员可提出自己的意见或建议,这些意见和建议大多可通过看板来展示,供大家讨论,以便统一员工的思想,使大家朝着共同的目标去努力。通过看板,生产现场管理人员可以直接掌握生产进度、质量等现状,为其进行管控决策提供直接依据。通过看板,生产现场的工作业绩一目了然,使得对生产的绩效考核公开化、透明化,同时也起到了激励先进、督促后进的作用。

三、现场管理的方法

企业现场管理是对生产过程全方位的监视和控制,是直观反映企业管理水平的标志,是树立企业形象,提高经济效益,促进企业长远发展的必然要求。对于企业来讲,良好的现场管理不仅是经济综合效益的源泉,更是提升企业产品质量的根本所在。下面介绍常用的现场管理方法。

（一）5S 管理法

现场管理中常见的方法是 5S 管理法,5S 是整理（seiri）、整顿（seiton）、清扫（seiso）、清洁（seiketsu）和素养（shitsuke）这 5 个词的缩写。5S 活动起源于日本，并在日本企业中广泛推行，通过规范现场、现物，营造一个清爽的工作环境，培养员工良好的工作习惯，改善产品的品质，最终提升人的品质。它相当于我国企业开展的文明生产活动。活动的对象是现场的"环境"，它对生产现场环境进行全局综合考虑，并制订切实可行的计划与措施，从而达到规范化管理。现代管理引入安全（safety）和节约（saving）的概念，成为新的 7S（表 7-1）。

表 7-1 7S 的定义与目的

项　　目	释　　义
1S：整理	定义：区分要与不要的东西，职场除了要用的东西以外，一切都不放置 目的：将空间腾出来
2S：整顿	定义：将要的东西摆放整齐，明确数量，明确标识，即实现"三定"：定名、定量、定位 目的：不浪费时间找东西
3S：清扫	定义：清除职场内的脏污，并防止污染的发生 目的：消除脏污，保持职场干干净净、明明亮亮
4S：清洁	定义：将上面 3S 实施的做法制度化、规范化，维持其成果 目的：通过制度化来维持成果
5S：素养	定义：培养文明礼貌习惯，按规定行事，养成良好的工作习惯 目的：提升人的品质，成为对任何工作都讲究认真的人
6S：安全	定义：清除隐患，排除险情，预防事故的发生 目的：保障员工的人身安全，保证生产的连续、安全、正常进行
7S：节约	定义：对时间、空间、能源等方面合理利用，以发挥它们的最大效能 目的：对整理工作进行补充和指导

5S 之间是紧密联系的，整理是整顿的基础，整顿是对整理成果的巩固，清扫是显现整理、整顿的效果，而通过清洁和素养则可以使生产现场形成良好的改善氛围。5S 活动的运作关系如图 7-4 所示。

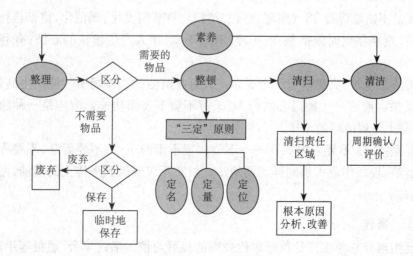

图 7-4 5S 活动的运作关系

（二）5S 的基本要求

1. 1S：整理

整理是彻底地将要与不要的东西区分清楚，并将不要的东西加以处理，它是改善作业现场的第一步。

整理的目的：改善和增加作业面空间；现场无杂物，行道通畅，提高工作效率；消除管理上的混放、混料等差错事故；有利于减少库存、节约资金。做好整理工作的关键是要有决心，不必要的物品要及时加以处置，同时经常自我检查。主要包括：办公室的整理，文件资料的整理，会议记录的整理，传真信息的整理，计算机信息的整理，仓库以及现场各区域的整理。

2. 2S：整顿

整顿是把经过整理出来的需要的物品加以定量、定位。简而言之，整顿就是对需要物品放置方法的标准化。

整顿的目的：让工作场所整洁明了，一目了然，减少取放物品的时间，提高工作效率，保持工作秩序区的井井有条。整顿是提高效率的基础。

3. 3S：清扫

清扫是彻底地将不要的物品进行处理。例如，将自己的工作环境打扫干净；设备异常时马上维修，使之恢复正常。

注意：自己使用的物品如办公室内物品、生产现场设备、工具等，要自己清扫而不要依赖他人，不增加专门的清扫工；对设备的清扫，着眼于对设备的维护保养，清扫设备要同设备的点检和保养结合起来；清扫的目的是消除脏污，保持现场干净、明亮，减少工业污染。关键是要将其责任化与制度化，建立责任区域与标准。特别是针对有特殊要求及公众经常光顾的地方标准适当高一点，检查频次高一点。

4. 4S：清洁

清洁就是不断地进行 3S（整理、整顿、清扫），将其制度化、规范化，贯彻执行到每一个人，保持工作现场任何时候都整齐、干净、有条不紊，使人产生愉快的心情，有利于提高工作效率。

实施清洁活动时，需要信守三个观念：只有在清洁的工作场所才能产生高效率、高品质的作业成果；清洁是一种用心的行为，千万不要下表面功夫；清洁是一种随时随地的工作，而不是上下班前后的工作。

清洁要坚持"3 不要"的原则——不要放置不用的东西，不要弄乱，不要弄脏；不仅物品需要清洁，现场作业人员同样需要清洁；员工不仅要做到形体上的清洁，而且要做到精神上的清洁。

5. 5S：素养

素养是指培养并养成自觉执行单位规则的良好习惯。通过早会、通报等手段，提高全员自觉地进行整理、整顿、清扫、清洁的信念，达到提高员工素质，培养团队精神的目的。

5S 管理是现场管理的基础,也是生产管理的前提,是全面质量管理的第一步,也是质量管理体系有效推进的保证。它在塑造企业的形象,降低成本,准时交货,安全生产,高度的标准化,创造令人心旷神怡的工作场所,现场改善等方面发挥了巨大作用。

(三) 5S 管理的推行步骤

5S 管理的推行步骤如表 7-2 所示。

表 7-2 5S 管理的推行步骤

步　骤	内　容　要　求
步骤 1:制订计划,责任到人	5S 推行不能纸上谈兵,必须落到实处。企业在总计划的基础上,每个月都要制订详细、具体的开展计划,并根据进展情况及时调整计划,使计划真正能够指导和督促工作。建议每月初 5S 专项计划都要落实到各部门,各部门根据自己的特点,制订自己的具体推行计划,再将计划落实到每位员工,即每项工作、每个区域都落实到具体的责任人,并实行日检、周检制度。只有这样,5S 推行工作才能落到实处
步骤 2:正确处理"舍"与"得"的关系	凡事有得就有失。5S 管理要取得成效,也要处理好"舍"与"得"的关系。 (1) 空间上的处理。5S 管理的第一项工作就是"整理"。"整理"就是清理物品,明确判断要与不要,不要的坚决舍弃。 (2) 时间上的处理。"整顿"工作是对必要的物品根据用处、用法和使用频率实行定置管理,明确数量,摆放整齐,加以标识,使取放方便。这要舍去、投入一定的时间,但寻找必需品的时间则减少为零。 (3) 形象上的处理。外在形象一般可以反映出内在实力。企业外在的形象,是提升士气、减低浪费、提高生产效率及降低产品不良率的基础工程,因此要舍得花费一定的人力、物力改变企业的生产环境、工作环境,以提高企业形象。 (4) 效益上的处理。追求最大利润和实现社会效益是企业永恒的目标。开展 5S 管理减少了寻找、搬运的时间,降低了库存成本,减少了半成品在线上的停留,减少了不良消耗,而且确保科研和生产安全的预防成本的付出,使企业树立起安全意识,清除各种隐患,预防事故的发生,并能提升企业形象,提高产品质量
步骤 3:标准化,持之以恒	5S 管理的终极目的是"素养"。要达到这个目的:一方面,要使"整理、整顿、清扫"制度化、规范化;另一方面,要设法使全体职工养成遵守规则、按程序办事的良好习惯,具备长期坚持执行制度的"素养"。对于后者,应是开展 5S 管理工作的重点。企业要将 5S 管理纳入制度管理,有打持久战的思想准备
步骤 4:运用目视管理,提高效率	现场目视管理,是利用图表、看板、颜色,把工作现场中发生的问题点、异常、浪费等,以及有关质量、成本、交付日期、安全和生产活动等状况变成一目了然的状态,以便迅速而容易采取对策,防止错误再发生的管理方法
步骤 5:样板先行,重在效果	在推行 5S 管理的开始阶段,根据企业自身的特点,建立 5S 样板区非常重要。因为 5S 的开展必须结合单位的实际情况进行,不考虑单位的实际,照抄照搬是不可取的。企业可根据自身特点,选取一些典型区域或部门作为样板区,为 5S 的全面推广起到示范、促进作用
步骤 6:细节着手,夯实基础	"细节决定成败"。5S 管理工作是实实在在的整理、整顿、清扫、清洁等工作,需要从细节着手。从企业的整体来看,5S 管理中,应对每个现场的 5S 推行工作都进行仔细的安排,保证不留盲点。对于每个部门或车间等基层单位来说,关注细节就更加重要和必需。比如,对各种标识、表格、标牌都应进行精心的设计,对过道、会议室等公共区域的责任要明确、认真落实等
步骤 7:检查督导,持续改进	检查督导在 5S 管理推广活动中能发挥重要的作用。这虽然会增加员工的压力,但是同时使员工更快、更直接地明确行动方向,知道存在的不足,促使其改进。企业可通过请专家进行现场检查指导,有效地推进现场管理工作的改进,还可成立 5S 检查小组,在 5S 推行过程中,针对不同阶段进行检查督导,保证 5S 管理推行达到要求和按时完成

案例 7.3

企业管理创新案例——某企业现场 5S 管理项目

1. 项目概况

某家稀土永磁产品制造企业虽具有一定的 5S 基础,但推行 5S 管理时缺乏系统性和长期坚持,很多具体的 5S 要求和执行标准并未有效落实,磨加工工序的合格率平均只有 86%,包装车间人均效率为 5000 套/班,均有较大的提升空间。企业通过引入咨询机构开展本项目,完善 5S 管理体系,带动磨加工工序合格率及包装车间人均效率的提升。

2. 项目成果

(1) 有形成果。通过本项目的开展,将磨加工工序合格率从 86% 提升至 97.2%,包装车间人均效率从 5000 套/班增长至 6000 套/班,企业年均产值可增加 1967.6 万元。

(2) 无形成果。提升了管理层的管理能力。通过本项目,企业管理人员学会了很多精益生产 5S 管理工具的使用方法,可以在日常管理中运用;掌握了精益改善的方法,在解决 5S 管理问题的过程中,使企业员工形成发现问题、分析问题、解决问题的良性改善循环;形成企业的一套课题改善步骤,以后可运用在其他项目改善活动中。

四、现场管理的制度要求

(一)定置管理

(1) 工件按区域按类放置,合理使用工位器具。

(2) 及时运转、勤检查、勤转序、勤清理,标志变化,应立即转序,不拖不积,稳吊轻放,保证产品外观完好。

(3) 做到单物相符,工序小票、传递记录与工件数量相符,手续齐全。

(4) 加强不合格品管理,有记录、标识明显、处理及时。

(5) 安全通道内不得摆放任何物品,不得阻碍。

(6) 消防器材定置摆放,不得随意挪作他用,保持清洁卫生,周围不得有障碍物。

(二)质量管理

(1) 各车间应严格执行程序文件中关于"各级各类人员的质量职责"的规定,履行自己的职责、协调工作。

(2) 对关键过程按程序文件的规定严格控制,对出现的异常情况,要查明原因,及时排除,使质量始终处于稳定的受控状态。

(3) 认真执行"三检"制度,操作人员对自己生产的产品要做到自检,检查合格后,方能转入下工序。下工序对上工序的产品进行检查,不合格产品有权拒绝接收。如发现质量事故,做到责任者查不清不放过,事故原因不排除不放过,预防措施不制订不放过。

(4) 车间要对所生产的产品质量负责,做到不合格的材料不投产,不合格的半成品不转序。

(5) 严格划分"三品"(合格品、返修品、废品)隔离区,做到标识明显、数量准确、处理及时。

（三）设备管理

（1）车间设备由指定专人管理。

（2）认真执行设备保养制度，严格遵守操作规程。

（3）做到设备管理"三步法"，坚持日清扫、周维护、月保养，每天上班后检查设备的操纵控制系统、安全装置、润滑油路畅通、油线、油毡清洁、油压油位标准，并按润滑图表注油，油质合格，待检查无问题方可正式工作。

（4）设备台账卡片、交接班记录、运转记录齐全、完整，账卡相符，填写及时、准确、整洁。

（5）实行重点设备凭证上岗操作，做到证机相符。

（6）严格执行设备事故报告制度，一般事故3天内，重大事故24小时内报设备主管或主管领导。

（四）工具管理

（1）各种工具量具、刃具应按规定使用，严禁违章使用或挪作他用。

（2）精密、贵重工具、量具应严格按规定保管和使用。

（3）严禁磕碰、划伤、锈蚀、受压变形。

（4）车间不得使用不合格的或已损坏的工具、量具、刃具。

（五）文明生产

（1）车间清洁整齐，各图表美观大方、设计合理、填写及时、准确清晰，原始记录、台账、生产小票齐全、完整，按规定填写。

（2）应准确填写交接班记录，交接内容包括设备、工装、工具、卫生、安全等。

（3）室内外经常保持清洁，不准堆放垃圾。

（4）生产区域严禁吸烟，烟头不得随地乱扔。

（5）车间地面不得有积水、积油。

（6）车间内管路线路设置合理，安装整齐，严禁跑、冒、滴、漏。

（7）车间内管沟、盖板完整无缺，沟内无杂物，及时清理，严禁堵塞。

（8）车间内工位器具、设备附件、更衣柜、工作台、工具箱、产品架各种搬运小车等均应在指定位置摆放，做到清洁有序。

（9）车间合理照明，严禁长明灯、长流水。

（10）坚持现场管理文明生产、文明运转、文明操作，根治磕碰、划伤、锈蚀等现象，每天下班要做到设备不擦洗保养好不走，工件不按规定放好不走，工具不清点摆放好不走，原始记录不记好不走，工作场地不打扫干净不走。

（六）安全生产

（1）严格执行各项安全操作规程。

（2）经常开展安全活动，开好班前会，不定期进行认真整改，清除隐患。

(3) 按规定穿戴好劳保用品,认真执行安全生产规范。

(4) 特殊工种作业应持特殊作业操作证上岗。

(5) 学徒工、实习生及其他学员上岗操作时应有师傅带领指导,不得独立操作。

(6) 班后认真检查交接班记录,清理现场,关好门窗,对重要材料要严加管理,以免丢失。

(7) 非本工种人员或非本机人员不准操作设备。

(8) 重点设备要专人管理、定期清洁、严禁损坏。

(9) 消防器材要确保灵敏可靠,定期检查更换（器材、药品）,有效期限标志明显。

(10) 加强事故管理,坚持对重大未遂事故不放过,要有事故原始记录、及时处理报告,记录要准确,上报要及时。

(11) 发生事故时按有关规定及程序及时上报。

专题活动

现场管理该如何做

一、活动目标

根据5S管理结合专业实习经验,掌握现场管理的关键点,为未来进入职场奠定良好基础。

二、活动流程

(1) 教师按照6～8人把学生分组,要求每名学生必须提出至少3个有建设性的建议。

(2) 所有人带着"现场管理该如何做"的问题查找相关资料,并把自己的建议逐一记录下来。

(3) 小组成员集体头脑风暴,通过小组内部讨论形成小组观点,列出本组认为的关键点及其原因。

(4) 每组选出一名代表分享本组观点,其他小组可以对其进行提问,小组内其他成员也可以回答提出的问题,通过问题交流,将每一个需要研讨的问题弄清楚。

(5) 教师进行分析、归纳、总结。

(6) 教师根据各组在研讨过程中的表现给予点评并赋分。

(建议用时:40分钟)

【课后思考】

1. 作为未来的现场管理者,你认为自己应从哪些方面提高自身现场管理技能。

2. 请简述5S管理方法中每一步包含的内容。

模块8　数字素养与数字技能

哲人隽语

加快发展数字经济,促进数字经济和实体经济深度融合,打造具有国际竞争力的数字产业集群。优化基础设施布局、结构、功能和系统集成,构建现代化基础设施体系。

——党的二十大报告

模块导读

全球数字化发展全面进入快车道,互联网已将全世界近半数的人尽可能地连接在一起。智能手机已成为人类身体的外延,而智能物联网正在构建一个万物互联的新体系。海量信息的采集、存储及应用成为现实,人类掌握的数据量呈现几何级增长,又加速推进人工智能技术的发展,人工智能技术被用于解决各种复杂问题。随之而来的大数据与算法的迭代演化,正在让机器取代大量现存的智力活动,甚至是具体的工作岗位。

数字技术的发展改变了职场劳动场景,对社会就业产生了深刻的影响。我国数字经济领域的就业人数接近2亿人,占总就业人口的1/4,到2035年,预计数字经济将创造4.15亿人的总就业容量。但同时,到2030年我国将有多达2.2亿名劳动者可能因为自动化技术而影响就业,平均到每位劳动者,约有87天的工时会被自动化生产机器取代。劳动者急需掌握职场需要的基本数字技能,并学会在工作场所开展数字化学习的能力。

本模块将介绍目前职场工作中需要的数字经济常识、数字化意识、数字社会责任等与数字素养和数字技能有关的基础内容。

能力目标

1. 了解信息化、数字化和数字经济的内涵和概念。
2. 掌握数字时代的技能需求和职业资格需求。
3. 能够保护个人信息,并正确使用数字身份。
4. 培养对数字经济的兴趣和关注,关注数字经济的发展动态。
5. 树立持续学习和不断提升数字素养的意识。
6. 树立数字化思维,积极适应数字经济时代的变化和挑战。

8.1 数字化与数字经济

【引入案例】

"人工智能"对我们到底意味着什么

2023年3月ChatGPT 4.0发布。过去几十年互联网带来的数字能力，确实降低了交易成本，更高效地匹配了供需关系。但有一个问题没有解决，就是在高人力资本服务方面的优质供给不足，比如优秀的医生、教师、作者、设计师不足，所以这些优质服务的价格高昂。

人工智能是一种新技术，那它和人类此前的技术相比有什么根本性的差别呢？瓦尔·赫拉利给出了一个解释，他说，以前的所有工具都只会使人类更强大，因为工具本身无法决定自己的用途，决定权从来都掌握在人的手中，但人工智能不一样，比如去银行申请贷款的时候，已经是人工智能系统决定是否批准申请了。

分析：AI开始从"别人家的技术"变成了"我自己的工具"，它们可以极其高效地学习大量知识，以人类水平或者超过人类的水平生产新内容。

一、从信息化到数字化

十年前，我国正在推进"两化融合"（工业化+信息化）。十年之后，从信息化到数字化，行业多场景的数字之变已成新业态，产业格局与技术变迁风生水起。"数字化"不仅改变了我们的生活和工作，也对企业生产产生了深刻的影响。可是，有多少人深入思考过"数字化"的真正含义？"数字化"是否只是把"信息化"套用了一个时髦的新说法来炒作概念而已？"数字化"与"信息化"之间到底有什么区别和联系？

（一）信息化

信息化概念起源于20世纪60年代的日本，首先是由日本学者梅棹忠夫提出来的，定义为通信现代化、计算机化和行为合理化的总称。

信息化是将企业在生产经营过程中产生的业务信息进行记录、储存和管理，通过电子终端呈现，便于信息的传播与沟通。信息化是对物理世界的信息描述，是业务数据化，本质上是一种管理手段，侧重于业务信息的搭建与管理。业务流程是核心，信息系统是工具，在这一过程中产生的数据只是一种副产品。信息化还是物理世界的思维模式，它可以使企业内各方面的人员清楚地了解到"业务状态是怎样的""流程走到了哪一步"等。

（二）数字化

1996年，美国学者唐·塔帕斯科特（Don Tapscott）在 *The Digital Economy: Promise and Peril in the Age of Networked Intelligence* 一书中首次提出：信息技术引发的数字革命，使数字经济成了基于人类智力联网的新经济。同年，美国麻省理工学院教授尼葛洛庞帝（Negroponte）在 *Being Digital* 一书中提出了"数字化"概念，人类生存于一个虚拟的、数字化的活动空间,在这个空间里人们应用数字技术从事信息传播、交流、学习、工作等活动,这便是数字化生存。

数字化就业是顺应生产方式和生活方式的数字化转型趋势,围绕数字化平台,借助数字化技术,创造数字化商品和服务的新就业方式。根据数字化程度的不同,数字经济的发展可以大致分为三个阶段:信息数字化、业务数字化和数字转型。

(三)信息化与数字化的区别

数字化的前身是信息化,但是数字化和信息化又有本质的区别。

(1)信息化即"业务数据化",是先让业务流程能被数据记录下来。即让企业的生产、采购、销售过程,以及客户服务、现金流动等过程中所产生的数据,在业务系统上用数据记录下来。

(2)数字化即"数据业务化",是用已累积的业务数据去反哺、优化业务流程。即把信息化过程中长期积累下来的交易数据、用户数据、潜客数据、产品数据等,不断整合融入企业的经营管理中,通过数据发现问题/商机。其核心和本质是运用大数据、云计算等数字技术,实现企业的业务创新,重点关注的是"数据驱动业务"。

(3)信息化是数字化的基础,数字化是信息化的高阶阶段。信息化解决的是效率问题,而数字化则是业务价值导向,也就是通常说的给业务赋能。数字化必定包含信息化且不能否定信息化,同时数字化转型一定要返回业务本身,因为数字化转型本质上是业务问题,其与信息化又彼此关联、彼此驱动。

二、数字经济的特征和发展趋势

(一)数字经济的内涵

应从两方面把握数字经济的内涵:一方面,从横向角度去界定到底什么是数字经济;另一方面,从纵向角度,即从人类经济发展史的视角去剖析,数字经济与以往的农业经济、工业经济相比有哪些不同点。

关于什么是数字经济,在G20杭州峰会发布的《二十国集团数字经济发展与合作倡议》给出了一个权威的定义:数字经济是指以使用数字化的知识和信息作为关键生产要素,以现代信息网络作为重要载体,以信息通信技术的有效使用作为效率提升和经济结构优化的重要推动力的一系列经济活动。

与传统的农业经济、工业经济相比,数字经济是以数字化的知识和信息作为关键生产要素,具体包括四部分(图8-1):一是数字产业化,即信息通信产业,具体包括电子信息制造业、电信业、软件和信息技术服务业、互联网行业等;二是产业数字化,即传统产业应用数字技术所带来的产出增加和效率提升部分,包括但不限于工业互联网、智能制造、车联网、平台经济等融合型新产业、新模式、新业态;三是数字化治理,包括但不限于各主体参与,以"数字技术+治理"为典型特征的技管结合,以及数字化公共服务等;四是数据价值化,包括但不限于数据采集、数据确权、数据定价、数据交易等。

图 8-1 数字经济"四化"框架

(资料来源：中国信息通信研究院.)

与数字经济关联领域如图 8-2 所示。

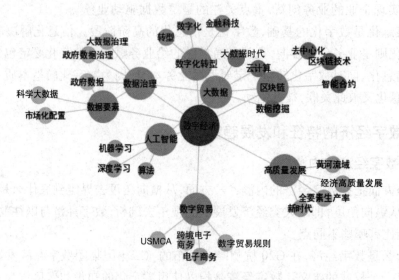

图 8-2 与数字经济关联领域

(资料来源：人大复印报刊资料.)

案例 8.1

数字经济建设政策指南

2023 年 2 月，中共中央、国务院印发了《数字中国建设整体布局规划》，提出到 2025 年，要基本形成横向打通、纵向贯通、协调有力的一体化推进格局，数字中国建设取得重要进展。"横向打通、纵向贯通"充分体现了发展数字经济对一体化运营环境的要求，是国家从宏观层面上对数字经济基础生产关系变革的战略布局。2024 年是实现 2025 建设目标的关键之年，要充分思考与先进数字生产力相匹配的数字化生产关系该如何建立，用生产关系变革来释放数字消费潜力、提高数字创新能力，从而在数字经济领域"稳中求进、以进促稳、先立后破"。

2023年12月31日,《"数据要素×"三年行动计划(2024—2026年)》正式发布,从中可以看到,2024年将是中国社会经济系统全面强化数据要素的一年,是各产业全面开展数字化转型的一年,也会是我国社会开始全面走向数字治理的一年。中国将开始系统化打造以数据资源确权与流通体系、全社会主体数字信用体系等为基础的社会经济运营新环境,并以此来引领各产业系统性思考数据驱动的新发展模式,完成产业数字化转型。

(二) 数字经济的特征

数字经济是由工业经济演化而来的,除了具有工业经济的一些特征之外,还有其自身的特点。

1. 数字经济生产力的新要素构成

第一,数据、算力、算法构成生产力新要素。数字经济首先是数据经济,数据是数字经济的第一要素。人类社会利用实时获取的海量数据,包括主体数据、行为数据、交易数据、交往数据来组织社会生产、销售、流通、消费、融资、投资等活动,数据成为经济活动的关键生产要素。互联网变革了生产关系。

第二,数字经济是网络经济,互联网是数字经济的基础载体。数字经济的基础设施是数据的采集、传输、处理、分析、利用、存储的能力、设施与设备,包括互联网尤其是移动互联网、物联网、云计算与存储能力、计算机尤其是移动智能终端,以及将其连接在一起的软件平台。

第三,数字经济是智能经济,人工智能让数据处理能力得到指数级的增长。通过"人工智能+算法"驱动,实现了各领域应用的数字仿真、知识模型、物理模型等和数据模型融合,实现跨界创新和智能服务,极大提升了社会生产力。

2. 数字经济时代的生产特征

(1) 农业生产。工业经济时代以机械化耕种、农药化肥广泛应用为特点的农业具有鲜明的工业化特征,工业化的农业解决了粮食数量问题,但带来了粮食质量、土壤贫瘠、河水污染问题。到了数字经济时代,农业生产、流通、消费模式将发生彻底改变。对于平原地区来说,机械化、智能化仍然是农业发展的主要方式;对于分布式的丘陵地区来说,因地制宜发展特色农业将成为主旋律,第一、第二、第三产业融合发展将成为趋势。

(2) 工业生产。工业企业除了追求工业经济时代规模经济降成本之外,还要响应规模化定制的要求。供应商为了实现规模经济效应,就必须对这些订单进行集成,集成的有效方法就是通过互联网进行交互。数字经济的价值等于网络节点数的平方,这说明网络产生和带来的效益将随着网络用户的增加而呈指数形式增长,就会导致不断加剧而自行强化的"滚雪球效应",出现"边际收益递增"的局面。边际效益递增性表现在两方面:一是数字经济边际成本递减;二是数字经济具有"厚积薄发"的增值性。

3. 数字经济时代的消费特征

如果说工业经济消费者更注重价格,更注重物美价廉,那么数字经济时代消费者更注重快捷的交付,当然过硬的质量是必需的。

数字经济具有快捷性的特征,其中最重要的是互联网的突破使得信息传输和经济往来可以在更小的时间跨度上进行。数字经济的快速响应能力和高速处理能力满足了人们对便捷、快速服务的需求,促进了产业的兼容和发展。

4. 数字经济时代的文化特征

数字经济的兼容性也促进了不同产业之间的融合,使三大产业之间的界限变得模糊,最终实现产业的兼容。

数字经济具有高渗透性,即迅速发展的信息技术、网络技术、AI技术具有极高的渗透性,使得信息服务业迅速向第一、第二、第三产业扩张,使三大产业之间的界限逐渐模糊,出现了三个产业相互融合的趋势。

如果说农业经济时代是贵族文化,工业经济时代是大众消费文化,那么由于数字经济时代行业之间的融合发展,会演化出个体间的体验文化和共享文化,特别是并行发展的绿色经济、低碳经济又会演化出个体间的环保主义和生态文化。

5. 数字经济时代的金融特征

金融是为实体经济服务的,本质是信用—杠杆—风险,因此信用是金融发挥作用的先决条件。随着区块链、互联网、大数据技术的发展,交易主体的数据信用将成为人们关注的焦点,数据资产、数据金融将成为数字经济时代金融新特征。

※ 拓展阅读 ※

数据生产要素化的意义与影响

党的十九届四中全会通过了《中共中央关于坚持和完善中国特色社会主义制度 推进国家治理体系和治理能力现代化若干重大问题的决定》,其中第六部分第(二)条提出"健全劳动、资本、土地、知识、技术、管理、数据等生产要素由市场评价贡献、按贡献决定报酬的机制。""按要素贡献分配"是我国改革开放进程中的重大分配制度,其理论的演化过程如图8-3所示。

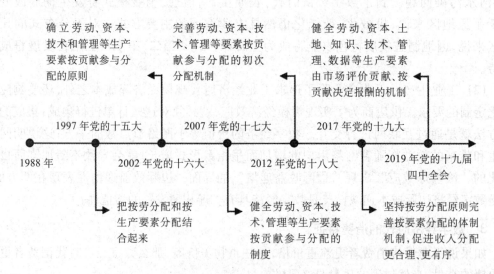

图8-3 "按要素贡献分配"理论的演化过程

数据成为生产要素对于"按要素贡献分配"理论具有以下重要意义：一方面，在新的数字经济和数字社会时代，数据本身就是生产资料。谁占有数据，谁就能够基于数据提供衍生服务，创造价值，提高生产力；没有数据，即便空有算力和算法，也"巧妇难为无米之炊"。另一方面，数据要素是对劳动、土地、资本、管理、技术、知识六大要素的数字化，能够随时记录任一要素的变化，应用大数据技术和相关算法做决策，通过改变六大要素的优化组合就能创造出更多的生产力。同时，使得"按要素分配贡献"理论得以量化和落地。

（三）数字经济的发展趋势

从全球来看，数字经济快速发展，各国数字经济战略和鼓励政策频出。习近平总书记在《不断做强做优做大我国数字经济》一文中指出，"数字经济……正在成为重组全球要素资源、重塑全球经济结构、改变全球竞争格局的关键力量"。其主要表现在数字生产者服务快速增长，带动制造业快速转型升级；数字设计服务平台实现人才匹配与聚合；数字贸易服务平台实现供应商和客户之间的高效率个性化匹配。数字消费新模式催生新业态，数字跨国公司成长迅速。总之，数字时代跨境跨产业组织生产分工的成本大大降低，收益显著提升。当然，全球数字经济的发展还不平衡，发达国家特别是高收入国家在全球数字经济发展中的份额明显居于优势地位。

在我国，发展数字经济已上升为国家战略。近年来，通过出台《网络强国战略实施纲要》《数字经济发展战略纲要》《"十四五"数字经济发展规划》等政策，我国数字经济得到前所未有的大发展。

案例 8.2

数字化推动生活服务业变革
——广德市"1+N+1"智慧城市

为贯彻落实国家及省委、省政府关于数字经济发展战略的重要举措，广德市智慧城市搭建了"1+N+1"框架：一个智慧城市核心，N个智慧应用场景，一套标准规范体系。

广德市搭建了智慧城市核心，包括统一的云、网、数、智、物基础设施体系，统一的业务协同处置体系，统一的前端交互体系；搭建了市县一体化在线数据直达平台，纵向涵盖市、乡镇（街道）、村（社区）三级政务服务体系，横向联通各部门业务系统；搭建了智慧应用场景，聚焦"社会稳定、经济发展、便民利企、基层减负"，围绕"城市管理、社会治理、政务服务、数字政府、产业服务"，以"智慧门楼牌"为小切口，构建"基层全域治理体系"。

广德市智慧城市建设依托省、市一体化基础设施，通过政务数据归集完成全市31家单位4830.89万条数据资源归集；通过一体化服务平台建立了群众诉求无障碍通道，提升了区域精细化治理能力，提高了疫情防控各环节工作效率达25%以上；利用人工智能核心技术赋能五大领域场景建设，助力城市"社会稳定、经济发展、便民利企、基层减负"初具成效。

分析： 生活服务业数字化将进一步提升行业发展质量和效率，助力产业转型升级和经济高质量发展。目前，从零售、餐饮、旅游到办公、教育、医疗等各类传统服务市场因数字化赋能实现了线上线下融合，进一步带动服务业的繁荣发展。生活服务业通过提升数字化水平，提高供需匹配效率，改善生产经营，缓解传统服务业主要依赖劳动力、物力投入的发展困境,推动自身转型升级,以更丰富、更高品质的服务满足人民对美好生活的需要。

专题活动

洞悉9种互联网思维模式

一、活动目标

体会互联网思维。

二、活动形式

分组展示。

三、活动准备

场景模拟办公室。

四、活动流程

互联网思维,就是在"(移动)互联网+"、大数据、云计算等科技不断发展的背景下,对市场、用户、产品、企业价值链乃至整个商业生态进行重新审视的思考方式。除了前面提到的平台思维外,还有用户思维、简约思维、极致思维、迭代思维、流量思维、社会化思维、大数据思维、跨界思维等几种。

(1) 将班级学生分成3组,每组负责查找3种互联网思维的资料,要求查找这些思维方式的定义、特点、内涵,并列举典型案例。

(2) 教师指定3～5名同学,组成评审团。

(3) 各组将上述准备好的材料制作成PPT,分组做介绍,每组进行情景模拟,评审团依据演讲者的内容和现场表现进行打分和评价。评出最佳演讲者。

(4) 教师对9种互联网思维模式进行总结点评。

(建议用时:40分钟)

【课后思考】

1. 请论述信息化和数字化的联系和区别。
2. 请联系你所学习的专业,举一个产业数字化的例子。

8.2 数字时代的职场

【引入案例】

在智慧工厂工作,忙碌而充实

"我之前一直在广州上班,几个月前朋友叫我回重庆,到赛力斯总装配岗工作。这里和我以前上班的工厂不一样,自动化程度非常高,几乎所有关键岗位上都有先进的机器人。"日前在赛力斯汽车智慧工厂见到杜鹏的时候,他笑着对记者说。33岁的杜鹏从高职院校毕业后一直在广州的工厂工作,如今已成长为一名熟练工。

"来这边后,每天的工作看起来简单,但是技术含量很高,特别是要和机械臂协同,必须保证每道工序都100%合格。"杜鹏说:"我们进厂的时候都经过了严格培训,必须学习和了解生产线上各种智能化设备,比如传感器、AI摄像机等,保证每道工序都按照设计要求严格检测产品,只有100%合格才能进入下一道工序,否则就会出现自动停机。"

赛力斯汽车智慧工厂干净、整洁,偌大的厂房里主要是各种机器人在忙碌。在总装车间,借助于机器人的高度自动化生产,平均每小时下线30台新车,相当于每两分钟就能产出一辆新车。"在物料存放区,管理员可通过面前的显示屏及时查找到车间里需要材料的工位,再由自动导向车将物料迅速送过去,提升了生产效率。"杜鹏介绍说。

"有了机器臂的帮忙,我的工作比原来轻松一些,并且每隔两个小时,产线会停下来让大家休息一会儿。"杜鹏说,"不过,新车型上线之后,工厂订单大大增加,工作饱和度挺高的。"

(资料来源:中国财经报.)

分析:目前,无论是传统的制造业企业,还是现代的互联网企业,对于人才的专业技能提出了更高的、多维度的要求,对于智能化设备的操作已经成为趋势。同时,终身学习也成为职场人面对未来日新月异变化,保持与时代同步、与技术同步的必修课。

数字经济已经成为我国国民经济发展的"稳定器"和"加速器",各行各业都在加速数字化转型。伴随大数据与人工智能新技术的充分开发与利用,海量的数字化信息与人工智能的结合已经并将不断衍生出新业态,催生出新职业,由此带来了职场上组织形态、工作方式以及个体与组织关系的深刻变化。这不仅对组织管理的逻辑提出严峻的挑战,更对个人的职业生涯产生巨大影响。下文从数字时代的工作环境,数字时代的职业、技能和资格,以及培养数字素养和数字技能等方面加以介绍。

一、数字时代的工作环境

数字时代,人们工作环境的主要特征表现为:扁平化的组织结构、人机交互的工作形式和团队协作的分工方式。

(一)企业的组织结构呈现出扁平化趋势

传统组织的"金字塔"结构,是自上而下、职能严格划分、层级严格确定的组织形态,对于日益变化、日趋复杂和不确定的环境,适应性往往较差。

我们已经从机械化大生产的工业时代,迈入了建立在数字化运营基础上的数字化时代。在新的时代背景下,传统的组织模式体现出了"从头到脚"的不适应,两者的区别如表 8-1 所示。

表 8-1 数字化时代组织运行要求与传统组织模式特征区别

数字化时代的组织运行要求	传统组织模式的特征
去中心,多元领导	单中心,一元领导
跨边界,打破部门墙,打通全流程	层级化,等级秩序,部门墙
基于协同,讲求开放、共享	基于专业化、职能化分工
自驱运行,客户导向,自主决策,敏捷反应	指令运行,行政导向,上层决策,反应滞后
"扁平化+自驱动"结构	"金字塔"结构

数字化时代,企业运行的环境发生重大改变,通过大数据和互联网(物联网),信息可以做到实时传递、实时共享,空间距离也不再那么制约。数字化技术和生产方式的发展,使得企业管理者的管理幅度得到显著扩大。而管理幅度的增大,为缩减管理层次创造了条件,组织扁平化成为现实可能。

数字化时代,对组织的去中心、跨边界、开放协同、自主驱动要求,都与传统的金字塔组织相冲突,这就决定着企业必须走向"组织扁平化,内部自驱动"的道路。

(二)人机交互的工作形式成为主流

新的工作形式一方面要求劳动者能够在高度自动化的工作环境中处理不可预测的突发情况;另一方面,人工智能与机器人技术也解放了劳动者的工作时空限制,在数字化发展的影响下远程开展工作一跃成为劳动者必不可少的能力,无论是适应灵活变化的工作环境,还是从事远程的线上工作,都需要劳动者具备数字化技能和终身学习能力。

(三)分工方式将以灵活的团队协作为主

基于组织和环境发生的改变,工作方式也随之变化。数字化生产过程中出现的复杂技术问题,往往需要一支高度专业化的员工队伍进行快速解决,甚至面对不同的问题,应急处理团队可以从各个部门抽调人手随意组合,这不仅需要劳动者具备跨领域知识和能力,还对沟通协调能力和团队合作能力提出了更高的要求。

案例 8.3

员工职业发展面临的挑战:新旧职业的交替[①]

数字化转型过程中,技术进步既创造了对新技能劳动力的需求,也会淘汰或威胁一批过时技术和劳动力。

由于技术的发展,许多低技能职业正逐渐淡出人们的视线。例如,如今企业可以直接依托互联网平台对接产业上下游的其他企业或目标客户,互联网平台的高效便利直接减少了企业对于业务员的需求量,冲击了传统业务员职业生涯的可持续性。类似地,自动售卖机、无人超市等新产品、新模式的出现也大大影响了相关的服务类职业,使这类从业者的职业生涯发展中断。斯坦福大学人工智能领域专家小组发布的《2030年的人工智能与生活》报告指出,随着人工智能的迅速发展,越来越多的职业在将来可能被人工智能取代。如果一份工作所需要的技能不需特殊天赋,稍加训练就可掌握,或者是有大量重复性劳动、工作空间狭小且与外界联系极少,都很容易被取代。

伴随数字经济的发展,大批新的职业也在不断诞生。就我国而言,2019—2022年,人力资源和社会保障部等部门陆续发布了 5 个批次 74 个新职业。这些新的职业主要聚集在人工智能、大数据等高新技术领域,如人工智能工程技术人员、物联网工程技术人员等;能源与环保领域,如碳排放管理员等。

分析: 随着人工智能、大数据等新技术的应用,未来工作岗位将融入更多数字化、跨界

[①] 周文霞,潘真.企业的另一种福祉:数字化时代的员工职业生涯发展[J].清华管理评论,2022(9):115-121.

融合、数据驱动等因素,实现人机融合。企业对于数字化、复合型高潜人才的需求增加。这就要求员工不得不顺应数字化时代浪潮,进行技能重塑,以掌握新的知识技能,从而避免被时代所淘汰。

二、数字时代的职业、技能和资格

(一)数字时代的就业趋势

1. 创造更多新就业形态和机会

一方面,数字经济的发展创造了新的就业岗位。中国信息通信研究院《中国数字经济发展与就业白皮书(2019年)》数据显示,2018年我国数字经济领域就业岗位为1.91亿个,占全年就业总人数的24.6%,同比增长11.5%。从数字经济就业结构来看,2020年我国数字产业化领域招聘岗位占总招聘数的32.6%,产业数字化招聘占比仍然高于数字产业化占比。数字经济将成为新型就业岗位的"孵化器"和"蓄水池",这会带动"平台型就业""生态圈就业"不断发展,"斜杠青年"新势力不断壮大。到2025年,数字经济带动的就业人数将达到3.79亿人。另一方面,新技术的应用使得数字经济时代下生产效率提高。机器人的使用使年劳动生产率提高了大约0.36%,同时,也提高了全要素生产率,降低了产出品价格。在刺激社会需求的同时不断提高劳动者收入,产品市场的需求增加致使企业劳动力需求随之上升。

2. 就业结构矛盾突出[①]

当前,我国就业人口中,大部分是中低技能劳动力,技能劳动力尤其是高技能劳动力占比不足,人口老龄化趋势使得劳动力无限供给的时代结束了。加之数字技术催生了就业的新业态和新模式,创造了大量知识和技术密集型工作岗位,出现了劳动力短缺、就业人员职业技能与岗位需求不匹配现象。随着我国数字化转型程度不断加深,就业结构性矛盾不仅体现在制造业等传统行业中,在人工智能等新兴行业中就业分化现象更为严重。就业的替代效应主要体现在中等技能水平的就业岗位上,数字技术进步促使就业结构产生"中部坍塌"的劳动"极化"趋势。

3. 重点群体的就业压力凸显

数字经济作为经济发展的新动能,促进传统产业数字化转型升级,势必导致就业岗位缩减和结构性变化,短期内表现为就业规模的破坏效应。因此,低技能、难以适应新技术和规模庞大的重点群体就业形势严峻。一是高校毕业生就业群体规模和增量均创历史新高,这一规模将在"十四五"期间持续扩大。二是农民工群体总量有增无减,规模性失业风险不容忽视。截至2022年年底,作为城镇就业主力军的全国农民工总量达29562万人,农民工就业机会和就业稳定性面临威胁。三是育龄女性的就业和生育经常遭遇"此消彼长"的境地。性别歧视成为女性就业难以绕开的绊脚石,加之国家出台的"三孩"政策加剧了育龄女性的就业歧视现象。四是残疾人群体庞大而就业人数锐减,支持性就业不

---

① 王轶,刘蕾,魏巍. 数字经济时代我国面临的就业风险及治理机制研究[J]. 济南大学学报(社会科学版),2023,33(4): 98-107.

足。截至2020年年末,中国残疾人联合会统计的数据显示中国残疾人总数达8500万人,其中就业人数约862万人。五是退役军人就业安置工作成为全社会的共同责任。截至2017年,我国退役军人达5700万有余,且每年以几十万速度递增。

4. 灵活就业群体规模不断攀升

第一,平台经济拉动就业显著。从事个人微商和电商职业的灵活用工群体占比为32.7%。以滴滴顺风车和美团外卖等为标志线上平台经济的迅速崛起,催生了一大批新的就业形态。第二,零工就业规模显著扩大。数字技术变革和产业结构调整激发了我国灵活用工市场的快速发展。灵活就业群体"无老板、无轮班、无约束"的工作模式成为更多劳动者的就业选择。第三,绿色就业规模不断扩大。绿色就业是指在经济部门和经济活动中创造的、可以减轻环境影响并最终实现环境、经济和社会可持续发展的体面工作。

(二)数字时代的职业特征

数字经济的兴起催生了许多新兴职业,这些新职业体现了几个特点:一是服务专业化,很多小众领域的职业只有在数字经济时代才有可能涌现出来;二是多元化,分工越细就会涌现出越多的新职业,这与服务专业化相匹配;三是从业者年轻化;四是"就业即创业",因为从业者并没有明确的雇主,许多人是为自己工作,因此在某种程度上处于"就业即创业"的状态。

上述四大特征正是数字技术与实体经济融合发展的具体表现。它不仅引发了生产力的革命,还细化了社会分工,推动了生产关系和分配消费关系的深层次调整,从而提升了需求,扩大了供给,促进了消费,扩大了就业。

案例8.4

我国标出了一批数字职业

《中华人民共和国职业分类大典(2022年版)》(以下简称《大典》)一个亮点,就是首次标注了数字职业(标注为S),共标注数字职业97个,从数字产业化、产业数字化和数字化治理等视角,围绕数字语言表达、数字信息传输、数字内容生产和数字治理等维度进行论证,对工具、环境、目标、内容、过程、产出和治理等指标进行界定和标注。

在《大典》"4-13 (GBM41300)文化和教育服务人员"这一类别中,"档案数字化管理师S"为新增职业,它是指从事数字文件及元数据的采集、整理、归档、检查,并通过数字档案管理系统进行管控和利用的人员。其主要工作任务包括六大方面:一是采集、捕获数字文件及元数据;二是对数字文件进行登记、分类、著录、编目、归档,转化为数字档案;三是检查数字档案的真实性、完整性、可用性和安全性;四是针对数字档案管理系统开发相应的功能需求;五是对数字档案进行迁移、备份;六是管理、控制和利用数字档案。

2022年北京大学国家发展研究院与智联招聘平台合作发布了《2022雇佣关系趋势报告》,该报告提出了以下几个观点:一是互联网提供的工作机会大幅上升;二是零工经济、线上娱乐、线上消费、自由职业和互联网技术是五大数字化和新兴职位,且这五大类新兴职位贡献的招聘职位数占所有职位的比重正在稳步上升,由2018年年初的不到10%上升到2022年7月的接近14%；三是新兴职业涌现，工作内容更加多元。互联网技术类包括元宇宙、机器人、人工智能等；娱乐类包括剧本杀、直播、电子竞技等；生活服务类包括造梦、整理收纳、网约配送等。

案例 8.5

职业数字化

数字经济在不断改变生产要素的配置，职业作为劳动力结合生产要素的具体体现，必将受到影响并随之发生变化。除了前已介绍的数字职业外，职业数字化也广泛存在。

所有职业中都有数字技能的需求，传统职业数字技能的占比也在增加，这可称为"职业数字化"。职业数字化主要表现在以下几方面。

（1）职业分类体系适应数字化趋势。职业分类是对社会分工的客观描述。数字经济通过对劳动分工的影响，进一步促进职业总量与结构变化趋向适应数字经济需要的状态。一是数字化传统老职业，导致整个职业分类体系中的数字化程度增加。二是数字经济活动领域生产与服务规模的扩大，创造出新的数字就业机会。

（2）职业能力体现数字化生产生活要求。数字经济对劳动者职业能力数字化提出了新要求。在数字经济活动各领域，都会因技术的创新与改变使相应职业活动范围扩大化，对从业者职业能力的专业化或综合度提出了更高要求。

（3）职业数字化助推高质量充分就业和体面劳动。数字职业的产生，为劳动者提供了更多的工作机会，促进了传统就业、在家办公、自我雇佣等多种就业形式的发展，改善了工作环境，提高了工作尊严，有利于个人的发展和社会融入。

（三）数字时代的技能需求

未来几十年，到底什么样的知识/能力是最能对抗变化且历久弥新的呢？未来数字化发展的趋势有两个：一是工业智能化。这会进一步地将工业流程细化。流水线效率和精度进一步提高，但是低技能工作岗位则进一步消失。二是服务业标准化，那些信息不对称程度高，高度依赖个体能力的服务业，比如医疗、教育，会逐渐被高频数据拆解成更细致的流程。世界经济论坛发布的《2020年未来就业报告》里面列出了2025年全球就业市场最需要的10类能力，如图8-4所示。

2025年全球就业市场最需要的10类能力	分析思维和创新能力
	主动学习能力和学习策略
	复杂问题解决能力
	批判性思考和分析能力
	创造力、原创性和主动性
	领导力和社会影响力
	技术使用、监督和控制能力
	技术设计和程序设计能力
	韧性、抗压性和灵活性
	推理能力、解决问题能力和思考能力

图8-4　2025年全球就业市场最需要的10类能力

为了让这种抽象的"综合能力"变得可考察,有人提出了三个关键概念:破圈、迭代、链接。

1. 破圈:有意识地突破自己所站立的位置

这种破圈可以是职业赛道选择上的"跨界",也可以是思考路径上的"另辟蹊径",还可以是工作流程、内容、方式上的"越线"。当然,破圈不是漫无边际及不务正业,而是根据自己的特长和方向去尝试。

2. 迭代:要持续学习

现在的一个悖论是"学历溢价+专业贬值"。一方面,数字化相关岗位的学历门槛都比较高,大学本科文凭是基本敲门砖。另一方面,这种溢价又极其脆弱,因为"专业"的更新速度加快。近3年内,985、211大学撤销了154个专业。越是靠近职业化训练的专业迭代速度越快,越是接近基础学科的专业迭代越慢。比如说斯坦福大学发布了一份2010年以来本科专业清单,发现主修STEM(科学、技术、工程和数学类学科)专业的学生猛涨,而历史、公共政策、国际关系、化学专业的学生大跌30%以上。

3. 链接:将资源进行网状结构化的能力

在工作中将资源(包括人际关系、知识点、信息)进行网状结构化的能力,让自己的有限资源能在配置中产生网络效应。数字技术进步将各个行业业务流程标准化,将供需链条切分为更细的环节,从而推动分工细化,衍生出新职业岗位。数字化时代,就是数据成为新的生产要素,重塑各行各业的生产流程,因此,传统工作岗位的定义与边界也都在变化。每个劳动者都需要更新自己的职业技能包,才能在数字化时代找到自己的赛道。

所以,我们真正要做的,或是唯一要做的,就是不要被教育体系的"专业"所定义,而是要挖掘自己的技能点,要自己定义自己的专业化。

(四)数字时代的职业资格需求

在数字时代,职场对人们的工作技能要求逐渐提高,尤其是对高级职业资格劳动者的需求不断上升。

职业资格的一项重要作用就是为企业提供劳动者的工作能力信息。由于生产活动的数字化程度不断提高,企业需要根据资格等级初步筛选劳动者。具备高级职业资格且能不断更新技能水平的劳动者在择业过程中会拥有更大的竞争优势。在这个过程中的工作替代主要发生在那些原本需要中等职业资格的工作活动中(如简单装配工作或者控制单一生产过程)。与此同时,也呈现出资格向低级转移(即简单的工作内容仍保留在生产生活中,比如服务和营销等行业)。

三、培养数字素养和数字技能

2024年2月中央网络安全和信息化委员会办公室、教育部、工业和信息化部、人力资源和社会保障部联合印发《2024年提升全民数字素养与技能工作要点》,到2024年年底,我国全民数字素养与技能发展水平迈上新台阶,数字素养与技能培育体系更加健全,数字无障碍环境建设全面推进,群体间数字鸿沟进一步缩小,智慧便捷的数字生活更有质量,网络空间更加规范有序,助力提高数字时代我国人口整体素质,支撑网络强国、人才强国建设。

(一)数字素养的内涵

"数字素养"这一概念最早起源于美国,是指理解并读懂计算机显示的各种数字资源及信息真正含义的能力。此后,数字素养的概念被不断丰富和拓展。Tabusum(塔布苏姆)等人将数字素养定义为使用数字技术定位、组织、理解、评估和分析信息的能力。在我国,由中央网络安全和信息化委员会印发的《提升全民数字素养与技能行动纲要》提出:"数字素养与技能是数字社会公民学习工作生活应具备的数字获取、制作、使用、评价、交互、分享、创新、安全保障、伦理道德等一系列素质与能力的集合。"这是我国首次对数字素养的内涵进行的权威界定。这表明,数字素养是现代人必备的一项基本素养,对提高个人竞争力、促进社会发展具有重要的意义。

※ 拓展阅读 ※

数字素养与信息素养的关系

关于数字素养与信息素养的关系,学者们大多认为数字素养是上位概念,包含信息素养。例如,国内学者张静等(2016)认为,信息素养是数字素养的子概念,数字素养具有信息素养功能性特点,囊括了查找、识别、整合、评估、共享信息等基础性的能力。

信息素养是数字素养等众多素养的基础,数字素养包含了信息素养所强调的工具性能力,离不开信息素养的支撑。一般认为,数字素养是比信息素养更为复杂的素养,并包括了信息素养的内容。

英国联合信息系统委员会(Joint Information Systems Committee,JISC)提出了一个包含六种成分的数字能力框架(digital capability framework,见图 8-5):①信息通信技术水平;②信息数据和媒体素养;③数字制作、解决问题和创新;④数字交流、协作和参与;⑤数字学习和发展;⑥数字身份和健康。这六种成分又细分为 15 种,涵盖实用技能、批判性使用、创造性制作、参与、发展和自我实现这些方面。

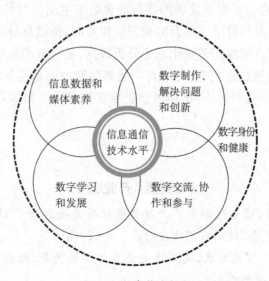

图 8-5 数字能力框架

培养劳动者数字素养,要从以下几个方面着力。

1. 数字科学知识

数字科学知识是劳动者在数字环境下需了解的数字基础知识,囊括数字理论认识、数字技术发展、数字设备熟悉和数字内容识别。一是对当前新技术本身的认知,了解大数据、区块链、人工智能、5G 技术的相关概念。二是对技术影响的认知,了解数字技术的发展现状、未来趋势以及其对学习、社会、经济环境等的影响及其发展规律。三是对数字设备的熟悉,熟悉学习生活和所学专业领域常用的技术工具、软件平台、网站、学习资源等。四是对数字内容的识别,能够辨别信息的真伪。

2. 数字应用能力

数字应用能力是劳动者在学习和工作中需掌握的基础技能,即前面所说的通用型技能,是能够在数字环境中自在地学习、生活和沟通的必备能力之一。主要侧重于劳动者对数字资源的简单使用、数字内容的创建和编辑、与他人共享数据与交流、常用的软硬件设备的日常维护和对数字内容的评估。

3. 数字职业能力

数字职业能力是面向劳动者未来就业的技能,强调劳动者在所学专业领域与数字环境的联系中的能力,能够利用数字设备解决专业领域的问题,并能主动将专业发展与数字技术发展联系起来,寻求两者融合发展的最优化。在此维度上,包含数字专业意识、仿真技能训练、专业问题解决和数字专业实践,通过实际问题和项目实践,使学生能够掌握相关技能,自如地解决专业上的问题,继而迁移到真实的工作岗位上。其中仿真技能训练是高职教育中所关注的一点,有助于学生在虚拟环境下进行工作场景的观摩和体验,拉近学生与真实工作环境的距离。

4. 数字竞争力

数字竞争力是面向未来的能力,不仅能够适应复杂多样环境的变化,还能在数字时代保持创造力和竞争优势。首先要发展的是劳动者数字主动学习的能力,积极关注专业发展的前沿,注重所学专业与数字化融合的知识点和方向,拓展自身的知识面;其次包括计算思维,这是利用计算机领域的逻辑化思想分析数据,更有效率地解决问题;再次是数字创新创造,作为时代发展的主力军,劳动者需能够用逆向或超常规的视角去看待问题,保持好奇心;最后是数字批判思维,是指能够在数字技术应用和学习过程中对数字内容进行质疑和批判。

案例 8.6

AI 赋能　产业焕新

2024 年 2 月 19 日,国务院国有资产监督管理委员会召开"AI 赋能产业焕新"中央企业人工智能专题推进会,提到以下几方面。

(1) 加快推动人工智能发展,是国资央企发挥功能使命,抢抓战略机遇,培育新质生产力,推进高质量发展的必然要求。

（2）中央企业要主动拥抱人工智能带来的深刻变革，把加快发展新一代人工智能摆在更加突出的位置。

（3）中央企业要把发展人工智能放在全局工作中统筹谋划，深入推进产业焕新，加快布局和发展人工智能产业。

（4）加快重点行业赋能，构建一批产业多模态优质数据集，打造从基础设施、算法工具、智能平台到解决方案的大模型赋能产业生态。

分析：当前，新一轮科技革命和产业变革正在重塑全球经济结构和产业版图，新产业、新业态、新模式不断催生。

5. 数字价值与追求

数字化时代的伦理问题是当前备受关注的主题，在技术维度之外，劳动者应具备安全隐私、道德伦理等正确积极的价值观与追求，这是劳动者数字化生存的根本价值取向以及应遵循的数字时代行为规范。数字价值与追求这一维度囊括数字技术认同、数字道德伦理、数字安全保护、数字法律法规和社会参与意识，从对数字技术的态度、道德伦理、安全隐私、法律法规到社会服务方面均为劳动者在数字环境中正确学习和生活的需要，有利于学生规范在数字环境中的行为，明确在其中的权利和义务，学会保护自身的隐私和管理好自己在数字环境中的足迹。

案例 8.7

遵循网络礼仪

网络礼仪包括招呼礼仪（网上如何问候与称呼）、交流礼仪（网上如何礼尚往来）、表达礼仪（网上如何表达态度、情感与幽默）。这些礼仪在网上约定俗成，而且不断发展。下面罗列 9 条核心规则，可以作为网络行为的基本规范。

一是记住别人的存在。当面不会说的话在网上也不要说。

二是网上网下行为一致。

三是入乡随俗。同样是网站，不同的社交平台有不同的规则。最好的建议是先观望一会儿再发言，这样你可以知道论坛的气氛和可以接受的行为。

四是尊重别人的时间。在提问题以前，先自己花些时间去搜索和研究。很有可能同样的问题以前已经问过多次，现成的答案随手可及。不要以自我为中心，别人为你寻找答案需要消耗时间和资源。

五是给别人留个好印象。如果你对某个方面不是很熟悉，不要轻易评论。在网上与人交流时，应当做到用语规范，计算机有自身独特的语言符号系统和缩略语，要慎用，以免因对方不理解而导致交流受阻，不能因为别人看不到你而随便使用攻击性、侮辱性的话。

六是乐于分享你的知识。除了回答问题以外，我们应养成将通过网络学到的知识及时加以总结并与大家分享的习惯。

七是平心静气地争论。争论是正常的现象，要以理服人，不要人身攻击。

八是尊重他人的隐私。别人与你用电子邮件或私聊的记录应该是隐私的一部分。

九是宽容。当看到别人写错字、用错词，问一个低级问题或者写篇没必要的长篇大论时，你不要在意。如果你真的想给他建议，最好用电子邮件私下提议。

分析：在互联网虚拟世界中，有一套不成文的规定及礼仪，即网络礼仪，供互联网使用者遵守。忽视网络礼仪可能会对他人造成骚扰，甚或引发网上骂战或抵制等事件，虽然不会像真实世界动武般造成损伤，但对当事人也不会是一种愉快的经历。

6．数字时代人格特质

从人格心理学的视角来看，劳动者的人格特质与自身未来的就业和职业发展具有高度联系；从胜任特征模型理论的视角来看，劳动者的人格特质容易被忽视，是其数字素养的重要特征；从复杂性理论视角来看，劳动者积极和优秀的人格特质是应对复杂和不确定性环境的必备素养。在这一构成要素下，综合大数据时代需求和劳动者发展需求，应包含自信、诚信、同理心、理性包容和自控力等方面的人格特质。

（二）数字素养提升路径

（1）看。要关注国家相关部委、领先企业在数字经济、数字技术方面的新战略、新规划、新产业、新业态、新模式，做到跟数字世界信息和语言同步。

（2）学。要学习5G、大数据、人工智能、区块链、云、物联网等数字技术的知识，这样你在面对一些热点概念（如元宇宙、东数西算等）时，能看清事物和现象的本质，找到适合自己的参与方式。

案例 8.8

学习者也是创新者：从《大英百科全书》到"网络百科全书"

《大英百科全书》又称《不列颠百科全书》，自1768年出版第一卷以来，距今已有200多年。2010年的《大英百科全书》售价为1395美元，为精装版，共32册，重达58.5千克。2012年，《大英百科全书》正式停止印刷，全部"搬迁"至网络上，采取付费订阅的方式继续留存。

早在2001年年初，"网络百科全书"项目就开始启动，其特点是"自由内容、自由编辑"。创立之初，"网络百科全书"的目标是向全人类提供自由的百科全书，希望各地民众用自己选择的语言参与编辑条目。如今，网络上已经有不少的网络百科，成为替代《大英百科全书》的新方案。

互联网上的互动百科，采用了每一个人都可以编辑、修改、创造的方式，这种方式颠覆了过去百科全书的知识生产方式，让知识平民化，让每一个词条都可以得到更多、更好的诠释，并不断迭代更新。互联网上新的生产关系诞生了新的生产力，原来知识的学习者，成为知识的创造者。

当前，数字化学习呈现出一种线上线下混合的新形态。现有教科书的形态受限于纸质载体，对教学的支持往往呈现出单一性。基于互联网的核心素养教学，能够丰富资源形态，运用互联网和各种终端，采用文字、图像、视频、音频呈现教学内容与真实情境，为学生提供生动、直观、富有启发性的学习材料。

分析： 在数字化的线上线下学习过程中，通过任务引领，引导学生参与针对性的真实情境，通过真实的体验和经历形成自己的经验；同时鼓励学生积极搜索，自主求证信息的真伪性与全面性，采用案例、问题、假设等多种思路组织教学内容，使学习内容与生活实际密切联系；通过多种方式，让学生多维度地深入理解情境，提升学生分析和解决问题的能力。

（3）思。要构建数字思维，善于运用数据，用数字的方式发现问题的根源、辨明是非，帮助自己进行正确的决策。

（4）用。要理解数字技术在数字生活、数字工作、数字产业化、产业数字化等领域的应用场景，并尝试用数字技术来解决你面对的问题。

案例 8.9

"五个在线"打造新工作方式

钉钉（DingTalk）是一款为企业打造的工作商务沟通协同平台，帮助企业降低沟通与管理成本，提升办公效率。钉钉致力于帮助 4300 万家中国企业进入智能移动办公时代，实现简单、高效、智能、安全和以人为本的工作方式。

钉钉通过组织、沟通、协同、业务、生态五个在线，让透明管理触手可及。

(1) 组织在线：就是要组织架构在线，权责清晰，扁平可视化。

(2) 沟通在线：实现高效安全的沟通，工作生活分离。

(3) 协同在线：就是把任务在线化，工作流协同，实现知识经验的沉淀和共享。

(4) 业务在线：通过业务流程和业务行为的在线化，实现企业的大数据决策分析能力。

(5) 生态在线：以企业为中心的上下游和客户都实现在线化连接，用大数据驱动整个生态的用户体验，实现生产销售效率的不断优化提升。以人为本的透明管理激发了生态体系中每一个人的创新力。

分析： "五个在线"正是数字时代新工作方式的缩影，它不仅提高了组织和个人的效率，还改变了人们的工作方式，明确重塑了人的行为与组织行为之间的关系。通过让工作中的所有信息协同、透明化，由此打造一个极致透明、公平公正的环境，让每个人的创造力和创新力得到爆发，从而带来无穷的创造力和创新力。

专题活动

如何成为一名合格的"数字工匠"

一、活动目标

感知数字就业新形态，梳理数字技能学习的方向。

二、活动形式

分组讨论。

三、活动准备

普通教室。

四、活动流程

在职场中,需要大量既掌握生产运营技术,又掌握人工智能、大数据等数字技术,并且兼具工匠精神的新时代数字劳动者是不争的事实。

(1) 教师展示图8-6、图8-7,并将全班同学分成3~4组。

(2) 每组学生结合自身所学专业,就数字经济条件下的就业特点、求职所需的数字技能进行讨论,并派一名代表阐述观点,谈谈如何做一名合格的"数字工匠"。

(3) 教师对上述观点进行总结、点评。

(建议用时:30分钟)

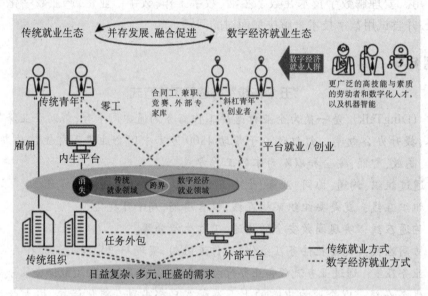

图8-6　传统就业形态与数字经济就业形态

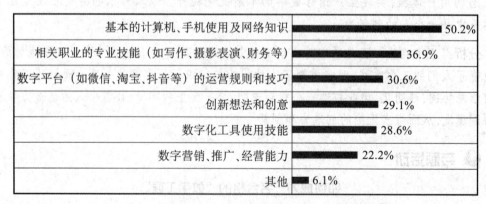

图8-7　对某数字平台蓝领调查得出的求职所需的数字技能

【课后思考】

1. 谈谈你对"机器换人"的看法,并分析什么样的岗位容易被机器顶替。

2. 结合文中案例,谈谈要实现线上协同工作,需要哪些基础条件和管理手段。

8.3 数字社会责任

【引入案例】

账号、密码别轻易告诉别人

近日,江苏省泰州市公安局海陵分局京泰派出所接到李女士报警,称其女儿手机微信账号捆绑的银行卡被盗刷,损失 186300 元。经了解,李女士 12 岁的女儿有部手机,平常用来交网课作业。前不久,其女儿收到一条游戏平台"客服"发来的推广信息,称只需出借微信号,投票打榜 5 分钟,就可获得 588 元的报酬。小朋友年幼无知,被骗子诱惑,直接将手机上的微信账号和密码告知对方,并提供了手机验证码。

由于李女士忘记女儿的微信绑定了自己的银行卡,又没开通短信提醒,直到一个月后才收到银行卡发来的异常消费短信。经查流水,李女士银行卡前后被盗刷 59 次,金额达 186300 元。

分析:不要轻信网络上的陌生人,对来历不明的电话、短信、链接一律不理、不打开,同时,也要加强自身手机支付的安全措施。常见套路如下:①免费游戏装备陷阱。骗子通常在网络平台发布"低价装备""免费皮肤""游戏账号出售"等信息,诱导未成年人使用家长手机私下交易,最后被拉黑。②红包返利骗局。骗子通过短视频网站、聊天工具等渠道发布红包返利虚假信息,诱骗未成年人入群,随后以手续费、转账费、红包等多种借口进行诈骗。③解除"防沉迷"系统骗局。骗子以"解除游戏防沉迷限制"为由,通过屏幕共享等手法,欺骗未成年人获取其亲属微信或支付宝账号及密码来骗取钱财。④假明星发"福利"。不法分子诱骗未成年人加入"明星粉丝 QQ 群",声称完成任务可领取礼品或明星签名,诱导未成年人进行转账或刷单。

在数字时代,网络已经成为人们生活中不可或缺的一部分。大家在享受如今互联网带来便利的同时,随之而来的网络安全威胁也不容忽视。数字社会责任是指在数字化活动中的道德修养和行为规范方面的责任,包括遵守有关法律法规和伦理道德,以及自觉履行数字安全保护的责任。

一、数字安全

数字安全以数字身份为核心,以原生安全为基础底座,涵盖了网络安全、信息安全、数据安全、隐私保护等领域或场景,并可扩展(如元宇宙安全、原生安全),如图 8-8 所示。

各领域的具体含义如下。

(1) 网络安全:保障网络系统的软硬件安全。

(2) 信息安全:保障一切有价值信息的安全。

(3) 数据安全:保障数据全生命周期的安全与合规。

(4) 隐私保护:保护用户的隐私与个人信息。

(5) 元宇宙安全:保障通过数字化形态承载的虚实相生、虚实相融的平行宇宙的安全,这是未来数字安全的主要扩展领域。

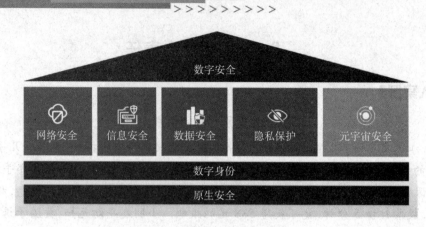

图 8-8 数字安全定义视图
(资料来源:《2022 年全球数字安全报告》.)

(6) 数字身份:作为连接安全与业务的基座,提供对所有的人、数字人、物、设备等的数字标识、认证、访问的全生命周期管理。

(7) 原生安全:下一代互联网原生安全,包括云计算、大数据、AI、5G/6G、IoT、区块链、量子计算等新兴技术所涉及系统的原生安全,它是数字安全的底座,需要硬件信任根的支持。

二、法律法规和伦理道德

在数字时代,信息通信技术是一把双刃剑:一方面,信息交换与传播的快速便捷和时空压缩等优势对经济社会的发展起到了积极的推动作用;另一方面,它又把社会及其成员带入一个全新的生存发展环境,网络复制及盗版传播、计算机黑客、网络犯罪、网络色情、网络攻击和暴力等已成为突出的法律和道德问题。因此,遵守有关法律法规和伦理道德就显得十分重要。

(一) 我国信息化法律法规体系

我国从 20 世纪 80 年代初开始逐渐建立了有关信息技术、信息网络、信息社会的知识产权保护等方面的法律法规,具体内容如下。

1. 规范信息服务的法规

在信息网络服务领域,针对信息网络接入服务、互联网信息服务以及互联网上网服务,均已制定了行政法规,予以规范。

1996 年 2 月 1 日公布实施的《中华人民共和国计算机信息网络国际联网管理暂行规定》是规范我国互联网国际联网和接入服务最主要的法律性文件。2024 年 3 月 10 日,国务院对其予以修改,自 2024 年 5 月 1 日起施行。

2000 年 9 月 25 日公布实施了《互联网信息服务管理办法》。

2002 年 9 月,国务院公布了《互联网上网服务营业场所管理条例》,并在 2011 年、2016 年、2019 年、2022 年做了四次修订。

2002 年 9 月,《中国互联网络域名管理办法》开始施行。2004 年 11 月,原信息产业部在此基础上修订并公布了新办法,修订后的管理办法自 2004 年 12 月 20 日正式实施。

2017年11月1日《互联网域名管理办法》开始施行。《中国互联网络域名管理办法》同时废止。

2010年，原国家工商行政管理总局颁布了《网络商品交易及有关服务行为管理暂行办法》（简称《暂行办法》），这是我国第一部规范网络商品交易及有关服务行为的行政规章。2014年，原国家工商行政管理总局废止了《暂行办法》，颁布了《网络交易管理办法》，自2014年3月15日起施行。

2．保障信息安全的法规

信息安全涉及的主要法律问题包括犯罪、民事问题和隐私问题。我国的信息安全法律法规上遵循谁主管谁负责、突出重点、预防为主、安全升级、风险管理的原则。主要的法规介绍如下。

1994年2月颁布的《中华人民共和国计算机信息系统安全保护条例》是我国专门针对信息网络安全问题制定的行政法规。

1997年4月，公安部颁布了《计算机信息系统安全专用产品分类原则》（GA 163—1997）。

1997年12月，颁布了《计算机信息网络国际联网安全保护管理办法》，以加强对计算机信息网络国际联网的安全保护。2011年1月8日，根据《国务院关于废止和修改部分行政法规的决定》进行了修订。

2000年3月，公安部颁布了《计算机病毒防治管理办法》，其中规定了"任何单位和个人不得制作计算机病毒"。

2000年12月28日，第九届全国人大常委会第十九次会议通过了《全国人民代表大会常务委员会关于维护互联网安全的决定》，这是我国针对信息网络安全制定的第一部法律性决定。

2012年12月28日，《全国人民代表大会常务委员会关于加强网络信息保护的决定》颁布并实施。

2013年6月28日，工业和信息化部颁布了《电信和互联网用户个人信息保护规定》。该《规定》分总则、信息收集和使用规范、安全保障措施、监督检查、法律责任、附则，共6章25条，自2013年9月1日起施行。

2016年11月7日，第十二届全国人民代表大会常务委员会第二十四次会议通过《中华人民共和国网络安全法》，作为我国第一部全面规范网络空间安全管理方面问题的基础性法律。

2019年5月，国家市场监督管理总局、中国国家标准化管理委员会发布《信息安全技术　网络安全等级保护基本要求》《信息安全技术　网络安全等级保护测评要求》《信息安全技术　网络安全等级保护安全设计技术要求》。

2019年10月26日，第十三届全国人民代表大会常务委员会第十四次会议通过《中华人民共和国密码法》，旨在规范密码应用和管理。

2020年2月13日，中国人民银行发布了《个人金融信息保护技术规范》，其中明确规定了个人金融信息在收集、传输、存储、使用、删除、销毁等生命周期各环节的安全防护要求。

2020年3月,全国信息安全标准化技术委员会正式发布《信息安全技术 个人信息安全规范》,规范个人信息控制者在收集、保存、使用、共享、转让、公开披露等信息处理环节中的相关行为。

2021年6月10日,第十三届全国人民代表大会常务委员会第二十九次会议通过了《中华人民共和国数据安全法》。

2022年5月19日,《数据出境安全评估办法》出台。

2023年1月13日,工业和信息化部等十六部门发布《关于促进数据安全产业发展的指导意见》。

※ 拓展阅读 ※

数 据 安 全

《中华人民共和国数据安全法》《中华人民共和国个人信息保护法》标志着数据安全已上升为国家安全。2019年11月26日,中央全面深化改革委员会第十一次会议审议通过了《关于构建更加完善的要素市场化配置体制机制的意见》,该意见把数据纳入了生产要素的范围,并强调把安全贯穿数据治理全过程。

2023年1月13日工业和信息化部等十六部门发布《关于促进数据安全产业发展的指导意见》,意见从总体要求、提升产业创新能力、壮大数据安全服务、推进标准体系建设、推广技术产品应用、构建繁荣产业生态、强化人才供给保障、深化国际交流合作、保障措施九大部分,就数据安全产业发展给出指导意见。该指导意见划定了数据安全2025—2035年的发展目标,如图8-9所示。

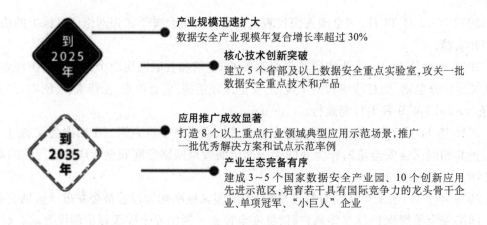

图8-9 数据安全发展目标

2023年10月,国家组建国家数据局,统筹推进数字中国、数字经济、数字社会规划和建设,也意味着步入数据要素开发利用快速且科学的轨道。数据已经成为重要的生产要素,而数据安全是保障数据要素价值的前提。随着数据要素市场建设的加速,数据安全领域也将保持快速增长。

3. 相关权利保护的法规

1991年,国务院颁布了《中华人民共和国计算机软件保护条例》。经过修订后,在2001年以国务院第339号令重新公布《中华人民共和国计算机软件保护条例》。

2001年10月27日,第九届全国人民代表大会常务委员会第二十四次会议通过了修改《中华人民共和国著作权法》的决定,这次修订适应了网络经济条件下著作权保护的新形势。

2005年,国家版权局、原信息产业部联合颁布了《互联网著作权行政保护法》。

2006年,国务院颁布了《信息网络传播权保护条例》(2013年进行了修订),旨在保护著作权人、表演者、录音录像制作者的信息网络传播权。

(二)信息伦理与行为规范

1. 信息伦理

信息伦理(information ethics)又称信息道德,是指在信息获取、使用、创造和传播过程中应该遵守一定的伦理规范,是在信息领域中用以规范人们相互关系的思想观念与行为准则。信息伦理与信息素养关系图如图8-10所示。

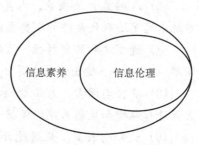

图8-10 信息伦理与信息素养关系图

2022年3月,中共中央办公厅、国务院办公厅出台的《关于加强科技伦理治理的意见》提出要重视科技伦理教育,鼓励高等学校开设科技伦理教育相关课程,将科技伦理教育作为本专科生、研究生教育相关专业的重要内容,以教育青年学生树立正确的科技伦理意识,遵守科技伦理道德。

※ 拓展阅读 ※

人工智能伦理

2021年11月24日,联合国教科文组织发布了首个关于人工智能伦理的全球标准——《关于人工智能伦理问题建议书》。在人工智能系统生命周期中的所有参与者都应首先尊重以下价值观和原则,并在需要的情况下,通过修订现有法律或制定新的立法、法规和业务指南来促进这些价值观和原则的应用。

1. 价值观

(1) 尊重、保护和促进人权、基本自由以及人的尊严。

(2) 维持环境和生态系统繁荣。

(3) 确保多样性和包容性。

确保人类生活在和平、公正和相互联系的社会中。

2. 原则

(1) 相称性和无害性。与合法目的相称、不与本建议提出的价值观相悖、适合具体情况,并基于严格的科学基础。

(2) 安全和保障。应避免不必要的伤害以及易受攻击的安全漏洞,并应在人工智能系统的整个生命周期中解决、预防和消除这些问题,以确保人类、环境和生态系统的安全。

(3) 公平和无歧视。人工智能参与者应根据国际法促进社会正义,维护公平,反对任何形式的歧视现象,尽量减少和避免强化或延续歧视性或有偏见的应用程序和结果,以确保此类系统的公平性。此外,需要解决国家内部和国家之间的数字和知识鸿沟,以便每个人都得到公平对待。

(4) 可持续性。在持续评估人工智能技术对人类、社会、文化、经济和环境的影响时,应充分认识到人工智能技术对可持续发展的影响。

(5) 隐私权和数据保护。在人工智能系统的整个生命周期中得到尊重、保护和促进隐私权。应在国家或国际层面以多利益相关方的方式建立适当的数据保护框架和治理机制。

(6) 人的监督及决策。人类可以在决策和行动中求助于人工智能系统,但人工智能系统永远无法取代最终的人类责任和问责。

(7) 透明度和可解释性。可解释性指的是使人工智能系统的结果变得可理解并提供洞察,也指输入/输出和每个算法模块的功能可理解性,以及它如何影响系统最终结果。

(8) 责任与问责。人工智能参与者和成员国应尊重、保护和促进人权和基本自由,还应促进对环境和生态系统的保护,并承担各自的道德和法律责任。

(9) 认知与教育。应通过开放教育、公民参与、数字技能和人工智能道德培训、媒体和信息素养以及培训,促进公众对人工智能技术和数据价值的认知。

(10) 多利益主体和治理协作。不同利益相关者均参与到人工智能系统整个生命周期中是必要的,这会使所有人都能分享利益,并为可持续发展作出贡献。

2. 行为规范

在信息技术领域,应注意的行为规范主要有以下几个方面。

(1) 有关知识产权。1990 年 9 月颁布了《中华人民共和国著作权法》,2001 年 12 月颁布了《中华人民共和国计算机软件保护条例》。人们在使用计算机软件或数据时,应遵照国家有关法律规定,尊重其作品的版权,具体如下。

① 应该使用正版软件,坚决抵制盗版,尊重软件作者的知识产权。
② 不对软件进行非法复制。
③ 不要为了保护自己的软件资源而制造病毒保护程序。
④ 不要擅自篡改他人计算机内的系统信息资源。

(2) 有关计算机安全。计算机安全是指计算机信息系统的安全,为维护计算机系统的安全,我们应该注意。

① 不要蓄意破坏和损伤他人的计算机系统设备及资源。
② 不要制造病毒程序,不要使用带病毒的软件,更不要有意传播病毒给其他计算机系统。
③ 要采取预防措施,在计算机内安装防病毒软件;要定期检查计算机系统内文件是否有病毒,如发现病毒,应及时用杀毒软件清除。

④ 维护计算机的正常运行,保护计算机系统数据的安全。
⑤ 被授权者对自己享用的资源有保护责任,口令密码不得泄露给外人。

(3) 有关网络行为规范。计算机网络正在改变着人们的行为方式、思维方式乃至社会结构,对信息资源的共享起了无与伦比的巨大作用,但也存在使人堕落的陷阱,其主要表现在:网络文化的误导,传播暴力、色情内容;网络诱发着不道德和犯罪行为;网络的神秘性"培养"了计算机"黑客",如此等等。

我国公安部公布的《计算机信息网络国际联网安全保护管理办法》中规定任何单位和个人不得利用国际互联网制作、复制、查阅和传播下列信息。

① 煽动抗拒、破坏宪法和法律、行政法规实施的。
② 煽动颠覆国家政权,推翻社会主义制度的。
③ 煽动分裂国家、破坏国家统一的。
④ 煽动民族仇恨、破坏国家统一的。
⑤ 捏造或者歪曲事实,散布谣言,扰乱社会秩序的。
⑥ 宣扬封建迷信、淫秽、色情、赌博、暴力、凶杀、恐怖,教唆犯罪的。
⑦ 公然侮辱他人或者捏造事实诽谤他人的。
⑧ 损害国家机关信誉的。
⑨ 其他违反宪法和法律、行政法规的。

在使用网络时,不侵犯知识产权,主要内容包括不侵犯版权、不做不正当竞争、不侵犯商标权、不恶意注册域名。

其他有关行为规范如下。

① 不能利用电子邮件做广播型的宣传,这种强加于人的做法会造成别人的信箱充斥无用的信息而影响正常工作。
② 不应该使用他人的计算机资源,除非你得到了准许或者做出了补偿。
③ 不应该利用计算机去伤害别人。
④ 不能私自阅读他人的通信文件(如电子邮件),不得私自复制不属于自己的软件资源。
⑤ 不应该到他人的计算机里去窥探,不得蓄意破译别人的口令。

(4) 有关个人信息保护。在信息技术领域,个人信息是指将个人数据进行信息化处理后的结果,它包含了有关个人资料、个人空间、个人活动方面的情况。个人资料是指例如肖像、身高、体重、指纹、声音、经历、个人爱好、医疗记录、财务资料、一般人事资料、家庭电话号码等;个人空间,也称私人领域。个人空间隐私是指个人的隐秘范围,涉及属于个人的物理空间和心理空间。个人信息的特点是隐私性、个体性。

目前世界上已有 50 多个国家制定了有关个人信息保护的法律法规,欧洲各国也缔结了与个人信息保护有关的国际公约。

※ 拓展阅读 ※

如何保护个人信息

在当前信息技术条件下,保护个人信息要做到以下几点。

一是要防范用作传播、交流或存储资料的光盘、硬盘、软盘等计算机媒体泄密。

二是要防范联网（局域网、因特网）泄密，例如不要在即时通信工具中泄露个人的银行账号、电子邮箱的密码等，不要在没有安全认证的网站上进行电子商务交易、银行资金交易等。在申请电子邮箱、下载图片铃声、注册进入聊天室时填写的个人信息有可能被泄露。网络上的一些"间谍"病毒，不仅可以收集用户访问过的网站等信息，甚至还可以盗取用户银行账户密码。每天做好计算机病毒的防毒查毒杀毒工作。对设备密码做好保密工作，不向无关人员泄露，定期修改系统密码，以增加系统的安全性。

三是要防范、杜绝计算机工作人员在管理、操作、修理过程中造成的泄密。

四是在保护自己的个人信息的同时，也不得向无关人员提供或出售个人信息，不要在没有保密的条件下传送这些信息的电子档案。不得利用自己掌握的个人信息，通过信息技术手段进行手机短信的滥发，电子邮件宣传广告、传真群发、电话骚扰等。

三、数字安全保护

数字安全保护是指劳动者在数字化活动中应具备的数据安全保护和网络安全防护的能力，包括但不限于：一是做好个人信息和隐私数据的管理与保护；二是在工作中对客户，以及协作的数据进行收集、存储、使用、传播时注重数据安全维护；三是能够辨别、防范、处置网络风险行为。

（一）信息安全与数据安全

1. 信息安全

信息安全不仅涉及传输过程，还包括网上复杂的人群可能产生的各种信息安全问题，从现实来看，主要有以下几种情况。

（1）被动攻击：通过窃听和监视来获得存储和传输的信息。

（2）主动攻击：修改信息，创建假信息。

（3）重现：捕获网上的一个数据，然后重新传输来产生一个非授权的效果。

（4）修改：修改原有合法信息或延迟或重新排序产生一个非授权的效果。

（5）破坏：利用网络漏洞破坏网络系统的正常工作和管理。

（6）伪装：通过截取授权的信息伪装成已授权的用户进行攻击。

我国对信息安全的保护，主要是通过基本法律体系、政策法规体系、强制性技术标准体系共同来保障的，但是，要实现信息安全仅靠法律和技术是不够的，它与个体的信息伦理与责任担当等品质紧密关联。在数字时代，职业岗位与信息技术的关联进一步增强，也更强调对劳动者应具备信息安全意识并坚守使用信息的道德底线。

2. 数据安全

信息安全是数据安全的基础。数据安全是一个笼统的概念，具体来说，包含个人数据、企业数据、公共数据等范围，厘清监管的数据类型和数据概念，是数据合规的基础。法律法规针对不同的数据给出了范围的界定，如表8-2所示。

表 8-2　数据安全的法律定义

类　　型	定　　义
国家核心数据	关系国家安全、国民经济命脉、重要民生、重大公共利益等的数据
重要数据	一旦遭到篡改、破坏、泄露或者非法获取、非法利用,可能直接影响国家安全、公共利益或者个人、组织合法权益的数据
公共数据	公共管理和服务机构在依法履行公共管理职责或者提供公共服务过程中产生、处理的数据
企业数据	企业自身产生的财务数据、管理数据及运营数据等
个人数据	以电子或者其他方式记录的能够单独或者与其他信息结合识别特定自然人身份或者反映特定自然人活动情况的各种信息

(二) 规范使用数字身份

数字身份是指实体社会中的自然人身份在数字空间的映射。数字身份与数字身份技术系统相关——通过引入生物识别技术和大数据等数字化技术给人"画像",以确认数字"我"和实在"我"是同一个人。例如,曾经的"健康码"就是一种数字身份。

网上的推送也是基于个人的数字身份:根据行为足迹、在网上的浏览习惯推断和分析某人行为偏好,甚至其职业和工作场所。于是,一个人至少可以得出3种身份:社会身份;生物信息身份;行为和心理的身份。在数字化空间,这种"画像"大部分是由数字化技术构建的。尤其是关于个人生物信息、内心情感和偏好的推断,属于个人极其敏感的隐私。个人隐私的不恰当暴露常常会带来对个人和家庭的极大伤害,有时会带来对个人和家庭的出身、健康、种族与性别的歧视。

(三) 防范来自密码的安全威胁

用户名和密码组合是最常用的身份认证方式,密码的作用主要是防止冒名顶替,是抵御攻击的第一道防线,也是最后一道防线。对针对密码的攻击简单易行,密码破解快速有效。

(1) 密码引起的安全风险。如果因为密码较弱或密码使用不当,一旦被别有用心的人获取,他就可以拥有和你一样的权限。例如,一旦黑客掌握了操作系统密码,他就有机会远程登录系统。

(2) 计算机的常见密码。常见的密码主要有以下几类。

① BIOS 密码。BIOS 密码是为计算机使用安全设置的开机密码,一般有管理者密码和用户密码。默认情况下,这两项密码都没有设置。如果设置了管理者密码,以后要进入 CMOS 设置就必须输入密码。如果设置了用户密码,以后想使用计算机,就必须输入密码。

② 操作系统密码。操作系统密码是指登录系统桌面所需要的密码。对 Windows 10 之类的桌面操作系统而言,此密码就是系统登录密码。

③ 应用程序密码。应用程序密码是指进入应用程序所需要的密码,如 QQ、微信等。

④ 应用系统密码。截至目前,大多数应用系统都是基于 B/S (浏览器/服务器) 架构的应用系统。应用系统密码指的是登录这些系统所需要的密码。如查课表所登录教务系统所需要的密码。

⑤ 数据加密密码。数据加密密码是指给数据进行加密,所设置的访问密码,例如,可以为所需要加密的盘符启用 BitLocker 并设置访问密码,将需要加密的文件压缩加密,为 Word、Excel、Powerpoint 等设置打开密码或只读密码。

(3) 暴力破解。暴力破解是指通过枚举方式,一个一个尝试。不同的应用有不同的暴力破解工具,如有针对压缩文件的,有针对 PDF 加密文档的,有针对 Office 加密文档的。随着计算能力的猛增,暴力破解成功的概率越来越大。

※ 拓展阅读 ※

数 据 加 密

在日常应用中,如果不使用第三方加密工具,仍有办法对重要数据进行加密。

(1) 用 BitLocker 加密整个分区。Windows 自带的 BitLocker 是一款驱动器加密工具。每次启动操作系统后,首次访问时必须输入密码才能访问用 BitLocker 加密的分区。如果使用 BitLocker 加密,以后即使计算机出现丢失或被盗,也不用担心数据泄露。

(2) 压缩加密。如果对指定文件夹或文件加密,在计算机上已安装通用的压缩解压缩软件 WinRAR 的情况下,可将欲加密的文档压缩,然后对压缩包设置密码。

(3) Office 文档加密。Microsoft Office 是一套办公套件,Word、Excel 和 PowerPoint 是最常用的三款软件。用 Microsoft Office 打开的文档都可以在文档保存时,设置文档打开密码和文件修改密码。

(四) PDF 加密

PDF 是一种电子文件格式,具有可移植性,Windows、UNIX、Linux、macOS 或安卓操作系统,都支持 PDF 文档。流行的 PDF 编辑工具是 Adobe Acrobat、Foxit Phantom,这两款工具都可以对 PDF 加密。

注意:目前比较流行的做法是将 Word 文档另存为 PDF,可以在另存过程中设置 PDF 文档密码。

要确保密码安全,除了保证设备环境安全外,需要设置强密码才能防止暴力破解。符合以下条件的密码才算强密码。

(1) 不少于 8 个字符。
(2) 应该包含大写字母、小写字母、数字、符号 4 种类型中的 3 种。
(3) 不能包含用户名中连续 3 个或 3 个以上字符。
(4) 不能使用字典中包含的单词或只在单词后加简单的后缀。
(5) 避免使用与自己相关的信息作为密码,如家属、亲朋好友的名字、生日、电话号码等。
(6) 避免使用顺序字符组合,如 abcdef、defdef、a1b2c3。
(7) 避免使用键盘邻近字符组合,如 1qaz@WSx、qwerty。
(8) 避免使用特殊含义字符组合,如 password、P@ssw0rd、5201314、5@01314。

在实际设置密码时,可以使用将口令短语以字符替换、键盘上档键替换等方式来设置强密码,这种密码设置方式既好取又易记,还符合强密码要求。

案例 8.10

消除数字鸿沟

数字鸿沟（digital divide）是指在全球数字化进程中，不同国家、地区、行业、企业、社区之间，由于对信息、网络技术的拥有程度、应用程度以及创新能力的差别而造成的信息落差及贫富进一步两极分化的趋势。

数字鸿沟是信息时代的全球问题。不仅是一个国家内部不同人群对信息、技术拥有程度、应用程度和创新能力差异造成的社会分化问题，而且更为尖锐的是全球数字化进程中不同国家因信息产业、信息经济发展程度不同所造成的信息时代的"南北"问题，其实质是信息时代的社会公正问题。它涉及当今世界经济平等、对穷国扶贫和减免债务、打破垄断和无条件转让技术等诸多重大问题。

我国政府高度重视并大力解决数字鸿沟的问题。2020年，《国务院办公厅印发关于切实解决老年人运用智能技术困难实施方案的通知》发布，要求各部门聚焦涉及老年人的高频事项和服务场景，坚持传统服务方式与智能化服务创新并行，切实解决老年人在运用智能技术方面遇到的突出困难。2021年3月，《上海市养老服务条例》开始施行，并积极开展"长者智能技术运用能力提升行动"，聚焦涉及老年人生活、办事的高频事项，通过开展智能手机应用培训和帮办服务，帮助老年人提升运用智能技术的水平，主要包括就医、出行、亮码、扫码、缴费、购物、文娱、安全等应用场景，让更多老年人成功跨越"数字鸿沟"。

分析：从国际上看，数字鸿沟客观上弱化了发展中国家原有的普通劳动力、土地和资源优势，降低了发展中国家的国际竞争力和南南合作的潜力。位于鸿沟的更不幸运一方，就意味着更少的机会参与以信息为基础的新经济，这同时意味着获得较少的机会参与教育、培训、娱乐、购物和交流等可以在线得到的机会。缩小"数字鸿沟"，重要的是确保人们能够平等地享用现代通信和网络基础设施，拥有大体平等的教育机会。

专题活动

谈谈"计算机犯罪"专题活动

一、活动目标

了解计算机犯罪。

二、活动形式

分组讨论。

三、活动准备

普通教室。

四、活动流程

（1）教师展示以下概念和案例。

① 关于计算机犯罪，就是在信息活动领域中，利用计算机信息系统或计算机信息知识作为手段，或者针对计算机信息系统，对国家、团体或个人造成危害，依据法律规定，应当

予以刑罚处罚的行为。

② 案例：2021年5月至2022年12月，被告人李某杰在工作单位及自己家中，单独或伙同他人通过聊天软件联系需要修改中差评的某购物网站卖家，并从被告人黄某权等处购买发表中差评的该购物网站买家信息300余条。李某杰冒用买家身份，骗取客服审核通过后重置账号密码，登录该购物网站内部评价系统，删改买家的中差评347个，获利9万余元。李某杰犯破坏计算机信息系统罪，判处有期徒刑五年。

（2）组织同学在课前查找有关资料的基础上讨论：什么是计算机犯罪？主要分为哪几类？《中华人民共和国刑法》对计算机犯罪主要规定了哪些罪名？

（3）按照上述的犯罪类型进行分组，针对各项罪名，列举典型案例1～2个。

（4）进一步讨论：计算机犯罪的实质是什么？应该如何远离计算机犯罪？

（5）教师针对上述讨论做总结点评。

（建议用时：40分钟）

【课后思考】

1. 信息安全涉及的法律问题主要有哪些？
2. 简述我国信息安全法律规范的基本原则。
3. 保障信息安全的三大支柱是什么？
4. 什么是隐私？在数字条件下，如何避免隐私泄露？

模块9　环保意识与绿色技能

哲人隽语

世界上没有垃圾，只有放错地方的宝藏。

——［意］但丁

模块导读

绿色技能可以帮助人们采用更加环保、节能、低碳的方式进行生产、生活和消费，帮助人们减少对环境的污染和破坏，促进经济的可持续发展。绿色技能的发展不仅有助于保护环境、提高资源利用效率，实现节能减排，还可以创造更多的就业机会和经济增长点。认识并应用绿色技能，对于个人、企业和社会都有非常重要的意义。

本模块通过"环境问题及治理、绿色经济与绿色生活"两个任务的学习，帮助学生认识绿色技能的重要性，弘扬低碳环保、绿色生态和可持续发展的理念，提升绿色技能，让节能减排、绿色低碳成为一种生产生活方式和社会风尚。

能力目标

1. 了解环境问题的概念、产生原因、主要种类和地域差异。
2. 了解绿色职业和绿色技能的分类和内容。
3. 树立绿色发展的理念和意识。
4. 能够运用绿色技术解决实际问题。
5. 能够进行准确的垃圾分类。
6. 培养关注环境问题、积极参与环境保护的态度。
7. 培养团队合作和创新精神，为环境保护和治理贡献力量。

9.1　环境问题及治理

【引入案例】

"水中杀手"鳄雀鳝运输岂能如此随意

2022年8月，河南、湖南、北京等多地相继报告发现"怪鱼"鳄雀鳝。北京铁路运输检察院（简称"北京铁检院"）作为首都互联网公益诉讼案件的集中管辖院，此前曾办理过多起涉互联网的生物多样性保护公益诉讼案件，鳄雀鳝事件也进入了他们的视野。

鳄雀鳝因其外表奇特，常被作为观赏鱼在市面上售卖，一些消费者出于猎奇心理买来饲养后，因为其体型过于庞大而随意放生或丢弃，致使鳄雀鳝出现在自然水域。北京铁检院公益诉讼检察官刘佳告诉记者："外来物种入侵的损害结果发生在线下，但如果将监管视角辐射到线上，就可以通过案件办理助力防控外来入侵物种。"

经过多轮筛查，北京铁检院最终确定注册地位于北京某区的 5 家动物运输公司，在互联网上发布了动物承运信息或团购订单，无须托运方提供动物检疫合格证明即可提供动物运输服务，存在为未经检疫的鳄雀鳝、清道夫鱼等外来入侵物种提供承运服务的违法违规行为。

行政主管部门收到行政公益诉讼诉后立即开展整治工作：约谈涉案公司，对辖区内动物运输公司开展现场执法检查，核查其运输经营收入明细，对存在违法行为的立案查处，对金额较小的要求下架违法运输业务，并进行警示教育；对于具体承运人为流动人员的，建立人员名单台账跟进调查；对互联网平台的违法违规经营行为依法采取必要处置措施。

分析：自 2022 年 8 月 1 日起施行的《外来入侵物种管理办法》明确规定，不得擅自引进、释放或者丢弃外来物种。以规范互联网动物运输行业发展为切入点，助力构建外来入侵物种的"线上防控网"。

一、环境问题及表现

（一）环境问题概念

环境问题是当今世界的热门话题之一，一般是指在人类社会经济活动的作用下，环境向不利于人类生存和发展的方向变化而导致的一系列问题。广义的环境问题，包括人为原因产生和自然原因造成的环境问题。当今全球正在关注的环境问题主要有温室效应增强、全球气候变暖、酸雨蔓延、森林锐减、水体污染、土地荒漠化面积扩大、垃圾污染等。

（二）环境问题产生的原因

环境问题产生的原因如图 9-1 所示。

1. 产生原因

（1）直接原因。人类向环境索取资源的速度超过了资源本身及其替代品的再生速度；人类向环境排放废弃物的数量超过了环境自净能力。

（2）根本原因。片面追求经济增长的发展模式。

2. 演化

（1）工业革命前。环境问题表现为人类对自然环境的影响有限，地球的大气、土地和水能够满足人类的生产和消费需要，人类排放的废弃物能够被自然环境降解。

（2）工业革命后。环境问题表现为资源的消费和废弃物的排放数量剧增。人类对自然环境的影响已在某些方面超过自然环境的调节能力，损害自然环境的支撑服务功能，使自然环境偏离应有的稳定状态，从而发生大气污染、水污染、生态退化、全球变暖等环境问题。

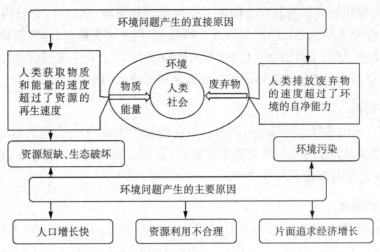

图 9-1 环境问题产生的原因

(三) 环境问题主要种类

进入 21 世纪以来,"世界十大环境问题"日益成为每个人都无法回避的危机。

1. 全球气候变暖

由于人口的增加和人类生产活动的规模越来越大,向大气释放的二氧化碳、甲烷等温室气体不断增加,大气质量受到影响,气候逐渐变暖。

气候变暖将会对全球产生各种不同的影响,较高的温度可使极地冰川融化,海平面升高,导致一些海岸地区被淹没。全球变暖也可能影响到降雨和大气环流的变化,使气候反常,导致生态系统发生变化,对人类生活产生一系列重大影响。

2. 臭氧的耗损与破坏

臭氧层能吸收太阳的紫外线,以保护地球上的生命,并将能量储存在上层大气,调节气候。但臭氧层很脆弱,一旦被破坏,将使地面受到紫外线辐射的强度增加,带来很大危害。

研究表明,紫外线辐射能破坏生物蛋白质和基因物质脱氧核糖核酸,造成细胞死亡;使人类皮肤癌发病率增高;抑制植物如大豆、蔬菜等的生长,并穿透 10 米深的水层,杀死浮游生物和微生物,影响生态平衡和水体的自净能力。

3. 生物多样性减少

近百年来,由于人口的急剧增加和人类对资源的不合理开发,地球上的各种生物及其生态系统受到了极大的冲击,生物多样性减少。有关学者估计,世界上每年至少有 5 万种生物物种灭绝,近 50 年,全世界野生生物减少 2/3。

因此,保护和拯救生物多样性以及这些生物赖以生存的生活条件,同样是摆在我们面前的重要任务。

4. 酸雨蔓延

酸雨是指大气降水中酸碱度 (pH 值) 低于 5.6 的雨、雪或其他形式的降水。

酸雨对人类环境的影响是多方面的。酸雨降落到河流、湖泊中,会妨碍水中鱼、虾的成长,以致鱼虾减少或绝迹;酸雨还导致土壤酸化,使土壤贫瘠化,危害植物的生长,造成作物减产。此外,酸雨还腐蚀建筑材料,有关资料说明,近十几年来,酸雨地区的一些古迹特别是石刻、石雕或铜塑像的损坏超过以往百年甚至千年的损坏。

5．森林锐减

在地球上,我们的绿色屏障——森林正以平均每年4000平方公里的速度消失。

森林的减少使其涵养水源的功能受到破坏,造成了物种的减少和水土流失,对二氧化碳的吸收减少进而又加剧了温室效应。

6．土地荒漠化

全球陆地面积占60%,其中沙漠和沙漠化面积占29%。每年有600万公顷的土地变成沙漠。

全球共有干旱、半干旱土地50亿公顷,其中33亿公顷遭到荒漠化威胁。致使每年有600万公顷的农田、900万公顷的牧区失去生产力。人类文明的摇篮底格里斯河、幼发拉底河流域,已由沃土变成荒漠。中国的黄河流域,水土流失也十分严重。

7．大气污染

大气污染的主要因子为悬浮颗粒物、一氧化碳、臭氧、二氧化碳、氮氧化物、铅等。

大气污染导致每年有30万~70万人因烟尘污染提前死亡,2500万的儿童患慢性喉炎,400万~700万的农村妇女儿童受害。

案例 9.1

PM2.5 危害及预防

PM2.5是指环境空气中空气动力学直径小于或等于2.5微米的颗粒物,也称为细颗粒物、可入肺颗粒物(能进入肺部)。它能较长时间悬浮于空气中,其在空气中含量浓度越高,就代表空气污染越严重。

PM2.5的成分包括水溶性组分、含碳组分和无机元素组分。PM2.5在空气悬浮过程中还会进一步吸附空气中存在的有机和金属等化学成分,细菌、病毒、真菌等微生物成分。

研究表明,PM2.5可影响人体的呼吸、心血管、免疫、生育、神经和遗传系统等,PM10可进入人的鼻腔及气管,而PM2.5除了能进入肺部,还能进入肺泡甚至血液。引起肺部和全身炎症,增加动脉硬化、血脂升高的风险,导致心律不齐、血压升高等。

1．对呼吸系统的损害

PM2.5能随呼吸直接进入并黏附在人体呼吸道和肺泡中,干扰肺部的气体交换,引发支气管哮喘、慢性支气管炎、阻塞性肺气肿等呼吸系统疾病。颗粒物的粒径越小,进入人体呼吸道的部位就越深,造成的伤害也就越大。PM2.5还可以成为细菌和病毒的载体,促进呼吸道传染病的传播。具体如图9-2所示。

PM2.5 的危害：PM2.5 可直接吸入人体肺组织中，对呼吸系统和心血管系统造成危害。

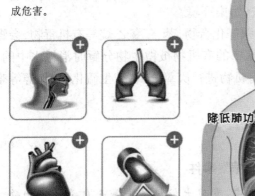
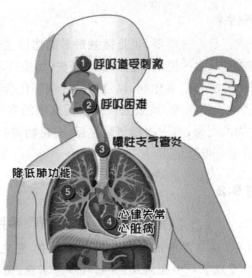

图 9-2 PM2.5 危害

2. 对心血管系统的损害

PM2.5 对人体心脑血管系统的影响也很严重，容易导致心血管系统发生一系列病理生理改变，进而引起心血管病、高血压、冠心病、脑溢血，可能诱发心绞痛、心肌梗死、心力衰竭等。高浓度的 PM2.5 会增加血液的黏稠度和血液中某些白蛋白，可引起血栓。

3. 对神经及免疫系统的损害

PM2.5 可通过血脑屏障等途径进入中枢神经系统，导致缺血性脑血管病、认知功能损害等中枢神经系统疾病。同时大气中的 PM2.5 对免疫系统具有相对抑制的作用，可降低机体对病原微生物免疫反应，汽车尾气中的 PM2.5 可降低对肿瘤细胞的毒性作用和抗体介导细胞的作用。

4. 对生殖系统的损害

PM2.5 会对染色体和 DNA 等遗传物质产生毒性作用，对生殖系统遗传物质的损伤可引起胎儿畸形。

PM2.5 应如何预防呢？

（1）当出现中度及重度污染天气时，要减少户外活动暴露时间。尤其是儿童、孕妇、老年人、心血管疾病和呼吸系统疾病患者等特殊人群应尽量避免重度污染天气下的户外活动。

（2）当出现中度及重度污染天气时，可选择佩戴合格的口罩。

（3）当出现中度及重度污染天气时，减少开窗通风时间，不要在室内吸烟。

（4）当出现中度及重度污染天气时，可以采用多种物理法降低室内 PM2.5 的浓度。

① 空气过滤法：可以在室内放置空调、加湿器、空气清新器等，能够明显降低 PM2.5 的浓度。

② 水吸附法：可以使用超声雾化器、室内水帘、水池、鱼缸等加强空气湿度，能够吸收空气中的亲水性 PM2.5。

③ 植物吸收法：植物叶片具有较大的表面积，能够吸收有害气体和吸附 PM2.5。

8. 水污染

水是我们日常最需要，也是接触最多的物质之一，如今也成了危险品。水污染是由有害化学物质造成水的使用价值降低或丧失，污染环境。

污水中的酸、碱、氧化剂，以及铜、镉、汞等化合物，苯、二氯乙烷等有机毒物，会毒死水生生物，影响饮用水源、风景区景观。污水中的有机物被微生物分解时消耗水中的氧，影响水生生物的生命，水中溶解氧耗尽后，有机物进行厌氧分解，产生硫化氢、硫醇等难闻气体，使水质进一步恶化。

案例 9.2

"水俣病"事件

1950年，在日本水俣湾附近的小渔村中，发现大批精神失常而自杀的猫和狗。1953年，水俣镇发现了一个怪病人，开始时步态不稳，面部痴呆，进而是耳聋眼瞎，全身麻木，最后精神失常，一会儿酣睡，一会儿兴奋异常，身体弯弓，高叫而死。1956年又有同样病症的女孩住院，引起当地熊本大学医院专家注意，开始调查研究。最后发现原来是当地一个化肥厂在生产氯乙烯和醋酸乙烯时，采用成本低的汞催化剂工艺，把大量含有有机汞的废水排入水俣湾，使鱼中毒，人、猫和狗吃了毒鱼生病而死。患者手足麻痹，甚至出现步行困难、运动障碍、失智、听力及言语障碍；重者痉挛、神经错乱，最后死亡，至今仍没有有效的治疗法。发病起三个月内约有半数重症者死亡，怀孕妇女也会将这种汞中毒遗传给胎中幼儿。

9. 海洋污染

人类活动使近海区的氮和磷增加50%～200%；过量营养物导致沿海藻类大量生长。波罗的海、北海、黑海、东中国海（东海）等出现赤潮。海洋污染导致赤潮频繁发生，破坏了红树林、珊瑚礁、海草，使近海鱼虾锐减，渔业损失惨重。

10. 危险性废物越境转移

危险性废物是指除放射性废物以外，具有化学活性或毒性、爆炸性、腐蚀性和其他对人类生存环境存在有害特性的废物。因其数量和浓度较高，可能造成或导致人类死亡，或引起严重的难以治愈疾病或致残。

在工业发达国家危险性废物已称为"政治废物"，公众对危险性废物问题十分敏感，反对在自己居住的地区设立危险性废物处置场，加上危险性废物的处置费用高昂，一些公司极力试图向工业不发达国家和地区转移危险性废物。

（四）环境问题的地域差异

1. 城市地区和乡村地区环境问题的差异

（1）城市地区：主要表现为环境污染，如大气污染、水污染、噪声污染等，主要是交通、工业活动和人类居住地的过分集中造成污染物的集中导致。

（2）乡村地区：主要表现为生态破坏，如水土流失、土地荒漠化、土壤盐渍化、森林减少、水源枯竭、物种减少等，由于利用资源的方式不当或强度过大。

2. 发达国家和发展中国家环境问题的差异

（1）发达国家：以环境污染为主，较发展中国家轻，消耗的资源、能源多，排放的污染物多。自20世纪70年代开始，发达国家利用强大的经济、科技力量进行环境污染的防治工作，环境状况大为好转。

（2）发展中国家：较发达国家严重，环境污染和生态破坏都很严重，一般处在经济发展的初级阶段，人口增长很快，环境承受着发展和人口的双重压力；限于经济技术水平，没有足够的能力进行环境保护；少数发达国家将污染严重的工业转移到发展中国家。

二、环境问题治理困境及重点任务

《中共中央 国务院关于全面推进美丽中国建设的意见》提出，到2035年，广泛形成绿色生产生活方式，碳排放达峰后稳中有降，生态环境根本好转，国土空间开发保护新格局全面形成，生态系统多样性、稳定性、持续性显著提升，国家生态安全更加稳固，生态环境治理体系和治理能力现代化基本实现。生态环境治理是一项系统性工程，要坚持做到"全领域转型、全方位提升、全地域建设、全社会行动"。

当前我国生态文明建设仍处于压力叠加、负重前行的关键期，生态环境保护任务依然艰巨。

（一）面临困境

（1）生态环保结构性压力依然较大。我国产业结构高耗能、高碳排放特征依然突出，煤炭消费仍处高位，货运仍以公路燃油货车为主，由此带来污染物减排压力不小。

（2）生态环境改善基础还不牢固。生态环境改善由量变到质变的拐点尚未到来。大气仍未摆脱"气象影响型"。随着我国气象条件进入新一轮厄尔尼诺周期，在气温总体偏高的背景下，阶段性冷暖交替剧烈，"过山车"型的气象条件频繁，将给大气环境质量带来较大冲击。"三水统筹"尚处于起步阶段，部分地区土壤污染持续累积。

（3）生态环境安全压力持续加大。生态系统质量总体水平仍不高，重要生态空间被挤占的现象仍然存在。长时间重污染天气过程时有发生，生态环境事件仍呈多发频发的高风险态势。全国尾矿库近万座，固体废物历史堆存总量高达数百亿吨。核安全监管能力与日益增长的核电规模不适应。

（4）生态环境治理体系还需健全。生态环境科技支撑存在短板，环境管理市场化手段运用不足，生态环境基础设施建设滞后、运行总体水平不高。有的地方存在生态环境监管流于表面、不到位的情况，有的企业法律意识淡薄，不正常运行污染治理设施、超标排放、监测数据造假等问题突出。

（5）全球环境治理形势更趋复杂。当前全球生态环境问题政治化趋势增强，部分西方国家打气候牌，出台碳关税等政策，向发展中国家转嫁减排责任，应对生态环境领域国际博弈任务艰巨。面对这些突出问题，我们必须采取坚决有力措施推动解决，以自身工作的确定性应对形势变化的不确定性，确保生态环境保护不断实现新进步。

（二）重点任务

突出精准治污、科学治污、依法治污，以美丽中国建设为统领，协同推进降碳、减污、扩绿、增长，加快推动发展方式绿色低碳转型，不断健全现代环境治理体系，要重点做好以下工作。

（1）积极推进美丽中国先行区建设。推动建立美丽中国建设实施体系和推进落实机制，研究制订成效考核指标体系及考核办法，分层次推动美丽中国建设地方实践。

（2）持之以恒打好污染防治攻坚战。以更高标准打好蓝天、碧水、净土保卫战，加强固体废物和新污染物治理。

（3）积极推动绿色低碳高质量发展。全力服务支撑经济运行持续好转，深入推进城市和产业园区减污降碳协同创新。推动实施生态环境领域重大工程。积极应对气候变化，健全全国碳交易市场，强化碳市场数据质量日常监管。

（4）加大生态保护修复监管力度。加强生态破坏问题排查整治，推动实施生物多样性保护重大工程，强化生态安全风险防范。

（5）确保核与辐射安全。推动建立现代化核安全监管体系，加强核动力厂、研究堆、核燃料循环设施运行监督和环境监管，强化重点核设施退役治理工作。

（6）加强生态环境督察执法和风险防范。深入推进中央生态环境保护督察，持续提升生态环境监管执法效能，加强环境风险防控和环境事件应急处置。

（7）大力推进生态环境领域科技创新。加强生态环境科技平台建设，打造生态环境领域战略科技力量，促进生态环境科技成果转化，拓展数字技术应用。

（8）加快健全现代环境治理体系。深化生态环境领域改革，健全生态环境法规政策标准，加快建立现代化生态环境监测体系，推进生态环保全民行动，深化生态环境和气候领域国际对话合作。

专题活动

识别环境污染专题活动

一、活动目标

识别环境污染类型及分析成因。

二、活动形式

分组讨论。

三、活动准备

普通教室。

四、活动流程

（1）学生分组讨论如图9-3所示的环境污染有哪些。

（2）随机抽小组作答，直到找出所有环境污染。

（3）让大家进一步思考周围有哪些环境污染以及造成污染的原因。

（4）教师对上述观点进行总结、点评。

（建议用时：30分钟）

模块9 环保意识与绿色技能

图 9-3 环境污染

【课后思考】

1. 大气污染对大气和气候的影响是什么？不同的大气污染对人体的影响是什么？我们应该怎样做？

2. 什么是水污染？如何减少污染？

3. 作为一名大学生，日常如何践行绿色低碳生活方式？

9.2 绿色经济与绿色生活

【引入案例】

"碳中和"故事不断超越

在杭州，"绿色亚运"理念获得社会各界的积极响应。绿色场馆建设、绿色能源供应、绿色环境提升，"人人一千克，助力亚运碳中和"，努力打造首届碳中和亚运会和首个大型"无废"赛事。让这座城市的每个人看见绿色低碳实践的新可能。

在成都，大运会做到四个首次：西部地区首次实现"碳中和"的国际大型体育赛事，首次在国际大型赛事中运用本土碳普惠机制助力低碳观赛，首次在国际大型赛事中实施观赛个人"碳中和"，首次在国际大型赛事中运用二手循环服务，让世界看见中国的努力。

在北京，服贸会以"双碳赋能·焕发创新动力"为主题，围绕促进绿色转型、节能降碳、生态治理等，搭建高水平展示、交流、贸易、投资的平台，凸显国内在双碳征途上取得的最新进步。一批新产品、新工艺、新技术集体亮相。

分析：我们不断从绿色低碳实践中总结经验，不断超越自我，不断讲述更加动人的"碳中和"故事。绿色生活，造就美丽中国。

生态环境问题归根结底是发展方式和生活方式问题，要从根本上解决生态环境问题，实现美丽中国的宏观目标，必须依靠和坚持新发展理念，必须加快形成具有中国特色的绿色低碳发展方式和绿色低碳循环经济体系。

一、绿色经济

什么是"绿色经济"？这一颇具浪漫色彩的概念是由美国生物学家雷切尔·卡逊提出的。提出背景是雷切尔对于工业时代人们对资源毫无节制地挥霍及所造成的环境污染的反思和批判，他认为这个世界更需要能让"环境可承受的经济"。

随着时代的发展，"绿色经济"的主旨也在不断被丰富着，已经从过去单一强调生态系统的1.0版本发展到了现在围绕经济、生态、社会三个领域的3.0版本。

（一）清洁生产

1．提出背景

20世纪70—80年代，全球经济迅猛发展，资源过度消耗，环境污染也日益严重。世界上许多国家因经济高速发展而造成严重的环境污染和生态破坏，并导致了一系列举世震惊的环境污染事件，如表9-1所示。

表9-1　20世纪70—80年代世界十大环境污染事件

事件名称	发生地点	时间	污染情况	污染原因
维索化学污染	意大利	1976年	多人中毒，居民搬迁，婴儿畸形增多	农药厂爆炸，二噁英污染
"阿莫戈·卡迪茨"溢油事故	法国	1978年	藻类、湖间带动物、海鸟灭绝，工农业生产旅游业损失巨大	油轮触礁，22万吨原油入海
三哩岛核电站泄漏	美国	1979年	周围50英里（约80467米）200万人口极度不安，约20万人撤出该地区	核电站反应堆严重失水
威尔士饮用水污染	英国	1985年	200万居民饮水被污染，44%的人中毒	化工公司将酚排放入河
墨西哥液化气爆炸	墨西哥	1984年	4200人受伤，400人死亡，300栋房屋被毁，10万人被疏散	石油公司油库爆炸
博帕尔农药泄漏	印度	1984年	1408人受伤，2万人严重中毒，15万人接受治疗，20万人逃离	45吨异氰酸甲酯泄漏
切尔诺贝利核电站泄漏	苏联	1989年	31人死亡，203人受伤，13万人疏散，直接损失30亿美元	反应堆机房爆炸
莱茵河污染	瑞士	1986年	事故段生物绝迹，100英里（约160934米）内鱼类死亡，300英里（约482803米）内水不能饮用	化学公司仓库起火，硫、磷、汞大量剧毒物入河
莫农加希拉河污染	美国	1988年	沿岸100万居民生活受到严重影响	石油公司油罐爆炸，350万吨原油入河
"埃克森·瓦尔迪兹"号油轮漏油	美国	1989年	海域被严重污染	漏油26.2万桶

改革开放以来，我国的经济实现了高速发展，但是也带来了严重的环境污染和生态破坏。我国环境污染严重的根本原因在于我国多数企业尚未从根本上摆脱粗放的经营方式，结构不合理，技术装备落后，能源与原材料消耗高、浪费大，资源利用率低，对环境造成了一定影响。

工业发展与污染防治历程如图9-4所示。

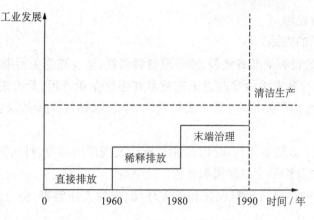

图 9-4　工业发展与污染防治历程

第一个阶段为直接排放阶段。20 世纪 60 年代以前，人们将生产过程中的污染物不加任何处理便直接排入环境。由于当时工业尚不发达，污染物的排放量相对较少，而环境容量比较大，环境污染问题并不突出。

第二个阶段为稀释排放阶段。进入 20 世纪 70 年代，人们开始关注工业生产所排放的污染物对环境的危害。为了降低污染物浓度、减少对环境的影响，人们采取了将污染物转移到海洋或大气中的方法，认为自然环境将吸收这些污染。人们意识到自然环境在一定时间内对污染的吸收承载能力有限，开始将污染物稀释排放。

第三个阶段为末端治理阶段。20 世纪 80 年代，通过污染治理做到达标排放，废物处理注重污染物的末端控制，强调减少污染物的排放量，末端治理逐渐成为解决环境污染问题的主要手段，但这只是"头痛医头，脚痛医脚"的做法。

第四个阶段为清洁生产阶段。20 世纪 90 年代，通过清洁生产解决环境污染。清洁生产并不是万能的，它不能保证达标，也不能代替必要的末端治理，但是它将极大地降低企业因达标而需要承担的末端治理的负荷。

2．概念和内涵

2003 年 1 月 1 日，《中华人民共和国清洁生产促进法》正式施行。以联合国环境规划署对清洁生产的定义为参考，将清洁生产的概念定义为：清洁生产是指不断采取多种措施，如改进设计，使用清洁的能源和原料，采用先进的工艺技术与设备，改善管理，综合利用等，从源头上削减污染，提高资源利用效率，减少或者避免生产、服务和产品使用过程中污染物的产生和排放，以减轻或者消除对人类健康和环境的危害。

（1）清洁生产与末端治理相比的优势。

① 降低环境治理资金的投入。末端治理需要大量的基建、设备、运行、处理等费用，并需要药剂和能源，而清洁生产定位于降低污染物的产生和节能降耗，因此减少了污染物处理费用。

② 减少二次污染。末端治理的环境污染不会消失，只是从一种形式转化为另一种形式，"三废"的末端处理都会面临二次污染的处理问题，而清洁生产是尽可能减少污染物的产生，更具有生态和可持续的属性。

简言之，清洁生产就是从生产源头进行控制，减少和避免污染物的产生，在生产过程完成后无须再进行处理。

（2）清洁生产的内涵。

① 清洁生产的目标是节省能源，降低原材料消耗，减少和避免污染物的产生。

② 清洁生产的基本手段是改进工艺技术并强化企业管理，最大限度地提高资源、能源的利用水平和改变产品体系，更新设计观念，争取废物最少排放及将环境因素纳入服务中。

③ 清洁生产的方法是排污审计，即通过审计发现排污部位、排污原因，并筛选消除或减少污染物的措施及产品全生命周期分析。

④ 清洁生产的终极目标是保护和改善环境，保障人体健康，促进经济与社会可持续发展。

3．具体内容

清洁生产的内容可归纳为"三清一控制"，即清洁的原料与能源、清洁的生产过程、清洁的产品，以及贯穿于清洁生产的全过程控制。

（1）清洁的原料与能源。清洁的原料与能源是指在产品生产中能被充分利用而极少产生废物和污染的原材料及能源。应少用或不用有毒、有害及稀缺原料，选用品位高的较纯洁的原材料；常规能源的清洁利用，如利用清洁煤技术，逐步提高液体燃料、天然气的使用比例；新能源的开发，如太阳能、生物能、风能、潮汐能、地热能的开发利用；各种节能技术和措施等，如在能耗大的化工行业采用热电联产技术，提高能源利用率。

（2）清洁的生产过程。生产过程就是物料加工和转换的过程，要求选用一定的技术工艺，将废物减量化、资源化、无害化，直至将废物消灭在生产过程中。

废物减量化，就是要改善生产技术、工艺和设备，以提高原料利用率，使原材料尽可能转化为产品，从而使废物达到最小量。废物资源化，就是将生产环节中的废物综合利用，转化为进一步生产的资源，变废为宝。废物无害化，就是减少或消除将要离开生产过程的废物的毒性，使之不危害环境和人类。

实现清洁生产过程的措施包括：①尽量少用或不用有毒、有害的原料；②消除有毒、有害的中间产品；③减少或消除生产过程的各种危险性因素，如高温、高压、低温、低压、易燃、易爆、强噪声等；④采用少废、无废的工艺；⑤选用高效的设备和装置；⑥做到物料的再循环；⑦简便、可靠的操作和控制；⑧完善的管理等。

（3）清洁的产品。清洁生产覆盖构成产品生命周期的各个阶段，包括原料采集、加工制造、运输销售、消费使用、回收处理等，从全过程减少对人类和环境的不利影响，如图9-5所示。清洁的产品是指有利于资源的有效利用，在生产、使用和处置的全过程中不产生有害影响的产品。清洁产品又叫绿色产品、可持续产品等。

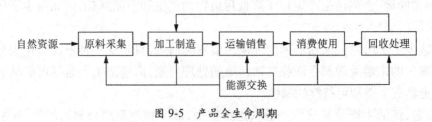

图9-5　产品全生命周期

为使产品有利于资源的有效利用,产品的设计工艺应遵循三个原则:精简零件、容易拆卸;稍经整修即可重复使用;经过改进能够实现创新。

为使产品避免危害人和环境,在设计产品时应遵循下列原则:产品生产周期的环境影响最小,争取实现零排放;产品对生产人员和消费者无害;最终废弃物易于分解成无害物。

清洁产品具体应具备的条件包括:①节约原料和能源,少用昂贵和稀缺原料,尽可能废物利用;②产品在使用过程中,以及使用后不含有危害人体健康和生态环境的因素;③易于回收、复用和再生;④合理包装;⑤合理的使用功能,节能、节水、降低噪声的功能,以及合理的使用寿命;⑥产品报废后易处理、易降解等。

(4) 全过程控制。清洁生产贯穿于产品生产全过程控制,包括以下两方面的内容。

① 生产原料或物料转化的全过程控制,也称为产品的生命周期的全过程控制。它是指从原料的加工、提炼到生产出产品、产品的使用直到报废处置的各个环节所采取的必要的污染预防控制措施。

② 生产组织的全过程控制,也就是工业生产的全过程控制。它是指从产品的开发、规划、设计、建设到运营管理,所采取的防止污染发生的必要措施。

应该指出,清洁生产是一个相对的、动态的概念,清洁生产的工艺和产品,是和现有的工艺相比较而言的。推行清洁生产,本身是一个不断完善的过程,随着社会经济的发展和科学技术的进步,需要适时地提出更新的目标,不断采取新的方法和手段,争取达到更高的水平。

(二)节能减排和碳达峰、碳中和

1. 节能减排

节能减排主要包括节约能源、降低能源消耗、减少污染物排放。

2. 碳达峰

某个地区或行业年度二氧化碳排放量达到历史最高值,然后经历平台期进入持续下降的过程,是二氧化碳排放量由增转降的历史拐点,标志着碳排放与经济发展实现脱钩,达峰目标包括达峰年份和峰值。

3. 碳中和

企业、团体或个人测算在一定时间内直接或间接产生的温室气体排放总量,通过植树造林、节能减排等形式,以抵销自身产生的二氧化碳排放量,实现二氧化碳"零排放"。

案例 9.3

我国的碳达峰、碳中和目标

我国的"双碳"目标是 2030 年实现碳达峰,2060 年实现碳中和。即在碳达峰后,用 30 年时间通过能源活动减排 95 亿吨和工业过程减排 10 亿吨,逐步将碳排放量减少至 15 亿吨的较低水平。到 2060 年实现全社会碳排放与森林、草原、土壤等碳汇集能力持平,实现"碳中和"。要实现碳中和主要靠减少碳排放、增加碳汇集两方面,如图 9-6 所示。

4．温室气体

温室气体是指大气中那些允许太阳短波辐射透入大气底层，并阻止地面和底层大气中的长波辐射逸出大气层，从而导致大气底层处（对流层）温度保持较高的气体。《联合国气候变化框架公约京都议定书》中规定了六种主要温室气体，分别为二氧化碳（CO_2）、甲烷（CH_4）、氧化亚氮（N_2O）、氢氟碳化物（HFC_s）、全氟化碳（PFC_s）和六氟化硫（SF_6），如图9-7所示。温室气体会阻挡地球正常散热，形成大气的温室效应，导致地球大气层温度的逐渐升高。

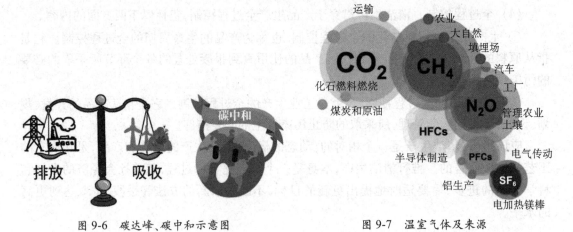

图9-6　碳达峰、碳中和示意图　　　　图9-7　温室气体及来源

（1）电力和热力生产：燃烧煤炭、天然气和石油来获取电力和热力是全球温室气体排放的最大单一来源。

（2）工业：工业的温室气体排放主要涉及能源设施现场燃烧的化石燃料。该部门还包括与能源消耗无关的化学、冶金和矿物转化过程的排放以及废物管理活动的排放。

注：工业用电产生的排放被排除在外，而是包含在电力和热力生产部门。

（3）农业、林业和其他土地利用：该部门的温室气体排放主要来自农业（农作物和牲畜的种植）和森林砍伐。该估计不包括生态系统通过将碳封存在生物质、死有机物和土壤中而从大气中去除的CO_2，这抵销了该部门约20%的排放量。

（4）交通运输：该部门的温室气体排放主要涉及公路、铁路、航空和海运所燃烧的化石燃料。世界上几乎所有（95%）的运输能源都来自石油基燃料，主要是汽油和柴油。

（5）建筑物：该部门的温室气体排放来自现场能源生产和燃烧燃料，以供建筑物取暖或在家中做饭。

注：建筑物用电产生的排放被排除在外，而是包含在电力和热力生产部门。

（6）其他能源：这种温室气体排放源是指与电力或热力生产不直接相关的能源部门的所有排放，例如燃料提取、精炼、加工和运输。

二、绿色职业和绿色技能

（一）绿色职业

2008年，联合国环境规划署与国际劳工组织共同发布了《绿色职业：在一个可持续的、低碳的世界里实现体面工作》的报告，在世界范围内首次提出"绿色职业"这一概念：在农业、制造业、研发部门、管理和服务业领域有助于持续保护和恢复环境质量的职业。主要是指那些帮助保护生态系统和生物多样性的工作；通过高效的方式减少能源、材料和水资源消耗的工作；减少碳排放的工作；减少或者是避免所有形式的废弃物和污染物产生的工作。

目前最被广泛认可及使用的绿色职业定义由美国劳工部职业信息网（occupational international network，O*NET）发布，定义为任何受到节能、替代能源开发、减污或资源回收等活动影响的职业，并通过与现有职业的比较将绿色职业划分为以下三类。

（1）技能提升型绿色职业（green enhanced skills occupations）。基于对绿色产品和绿色服务的需求，在现有职业的专业领域基础上增加了新的任务或新的专业领域。

（2）岗位增加型绿色职业（green increased demand occupations）。职责没有改变，但由于对绿色产品和绿色服务的需求量增加，其岗位数量也相应扩增。例如，面对日益扩展的公共交通系统，公交车司机的职位需求量也随之增长。

（3）新兴型绿色职业（new and emerging green occupations）。此类绿色职业应绿色化趋势而生。例如，能效审核员对房屋或建筑物的能效进行审计；风电设备认证工程师负责设计和开发风电场系统。

※ 拓展阅读 ※

我国的绿色职业

《中华人民共和国职业分类大典（2022年版）》中绿色职业共134个，节能环保领域有17个，清洁生产领域有6个，清洁能源领域有12个，生态环境领域有29个，基础设施绿色升级领域有25个，绿色服务领域有45个，基本覆盖了绿色生产生活与生态环境可持续发展各个方面。

部分绿色职业简介如表9-2所示。

表9-2 部分绿色职业简介

绿色职业	岗位描述	岗位要求
再生资源工程技术人员	开发、应用废钢铁、废塑料、废纸等废旧物资的回收、分类、加工、提取技术； 规划、设计回收站、废旧物资分拣中心、废旧物资集散市场、加工利用园区的再生资源工程项目； 监督、管理废旧物资拆解、破碎、压块等加工、利用过程； 设计、检测、鉴定再生资源产品、材料、装备	涉及技术、环境方面的专业知识及技能
光伏电池板安装技术员	安装、维护光伏太阳能板，向客户提供建设安装光伏板建议（日照量、时间、成本、工作进度、产量等）	需要进行高空户外活动，身体素质强；熟练掌握安装技巧
碳足迹专家	帮助企业和社区改变其战略，以限制其温室气体的排放，从而确定其活动对气候的影响。工作有两方面：对温室气体排放进行审计，然后提出减少这些气体排放的解决方案	严谨和扎实的知识，综合技能要求较高
生态环境工程师	研究、分析和预测人类活动对环境和生物多样性的影响，负责生态系统环境的保护	需要掌握GIS等技术工具，熟悉掌握撰写书面报告及汇报，能得心应手进行项目管理

（二）绿色技能

1. 概念及分类

绿色经济是世界经济发展的一种基本趋势，而绿色技能则是绿色经济发展需要的关键技能。

绿色技能是遵循生态原理和生态经济规律，能减少资源使用量，提高资源利用效率，促进社会可持续发展，回收利用废弃物，减少污染物排放，保护生态环境，与促进生态文明建设相关的知识、态度、技术及技能。简言之，绿色技能就是在绿色经济活动中具有普遍适用性的技能与从事绿色职业或绿色专业的人所需的技能。绿色经济通常分为通用绿色技能和专业绿色技能。

（1）通用绿色技能：对大多数从业人员的基本要求，主要包括：节约资源、最大限度地减少资源使用、减少废弃物产生、垃圾分类和回收利用、减少温室气体排放、使用环保产品、保护自然环境、提供绿色服务、进行环保理念与知识宣传等内容。经济社会亟待绿色转型，国家和政府越来越重视绿色发展，绿色教育必将成为我国职业教育的发展趋势，绿色通用技能也将成为促进社会发展转型所必需的技能之一。

（2）专业绿色技能：对绿色岗位专业人员的要求，是以减少人类生存环境威胁为主要目的，存在于社会各行各业，具有明显"低碳、环保、循环"等特征的绿色专业或绿色职业的技能，如零排放生产技术，碳达峰、碳中和技术等。专业绿色技能主要体现在从事"绿色工作"或"绿色职业"所必须掌握的技术、知识、价值观和态度之中。

联合国工业发展组织通过绿色通用技能指数确定了四组对绿色职业尤其重要的技能。

（1）工程和技术技能。硬技能包括由工程师和技术人员掌握的与设计、施工和技术评估有关的能力。这种技能在生态建筑、可再生能源设计以及节能研究与开发项目过程中至关重要。

（2）科学技能。源于对创新活动至关重要的知识体系的能力，如物理学和生物学。这些技能在价值链的每个阶段以及供水、污水处理服务和电力等基本设施的公用事业部门都有非常高的需求。

（3）运营管理技能。与支持绿色活动所需的组织结构变革有关的知识，以及通过生命周期管理、精益生产和与包括客户在内的外部行为者的合作而形成的企业综合观点。例如，这种技能对于销售工程师、气候变化分析师、可持续发展专家、可持续发展官和运输规划师来说至关重要。

（4）监测技能。商业活动的技术和法律方面与工程或科学的范围不同。监测技能是指评估技术标准和法律标准的遵守情况所需的技能。例如，环境合规检查员、核监测技术人员、应急管理主任和法律助理。

除了这些技能外，一系列软技能也愈加重要，这些不仅是绿色技能，更被认为是"未来的技能"，也包括第四次工业革命所需的技能，特别是与设计思维、创造力、适应力、复原力，甚至是同理心有关的技能至关重要。

案例9.4

电子工程系学生王宇

王宇是一名21岁的大学生,热爱科技和环保事业。他主修电子工程专业,对绿色科技和可持续发展有浓厚兴趣。

王宇出生在农村,他在成长的过程中目睹了农村环境的变化。他认识到科技的力量可以改善环境和人民的生活。他坚信科技创新与环保事业的结合,是未来可持续发展的关键。他通过学习和实践,培养了珍惜资源、保护环境的价值观和态度,并希望用自己的专业知识和技能为环保事业贡献力量。

在大学期间,王宇积极参与各种绿色科技创新竞赛。一次,他参加了一场国际青年科技大赛,在竞赛中他与团队合作,提出了一个新颖的清洁能源解决方案。他们设计了一种以太阳能和风能为主要能源的小型便携式发电设备,能够为偏远地区提供清洁电力。他们的方案在比赛中获得了一等奖,并得到了投资者的关注,最终实现了项目的商业化应用。

分析:青年人的绿色技能是多方面的,不仅包括技术方面的知识和技能,更包括横跨不同领域的知识、价值观和态度。青年人通过科技创新与环保事业的结合,推动环保科技的发展,为实现可持续发展贡献力量。他们的绿色技能将在未来的绿色转型中发挥重要作用,引领社会向着更环保、更可持续的方向发展。

2. 助力生态文明

近年来,生态文明建设取得了丰硕的成果,大气环境质量、饮用水质量都有了显著提升,满目的绿水青山更是让我们感受到了生态环境的明显改善。在生态文明建设中除了制度保障、决策评价、生态审计、环保督察之外,还有一个非常重要的方面,就是绿色技术和绿色技能的支撑,如生态绿色循环低碳技术、节能减排高新技术的应用。所以说生态文明是目标,节能减排是手段,绿色技能是基础。

"工业强国都是技师技工的大国,我们要有很强的技术工人队伍""作为一个制造业大国,我们的人才基础应该是技工""大力培育支撑中国制造、中国创造的高技能人才队伍"。这些重要论述把技能人才的地位提升到了一个新高度,对技能人才队伍建设意义重大、影响深远。

绿色技能人才既是生态优先、节约优先、绿色发展的主要建设者,也是资源节约、发展可再生能源的主要推动者,更是绿色低碳循环经济的主要实践者。

三、绿色低碳生活

越来越多的人积极主动践行绿色低碳的生活方式,大学生更应该率先垂范,参与光盘行动,践行垃圾分类,倡导绿色出行,从源头减少污染物的产生和排放,努力实现在社会发展中解决生态环境问题。

(一)节约用水用电

低碳生活从节约每一度电开始。养成"随手关灯"的好习惯,做到人走灯灭,杜绝"长明灯"。培养节水意识,养成节水习惯。提倡使用脸盆洗手、洗脸。衣物应集中洗涤,节省水资源。用完水后,人离水断。

(二)绿色低碳出行

提倡绿色出行,建议大家在条件允许的情况下,尽量选乘公交车等公共交通工具。在空气质量良好和距离合适的时候,选择步行、骑自行车或共享单车等绿色出行方式,主动养成低碳、健康、绿色、环保的出行习惯。尽量少乘坐电梯,多走楼梯,节约能源,锻炼身体。绿色出行,始于足下。

(三)垃圾分类投放

不随手乱扔垃圾,将垃圾按照分类要求分别放到相应的垃圾桶里,养成主动分类、自觉投放的行为习惯,实现垃圾处理减量化、无害化、资源化。可回收垃圾通过综合处理回收利用,可以减少污染,节省资源。

※ 拓展阅读 ※

垃 圾 分 类

垃圾分类是指按一定规定或标准将垃圾分类储存、分类投放和分类搬运,从而转变成公共资源的一系列活动的总称。分类的目的是提高垃圾的资源价值和经济价值,力争物尽其用。

垃圾是放错了地方的财富。回收垃圾不但美化环境,而且垃圾再利用可以节省新资源的开采,从而从根本上减少垃圾。垃圾分类收集可以更快实行废品回收和资源循环利用。

垃圾可以分为可回收物、厨余垃圾、有害垃圾、其他垃圾四类,如图9-8所示。

图9-8 垃圾分类标识

1.可回收物

可回收物是指适宜回收利用和资源化利用的生活废弃物,主要包括废纸、塑料、玻璃、金属、废织物和电子电器产品六大类生活垃圾,如图9-9所示。

(1)纸:即废纸,且一般有一定的硬度,比如打印纸、信封,而纸巾、湿纸巾、纸质餐饮具,无论使用过与否,都没有回收价值。

(2)塑:即干净的塑料制品,比如清洗过的饮料瓶、泡沫塑料等,而用餐后带有油污残渣的一次性塑料餐具或污染的塑料袋,没有回收价值。

(3)玻:即"纯粹"的玻璃制品,而由玻璃和涂层组成的镜子,是复合型产品,不属于可回收物。

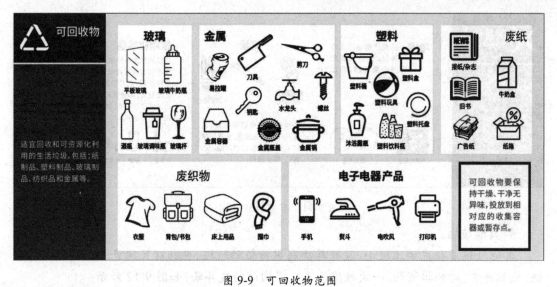

图 9-9 可回收物范围

(4) 金：即金属制品。

(5) 衣：即废织物，但不包括毛巾、内衣、丝袜等，由于用途特殊等原因，它们没有回收价值。

(6) 电：即电子电器产品，主要包括家中淘汰的电视、冰箱、空调等家电，以及旧手机、电子手表、充电宝、电风扇等小型电子产品。

2. 厨余垃圾

厨余垃圾是指以有机质为主要成分，具有易腐烂发酵、发臭等特点的生活垃圾，如图 9-10 所示。分类投放后，将交由专业的处置单位"堆肥"、发电、提取生产可用物质或无害化处理，绝大多数食物都是厨余垃圾。只要记住以下这些不是厨余垃圾，就能准确分类：竹制品、大骨头、硬贝壳、椰子壳、榴梿壳、核桃壳、甘蔗皮、玉米衣、粽叶、硬果核等。

图 9-10 厨余垃圾范围

3. 有害垃圾

有害垃圾是指对人体健康或者自然环境造成直接或者潜在危害的废弃物，如图 9-11 所示。常见的有害垃圾包括废灯管、废油漆、杀虫剂、废弃化妆品、过期药品、废电池、废灯泡、废水银温度计等，有害垃圾需按照特殊正确的方法安全处理。

图9-11 有害垃圾范围

4. 其他垃圾

其他垃圾是指危害比较小,没有再次利用价值的垃圾,包括砖瓦陶瓷、渣土、卫生间废纸、瓷器碎片、动物排泄物、一次性用品等难以回收的废弃物,如图9-12所示。

图9-12 其他垃圾范围

（四）节约粮食

始终节约粮食,始终牢记"一粥一饭当思来之不易",反对餐桌浪费,推行"光盘"行动,科学饮食,提倡绿色消费,反对攀比、奢侈行为。

（五）节约用纸

多用电子文件,减少打印数量,实施无纸化办公。提倡双面打印,耗材重复利用,需打印的稿件合理排版,尽可能地减少基础错误,避免纸张浪费。

专题活动

垃圾分类绿色技能专题活动

一、活动目标

文明校园,垃圾分类我先行。

二、活动流程

引导广大青年学生养成垃圾分类的习惯,提高环保意识,推动可持续发展。通过任务分析,设置以下4个任务:制作家庭垃圾分类宣传海报;制作校园垃圾分类宣传海报;制作社区垃圾分类宣传海报;制作城市垃圾分类宣传海报。

(1) 小组长从 4 个任务中选择本小组的制作任务。
(2) 小组成员根据要制作的海报内容,利用手机或平板电脑查找资料,准备制作。
(3) 根据方案内容,制作出宣传海报,每小组选出一名同学上台进行展示。
(4) 开展小组自评、小组互评,教师对每小组制作的海报进行总结点评。
(建议用时:30 分钟)

【课后思考】
1. 要养成垃圾分类的意识,要掌握垃圾分类的知识,要熟悉垃圾分类的标志。让我们一起扪心自问:我做到了吗?
2. 举例说明如何践行绿色低碳生活方式。

第三部分

职业发展

第三部分

专业发展

模块10　职业发展与创业意识

哲人隽语

人们常觉得准备的阶段是在浪费时间,只有当真正的机会来临,而自己没有能力把握的时候,才能觉悟到自己平时没有准备才是浪费了时间。

——[法]罗曼·罗兰

模块导读

走好大学生活的第一步,度过大学时期的短暂生活,为未来的职业生涯做好准备,是摆在每位同学面前的重要课题。在学习本模块前,不妨思考以下问题:是否已经适应了大学生活?是否已经勾勒出学习后的职业发展蓝图?是否了解所学专业与未来职业之间的关系?是否已经明晰自己的职业理想?带着这些疑问我们开始本模块的学习吧。

本模块包括两方面的内容:树立职业生涯规划意识、做好创业准备。

能力目标

1. 了解职业生涯规划的内涵、内容、类型。
2. 掌握职业生涯规划理论。
3. 明确职业生涯规划的步骤。
4. 掌握职业生涯规划书的构成要素。
5. 了解创业意识和创业准备的概念。
6. 理解创业准备的构成要素。
7. 增强创业意识,提升创业能力。

10.1　树立职业生涯规划意识

【引入案例】

未来路,在何方

李明是一名就读于全国知名学府计算机科学专业的大学生。在大学的四年时光中,李明本应积累丰富的专业知识和实践经验,为未来的职业生涯打下坚实的基础。然而,正是由于缺乏明确的职业规划,李明的学习之路逐渐变得坎坷起来。李明在大学期间投入了大量的时间和精力学习计算机科学知识,却未能将这些知识转化为实际的应用能力。他虽然成绩尚可,但始终未能突破自己的局限,成为顶尖的学术人才。更为遗憾的是,李明对于计算机行业的发展趋势和市场需求几乎一无所知,导致他在求职面试时屡遭拒绝,后来得知落败原因是自己的学习方向与市场需求严重脱节。

分析：李明的问题源自他对职业规划的忽视。在现代社会，职业规划不再仅仅是选择专业那么简单，它涉及对行业的深入了解、对未来趋势的预测、对自身能力的评估等多个方面。李明虽然努力学习，但由于缺乏职业规划的指引，未能将学习成果转化为有效的职业竞争力。

一、职业生涯规划概述

（一）生涯的内涵

当今社会的飞速发展影响着我们每一个人的生活，同时也影响着我们的工作时间、方式、地点和原因，人们工作的基本性质正在发生变化。过去，人们进入一家公司或单位后就忠于职守直到退休，这样的日子已一去不复返。这种观念已不再适合现在大多数工作者的生活现实。大学生如何正确认识职业发展规划，应如何做好职业生涯管理，在职场中保有持续的竞争力就变得尤为重要。

"生涯"英文为 career，源自罗马文字 via carraria 和拉丁文字 carrus，二者均指代古代战车。在希腊，career 这个词意为"疯狂竞赛的精神"，所以在西方人的概念中，"生涯"即为在马场中驰骋竞技，隐含意思有未知、冒险、克服困难的精神。在通常情况下，我们会把 career 译为"职业"，即人所从事的工作。在现代汉语中，career 也被译为"职业生涯"。生涯发展研究者舒伯指出：生涯是生活中各种事态的连续演进方向，是一个人一生中所经历的一系列职业与角色的总称，即个人终身发展的历程。

（二）职业生涯的内容

职业生涯是指个体从正式进入职场开始到退出职场这段时间与工作有关的一切经历、态度、需求、行为等过程，是一个人的终身职业经历。

根据中国职业规划师协会的定义，职业规划（career planning）是对职业生涯乃至人生进行持续、系统的计划的过程，它包括职业定位、目标设定和通道设计三个要素。职业规划也叫职业生涯规划。职业生涯规划的好坏可能将影响一个人的整个生命历程。职业生涯的发展是一个过程，它是随个体对职业生涯认知的深入和对自我的再认识，在职业生涯规划大目标确认以后，对具体的行为进行评价和调整的过程。

因此，职业生涯规划一般包括自我剖析、目标设定、策略制定、反馈与修正四方面的内容，大致为全面、深入、客观地分析和了解自己的过程，包括对个性、兴趣、能力的剖析以及自我角色与定位的剖析等。在自我剖析与定位的基础上设立一个明确的、与自己的能力相匹配的职业目标，通过各种积极的具体行动与措施去争取职业目标得到实现。在实现职业生涯目标的过程中，根据实际情况自觉地总结经验和教训，修正对自我的认知和对最终职业目标的界定。

（三）职业生涯规划的类型

（1）根据规划期限分为短期规划、中期规划和长期规划。①短期规划：通常为1~2年，致力于具体的工作任务和目标，确保短期内的行动有序和高效。②中期规划：一般为3~5年，不仅关注具体的工作目标,还进一步涉及职业发展目标,为个人职业发展打下坚实基础。③长期规划:通常为5年以上,充分考虑个人生活和家庭目标,以及退休规划,确保职业生涯与个人生活和谐共进。

(2)根据目标性质划分为目标职业规划、生涯路径规划、事业发展目标规划。①目标职业规划:针对特定职业或岗位的详细规划,确保个人与目标职业的高度匹配。②生涯路径规划:全面设计从当前岗位到目标岗位的路径,确保个人职业发展脉络清晰。③事业发展目标规划:专注于事业发展的关键节点和里程碑,推动个人事业的持续发展。

(3)根据内容不同划分为综合职业生涯规划、单一职业生涯规划。①综合职业生涯规划:全面考虑个人生活、职业、家庭等多个方面,确保职业生涯的平衡发展。②单一职业生涯规划:专注于职业发展或工作方面,为个人职业成长提供有力支持。

(4)根据形式不同划分为计划型职业生涯规划和开放型职业生涯规划。①计划型职业生涯规划:制订明确具体的计划,确保行动的高效性和有序性。②开放型职业生涯规划:根据环境变化灵活调整规划,以适应不断变化的市场需求和职业发展趋势。

(四)职业生涯规划的作用

(1)职业生涯规划有助于个人提升自我认知。通过深入剖析自己的兴趣、价值观和能力,个人可以更加清晰地了解自己的优势和不足之处。这种自我认知不仅有助于个人在职业生涯中找准自己的定位,还能促使个人在生活中更加理性地评价自己。在职业生涯规划的过程中,个人可以借助各种工具和方法,如SWOT分析、自我评估等,全面地评估自己的优势和劣势,这有助于个人在未来的职业发展中发挥自己的长处,改进不足之处。

(2)职业生涯规划有助于增强目标设定和实现的能力。明确的职业目标对于个人发展至关重要,而职业生涯规划正是帮助个人明确这些目标的工具。通过制订实现目标的详细计划和行动步骤,个人能够将目标从抽象的概念转化为具体的行动指南。这不仅有助于提高实现目标的效率,还能培养个人的行动力和执行力。此外,职业生涯规划还能帮助个人在面临选择时,根据自身的目标和计划做出最佳的决策。这种选择能力不仅在职业生涯中十分重要,对于个人在日常生活中的选择和决策也有很大的帮助。

(3)职业生涯规划对于提高职业技能和知识水平具有积极的推动作用。通过进行职业生涯规划,个人能够明确自身的发展方向,从而有针对性地进行学习,不断提升自己的职业技能和知识水平。这不仅有助于个人在职业生涯中取得更好的发展机会,还能培养他们的终身学习能力,为未来的挑战做好准备。同时,职业生涯规划也能促使个人关注行业动态和市场需求,以便更好地适应职场变化。

(4)职业生涯规划是一个人动态的职业目标和职业梦想,是人在步入职场前就进行规划的内容。进入职场后,还要根据职场的变化和社会发展的因素,不断进行调整。随着社会发展和经济发展变化,职业生涯和人的发展联系越来越密切,这是大学生入学后首先应考虑的问题。生涯≠工作,职业生涯规划≠找工作。职业生涯规划的功能在于为生涯设定目标,并找出达成目标所需采取的方法。

案例 10.1

理想的人生，从职业生涯规划开始

张南同学是一名大一软件工程的同学，进入大学后，他展现出对技术的浓厚兴趣和专业热情。鉴于自身的专业背景和技能特长，李南同学的职业目标定位为成为一名优秀的软件工程师，致力于开发高效、稳定、用户友好的软件产品。因此，他在大一时就为自己制订了在学习期间的短期规划：深入钻研专业知识，持续跟进新技术发展；积极参与实习和项目实践，积累实际工作经验；提升英语水平，为国际交流与合作做好准备。还制定了毕业后3～5年的中期规划：在知名科技公司担任软件工程师职位，开启职业生涯；在工作中不断学习进步，力求成为技术领域的专家。同时，还制定了毕业后5年的长期规划：在技术和管理领域均取得显著成就，成为公司的中坚力量。

分析：张南同学的职业生涯规划展现出了严谨、稳重、理性的态度。他通过不断学习和实践提升自己的技术能力和人际交往能力，同时保持对行业的敏感度和前瞻性。明确的职业目标和切实可行的规划实施步骤将有助于他在未来的职业生涯中取得卓越成就。

二、职业生涯规划的理论与原则

（一）职业生涯规划发展的理论

目前，关于生涯规划发展的理论可以分为两大类，即结构取向理论和过程取向理论。结构取向理论将生涯问题和决策放在同一时间点上进行探讨，即在个人生活当中某一刻发生的事。这类理论强调选择什么以及如何使个人与环境相匹配。过程取向理论把生涯问题和决策看作各种事件和选择在一生中的发展过程，这一发展过程随个人年龄增长变得日趋复杂。这类理论强调最先的选择，然后才是指向某一目标的一系列事件或任务。

这两类理论中涌现了一些有代表性的理论家。经过他们的不懈努力，许多量表、电子系统和用于生涯选择的材料应运而生。每一种理论都有优缺点，同时也就意味着依据每一种理论所发展的实用工具都有其优缺点。了解这一点很重要，因为它能帮助大家成为一个知情的生涯信息使用者，能帮助大家制定出更好的生涯规划策略。

1. 结构取向理论

弗兰克·帕森斯和安妮·罗伊都是结构取向理论家。帕森斯强调独立地对待每一个职业生涯选择。他尝试考量与个人选择和职业选择相关联的所有因素。因此，帕森斯注重在制定生涯决策时掌握个人及其各种选择的有用信息。而罗伊更强调对早期童年经验和个人需要的理解，并根据对个人需要可能充分满足的程度来看待职业。罗伊的理论使得根据兴趣和需要的满足来源来划分和分析职业的方法应运而生。

这些结构派的方法也通常被称作"特质—因素"理论，因为这些理论的基础都是对被个人带入某个生涯决策情景的所有人格特征所做的细致分析。在过去的近100年中，心理学家通过辛勤付出发展了各种测验、量表来测量这些人格特征。在这些理论家中较为卓越的一位便是现代特质—因素理论家约翰·霍兰德（John Holland）。

约翰·霍兰德发展了一种被称为"类型论"的理论,即关于人格类型和与之匹配的环境类型的理论。自1950年起,霍兰德的工作使生涯领域发展出最为广泛使用的工具和资料。他编制的兴趣量表"职业自我探索量表",自1970年提出至今已售出两千余万册。霍兰德的方法也能用于研究各种社会和工作环境,包括各种职业、职位、学校、组织等。

2. 过程取向理论

过程取向理论家也被称为发展取向理论家,他们强调个人进行生涯选择的毕生模式。这些理论家善于探索年龄、学习、成熟和人格对生涯选择的影响方式。结构取向理论家关注某一特定的选择情景;而过程取向理论家则关注个人的决策模式、风格和生活情景,他们强调学习如何正确理解生涯发展过程和良好的决策制定过程,而非任何特定选择的结果。

在过程取向理论家中,贡献最突出的一位是唐纳德·舒伯(Donald Super),他将人格概念和职业概念紧密联系起来,从而产生了他的生涯理论。生涯彩虹图(图10-1)是舒伯为了综合阐述生涯发展阶段与角色彼此间的相互影响,创造性地描绘出一个多重角色生涯发展的综合图形。舒伯认为有九种生活角色是我们理解生涯概念的良好途径。生涯彩虹图横向代表人生中的不同阶段,纵向代表人在不同阶段担任的不同角色。内圈角色的弯带长短表示在人生的不同阶段,个人投入各角色的强度是不一样的。各种角色之间互相作用,互相影响。如果一个人在某个角色上投入强度过大,打破了角色之间的平衡,就会导致其他角色的失败。

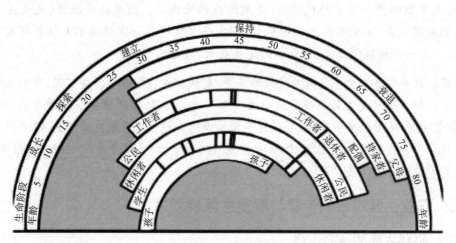

图10-1 生涯彩虹图

综上所述,生涯规划不仅是选择一个专业、一个技能、一份职业或一个工作地点。它包括全面地分析我们自身和我们在生活中所扮演的全部角色。

(二)职业生涯规划的原则

(1)全过程一致性原则。在制定个人职业生涯规划时,不能仅仅着眼于当下或未来5年、10年的发展历程,必须考虑个体一生中的生涯发展,对其进行通盘考虑。与此同时,职业生涯规划的总目标和阶段性目标要保持一致,目标与实行措施要一致。

(2) 客观性原则。这是指个体依据自身实际情况,如兴趣、性格等方面,制定职业规划。心理学专家认为,根据性格选择职业,能使自己的行为方式与职业工作相配合,更好地发挥自己的聪明才智和一技之长,从而能得心应手地驾驭本职工作。

(3) 挑战性原则。在客观的基础上,职业生涯规划应具有一定的挑战性,具有挑战性的工作不仅能够满足从业者的成就感,也能调动人的积极性,并使自己不断经历磨炼。当具有挑战性的工作摆在你面前时,要怀着感恩的心情主动接受它,并用不懈的努力积极争取职业的成功。

(4) 可调动原则。制定职业生涯规划要与个体的能力相匹配,同时也要与社会环境协调一致。能力匹配反映的是职业工作对职业人员的知识和能力要求。同一岗位上不同员工的差别,主要体现在能力的差别上,职业对人才的总体要求是有创新能力、团队精神、沟通表达能力及学习能力。随着社会环境、个体的认知与能力的改变,职业生涯规划的内容也要随之调整和改变,这样才能更好地顺应时代的发展,更好地为国家建设贡献自己的力量。

案例 10.2

文文为什么频繁跳槽

文文,24岁,毕业于某重点大学,本科学历,工作年限两年左右,先后跳槽五次之多,涉及房地产、化妆品、教育咨询、传媒等行业,所从事的具体工作也有服务、营销、策划、编辑四类之多,文文在大学所学的专业为国际贸易,但她的长项却比较倾向于中文,写作能力和口头表达能力均非常优秀。在校期间,一直担任教授助理,并且独自寻找了一个加盟项目,在家乡担任整个城市的代理商,先期运作比较成功。因为这些经历,文文在毕业时对自己的期望较高,不甘心在大公司从低做起,而是想进入一家规模不大但是有发展前途的公司,可以一开始就受重视,以最快的速度成长,再自己创业。

分析:针对像文文这样的频繁跳槽者来说,要认识到在职业生涯的前期,变动频繁问题不是很大。但是每次变动都应该给跳槽者带来不同的经验,跳槽者都应该学习到一定的东西,在做变动时,不要轻率下决定,要经过全面的考虑。建议对从现在开始到30岁的职业生涯进行规划。设定每阶段的目标,既要考虑规划的挑战性,又要考虑规划的客观性等,这样在换工作时应该会少一些盲目。

三、职业生涯规划的步骤与职业生涯规划书

(一) 职业生涯规划的步骤

职业生涯规划一般包含六个步骤:自我探索,外部世界探索,职业生涯目标的确定,职业生涯路线的设定,策略与行动,再评估与反馈,如图10-2所示。

(1) 自我探索。自我探索是制定职业生涯规划的第一步。职业生涯规划是一个由内到外的过程,所以认识自我的过程尤为重要。学习中我们会不断思考:我的职业兴趣是什么,适合我的职业环境是怎样的,我的性格是怎样的,我的性格适合什么样的职业环境,我自身具备哪些能力,在哪些方面我还可以提升与加强,我该如何去提升和加强,我看重职业的哪些特质,职业价值是如何影响我做决策的等。通过探索自我,可以帮助我们更加

了解自己，尊重自己，从而找到在这个世界上的位置。

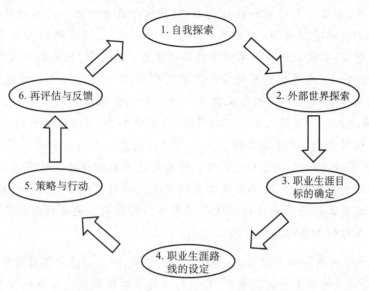

图 10-2　职业生涯规划步骤

（2）外部世界探索。很多大学生进入毕业年级，即便对自身已经非常了解，但面对择业问题时，仍然犹豫不决，甚至十分茫然。这是因为我们对外部世界知之甚少。所以我们需要利用课余时间深入社会并了解社会，了解国家发展政策，熟悉专业发展动态，提高能力，这样才能为职业目标的确立打下坚实基础。

（3）职业生涯目标的确定。职业生涯目标的确定是职业生涯规划的核心步骤。职业生涯目标可以分为总目标和阶段性目标。总目标是指职业生涯规划的总体目标，阶段性目标是指实现总目标所必须经历的阶段性具体目标。

（4）职业生涯路线的设定。职业生涯路线是指一个人职业生涯发展的轨迹。由于个体的发展路线不同，对其要求也不尽相同。在现实生活中，即便是选择同一职业，也存在不同岗位，我们必须选择一个自己喜欢的、合适的、可行的职业生涯路线。

（5）策略与行动。具体的策略与行动是实现职业生涯目标的保障。行动是将所有的计划落地的关键一步，只有行动起来，我们才会更接近目标，否则一切皆是空谈。按计划完成学业，积极参与社会实践与工作实习，制作并投递简历，参加面试等都是很好的行动。

（6）再评估与反馈。随着对职业环境、条件、影响因素的逐步了解，对自我认识更加全面，我们可以按照原有计划前进，也有可能在与职业接触过程中，发现原来的职业生涯目标与计划并不适合自己，或者发现过去的规划并不是最佳方案。这时，我们就需要再次进行系统的生涯规划，修正生涯目标，调整职业规划。这也是为什么如图 10-2 所示的职业生涯规划步骤是一个循环的、动态平衡的过程。

案例 10.3

小陈的自我分析

小陈在某综合性大学上大三，就读英语专业国际贸易专业化方向。她的英语已经通过了专业八级,口语也不错,在一些国际性会议中担任过翻译。她喜欢写作,很喜欢用英语表达一些东西,热衷于英语角和报社的活动,她曾经在中学担任过英语广播的主持和学校通讯社的记者。她喜欢旅游,因为可以到不同的地方,见识新鲜的人和事。她对人文、历史都很感兴趣,在学校也选修了不少这方面的课程。在大学,她先后加入了学校的报社、心理社团和红十字会,喜欢组织各种活动。不久前,她刚刚成功地为红十字会组织了一次造血干细胞的志愿捐献活动。她自认为是一个"外向型性格"的女孩子,自己的优点是有创意、喜欢帮助人。周围的人都认为她热情、很有亲和力、善良而富有同情心。

小陈虽然成绩不错,但对自己的职业方向比较困惑。因为学英语和国际贸易的人都很多,自己也不见得有什么专业上的优势。将来到底是做翻译还是从事外贸,自己怎样才能在激烈的招聘竞争中胜出,这都是她考虑的问题。同周围所有的同学一样,她也在考虑自己到底是应该先工作还是先读研。这些问题都困扰着她。她觉得应该认真考虑自己适合做什么样的工作和未来的发展方向。

分析:从小陈的案例中可以看到,她对自己的兴趣、能力甚至价值观都有一些了解。然而,这些如何与未来的职业发展相联系,自己的兴趣和性格到底适合做什么工作,能力是否达到未来工作的要求,是否需要深造,这些都是她的困惑。因此要善于自我分析,了解自身特点,将其与职业进行匹配,会得到更好的发展。

(二)职业生涯规划书

1. 职业生涯规划书的重要作用

在竞争激烈的社会中,职业生涯规划书扮演着至关重要的角色。通过制定职业生涯规划书,我们可以明确自己的职业目标,规划自己的发展道路,从而激发自己的行动力,提高职业竞争力。

首先,它可以帮助我们明确职业目标,使我们未来的发展方向更加清晰。在制定职业生涯规划书的过程中,我们需要深入剖析自己的兴趣、特长和价值观,从而找到最适合自己的职业定位。其次,职业生涯规划书有助于我们规划发展路径,使我们在每个阶段都能有计划地提升自己的能力和技能。通过分析自己所处的职业环境,我们可以了解行业发展趋势、岗位需求和竞争态势,从而制定出更具针对性的发展策略。此外,职业生涯规划书还能激发我们的行动力,促使我们为实现梦想而努力。同时,职业生涯规划书还有助于提高我们的职业竞争力,通过分析自己的优势和不足,我们可以有针对性地进行自我提升和学习新技能。这将使我们在求职过程中更具竞争力,为未来的职业发展奠定坚实基础。最后,职业生涯规划书有助于我们调整和适应职业变故。在面对职业环境的挑战和变故时,一份完整的职业生涯规划书能够帮助我们迅速调整心态和行动方向,灵活应对各种变化。

2. 职业生涯规划书的构成要素

一份完整的职业生涯规划书通常包括以下几个要素。

(1)个人基本信息:这部分提供了关于个人的基本信息,如姓名、年龄、性别、籍贯和教育背景等。这些信息有助于了解个人的基本情况和背景,为后续的职业目标和发展策略提供参考。

（2）职业目标：明确而具体的职业目标是职业生涯规划书的核心要素。在设定职业目标时，我们需要考虑自己的兴趣、特长和价值观，以及市场和行业的发展趋势。一个合理的职业目标应该既有挑战性又具有可行性，能够激发个人的积极性和动力。

（3）职业分析：对所处职业环境的深入分析是制定职业生涯规划书的基础。这包括对行业发展趋势的了解、对目标岗位的需求分析以及对竞争对手的分析等。通过职业分析，我们可以更好地把握市场和行业的发展动态，从而制定出更具针对性的发展策略。

（4）个人优势与不足：在职业生涯规划书中，我们需要对自己进行深入的分析，明确自己的核心竞争力、优势以及需要改进的地方。这种自我评价能够帮助我们找到提升的方向，以便在未来的发展中更有针对性地提升自己的能力和技能。

（5）个人发展策略：针对个人优势与不足的分析结果，我们需要制定相应的发展策略。这包括学习新技能、拓展人际关系、积累工作经验等方面的计划。发展策略的制定应与职业目标相契合，以确保我们能够逐步实现自己的职业梦想。

（6）实施计划：职业生涯规划书中最为关键的一环。在这部分中，我们需要设定每个阶段的具体目标和时间节点，明确实现职业目标的具体行动步骤。这些计划应该是可操作的、具有时间约束性的，以确保我们在规定的时间内取得预期的成果。

（7）评估与调整：职业生涯规划书并非一成不变。随着时间的推移和职业环境的变化，我们需要定期对职业生涯规划书进行评估和调整。通过定期的自我反思和市场调研，我们可以及时调整自己的职业目标和实施计划，以适应不断变化的职业环境。

3．职业生涯规划书的撰写原则

（1）真实客观：在撰写职业生涯规划书时，务必保持真实客观的态度。不要夸大自己的能力或过于乐观地估计市场前景，而是要在对自己的能力和职业环境进行客观分析的基础上设定目标和计划。这样才能使职业生涯规划书更具实际意义和可行性。

（2）具体可行：在设定目标和计划时，要尽可能地具体化、量化。避免模糊不清的目标和笼统的计划，而是要将每个阶段的目标和行动步骤具体化，以便于执行和评估。同时，确保这些目标是切实可行的，既不过于简单也不过于困难，以保持适度的挑战性。

（3）持续更新：随着时间的推移和经验的积累，我们需要不断地对职业生涯规划书进行更新和调整。定期审视自己的发展状况和市场环境的变化，对职业目标和计划进行调整和完善。这样可以确保职业生涯规划书始终能反映个人的发展需求和市场的发展趋势。

（4）突出个性：每个人的职业生涯规划都是独特的，因此务必在撰写过程中突出自己的个性和特点。根据自己的兴趣、特长和价值观来制定适合自己的目标和策略，这将使你的职业生涯规划书更具特色和针对性。

案例 10.4

审视自我，持续更新生涯规划

王敏毕业后，他进入一家知名的药企从事药物研发工作。随着时间的推移，他逐渐发现自己对专业技术岗位的热情不再像刚毕业时那么高涨，他开始思考自己的职业发展方向。王敏首先对自己进行了深入的自我评估。发现自己对项目管理、团队协作和战略规划等方面有着浓厚的兴趣。同时,他也意识到自己在沟通和协调方面具有一定的优势。基于自我评估的结果,王敏设定了职业目标:转型为一名项目经理,负责项目的整体规划、执行和监控。为了实现职业目标,王敏制订了一系列行动计划。在实施行动计划的过程中,不断总结经验教训,并根据实际情况调整计划,他逐渐掌握了项目管理的核心技能,并在实际工作中取得了一定的成绩。

分析: 王敏的职业生涯规划成功之处在于他能够准确地进行自我评估,明确职业目标,并制订切实可行的行动计划。在实施过程中,他能够不断总结经验教训,调整计划,使自己不断进步。总之,职业生涯规划是一个持续不断的过程,需要不断地进行自我评估、目标设定、计划制订和实施调整。通过合理的职业生涯规划,个人可以更好地发挥自己的潜力,实现职业发展和人生价值。

专题活动

职业探索之旅

一、活动准备

(1) 职业卡片(医生、律师、教师、工程师等)。

(2) 调查问卷(兴趣、优势和价值观)。

(3) 海报纸、马克笔等展示物品。

二、活动流程

(1) 教师介绍活动目的和流程,强调职业生涯规划的重要性。

(2) 学生自由组队,每组5~6人,起名并选择队长。

(3) 每队随机抽取3张职业卡片,讨论确定成员感兴趣的职业,深入了解这些职业。

(4) 学生填写调查问卷,反思兴趣、优势和价值观,教师提供问题引导。

(5) 每队选择代表,向全班展示职业探索成果,其他团队可提问或发表看法。

(6) 教师点评展示,提供改进意见,引导学生思考职业生涯规划。

(7) 课后作业:制定初步职业生涯规划,撰写未来职业短文。

(建议用时:40分钟)

【课后思考】

1. 简述职业生涯规划的步骤。

2. 简述在制定个人职业发展规划时,应该考虑的关键因素,并说明理由。

3. 在职业发展过程中,如何有效地进行职业转型或转行?

10.2 做好创业准备

【引入案例】

一个在线教育公司的失败

某大学应届毕业生小黄在毕业后选择和自己的朋友开一个在线教育公司。通过前期筹备,公司成立于 2023 年,旨在为学生提供高质量的在线课程。起初,公司通过与知名教授和专家合作,提供了一些受欢迎的课程。然而,随着时间的推移,公司遇到了许多问题:在创业初期,公司依靠外部融资来支持运营,然而,由于没有可行的营利模式,融资很快就用完了。与此同时,小黄和朋友发现同一时期市面上涌现出非常多的竞争对手,对方拥有更强的品牌知名度和用户基础,导致他们的公司没有规模和特色可言。另外,随着公司运营的推进,小黄发现由于在线教育的特殊性,公司现有的课程平台难以实现教师和其他学生的互动和交流,因此流失了很多客户,导致公司内部团队士气低落。最终因经营不善,公司不得不面临破产。

分析: 这个在线教育公司的失败是多个因素共同作用的结果。第一,缺乏明确的商业模式和市场竞争激烈是导致公司失败的主要原因。第二,用户体验不佳和管理不善进一步加剧了公司的困境。对于创业者来说,经营公司是一个系统工程,创业者需要在充分进行市场调研基础上,明确自己的商业模式,从而确定创业项目,在具体经营过程中,要重视用户体验,完善公司管理,才能确保公司高效运转。

创业是一项复杂且充满挑战的任务,在筹划创业的过程中,严谨而周密的准备是至关重要的,它不仅关乎着创业的成败,更决定了企业未来的发展前景。因此,按照上述创业准备的相关概念、构成要素以及对策建议,我们需要用心雕琢每一个细节、不断学习和改进才能取得成功。

一、创业准备的相关概念

(一)创业的概念

"创业"(enterprise)在上海辞书出版社出版的《辞海》中是这样定义的:"创业,创立基业",与"守成"相对应。在王同亿主编的《英汉辞海》中给出了这样的几种解释:①计划或设想,对于干一件事情的计划或设想;②冒险(事业),尤指艰巨复杂的或很大风险的事业;③企业(单位),尤指工商业组织,如小型独立企业;④有一定目的的活动或活动方式;⑤探索精神,事业心、进取心、胆量。"创业"一词最早出现在《孟子·梁惠王下》:"君子创业垂统,为可继也。"创就是创建,业就是帝王基业,创业就是创造世代相传的帝王基业。由此看来,"创业"的内涵极其丰富。

但随着时代的发展,创业的内涵已经发生了深刻的变化。因此,我们把创业定义为:创业是指某个人或者某个团队对自己拥有的资源或通过努力对能够拥有的资源进行优化整合,从而创造出更大经济价值或社会价值的过程。这是一种劳动方式,也是一种需要个人或者团体运营、组织、运用服务、技术、器物作业的思考、推理和判断的行为。它通常涉及发现和捕获机会,提供新颖的产品或服务,以及实现其潜在价值的过程。这个过程需要根据社会的某种需求(或问题),通过整合各种资源,设计制造一类专业的产品或服务,运用商业的方式,去满足需求,解决问题,创造价值。

(二)创业意识的概念

创业意识是指人们从事创业活动的强大内驱动力,是创业活动中起动力作用的个性因素,是创业者素质系统中的第一个子系统,即驱动系统。创业意识包含了个体的创业需要、创业动机、创业兴趣、创业理想等要素,这些要素相互作用,共同构成了创业意识的整体。创业需要是指创业者对现有条件的不满足,并由此产生的最新的要求、愿望和意识,是创业实践活动赖以展开的最初诱因和最初动力。创业动机是指推动创业者从事创业实践活动的内部动因。创业兴趣是指创业者对从事创业实践活动的情绪和态度的认识指向性。创业理想是指创业者对从事创业实践活动的未来奋斗目标的稳定、持续向往和追求的心理品质。创业理想是创业意识的核心。

一般来说,只有当创业需要上升为创业动机时,才有可能产生创业行为。而具有创业潜质和兴趣的创业者会产生自主创业的想法,并自觉进行创业实践活动,这是一种综合性的心理倾向。这种心理倾向能使创业者客观地了解市场、掌握必要的商业运作知识,并建立主体意识、风险意识、战略意识、资源整合意识等。

(三)创业准备的概念

创业准备是创业者在创业前进行的一系列准备工作,表现为个体对于创业机会的识别和把握,并为创业付出时间和精力的过程。

在创业准备过程中,创业者需要全面考虑各种因素,包括但不限于市场调研,商业计划制订,团队建设,资金筹集,场地、技术和物资准备等。通过精心准备,创业者可以减少创业过程中遇到的问题和风险,能够帮助创业者识别市场机会、制订可行的商业计划、组建高效团队、筹集必要资金,以及确保企业合法合规经营,提高创业成功的概率。总之,创业准备是一个系统性的过程,涉及多个方面的工作,是成功创业的重要前提,只有做好了充分的准备,才能降低创业失败的风险,提升创业成功的机会,为企业的长远发展打下坚实的基础。

案例 10.5

创业有风险,准备很重要

张明是一个充满热情和创意的大学生,他一直梦想着创业,希望通过自己的努力和创新来实现人生价值。在大学期间,他多次参加各种创业大赛和讲座,深受启发。在大学三年级的时候,张明决定创办一家专门提供定制T恤的公司。他在没有对市场和竞争环境进行深入的调研和分析的情况下,仅仅凭借自己的兴趣和创意,就匆忙地开始了创业计划。在筹备阶段,他只是简单地估算了一下成本和销售预期,然后就开始筹集资金,由于资金不足,他无法租用合适的办公场地,也无法购买高质量的T恤材料,他只能利用自己的宿舍作为临时办公室,并购买了一些便宜的T恤材料。在推广和销售方面,张明也缺乏有效的策略和渠道。他只是简单地在社交媒体上发布了一些广告,并期望能够吸引足够的客户。然而,由于竞争激烈和缺乏品牌知名度,他的销售额一直很低,他不得不降价销售,以吸引更多的客户,但这又进一步降低了他的利润空间。经过几个月的艰苦努力,张明的公司最终宣告破产。

分析:张明公司的破产很重要的原因在于他在创业前没有做好充分的准备,既没有深入了解市场和竞争环境,也没有制订详细的商业计划和预算。同时,他缺乏有效的推广和销售策略,导致无法吸引足够的客户。所以,创业不能仅凭兴趣和创意就盲目行动,必须做好充分的前期准备,制订详细的商业计划和预算,并寻求专业的指导和帮助。

二、创业准备的构成要素

(一)评估自身条件

(1) 个人能力评估。从个人能力评估层面而言:专业技能与管理能力是支撑个人发展的两大支柱,我们应深入分析自己在专业领域的知识储备和实践技能,同时评估自己在团队管理、时间管理等方面的能力水平。

(2) 个人资源评估。从个人资源评估层面而言:物质资源如资金、设备对于事业发展固然重要,但社会资源如人脉、声誉同样不可小觑。一个健全的资源体系能够为个人发展提供源源不断的动力。

(3) 个人经验评估。从个人经验评估层面而言:经验是无声的老师,它教导我们辨别是非、评估风险。在回顾过去的学习与工作经历时,我们要注重提炼经验教训,形成一套属于自己的成功秘诀。

(4) 个人心理准备评估。从个人心理准备评估层面而言:对于创业者来说,心理准备同样是关键的一环。创业的道路布满荆棘,只有坚定的信念、过人的毅力才能帮助我们披荆斩棘、一路向前。因此,做好心理准备,既是对自己负责,也是对事业负责。

(二)选定创业项目

(1) 研究并确定潜在项目。通过对市场进行深入的研究与调查,全面了解行业现状、市场规模、市场需求以及行业发展趋势,在研究过程中,要明确目标市场和受众群体的定位,以提供符合市场需求的产品或服务。通过对目标市场的准确分析,捕捉受众的需求和痛点,从而精准地确定项目的发展方向。

(2) 评估潜在项目的优势与劣势。在评估过程中,要全面分析项目的风险和回报,包括市场风险、技术风险、政策风险等各类风险因素,以及项目的财务回报和战略价值。通过综合评估,初步筛选出具有一定可行性的项目。

(3) 筛选最优项目。在多个具有可行性的项目中,进行更为细致的比较和分析,制定筛选标准,如项目的可行性、市场规模、市场增长率、竞争优势等,以确定最具发展潜力的项目,通过对比分析,筛选出最符合企业发展战略、具有市场竞争力的项目。根据筛选结果,确定最终的创业项目。

(三)制订创业计划

(1) 明确创业目标。创业目标不仅是创业旅程的出发点和终点,也是衡量创业成功与否的标准。明确的创业目标有助于创业者保持专注,克服创业过程中的困难,并为后续的市场调研、运营模式和市场进入策略制定提供方向。确定创业目标需要充分考虑创业者的兴趣、专长、个人优势、资源以及市场需求等因素,从而设定明确的创业目标。

(2) 开展市场调研与分析。市场调研是了解市场现状、把握市场趋势、制定有效战略的关键环节。在市场调研过程中,要对竞争对手的优势和劣势做全面的把握,如对竞争对手在产品或服务特点、市场份额、市场营销策略、企业综合素质等方面的具体情况要作充分的了解,做到知己知彼百战不殆。通过市场调研分析,能够更好地评估市场和竞争环境,研究目标市场和潜在客户的需求,为制定运营模式和市场战略提供依据。

(3) 制定可行的运营模式。运营模式是企业在市场中实现营利目标的关键,它决定了企业如何组织资源、开发产品、提供服务以及与合作伙伴协同合作。创业者需要根据市场需求、企业优势和竞争态势,制定具有竞争力的运营模式。具体而言,要从以下几个方面考虑:一是根据市场需求,明确产品或服务的特点、目标客户群体等;二是分析各种营利模式,选择适合企业的盈利方式;三是设计高效的组织架构,确保企业运营顺畅;四是寻找优势互补的合作伙伴,共同开拓市场。

(4) 制定具体的市场进入和扩张战略。合理的市场进入和扩张战略有助于企业迅速打开市场,降低市场风险。市场进入策略主要包括:通过产品创新、特色服务等方式吸引消费者的产品差异化策略;针对不同群体需求细分市场,提供定制化产品和服务的市场细分策略。市场扩张策略主要包括:进入新的地域市场,拓展业务范围的地理扩张战略;开发新产品或服务,满足更多消费者需求的产品线扩张战略;进入相关或非相关行业,降低行业风险的多元化扩张战略。

(四) 筹备创业资源

(1) 完成创业融资。关于创业融资,我们需要注意以下几个步骤。一是制订融资计划:在创业初期,要明确融资的目标、金额、用途和时间表。评估自身的融资需求,确保资金充足,以应对项目在不同阶段的风险和挑战。二是优化商业计划书:商业计划书是融资的核心材料,要充分展示创业项目的市场潜力、竞争优势、营利模式和团队实力。通过对行业现状、市场规模、目标客户等方面的深入分析,提升商业计划书的说服力。三是寻找融资渠道:多元化的融资渠道包括天使投资、风险投资、政府补贴、银行贷款等。创业者需要根据项目特点和融资需求,选择合适的渠道寻求资金支持。四是建立良好的投资者关系:在与投资者沟通的过程中,要展现出自信、专业和真诚的态度。充分展示团队实力、项目优势以及未来的发展前景,赢得投资者的信任和支持。

(2) 组建创业团队。在组建和管理创业团队时,一是要确定关键团队成员的角色和职责,确保团队成员在专业技能、经验和个人特质上相互补充;二是要学会搭建跨职能团队,兼顾成员的专业背景和技能,充分发挥各成员的专业能力,提高团队的执行效率;三是注重团队沟通与协作,搭建良好的沟通平台,确保团队成员能够畅所欲言,共同解决问题,制定团队协作机制,让成员在合作中互相学习、共同成长;四是制定有效的团队管理策略和激励机制,通过制定明确的奖惩制度、晋升通道和股权激励措施,让团队成员共享创业成果,增强团队凝聚力。

(五) 应对创业风险

(1) 识别和评估潜在风险。为了更好地识别和评估创业中存在的潜在风险,我们需要了解在创业中具有哪些风险要素,具体而言,包含以下几种。①行业风险:主要包括政策法规变化、市场竞争、技术更新等。②市场风险:主要包括市场需求变化、消费者行为、竞争对手动态等。③技术风险:主要包括技术创新、技术缺陷、知识产权等。④财务风险:主要包括资金筹集、成本控制、营利能力等。⑤人力资源风险:主要包括人才流失、团队矛盾、员工素质等。⑥法律风险：主要包括合同纠纷、知识产权侵权、税务问题等。

（2）制订风险应对策略与应急计划。在了解创业中可能出现的风险要素后，作为创业者需要更具体情况做好风险预案，具体而言可以从两方面着手：一是针对不同类型的风险，创业者需要制定相应类型的应对策略。如对于行业风险，可以加强与政府、行业协会的沟通，关注政策动态；对于市场风险，可以开展市场调研，调整产品或服务策略；对于技术风险，可以加大研发投入，申请知识产权保护；对于财务风险，可以寻求多元化融资渠道，加强成本控制；对于人力资源风险，可以加强团队建设，提高员工满意度；对于法律风险，可以加强法律咨询，合规经营。二是在风险发生前，做好应对各类风险的应急计划，以备在风险发生时，迅速启动应急计划，降低损失。应急计划应包括风险应对措施、责任分工、恢复方案等。此外，创业者还需要定期评估应急计划的实施效果，不断完善应急措施。

案例 10.6

"美味分享"食品电商平台为什么能成功

张丽是一名市场营销专业的大学生，创办了一家名为"美味分享"的食品电商平台。

在创业初期，她精心策划了一系列营销活动，通过社交媒体、口碑传播等方式，迅速吸引了大量用户关注和购买。同时，她还注重与用户的互动，积极听取用户反馈，不断优化平台和产品，提升用户体验。为了确保产品的品质和口感，张丽与多家优质的食品供应商建立了紧密的合作关系，并亲自对产品进行严格的筛选和把关。随着平台规模的不断扩大，她还引入了先进的物流系统，确保产品能够快速、安全地送到用户手中。经过不断地努力和拓展，"美味分享"已经成为一家备受欢迎的食品电商平台。

分析：张丽的"美味分享"食品电商平台之所以能够成功，离不开张丽做好了以下几个方面的工作：一是在创业之前，张丽进行了深入的市场调研，这帮助她确定了公司的定位和目标客户群体。二是注重品牌形象的塑造，通过设计独特的 logo、包装和广告宣传，使"美味分享"在市场中脱颖而出。三是完善供应链管理，张丽与优质的供应商建立了合作关系，这使得她能够及时获取优质原材料并确保产品的质量。四是制定专属运营模式，张丽采取了打折促销、赠品活动、会员制度等方式，以吸引客户并增加回头率。五是团队协作能力强，张丽招募了一支多元化的团队，包括市场营销、产品设计、运营管理等不同领域的人才。

三、职业院校学生增强创业意识、做好创业准备的路径

对于职业院校的学生而言，提高创业意识和做好创业准备是一项至关重要的任务，这关系到他们未来的职业发展和国家创新创业战略的实施。为了确保学生能够有效提升创业意识和创业准备，可以从以下几个方面着手。

（一）深入自我剖析，明确职业定位

在当下这个充满机遇与挑战的时代，每一位学生都应当对自己的未来职业道路进行深思熟虑。深入自我剖析，明确职业定位，激发创新思维，培养创业精神，这些不仅是学生个人成长的必经之路，更是他们未来职业发展的坚实基础。学生应深入了解自己的兴趣、

特长和长期职业目标,通过自我反思和评估,明确自己是否适合创业,以及适合从事哪种类型的创业活动,这有助于自己更好地规划自己的职业生涯,为未来的创业之路奠定坚实基础。在对自己有清晰的认知基础上,通过参与创新项目、创业比赛等活动,激发自己的创新思维和创业精神,这有助于自己发现新的商业机会,提出具有创意的创业方案,为未来的创业活动注入新的活力。

(二)系统学习创业知识,提升理论素养

系统学习创业知识,提升理论素养,是创业成功的关键所在。学生应当通过系统学习,掌握创业的基本理论,了解创业的全过程,为未来的创业实践提供坚实的理论支持。首先,系统学习创业知识是创业成功的基石。学生可以通过参加创业课程、讲座和网络学习等多种方式,全面了解创业的基本理论和知识。这些课程通常涵盖了创业的全过程,包括市场调研、商业计划书撰写、融资技巧、团队建设以及产品推广等方面。通过学习,学生可以更加清晰地认识到创业的风险与机遇,掌握创业所需的基本技能,为未来的创业实践提供坚实的理论支持。其次,提升理论素养对于创业成功至关重要。除了学习基本的创业知识外,学生还需要深入了解商业、法律、财务等相关领域的知识。商业知识有助于学生更好地理解市场需求和竞争态势,为企业的战略规划和运营管理提供指导;法律知识则可以帮助学生在创业过程中避免法律纠纷,保障企业的合法权益;财务知识则有助于学生更好地掌握企业的财务状况,为企业的稳健发展提供有力保障。

(三)积极参与实践活动,积累经验技能

在当今充满机遇与挑战的时代,创业已成为越来越多年轻人实现自我价值和追求梦想的重要途径,为了成功创业,学生需要在实践中不断积累经验技能,实践是检验真理的唯一标准,也是积累经验技能的最好途径。因此,积极参与实践活动成为创业道路上不可或缺的部分。学生可以通过参与校园创业活动、实习项目等方式,将所学的理论知识应用到实际操作中,加深对创业的理解。在实践过程中,学生可以亲身感受到创业的艰辛与乐趣,培养自己的团队协作、问题解决和沟通能力。以校园创业活动为例,学生可以在活动中担任不同的角色,如策划、执行、推广等,全面了解创业的全过程。通过实际操作,学生可以学会如何制订创业计划、筹集资金、管理团队等关键技能。同时,校园创业活动还能为学生提供与业界专家、成功创业者交流的机会,从他们身上汲取经验,为自己的创业之路提供宝贵的启示。这些实践经验不仅可以帮助学生更好地掌握创业技能,还可以为他们未来的创业活动提供宝贵的经验和启示。

(四)精心构建人脉网络,深化交流合作

在当今社会,人脉资源的重要性不言而喻。对于正在求学或即将步入职场的学生而言,拓展人脉资源,加强与各类人群的交流合作,对于自身创业和未来的职业发展具有深远的影响。首先,学生应主动与同行建立联系。通过课堂讨论、课后交流、共同参加学术竞赛等方式,学生不仅可以加深彼此的了解和信任,还可以相互学习、共同进步。在创业过程中,这些同学可能成为你的合作伙伴、团队成员或顾问,为你的创业项目提供宝贵的建议和支持。其次,学生应积极与导师保持密切联系。通过与导师的深入交流,学生可

以了解行业动态和发展趋势,为自己的创业方向提供指导。此外,学生还应充分利用校友资源。通过与校友的交流,学生可以了解不同行业的职业发展路径和市场需求,为自己的职业规划提供借鉴。最后,学生还应积极与其他行业人士建立联系。这包括企业家、行业专家、投资人等,通过与这些人士的交流,学生可以获取更多的创业机会和资源支持。

(五)强化风险意识,保障创业安全

在创业的道路上,风险意识是每一个创业者都必须具备的重要素质。尤其对于学生创业者而言,他们面临着更为复杂多变的市场环境和技术挑战,因此,强化风险意识,保障创业安全显得尤为重要。首先,学生创业者应充分了解创业过程中可能面临的市场风险。要关注市场趋势,了解消费者需求,预测市场变化,以便及时调整创业策略。同时,他们还需要学会分析竞争对手,了解行业规则,避免盲目跟风和市场陷阱。其次,技术风险也是学生创业者需要关注的重要方面。学生创业者需要了解技术发展的趋势,掌握核心技术,注重技术创新和知识产权保护。此外,财务风险也是创业过程中不可忽视的一环。学生创业者需要了解基本的财务知识,掌握财务预算和核算方法,合理规划资金运用,避免财务风险的发生。最后,他们还需要学会寻求外部融资,与投资人建立良好的合作关系,为创业活动提供稳定的资金支持。

(六)灵活适应变化,积极应对创业挑战

市场环境、技术趋势、消费者需求等因素无时无刻不在发生变化,这就要求创业者必须具备敏锐的洞察力和灵活应变的能力。首先,作为职业院校学生,要保持对新知识、新技能和新趋势的敏锐洞察力,这是创业成功的关键。在快速发展的时代,信息更新速度日新月异,创业者必须时刻关注行业动态,紧跟技术潮流,不断汲取新知识,提升自己的技能水平。其次,及时调整自己的创业计划和策略至关重要。面对市场的快速变化,创业者不能墨守成规,而应灵活调整自己的战略方向,以适应新的市场环境。最后,持续学习和调整是创业成功的保障。创业是一个不断试错和成长的过程,创业者需要时刻保持谦逊和开放的心态,勇于接受挑战和失败。通过不断学习和反思,不断优化自己的创业计划和策略,才能在创业的道路上越走越远。

案例 10.7

小山村吃上"旅游饭"

2014年,王俊凯考上了北京联合大学,学习旅游管理。2018年,他回到黟县美溪乡庙林村,接手打鼓岭人家客栈后,头一件事就是着手改造民宿:墙面粉刷、设施翻新、小院栽花种草、房间原木新建。在更新民宿基础设施的同时,王俊凯还将从浙江考察学来的经验融入进去。13间房干净整洁,民宿环境焕然一新,但是这个距离县城37公里远的景点,又该如何吸引客流?于是,他找到过去常来打鼓岭开展户外活动的"驴友",把新开发的旅游路线发给对方,请他们帮忙推广宣传;在黄山,他成立了一家旅行社,踩点定制一些小众旅游路线,开拓小团队旅游体验模式。2020年7月,村里迎来首批50多名来自南京的

定制游客。

他一次次带团旅游，一点点打磨路线，在这个过程中，又开发了研学项目。自王俊凯返乡以来，打鼓岭景区经营客栈的村民从5户增加到了13户。4月中旬，村民王作风家的客栈营业执照办下来了，这个过去采制茶叶、贩卖山货的中年人，也在王俊凯的带动下开了农家乐。为了避免捆绑消费和恶性竞争，王俊凯牵头制定了打鼓岭休闲农家乐协会规范，统一房价、菜价标准；想着带动大伙一起致富，他就把自己经营民宿的经验分享出去，还给村民介绍客户。从干湿分离要做好到牙膏牙刷得配齐，从房间网络独立安装到每天都要打扫换洗，王俊凯总是细细叮嘱。他说："大家一起努力，才能把村里的旅游发展起来，我既然经验多点儿，就该多做一些！"

（资料来源：返乡创业的年轻人（青春派）[N].人民日报，2023-05-14（5），有删改.）

专题活动

创业经典案例分享会

一、活动目标

帮助学生了解创业基本过程；通过案例分析理解创业挑战和机遇；培养学生创新思维和团队协作能力；激发学生的创业激情。

二、活动准备

准备案例资料、小组讨论物品，确保场地和设施完备。

三、活动流程

（1）开场介绍：简要介绍活动目标，强调创业重要性。

（2）案例分享：选取创业案例，讲解过程和策略；分析成功因素。

（3）小组讨论：学生分组讨论案例；每组选出代表汇报。

（4）互动问答：学生提问，教师或其他组解答。

（5）总结与反思：总结活动要点，鼓励学生运用所学知识。

（建议用时：40分钟）

【课后思考】

1. 简述创业者在创业过程中需要具备哪些核心能力和素质。

2. 请从具体实际出发，谈一谈职业院校学生如何增强创业意识、做好创业准备。

模块11 职业倦怠与压力调适

哲人隽语

故天将降大任于是人也,必先苦其心志,劳其筋骨,饿其体肤,空乏其身,行拂乱其所为,所以动心忍性,曾益其所不能。

——《孟子》

模块导读

在快节奏的工作环境中,职业倦怠和压力成为许多职场人士面临的挑战。职业倦怠是一种常见的情绪和心理问题,许多人在工作中都可能经历。长期的职业倦怠不仅会影响工作效率和质量,还会对身心健康造成负面影响。因此,学会应对职业倦怠和压力至关重要。

本模块包括三方面的内容:职业倦怠、职业压力、情绪管理。

能力目标

1. 了解职业倦怠的含义、成因及表现形式。
2. 掌握职业倦怠的调适方法。
3. 熟悉职业压力的含义、成因与影响。
4. 掌握缓解职业压力的有效方法。
5. 了解情绪的定义、分类和功能以及常见的情绪问题。
6. 掌握情绪管理和调节的方法。
7. 培养学生形成高效执行、持续学习、积极乐观的职业态度。

11.1 职业倦怠

【引入案例】

王老师的烦恼

王杰老师是本市一所小学的数学老师,他一直都希望通过自己的努力把事情做得尽善尽美。他希望学生们能够按照他的要求取得最大的进步和成就。但是当他真正地接触到不同的孩子时才发现有些事情根本不受他控制。比如有些孩子会经常性地上课注意力不集中,不管怎么引导都不见效;有的孩子可能会课下完不成老师布置的作业;有的家长没有办法按时定期地关注孩子的学业发展;而在刚刚结束的期中考试中,他所教班的孩子成绩也不是平行班里面最好的。这些都让王老师感觉非常无所适从。他觉得自己的付出和收获远远不成正比。他突然感觉一种极度的疲惫乏累和空虚感,总是有考不完的试,做不完的活,操不完的心,压得已经喘不过气来了。这样的情绪状态也让他的身体发起了一定的警报。王老师现在开始经常性头痛,而且他的睡眠质量也不是特别好,经常失眠并且伴有腰酸还有食欲不振等生理反应。最近,在参加完同学聚会以后,他突然发现以前跟自己共同学习和生活的同学们,好像无论是在经济上还是在工作上都比自己更优秀。他想想自己繁重的工作以及不算多的收入,常常感到愤愤不平但又无可奈何。

分析: 王杰老师太看重事情的结果,所以并不快乐,像是被绑在追求名利的快车上不能停止,不仅心情不愉快,身体上还出现了生理反应。这是典型的职业倦怠,必须及时疏导调适。否则会发展为精神崩溃而无法从事教学工作,日常生活也会受到更严重的影响。

"职业倦怠症"作为一种由工作引发的心理枯竭现象,是人们在工作的重压之下所体验到的身心俱疲、能量被耗尽的感觉。它被视作现代社会的一种职业疾病,普遍发生在服务行业的群体中,对从业者的工作与身心健康产生不良的影响。

一、职业倦怠概述

(一) 倦怠的含义

倦怠是汉语词汇。倦:疲倦,厌倦;怠:懈怠。释义:疲乏,懈怠。它是指对事物丧失动力,产生疲倦、懈怠的心理。在美国,关于倦怠的早期研究主要聚焦于工作领域,通常,在不加特别标注的情况下,倦怠指的就是工作倦怠。美国临床心理学家弗罗登伯格(Freudenberger)把对职业的低落抑郁情绪称为"燃烧殆尽"(英文为 burnout),以此来表现劳动者对工作的倦怠。

(二) 职业倦怠的含义

职业倦怠通常是指个体由于持续的工作压力和情绪应激导致的身心疲惫、情绪耗竭的状态。这个概念最早由美国临床心理学家弗罗登伯格在 1974 年提出。随后美国心理学家克里斯蒂娜·马斯拉奇(Christina Maslach)提出关于职业倦怠最具影响力的定义。她指出职业倦怠是由于工作环境与个人期望之间的差距,导致个体在体力、精力和能力上无法应对外界要求,从而产生身心疲劳与耗竭的状态。这种状态表现为个体对工作任务产生厌倦和畏惧的心理反应,具体症状包括情绪衰竭、去个性化和成就感低落。

二、职业倦怠的成因

根据职业倦怠的含义,职业倦怠的产生与内部个体因素和外部职业环境有直接相关性。总的来说,职业倦怠是个体差异性与职业环境的外部压力因素互相作用的结果。

(一) 内因——个体因素

(1) 个体人口统计学特征。个体的人口统计学特征对职业倦怠的产生具有一定的影响。例如,性别、年龄、民族、文化程度、婚姻状况、职业、收入水平、健康状况、居住状况等。如年轻人和中年人在职业发展上的需求和挑战不同,女性在职场中面临的压力和机会与男性存在差异,这些特征都可能会影响个体的职业期望、工作满意度和职业倦怠程度。

(2) 个体内在因素。职业倦怠更直接地受到个体内在因素的影响。这些因素包括个体的自我认知、性格特点、工作态度和价值观等。如个体对自我认知不足,可能导致其对待工作的态度消极,缺乏动力和信心去面对工作中的挑战,进而产生职业倦怠。又如个体对自己的期望过高,或者对工作的意义和价值缺乏认同,就可能在工作过程中产生压力和疲惫感,进而导致职业倦怠。

(3) 个体心理状态。个体的心理状态也对职业倦怠有影响。情绪稳定性、自我效能感、应对压力的方式等都可能影响个体对工作的态度和表现。如个体容易焦虑、抑郁或者缺乏自信,就可能在工作过程中更容易感到压力和疲惫,进而增加职业倦怠的风险。

(二) 外因——职业环境因素

1. 工作匹配理论

美国心理学家克里斯蒂娜·马斯拉奇等学者认为,职业倦怠是由于个体与职业环境等因素不匹配所导致的,失配的程度越高、因素越多、时间越长,个体职业倦怠现象越严重。其中,职业环境因素主要包括工作负荷、控制感、报酬、沟通、公平、价值观等。

工作负荷是指个体在工作时间内所承担的工作量和工作压力;控制感是指个体对于工作中的自主权和控制力的敏感程度。当个体感到自己能够参与决策,并对自己的工作有足够的掌控时,他们会感到更加满足和有动力;报酬是指个体通过努力和付出能获得的公平收入。

2. 工作要求—资源模型

通过研究工作条件对职业倦怠产生的影响,万吉丽娅·达米鲁提(Evangelia Demerouti)等学者提出了"工作要求—资源模型"(job demand-resource model),简称JD-R模型。其核心内容是将工作的特征划分为工作要求与工作资源。在工作要求方面,模型关注工作任务本身的特性,如工作量、时间压力和工作难度等。这些要求会对员工的认知和情感产生压力,进而影响其工作表现和心理健康。工作资源则是指工作中提供的支持因素,如培训、工具、团队合作等。这些资源可以减轻工作要求带来的压力,提高员工的应对能力,促进工作表现和心理健康。根据JD-R模型的假设,如果工作要求高于工作资源,则员工将出现职业倦怠。

3. 社会胜任模型

"社会胜任模型"(social competence model)的提出最初用于评估个体在社会环境中的表现和能力。社会胜任力是指个体在特定社会环境中有效地发挥其功能、实现自身目标以及与他人互动的能力。该模型指出职业倦怠与个体对社会胜任能力的感知相关。如果个体体验到较强的胜任感,那么往往会提高其主观能动性;反之,若未能达到预期的胜任感,则可能产生职业倦怠感。

4. 努力—回报模型

"努力—回报模型"指出当"努力"超过"回报"时,往往容易产生职业倦怠。努力主要表现在工作场所的身体和心理努力,如工作时间、身体健康和情感投入。而回报不仅仅简单地指经济上的收益,还包括精神奖励、他人认同、发展前景、个人能力提升等非经济性的收益。

5. 浴缸模型理论

美国学者罗伯特·博格（Robert Bogue）和特里·博格（Terri Bogue）从个体能动性出发提出了"浴缸模型"。该模型把个体的能动性比作一个浴缸，它关注的是浴缸"流入"与"流出"的平衡。当流出大于流入而导致浴缸空了的时候，个体能动性降至最低，就会产生职业倦怠。在这个模型中流入的部分有三个来源：感知结果、获得支持、自我关怀，流出部分为施加的要求，如图11-1所示。

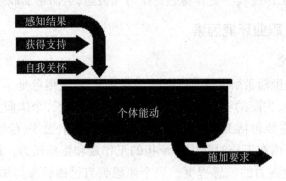

图11-1 "浴缸模型"

案例 11.1

升迁后的烦恼

梁华在跨国公司承担技术工作期间，因专业技术扎实过硬，性格乐观开朗，获得了领导的青睐，被提升为项目主管。他的工作内容由以往的技术工作为主，转变为管理项目团队、项目工作协调为主。简单而言，以前的工作主要对"事"，现在的工作更多地要对"人"。尤其很多业务夹在客户、协作部门之间，他常感到左右为难。他也跟领导提出自己更喜欢做技术工作，希望将工作调回原来的位置。领导认为现在的状况是工作适应过程中的正常反应，加强了他所管理团队的人力资源。但他工作仍然吃力，骑虎难下，感到苦不堪言。一边是领导的重用、职位的升迁，一边是自己的无力无奈。他感到压力越来越大，每当想到要去单位上班就头痛不已。平常和朋友的聚会越来越少，失眠渐趋严重，常常在凌晨三四点醒来就不能入睡，白天还得强打精神面对工作。

分析：梁华作为典型的科研技术型人才，突然走向管理岗位，个人没有能力胜任。时间久了显现不出个人优势，个人成就感降低，心理冲突变大。单位领导没有充分考虑他的人格类型，没有做到因岗设人和用人，没有发挥他的能力优势。虽然配备了较多的优秀工作资源，但是当面对领导的高度重视和自身的低成绩时，心理上会产生很大的冲突，致使职业倦怠的产生。

三、职业倦怠的表现形式

当个体产生职业倦怠后，个体在心理、躯体、行为、态度等方面将出现不同程度的职业倦怠反应及表现。

（一）心理上的表现

职业倦怠使个体感到压抑、愤怒和沮丧，出现认知、能动性障碍以及注意力涣散和心神不宁。这些症状所导致的低个人成就感又反过来加剧其他症状。

（二）躯体上的表现

职业倦怠对工作有极强的破坏力，而且能导致当事人发生多种生理疾病以及躯体反应，如精神萎靡、躯体活力下降、深度疲劳、失眠、头昏眼花、恶心、过敏、呼吸困难、肌肉疼痛和僵直、月经不调、腺体肿胀、咽喉痛、反复得流感、头痛、消化不良和后背痛等。其中，呼吸系统传染病和头痛会持续很长时间，有些人还会出现更为严重的肠胃不适、溃疡和高血压等问题。

（三）行为上的表现

行为上的表现主要包括对工作敷衍了事、得过且过、没有任何抱负、个人发展停滞、行动无常等。职业倦怠因工作而起，反过来就会作用于工作，导致工作恶化，于是职业倦怠进一步增强，继而影响到下一次的工作状态，导致进一步的恶化，如此形成一种恶性循环。还有些人表现为攻击行为、人际摩擦增多。在严重时，将攻击指向自身，出现自残行为，甚至在极端情况下出现自杀行为。

（四）态度上的表现

在认识方面，对工作失去兴趣，认为工作毫无意义、毫无价值，只是枯燥乏味的机械重复的烦琐事务。感到前途无望，对周围的人、事物漠不关心，一有机会就想跳槽、转岗或是逃离现有工作环境。在情感方面，由于对工作感到厌倦，情绪上波动很大，会产生压抑、苦闷、怨恨、忧郁、多疑等多种消极因素。在意向方面，疏远工作，无心投入，意志力缺失。

因此，个体和组织要密切关注工作过程中个人的种种表现，认真分析具体情况，合理判断是否正处于职业倦怠的早期，抑或已经产生明显的职业倦怠。

案例 11.2
秘书工作的职业倦怠问题

李女士是一名普通秘书，已经在同一企业工作了近十年。随着时间的推移，她发现自己对工作的热情逐渐消退。她每天要面对大量的机械化和单调的工作而很少有时间去学习新知识和技能。她一方面觉得自己的工作很容易被替代，另一方面公司新进的年轻有活力的职员和自己即将到来的35岁，都让她感到压力很大。她开始质疑自己为什么在年轻的时候没有多去几个公司或部门锻炼一下。现在每次领导单独叫她谈话，她都提心吊胆，感觉下一个被辞退的就是自己，而如果一旦被辞退，35岁再就业的压力和家庭的经济压力将会压得她喘不过气来。逐渐，她对待工作开始变得放不开手脚，对年轻人请教的工作问题也开始回避，和公司里的年轻人群体出现了工作上的"隔代"问题。几个月后，领导对她最近出现的问题进行了一次谈话，在这之后，李女士开始出现了更严重的价值感下降和社交障碍,还出现了失眠、头痛、焦虑、颈椎痛、情绪不稳定等生理现象。

分析:李女士的案例展示了职业倦怠在心理和躯体上的多方面表现。这些症状不仅影响了她的工作和生活,也对她的身心健康造成了严重威胁。因此,对于出现职业倦怠症状的人,及时寻求心理干预和支持是非常重要的。同时,工作单位也应该关注员工的心理健康,提供必要的支持和帮助,以减轻员工的职业倦怠症状。

四、职业倦怠的有效调适方法

分析职业倦怠产生的原因是为了找到更好的办法进行干预和调适。职业倦怠干预和调适的主体主要为个体与组织,也就是个体干预与组织干预。站在"浴缸模型"的基础上,我们通过探讨如何平衡"流入"与"流出"来干预和调适个体职业倦怠的产生。

(一)获取"流入"

1. 感知结果

感知结果是指个体对自身努力和回报之间关系的认知和评价。简单来说,感知结果是个体直接看到所付诸的行动带来了什么样的结果。如果个体能够清晰感知付出了什么努力及行动,也能够清晰感知其带来的结果,则可以快速提高个体能动性,达到预防、消除职业倦怠的目标;如果个体不能感知或者放大以及缩小感知结果则会缩小"流入"量,削弱个体能动性,进一步导致职业倦怠的产生。因此合理感知结果是调适职业倦怠有效方法的重要一环。在无数职业倦怠的案例中,个体在感知结果的过程中容易受到当下的情绪影响而对感知的结果进行无意识放大或缩小。因此,在感知结果的过程中应该将当下的结果置于更广的时间背景下,理性看待事物的所有反馈结果,给个体能动性赋能,预防和消除职业倦怠。

2. 获得支持

支持主要是指个体在工作环境中获得的情感和实质性的支持等。情感支持在预防和消除职业倦怠方面起着至关重要的作用,包括同事的关心、领导的理解和组织的温暖等。当个体在工作环境中获得足够的情感支持时,会感到被理解和被关心,这有助于提高自尊心和自信心,降低心理压力和焦虑感,提高个体能动性。情感支持与实质性的支持不同,前者更侧重于情感上的支持和关心,后者则更侧重于物质和资源上的支持。然而,这两种支持都是重要的,它们相互作用,共同影响个体的心理健康和工作表现。

个体获得的支持是一个变量,并不是稳定的,因此个体应该有意识地积极寻求支持。

首先,建立良好的人际关系。良好的人际关系是获取支持的基础。个体应该积极与同事、领导和组织建立良好的关系,增强互信和支持。

其次,主动表达自己的需求和感受。个体应该学会主动表达自己的需求和感受,让周围的人了解自己的困境和需要,从而更容易获得支持和帮助。

再次,积极寻求反馈和建议。反馈和建议是获取支持的重要方式之一。个体应该积极寻求反馈和建议,了解自己的不足和需要改进的地方,从而更好地提高自己的工作表现。

最后,学会感恩和回报。个体应该学会感恩和回报,感谢那些给予自己支持和帮助的人,同时也要积极回报他人,形成良好的互助氛围。

3. 自我关怀

自我关怀是预防和消除倦怠的关键。自我关怀是个体真正可以掌控的"流入"。自我关怀主要包括身体上的自我关怀和心理上的自我关怀。

身体上的自我关怀是指关注和照顾自己身体的需求和感受,主要通过体育锻炼、合理膳食、规律睡眠、补充水分等来实现。身体和情绪的感知是相互关联的。通常,当人们感到紧张或焦虑时,可能会伴随肌肉紧张、呼吸急促、心跳加快等症状。通过关注身体感受,我们可以更好地理解自己的情绪状态,并采取相应的措施来调节和管理情绪。例如,可以通过深呼吸、肌肉放松等身体活动来缓解焦虑或紧张的情绪。因此,自我关怀的第一步从关照自己的身体开始。

心理上的自我关怀是指在心理层面关注和照顾自己的内在体验和需要。心理上的自我关怀是预防和消除职业倦怠的关键,但因个体的忽略,心理上自我关怀的实施往往比身体上自我关怀的实施更难。心理上的自我关怀可采用"自我对话法"。"自我对话法"是通过引导个体使用更为正面、积极的用语和自己对话来描述事件或行为,并以事实的方式进行回应的一种训练方法。该方法包括三个行为和态度的训练:①感知自我对话,感知在内心世界中对自己的评价或对自己行为的评价是怎样的;②更正面积极的描述,使用更正面、更积极的用语描述自己或自己的行为;③用事实回应,是完成自我对话最关键的一步以及对上一步的实施和回应,如描述自己的行为是"我乐于助人",那么在现实社会中,用行动去回应这种描述。

案例 11.3

一名工程师的职业倦怠问题

李明是一名软件工程师,他在一家大型科技公司工作已经五年。在这段时间里,他逐渐感到自己的工作变得乏味和重复,对项目的热情也在逐渐减退,甚至开始考虑是否应该换一份工作。在一次与同事的闲聊中,李明提到了自己的困扰。同事建议他尝试一些新的方法来克服职业倦怠,比如寻找新的挑战、学习新的技能、与同事合作开展新的项目等。李明觉得这些建议很有道理,于是他开始行动起来。

首先,他主动向领导提出参与一个新的项目,这个项目是他之前从未接触过的领域。虽然这个项目具有很大的挑战性,但李明觉得这正是他所需要的,因为它能让他重新找回对工作的热情。其次,李明开始利用业余时间学习一些新的技能,比如机器学习和人工智能。这些技能不仅与他的工作密切相关,也能为他未来的职业发展打下坚实的基础。最后,他主动与同事合作,开展了一些小的创新项目。这些项目不仅提高了他们的工作效率,也让他们在工作中找到了更多的乐趣和成就感。

经过一段时间的努力,李明发现自己的职业倦怠症状得到了很大的缓解。他重新找回了对工作的热情和动力,也变得更加自信和积极。他意识到,克服职业倦怠并不是一件难事,关键在于要找到适合自己的方法,并付诸实践。

分析: 这个案例中,李明获取了同事的理解和支持,并通过寻找新的挑战、学习新的技能、与同事合作开展新的项目等方法,有效地克服了职业倦怠。这些方法不仅能够让个体重新找回工作的热情和动力,也能提高他们的职业竞争力和成就感。

(二)控制"流出"

在"浴缸模型"中,"流出"的部分为施加于个体的要求。个体能动性随施加要求的增加而降低,当个体能动性的水平逐渐耗尽时,职业倦怠便逐渐增加。因此,除了要获取"流入"外,还需要控制和管理施加于个体的要求,以防个体能动性耗尽,产生职业倦怠。而职场环境施加于个体的要求不尽相同,包括职业能力要求、工作要求、社交要求、管理要求、晋升要求等。如何把控不同的要求成为控制"流出"的关键。

1. 组织监管

建立合理有效的组织机制,监管给个体施加的要求。在职场环境中,组织是给个体施加要求的重要对象。一般地,组织会制定相应的人才使用机制以便识别、吸引、培养和留住人才,其中就包含明确的激励机制、决策机制和沟通反馈机制,也会制订相应的职场要求,如职业道德、职业行为、职业能力和职业知识等要求,并会提供一定情感或物质支持等。这些机制、要求和支持如若能发挥其能效性,则可以很好地控制个体能动性的"流出"。在控制"流出"的过程中,组织的监管是个体几乎无法主动参与的,因此要发挥个体的主观能动性进行主动干预。

2. 个体干预

个体主动采取干预方式降低其他要求。在职场环境中,除了组织给予的要求外,还面临着其他个体甚至是自己给予的要求。如在高消耗的一天后面临的同事的互助要求或来自潜意识的"你应该更努力"等"应该"和"不应该"的要求。

首先,设定自我边界。自我边界是指在个人心理和行为上,个体与他人之间建立的一种相对清晰的界限。这种界限保护了个体的独立性和自主权,同时也尊重了他人的权利和需求。要树立自我边界,需要明确自己的需求、意愿和价值观,并且能够根据其做出决策和行动。

其次,减少自我要求。减少自我要求是指减少个体对自己过多和过高的要求。减少自我要求的前提是个体能够识别到自己对自己的要求是高还是低、多还是少。在高和多的情况下需要适度减少自我要求。个体可以通过设定合理的阶段目标、放松、寻求支持等方法来达到控制自我要求水平的效果。

最后,使双方受益。使双方受益是指在个体与他人的交往中遵循使双方受益的原则,其核心在于使双方受益,不在于双方受益的多与少。该原则可以帮助个体之间建立更加稳定和可靠的支持关系,促进双方的共同发展和进步。

专题活动

角色扮演情景剧专题活动

一、活动目标

积极面对职业倦怠,提高职业倦怠的调适能力。

二、活动流程

（1）课前准备。任课教师根据学情与教学目标，选定容易产生职业倦怠的职业，如秘书、工程师、服务员、医务工作者、警察等职业。课前将班级同学根据职业意向进行分组，建议8～10人一组，每组选择一种职业，认真查阅、调研、搜集、整理各自职业产生职业倦怠的原因、表现形式和调节方式方法。将以上调研整理的材料编制成情景剧剧本，分配扮演角色，准备道具和服装，进行反复彩排。

（2）情景剧现场表演。课堂上教师根据课前分配的任务，选取3～5组同学，对情景剧进行现场表演。要求：剧情合理，内容积极健康向上，主题突出，具有教育引导作用。

（3）分享交流。

① 角色扮演者分享个人体会。

② 同学进行交流和发言，围绕情景剧的内容、突出问题、解决方法等进行交流发言。

三、活动总结（由教师引领完成）

情景剧为学生提供了一个平台，学生可以在这里预演职业生活场景，展示职业倦怠产生的原因、表现及调适方法，通过情景剧的形式表现出来。表演过程有助于增强对角色的理解力，提高学生的共情能力。通过情景剧表演，学生可以从个人、用工单位、第三方等多个角度理解职业压力的产生原因及调适方式方法。

（建议用时：课前给予3天准备时间，课堂给予45分钟表演和讨论时间）

【课后思考】

1. 在获取"流入"时，其中一个方法是获得支持，获得支持需要个体积极主动，如何建立从倦怠到积极主动这个心理过程呢？

2. 设定自我边界后需要拒绝他人的不合理要求，如何判断他人要求的合理性？

11.2 职业压力

【引入案例】

新手小白的职场第一步

大学毕业后，小王进入了一家有外资背景的咨询公司。在面试时，面试官高度赞扬了小王对未来的职业生涯规划。因此，小王认为进入该公司后可以切实朝着期望的职业生涯一步步前进。但在进入公司后小王发现，平时关系不错的同事只要一接触到工作业务上的事就开始保持距离，吞吞吐吐地推脱。而负责对她进行指导的上司也常常忙得四脚朝天，来去匆匆，很难静下来仔细谈谈小王的工作内容。因此小王一直不知道如何开展自己的工作，堆积在她身上的工作也越来越多，手上也同时跟进了好几个紧急的项目，常常需要工作到凌晨才能跟上项目的进度，工作效率受到很大影响。小王开始出现脱发、焦虑、失眠、暴躁的现象，而且久而久之她也不知该如何与同事相处了，她越来越觉得这些同事是害怕年轻的自己抢了他们的饭碗。她心里也一直抱怨她的上司，然而却碍于上下级关系而不敢表露。

分析：这是由于职场人际氛围冷淡和缺乏工作指导导致的职业压力案例。在竞争激烈的职场，小王对人际氛围的冷漠，没有仔细地分析原因，因此难以应对。而对于和上司的关系，又有认知过剩的心理倾向，从而抑制了自身主动寻求交流沟通渠道的积极性，使自己在职场陷入被动状态，时间一长，在心理上就产生了职业压力。

职业压力对从业者的作用是双向的：积极反应表现为能够有效地完成职业任务，提高自身职业自信和自我评价，提高对职业环境的适应能力，因而有利于从业者身心健康和心理发展；消极反应表现为阻碍职业任务的有效完成，降低职业自信和自我评价，不利于职业环境的适应，因而有损于从业者身心健康和心理发展。职场中，只有正确地认识压力，了解压力产生的原因，熟悉职业压力来源与影响，合理运用压力的积极作用和减少压力的消极作用，使用积极有效的调适方法缓解压力，才能使我们在职场上立于不败之地。

一、职业压力概述

（一）压力的含义

压力原本是一个物理学概念，是指垂直作用在物体表面的力。它强调的是施加在物体上面的外在影响。而认知心理学则倾向于从"人和环境"相互作用的角度理解压力，即压力是个体经过认知评价，察觉到环境需求超出个体处理能力时，所表现出的伴有心理活动和躯体功能改变的心理紧张状态。

（二）职业压力的含义

职业压力是指在工作环境中，由个人特征和各种压力源相互作用导致的个体感到紧张和焦虑的心理应激反应。适度的压力可以激发个体的工作积极性和创造力，帮助个体更好地应对挑战，提高工作效率。过度的职业压力会对个体的身心健康和工作生活产生负面影响，如引发焦虑、抑郁、失眠等问题，甚至可能导致工作效率下降、工作失误增多等。

二、职业压力来源与影响

（一）职业压力来源

工作应激源（occupational stressor）又称工作压力源。英国学者库伯（Cooper）在职业紧张压力的研究中提出了"工作压力源"的概念，即导致个体产生压力的因素。他认为，压力源可以分为环境压力源和内在压力源两类。

1．环境压力源

环境压力源主要是指外部环境因素对个体造成的压力，库伯的研究表明，人在职业方面所承受的压力，主要来自职业及其环境的6个具体方面。

（1）职业工作岗位压力是职业环境压力的一个重要来源，包括个人的工作内容和范围，工作的任务和工作量，以及工作场所的物理性环境等。例如，超负荷的工作量，不合理的时间工作制度，长期的限时完成的工作，长期处于噪声、高空、高湿度、过度照明、长期粉末的作业空间等都是职业压力产生的因素。

（2）职业能力发挥的压力如个体在职业组织中分工与作用不清晰，无存在感或影响力，则个体的工作能力得不到有效发挥，就会引发职业压力。

（3）职业生涯发展方面的压力是指个体在职业发展过程中所感受到的挑战、压力和不安。这种压力可能来自于多个方面，如职业晋升受阻或晋升过快、职业瓶颈、定位不明确、竞争等。

（4）职业组织内部人际关系方面的压力主要来源于上司、同事、下属、客户等。

（5）职业组织构造与内部氛围方面的压力是指在工作环境和组织文化中产生的压力。这包括组织结构、职场风气、工作环境、工作文化、领导风格等因素给个体带来的压力。

（6）职业生活边缘方面的压力是指职场生活中的紧张压力或情绪突破了职业生活的边缘，进而产生的压力激化，如职业压力和家庭生活压力的激化。

2．内在压力源

内在压力源则是由个人内在因素引起的压力，例如个人价值观、自我期望、自我认知等因素。这些压力源与个人的性格、心态和情绪状态有关。这些因素可能使个体对自己的工作表现和工作成果有更高的要求，从而与环境压力源的各个因素互相作用而产生新的压力。

（二）职业压力的影响

当职场环境作用到从业者个体时，个体就会在心理、行为、生理上产生不同影响，同时出现一些预警信号。

（1）心理上的影响：主要包括一些心理上的反应，如焦虑、厌倦、自尊缺乏、健忘、抑郁、愤怒、紧张、情绪不佳、情绪不满、注意力下降、记忆力下降、生气、冷漠、烦恼、软弱、敏感、怨恨、恐惧、多虑、困扰、敌对等。

（2）行为上的影响：主要包括一些行为上的反应，如抽烟和饮酒的次数增多、爱发脾气、对家庭的关心不如从前、疯狂购物、过食/厌食、睡眠紊乱、情绪爆发、暴力与攻击等。

（3）生理上的影响：主要包括一些生理上的反应，如频繁出现的头晕/头痛/疲惫、糖尿病、疲劳、高血压、胸背痛、溃疡、失眠、注意力不集中、心烦、肌肉痉挛、消化不良、肠炎、便秘、腹泻、疲劳、肥胖、体虚、颤抖、颈椎病等。

案例 11.4

失落的小陈

小陈是一名 CG 动画制作的技术人员。经过 5 年的奋斗，他已经成为公司的资深技术人员。小陈一直努力提升自己的技术和能力，公司也经常把一些又急又难的项目交给他。由于经常熬夜加班，还不到 30 岁的他就患上了脂肪肝。医生和家人都建议他应该多休息。然而他感到自己需要不断学习新技能才能跟上时代的步伐，而且公司有消息要在技术部提拔一个部门主管。小陈不想在关键节点错过机会，想在提升为部门主管后再慢慢调整工作和生活的平衡。然而 2 个月后，公示出的人事变动中，技术和资历都不如小陈的小李却被提拔为技术部门主管。小陈深感不公,认为自己对公司的贡献和付出那么多,最后没有得到认可,于是他直接去找公司总经理谈话。总经理对小陈进行了安抚,并告诉他公司对老员工是很看重的,让小陈专心搞技术,从技术上晋升级别,而管理岗需要的是能帮助公司管理人员的人。总经理的安抚非但没有起到安抚的作用,却让小陈一下炸了毛,他说自己辛苦熬技术,为公司付出,已经熬出了病,而技术一直在发展,自己也不可能一直吃技术这碗饭。最终小陈和总经理不欢而散。渐渐地,公司里开始出现小陈和高层不对付的消息,周围的同事开始对他不冷不热。小陈也感觉自己未来晋升无望,然而他又不敢轻易辞职,面对现在激烈的市场竞争,他不确定自己是否能竞争过那些肯吃苦的年轻人。

分析:在案例中,小陈遇到了职业晋升、技能提升、人际关系、工作与生活的平衡的压力。他一直在努力提升自己的能力和业绩,希望能够得到晋升,却失去了工作和生活的平衡。然而,随着公司的发展,竞争也越来越激烈,晋升之路变得越来越艰难。这种压力不仅影响了他的工作表现,还影响到了他的人际关系和个人生活。

三、职业压力的成因

认知心理学视角下职业压力的成因主要涉及个体对工作压力的认知评价。在认知评价过程中,个体的思维方式、价值观、经验等都会对评估结果产生影响。例如,一些人可能更倾向于看到问题的积极方面,而另一些人则可能更倾向于关注问题的消极方面。因此,对于同一压力源,不同的人可能会有不同的认知评价结果。个体对工作压力的认知评价包括对压力源的评估、对自身能力的评估以及对后果的预测等。

首先,个体对压力源的评估。这包括确定压力源的性质、影响程度以及对自己的影响。当个体对压力源的认知评价为负面时,往往会产生消极的情绪体验,从而增加心理压力。例如,当个体将工作压力源认知为无法应对的挑战或威胁时,会感到焦虑、紧张和恐惧而产生职业压力,反之则不会产生职业压力。

其次,个体对自身能力的评估。这包括对自己的能力、资源以及支持系统的评估。例如,个体会评估自己是否有足够的支持系统来应对工作压力源。如果没有足够的支持系统来应对工作压力源,则随之产生职业压力。

最后,个体对后果的预测。这包括预测压力可能对自己造成的负面影响以及如何应对这些影响。例如,个体预测到工作压力源可能导致的负面影响则会加剧职业压力的形成。

总之,个体对压力的认知评价是一个主观的过程,受到多种因素的影响。了解这一过程有助于更好地应对和管理压力,促进身心健康。

案例 11.5

资深财务分析师

王女士是一家全球知名企业的资深财务分析师,她在这个岗位上工作了超过十年。她的工作涉及分析复杂的财务数据,为公司的战略决策提供重要依据。因此,她经常面临着巨大的职业压力。一方面,这种压力推动了王女士的职业成长。她需要不断学习和更新自己的财务知识,以应对日益复杂的财务分析工作。同时,这种压力也让她更加专注于工作,提高了她的工作效率和质量。在她的努力下,公司的财务状况得到了有效的管理和优化。另一方面,职业压力也给王女士带来了不少困扰。长时间的工作和高强度的压力让她的身体健康受到了影响,她经常感到疲惫不堪。

为应对这些压力,王女士采取了积极的措施。她学会了合理分配工作和生活的时间,通过锻炼和休息来缓解身体的疲劳。同时,她也积极与家人沟通,争取更多的相处时间。此外,她还寻求了心理咨询师的帮助,学会了如何有效地管理自己的情绪和压力。经过一段时间的努力,她成功地平衡了工作和生活的关系,职业压力也不再是她生活的全部。

分析:本案例不仅展示了职业压力的双刃剑特性,还强调了个人在应对压力时的主动性和积极性。王女士通过自己的努力和智慧,成功地克服了职业压力带来的困扰,实现了个人和职业的和谐发展。她的经历对于其他面临职业压力的人来说,具有重要的启示和借鉴价值。

四、职业压力的调适方法

(一)职业压力的管理

1. 维持适当的职业压力水平

职场环境刺激造成的职业压力有助于激活从业者的生理和心理唤醒水平,提高从业者对职场环境的适应能力,增强从业者在职场生活中的竞争力,提升其在职场生活中的价值。但过度的压力会对身心健康和工作效率产生负面影响。因此,维持适当的职业压力水平是至关重要的。

首先,个体需要学习感知和管理压力。了解自己的压力承受能力和应对方式,及时调整心态和工作方式,避免长时间处于高压力状态。同时,积极寻求支持和资源,如与同事交流、参加培训和放松活动等,有助于缓解压力和提高应对能力。

其次,组织也可以通过营造积极的工作氛围,提供适当的挑战和激励,以及支持员工心理健康等方式来帮助员工维持适当的职业压力水平。例如,实施弹性工作安排,提供学习和成长机会,以及建立有效的沟通机制等。

2. 减小职业压力的消极影响

职业压力对从业者会造成一定程度的消极影响,严重的会导致从业者心理和生理功能损伤。从职业压力应对的角度看,遭遇职业压力的反应主要有三种:控制式、支持式、回避式。控制式是一种以问题为中心的应对方式,是指积极主动地针对不同压力做出反应,这种方式主要通过改变人的行为或改善周围环境,进而调整自己的情绪状态与个人、环境的关系。支持式是指个体利用个人或社会的资源支持来对压力做出反应,支持式的应对行为主要有:借助兴趣及消遣,向理解自己的亲人/朋友倾诉等。回避式是指个体采用消极的方式忽略或回避压力,甚至否认压力的存在,但当压力慢慢累积超过一定界限后,容易造成个人的突然崩溃。在应对职业压力时应尽量采用控制式应对方式,适度采用支持式应对方式,最好少用或不用回避式应对方式。

（二）职业压力的调适

1. 重新调整认知评价

认知心理学认为，职业压力不是个体遭遇具体事件刺激的直接结果，而是由个体对事件及其对自己的影响进行了歪曲的认知评价所导致的。心理学家艾利斯提出的情绪 ABC 理论中，A（activating event）表示诱发事件；B（belief）表示个体对事件的解释和评价，即信念；C（consequence）表示产生的情绪和行为结果。他强调，是 B 而不是 A 导致了 C。在职业生涯中，经常遇到难事就会导致职业压力的产生。所有这些我们都可以通过重新调整认知评价加以解决。管理职场压力的一个有效方法是认知行为干预，就是用一种建设性的方法来思考在清晰背景下的压力问题。如果能让自己心态变得强大起来，或者客观正视压力的存在，就能够承受更大的压力。

2. 主动改变应对方式

有学者认为，应对方式是个体稳定的习惯化的倾向，因此将其按照对个体身心健康的影响作用划分为积极应对与消极应对两种类型。个体采取哪种应对方式，通常是以对压力情景的认知评价为依据的，当个体将压力情境评价为可控时，通常以积极应对为主，即致力于通过消除压力情境的影响减轻压力反应；当个体将压力情境评价为不可控时，通常以消极应对为主，即致力于通过消除压力情境带来的情绪波动减轻压力反应。

面对职场压力时，积极应对有利于个体的身心健康和心理发展。因此，个体应当对可能遭遇的职场压力情境提高预判力和控制力。改善工作习惯和时间管理是获得控制感的一种最常用的方法。如利用一定的工作时间处理完琐碎小事，再将更多的精力投入那些大的事情中，让自己的工作更有进度感和成效。

3. 积极寻求社会支持

社会支持可以有效地降低或减轻职业压力强度，帮助个体度过痛苦和危险的时刻。社交建立起来的亲近关系会有效地缓解这种压力，并且良好的人际关系也会给工作带来更积极的支持。当个体遭遇挑战性的职业压力时，社会支持可以提供必要的鼓励与保障，增强个体战胜困难的信心；当个体遭遇威胁性的职业压力时，社会支持可以给予必要的关怀，分担个体承受的痛苦。

4. 适当放松紧张情绪

遭遇职业压力后，致力于通过缓解和控制情绪来减轻压力反应的做法属于情绪关注应对策略的范畴。它在从业者个体遭遇出乎意料和超出预期的压力情境时，是一种能够起到缓冲作用的应对方式，有利于从业者个体预防情绪失控，避免消极情绪危害健康。体育锻炼不仅能够增强身体机能，还能够带来更多的愉悦感受，而且更健美的身体会提高自信，提高身体意象和自尊，改善心理机能，缓解神经紧张，消除慢性抑郁。另外，充足的睡眠不仅能够有更充沛的精力面对工作的压力，同时也提高身体的专注力，让工作更加有效率，而且能带来愉悦感和满足感。当然，出游也是缓解职业压力的办法之一。

专题活动

"宣泄压力赋能成长"专题活动

一、活动目标
积极面对职业压力,提高职业压力调适能力。

二、活动流程
(1)"抓逃手指"游戏。课堂上教师组织青年学生通过"抓逃手指"热身游戏进行破冰,拉近与学生间彼此的距离,突破压力氛围,体验愉悦情绪。

(2)"心理绘画"活动。课堂上教师组织学生进行"心理绘画"活动。由学生自己设定一种未来的职业,将未来职场中面临的未知的、恐惧的、迷茫的事物通过涂鸦可视化绘制出来。

(3)概括分析。教师引导学生运用本章节学习的内容对可能面对的职业压力的成因进行分析,并找到调适的方法。

三、活动总结(由教师引领完成)
"抓逃手指"游戏可以很好地为后面的"心理绘画"活动做好敞开心扉的基础,通过绘画的形式,青年学生可以更好地表现自身面临的职业压力。并在教师的引导下寻找压力产生的原因以及调适压力的方法。

(建议用时:课前给予1天材料准备时间,课堂给予45分钟活动、绘画和讨论时间)

【课后思考】
1. 通过访谈或网络调研的方式搜集你所心仪的职业的工作压力源。
2. 个体对搜集到的工作压力源进行应对能力评估,并对后果进行预测。
3. 思考如何对工作压力进行调适。

11.3 情绪管理

【引入案例】

因情绪失控导致的危急事件

2014年,由墨尔本飞往中国香港的一架澳航航班发生了一起由情绪失控导致的危机事件。涉事班机载有283名乘客,于当地时间6日近午夜在墨尔本起飞。在机组人员向乘客派发晚餐时,其中一名男乘客,因宗教原因要求特别膳食安排,但由于该乘客事前并无通知航空公司,无法安排,该乘客突然情绪失控,并在机舱通道上来回奔跑,大叫声言要自杀,该男子更意图令飞机坠毁,冲向机舱的紧急出口,企图打开舱门,说要杀死全机人。机组人员上前喝止,要求该男子返回座位,但他情绪仍然激动,倚着舱门而坐。多名男性机组人员冲前制服该男子,一名空姐以手铐把他锁起。男子其后被带到经济舱前排座位,用布帘围住,余下行程中由两名机组人员在旁看守,机长则通知香港警方求助。航班于清晨抵港后,该男子移交警方处理。

分析：个体在遇到突发事件后都会产生不同的情绪，但每个人在情绪管理上的能力有高低之分。有些人可能会因为一些事情而放大情绪，而另一些人则可能保持冷静，寻找解决问题的方法，而不是被情绪所主导。他们知道如何调整自己的情绪，使其适应当前的环境，从而做出最有利于自己的决策。案例中，该男子明显属于情绪管理能力较弱的范畴。

各行各业的人在面对繁忙工作时都会产生职业倦怠和压力，进而产生不良情绪反应，我们应尽可能全面了解自己情绪变化的特点，做自己"情绪"的主人。通过有效的情绪管理和调适，应对职业倦怠和职业压力的负面效应。恢复心理健康，保持积极乐观的生活态度，才能促进职业发展。

一、情绪概述

（一）情绪和情绪管理的定义

1. 情绪

情绪是一种复杂的心理现象，它涉及个体对内部和外部环境刺激的主观感受、体验和反应。情绪可以是积极的、消极的或中性的，它们可以是短暂的或持久的，并且可以影响个体的思维、决策、行为和身体健康。

2. 情绪管理

情绪管理是指个体通过一系列策略和方法，对自己的情绪进行有意识的调节和控制，以达到更好的心理健康和生活质量的过程。情绪管理不仅仅是对消极情绪的抑制或消除，更是对积极情绪的促进和提升。情绪管理的核心在于情绪感知、控制、调节的过程。哈佛大学心理学博士丹尼尔·戈尔曼在1996年出版的 *Emotional Intelligence* 一书中提出了"情绪智力"（emotional intelligence）理论。戈尔曼认为，个体对情绪的认知与调控能力被视为一种智力能力，也就是"情商"。"情商"大致可以概括为五方面内容：认识自身情绪的能力，妥善管理情绪的能力，自我激励、自我发展的能力，理解他人情绪的能力以及人际交往的能力。

（二）情绪的分类

情绪的分类主要有以下两种。

1. 基本分类

基本分类将情绪分为四种基本形式：快乐、愤怒、悲哀和恐惧。快乐是指一个人盼望和追求的目的达到后产生的情绪体验；愤怒是指所追求的目的受到阻碍、愿望无法达成时产生的情绪体验；悲哀是指失去心爱的事物或理想、愿望破灭时产生的情绪体验；恐惧是指企图摆脱和逃避某种危险情境而又无能为力时产生的情绪体验。

2. 状态分类

状态分类将情绪分为三种状态：心境、激情和应激。心境是一种微弱、平静和持久的情绪状态，没有特定的指向性，不指某一特定对象，而是使人们的整个生活都染上某种情绪色彩。激情是一种强烈的、爆发式的、短暂的情绪状态，通常是由对个人有重大意义的事件引起的,往往带有特定的指向性,伴随生理变化和明显的外部行为表现。应激是出乎意料的紧迫情况所引起的急速而高度紧张的情绪状态。

了解情绪的分类有助于更好地认识和理解自己的情绪,以及在不同情境下如何更好地调节自己的情绪。

(三)情绪的功能

(1)防御功能。情绪的防御功能是一种心理防御机制,它有助于个体在面对压力、挫折或痛苦时恢复心理平衡。这种机制可以在一定程度上保护个体免受情感伤害,但也可能导致一些消极的后果。

(2)调节功能。情绪的调节功能是指情绪对个体的活动具有组织或瓦解的作用。情绪是有机体生存、发展和适应环境的重要手段。通过情绪所引起的生理反应,能够发动其身体的能量,使有机体存处于适宜的活动状态,便于有机体适应环境的变化。

(3)动机功能。情绪的动机功能主要体现在它能激发和推动心理活动和行为的发生。情绪构成一个基本的动力系统,可以驱使有机体发生反应、从事活动,并为人类的各种活动提供动机。

(4)信号功能。情绪是个体向他人传递自身愿望、要求、观点及态度的一种方式。通过使用情感表达,个体能够将非言语信息传达给他人,这在人际沟通中具有重要的信号意义。

(5)感染功能。情绪的感染功能是指情绪能够在人与人之间传递和扩散,影响和感染他人的情绪状态。当一个人在表达自己的情绪时,周围的人往往会受到情绪的影响,产生情感上的共鸣,这种共鸣可以传递并扩散到更广的范围。情绪的感染功能对于人际交往和沟通具有重要的意义。它可以促进人们之间的情感联系和相互理解,增进友谊和亲密关系。同时,情绪的感染功能也可以帮助人们更好地理解和应对他人的情绪状态,从而更好地进行情感管理和情感表达。

二、情绪的影响因素

"我没有心情做这件事",在日常生活和工作中,我们经常会听到这句话,它反映了人们在面对某项任务时缺乏动力的心理状态。它也从一个侧面表明了情绪对人们完成工作和任务可产生的影响。而负面的情绪问题则会对个体的决策和行为产生负面影响。常见的情绪问题包括:焦虑、自卑、抑郁、恐惧、易怒、冷漠、孤独等。情绪问题产生的内外因是一个复杂而多元的话题。总之,情绪问题可以受到内部因素和外部因素的影响。

(一)内因

每个人都不尽相同,存在不同的性格特点、生理状态、心理状态及认知方式等。这些构成了影响情绪的内在因素。首先,生理状态对情绪有重要影响。例如,某些疾病或药物可能影响情绪,而激素水平的变化(如青春期、孕期或更年期)也可能导致情绪波动。其次,个人的心理状态,如自尊心、自我控制能力和应对压力的方式,也会影响情绪。最后,认知方式,即个体如何理解和解释世界,也会影响情绪的产生和表达方式。

（二）外因

外部因素包括社会环境、人际关系和生活事件等。社会环境的变化，如工作压力、经济压力或社会竞争，都可能引发情绪问题。人际关系的质量，如家庭关系、友情和恋爱关系，也会对情绪产生深远影响。此外，生活中的重大事件，如失业、离婚或亲人过世，都可能导致情绪问题的产生。

总的来说，情绪问题的产生是内部和外部因素共同作用的结果。理解这些因素有助于我们更好地认识和管理自己的情绪，从而在面对困难时保持心理健康。

案例 11.6

张小姐的改善策略

张小姐是一名职场新人，在工作中经常面临处理前辈或领导的一些琐碎的事务，另外加上自己本身繁重的工作负担以及与同事之间的沟通问题，常常让她感到烦躁而容易向家人爆发不好的情绪。久而久之，她开始消极怠工，也开始感受到周边的同事对她敬而远之，心仪的项目也落不到她头上。为了改善这种情况，张小姐开始采取一些策略。

每天，她都会给自己留出一段时间，审视自己的情绪，并思考情绪触发点和表达方式。通过这种练习，她逐渐认识到自己在某些情况下容易情绪化，并学会了在情绪即将爆发时采取深呼吸、暂时离开现场等方式进行冷静思考。这样，她能够更好地控制自己的情绪，避免冲动行为，提高工作效率和促进团队和谐。

分析：这个案例展示了张小姐在面对情绪问题时采取的策略和方法。无论是通过自我认知与冷静思考、积极沟通与社交支持还是情绪释放与调节，关键是找到适合自己的情绪管理方法，并在实践中不断调整和完善。通过有效的情绪管理，人们可以更好地应对生活中的挑战和压力，保持积极的心态和高效的工作状态。

三、情绪的管理与调节

情绪管理是个体或者组织对于自身或者他人的情绪进行感知、控制并调节，以便使个体或者整个组织处于积极情绪状态的一个过程。

（一）排除非理性思考

情绪的产生离不开特定的诱发事件，但同样的诱发事件对不同的个体会产生不同的情绪反应，这是因为个体对诱发事件的非理性思考。因此，首先应主动排除非理性信念。心理学家韦斯勒较为全面地总结出三种主要的非理性信念特征，这些特征在很多情况下都会导致情绪问题和不健康的应对方式。

（1）绝对化要求（demandingness）：表现为对事情有着不切实际的期望和要求。人们常常认为自己或他人应该完美无缺，或者事情必须按照他们想象的方式进行。当这些期望和要求未能得到满足时，他们可能会感到沮丧、愤怒或失望。例如，"我必须成功，否则我就是一个失败者"或"他必须按照我的方式行事，否则他就是不爱我"。

（2）过分概括化（overgeneralization）：涉及对事件或行为的过度泛化，通常基于个别事件就对整体或他人做出全面的评价。人们可能会因为一次失败就认为自己一无是处，或者因为某人在某个场合的行为就认为他们总是如此。例如，"因为我在这次考试中失败了，所以我永远都不会成功"或"他这次对我不好，所以他一定是个坏人"。

(3) 糟糕至极（awfulizing）：表现为对事情后果的过度灾难化。人们往往将事情看得过于严重，将其视为灾难性的，即使实际上可能并非如此。这种信念会导致过度的焦虑、恐惧和沮丧。例如，"如果我失去了这份工作，我的生活就会彻底毁了"或"如果我不能赢得这场比赛，我就没有任何价值"。

因此，首先，应学会从理性的角度去审视这些信念，认识到某些困扰情绪之所以发生，是由于自己存在不合理的信念。其次，可以通过与他人讨论或实际验证的方法来辅助自己转变思维方式，与自己的不合理信念进行辩论，动摇并最终放弃不合理信念。最后，随着不合理信念的消除，那些困扰情绪将减少或消除，并产生出更为合理、积极的行为方式。

（二）学会表达情绪

不良情绪可以通过表达来排出，一般来说，我们将情绪的表达分为以下三个层面。

(1) 认知层面：通过反思和自我意识来理解自己的情绪，这需要我们有一定的认知能力和情绪智力。在这一层面上，我们不仅可以表达情绪，还可以理解和分析情绪，从而更好地管理我们的情绪反应。

(2) 行为层面：在这一层面上，情绪通过我们的行为和动作来表达。如运动、旅游、散步等，当站在山巅或面对大海的时候，那些困扰的情绪可能也就没什么大不了了。

(3) 言语层面：除了认知和行为反应外，还可以通过语言来向他人倾诉以表达情绪。通过选择特定的词汇、语调或语速来传达我们的情绪状态，以获取他人的理解和支持。

（三）改变认知

不良情绪的产生跟认知偏差有很强的相关性。人的认知会受到知识经验、思想方法、价值观等多方面的影响。不良情绪的产生根源并不是诱发事件本身，而是个体对事件持有的信念。我们可以通过改变个人的认知，进而改善不良情绪的发生。当我们把所有的最担心、最坏情况列出一个清单，一个月或一年后再看，90%的担心都不会发生。

（四）情绪监控

情绪智力的一个重要指标是情绪识别，自我情绪的识别与辨认尤为重要。日常中可以通过"情绪日记"的方法记录下自己的情绪，记录最强烈的情绪、触发点以及强度；给它打分（1~10分）；记录下通过哪些措施改善了负面情绪。这样可以找到负面情绪的激发原因，从而避免极端情绪的发生，做到"早发现、早干预"。也可以根据日记找到积极情绪触发点，反复激活积极情绪，如感恩拜访，以及荣誉感、参与感的训练等。

（五）寻求专业帮助

严重的不良情绪光靠自身调节是不够的，还需要专业的心理辅导和干预，清理过往的创伤，挖掘积极面，转换到积极性的反应模型。

专题活动

"情绪日记"专题活动

一、活动目标

通过情绪日记识别情绪,培养情绪智力。

二、活动流程

(1) 教师组织学生以个人为单位完善如表 11-1 所示的情绪日记。

表 11-1 情绪日记

日期	发生了什么 情绪事件	我的情绪/程度					我的行为 情绪反应	情绪行为 后果	我的感受		
		快乐	愤怒	悲哀	焦虑	恐惧			好	一般	不好
10.24	忘记交作业被批评		✓ 轻微	✓ 轻微			对这门课老师有点逃避	对这门课的兴趣减弱			✓

(2) 教师组织学生通过观察情绪日记,冷静识别自我情绪,分析是什么原因触发了它,程度如何,造成的后果如何,在哪个过程可以适当做出干预和改变。并在课堂上邀请 3~5 个学生进行分享。

三、活动总结

每个人都会有各种各样的情绪,情绪不可能被完全消灭,但可以进行识别、管理、控制。通过学习训练可以觉察出自己的情绪是否影响了工作和生活,进而提出改善不良情绪发生的方法,积极促进工作和生活品质的提升。

(建议用时:课前给予 5 天准备时间,课堂给予 45 分钟观察与分析并分享)

【课后思考】

1. 总结在过去一年中产生了哪些非理性思考。
2. 尝试从认知层面、行为层面、言语层面进行情绪表达。

模块12　职场竞争与创新发展

哲人隽语

在竞争中,只有最坚韧、最聪明和最有创意的人才能脱颖而出。

——[美]林肯

模块导读

职场竞争是职场中不可避免的现象,它源于资源的有限性和人们对更好职业发展的追求。职场竞争可以激发个人的斗志和动力,促使人们更加努力地工作和学习,以提升自己的职业能力和素质。然而,过度的职业竞争也可能导致一些负面影响,如工作压力增大、职业焦虑增多、忽视团队合作、工作环境的紧张和不和谐,从而影响工作效率和团队凝聚力。为此,只有正确认识竞争并科学地应用竞争技巧和方法,才能走好自己的职业发展之路。

本模块包括两方面的内容:认识和应对竞争、培养创新意识。

能力目标

1. 了解竞争中的基本常识与规律。
2. 掌握提升核心竞争力的方法。
3. 学习并掌握择业竞争中的良好心态。
4. 掌握避免不良竞争的措施。
5. 了解创新意识的基本内涵和核心要素及其特征与表现。
6. 掌握创新意识的培养方法与工具。
7. 培养学生形成良好的职业精神和职业观。

12.1　认识和应对竞争

【引入案例】

小米的"生死之战"

2020年,小米10上线。作为小米手机进军高端市场的初代产品,自发布之日起就受到极高的关注与期待。"打破价格的束缚,不惜代价追求极致的用户体验,打造米粉心中的梦幻之作,全力冲击高端市场。"在小米10的发布会上,雷军强调了高端机的极高性价比。开售后,销售额1分钟破2亿元,定位于超旗舰的小米10 Pro更是55秒破2亿元。首战告捷,紧随其后的小米11却遭遇重大挫折。Wi-Fi和热点打不开、黑屏、发热、主板坏了……小米11系列频频出故障。紧接着,小米12也"高开低走",质量受到外部质疑,公司亏损严重,内部对小米的高端路线开始提出疑问。面对质疑以及和高端市场同类产品的比较,雷军说:"要有挑战苹果的决心和勇气。"最终小米13问世,着重重视性能"跑分"和用户体验,终于找到了高端机市场的流量密码。小米13上市后一扫前期阴霾,口碑和销量双丰收。

至此,小米手机在高端市场终于站稳了脚跟,小米13成了"从参数领先到体验优先"的代表作。这也让小米内部彻底认同了"体验优先",并确立了高端产品设计三原则:高端无短板、从参数领先到体验优先、软硬件深度融合。

分析: 小米参与高端手机市场的竞争是一个充满挑战和创新的过程。如何在同质化产品爆发的市场竞争中保有自己的市场份额,提高产品竞争力是小米在参与市场竞争中不断探讨的问题,而作为参与职场竞争的青年学生,也面临着类似的问题:如何在众多的求职者中脱颖而出,赢得自己的一席之地?

人类本身就是自然界优胜劣汰的产物。所谓竞争,就是大家同时争夺共同的利益目标对象,是创新、发展和生存进化的永久动力。个体可以在竞争中成长,所以要增强自信,设定目标,勇敢地参与竞争。但面对竞争也要有正确的态度,采取正确的方式。

一、认识职场竞争

(一) 竞争的由来

"竞争"这个词的由来可以追溯到古代中国的《庄子·齐物论》,其中提到"有竞有争",郭象注解为"并逐曰竞,对辩曰争"。同时,在古希腊时期,"竞争"一词也开始出现并被使用,如亚里士多德在《政治学》中就使用了"竞争"和"垄断"这一对范畴。在经济学中,竞争的概念得到了广泛的研究和界定。英国学者理查德·威尔士(Richard Whish)则认为竞争是为了求得优胜而进行的斗争或竞赛,特别是在经济领域,竞争是为了获得顾客而进行的斗争。竞争反映在职场上,是指个人或团队为了获取更好的职业发展机会、更高的职位、更多的薪酬和福利等利益,而与其他个人或团队进行的竞争。这种竞争通常发生在同一行业、同一公司或同一职位内部。

(二) 职场竞争的特点

现代社会,职场竞争日益激烈,几乎每个职场人都会参与职场竞争。了解职场竞争的特点对于制订有效的竞争策略至关重要。职场竞争主要有以下特点。

(1) 多元化的背景和素质要求。随着全球化的发展和科技进步的加速,企业和组织越来越需要员工具备多元化的背景和素质要求,以应对复杂多变的市场环境和客户需求。例如,除了专业技能外,沟通能力、团队合作能力、创新能力也成为衡量一个人是否适应职场的关键因素。

(2) 变化的市场需求。随着世界经济全球化程度不断加深,市场需求也发生着日新月异的变化。这导致许多行业和企业都需要进行结构调整来适应市场需求。在这样的环境下,职场人必须迅速调整自己的方向,抓住新的机遇,否则就可能在职场竞争中被淘汰。

(3) 社会资源分配不均。社会资源分配不均是指社会资源在不同人群、地区或行业之间的分配不均衡。这种不均衡可能导致某些人群或地区缺乏必要的资源来支持其发展和进步。在职场竞争中,这种不均衡可能导致某些人或群体在获取职业机会、提升职业发展等方面面临更大的困难。在职场竞争中,个人能力、背景、经验等因素都会影响竞争的结果。然而,当社会资源分配不均时,某些人或群体可能由于缺乏必要的资源而无法充分展示自己的能力和潜力,从而在职场竞争中处于不利地位。

(三)职场竞争的规律

除了上述特点外,在职场竞争中还可以观察到一些普遍适用的规律。了解这些规律有助于我们更好地应对和参与职场竞争。

(1)实力为本。在职场中,实力是竞争的基础。这包括专业技能、工作经验、解决问题的能力、创新思维等方面。只有具备了足够的实力,才能在职场中立足,并在竞争中脱颖而出。

(2)个性和特长是竞争优势。在现代社会,无论是职场竞争还是个人发展,突出个性与特长都成为重要的竞争优势。在职场中,一个具有独特个性的员工,往往能够为公司带来更多的创新思维和解决方案,成为公司发展的重要动力。拥有特长的人都能够在特定领域表现出色,成为该领域的专家或领袖。在职场中,拥有特长的人往往能够承担更重要的工作任务,为公司创造更多的价值,成为公司不可或缺的人才。

(3)人际关系在竞争中占据重要地位。在职场中,良好的人际关系可以帮助你建立广泛的人脉,获得更多的资源和机会。同时,良好的人际关系也能够提高团队协作的效率,增强团队的凝聚力。

(4)需要持续学习和适应变化。由于市场环境、技术的不断发展和行业趋势的不断变化等原因,职业竞争会随着时间推移而不断变化。只有不断学习和提升自己,才能跟上时代的步伐,保持竞争力。

案例 12.1

抓住一切机会

史蒂文斯本是一家软件公司的程序员,他已经在这家公司里干了8年。然而,就在这一年,公司倒闭了。这时,史蒂文斯的第三个儿子刚刚降生,巨大的经济压力使他喘不过气来。

一天,史蒂文斯在网上看到一家软件公司要招聘程序员,待遇非常好。他立刻赶到公司准备参加应聘。史蒂文斯轻松过关笔试后,剩下的只有两天后的求职面试了。然而,在这最后一关中,史蒂文斯没被选中。不过史蒂文斯并没有放弃,而是在面试后及时给这家公司写了封信,以表感谢之情。信中这样写道:"感谢贵公司花费人力、物力,为我提供了笔试、求职面试的机会。虽然我落聘了,但通过应聘使我大长见识,获益匪浅。"那家公司收到回信后,无不为这样的一封信而感动,最后总裁也知道了这件事情。3个月后,新年来临,史蒂文斯收到一张精美的新年贺卡,上面写着:尊敬的史蒂文斯先生,如果您愿意,请和我们共度新年。贺卡是他上次应聘的公司寄来的。原来,公司又出现了空缺,他们第一个就想到了史蒂文斯。

分析：本案例中，史蒂文斯抓住了隐藏的机会表现了自身良好的人品修养及品质，使他在面试失败后又获取了一个工作机会。这个案例说明成功的路上除了需要具备技能外，良好的人品、个性以及人际关系都是成功的砝码。

二、打造职场竞争力

职场竞争力是指个体在职业生涯中所具备的综合能力，使其能够在工作环境中脱颖而出，获得更好的职业发展机会和更高的职业成就。与一般的竞争力相比，职场竞争力既包括硬实力，又包括软实力。

（一）加强专业学习，提高硬实力

硬实力通常指的是与工作直接相关的技能和知识，如专业技能、行业知识、工作经验、教育背景等。这些能力可以通过学习和实践逐渐积累，是职场竞争力中不可或缺的一部分。

（1）深入学习专业知识。持续跟踪所在领域的最新发展和技术动态，参加相关的培训课程和研讨会，以保持对专业知识的更新和深化。

（2）提升技能水平。掌握与职业相关的核心技能，并努力提升这些技能的水平。可以通过参加专业培训、在线课程、工作坊等方式，不断学习和提高。

（3）注重实践经验。理论知识是基础，但实践经验同样重要。通过参与实际项目，将理论知识应用于实践中，不断提升自己的实际操作能力和解决问题的能力。

（4）持续学习新技术和工具。随着科技的快速发展，职场中所使用的技术和工具也在不断更新。保持对新技术和工具的关注，并学习掌握它们，有助于提升工作效率和竞争力。

（5）拓展知识面。除了本专业的知识外，还可以学习一些与职业相关的其他领域的知识，如项目管理、沟通技巧、团队协作等。这些知识能够帮助个体更好地适应职场环境，提升综合能力。

（6）主动寻求挑战。不要满足于现状，要勇于挑战自己。主动寻求更具挑战性的任务和项目，通过克服困难和总结实践经验，不断提升自己的专业水平和自信心。

（7）反思与总结。在工作中，要时刻反思和总结自己的经验和教训。通过分析成功和失败的原因，找到提升的空间和方向，不断完善自己的工作方法和技能。

（8）建立专业网络。与同行和专业人士建立联系，参加行业会议和研讨会，拓展人脉资源。通过与他人的交流和合作，可以了解更多的行业信息和趋势，同时也有助于提升自己的专业水平和影响力。

总之，提高专业硬实力需要不断地学习、实践和反思。只有不断追求进步和完善自己，才能在职场中立于不败之地。

（二）强化综合素质，提升软实力

软实力则更多地涉及个人的非技术性能力。软实力主要包括沟通与表达能力、批判性思维与问题解决能力、团队合作能力、适应性与学习能力、情绪智力、职业道德与责任心、自我管理与时间管理能力等。这些能力虽然不像硬实力那样可以通过学习和考试来衡量，但在职场中同样非常重要。软实力能够帮助员工更好地与同事、上级、客户等建立良好的关系,提高团队协作效率,同时也能够应对各种复杂的工作场景和挑战。

1. 沟通与表达能力
（1）练习清晰、简洁、有逻辑地表达自己的想法和观点。
（2）学习有效倾听技巧,以理解他人的需求和期望。
（3）参加演讲、辩论或写作课程,提升书面和口头表达能力。

2. 批判性思维与问题解决能力
（1）培养分析复杂问题的能力,学会从多个角度审视问题。
（2）学习使用逻辑思维和数据分析来制订解决方案。
（3）面对挑战时保持冷静,运用创造性思维寻找新的解决方案。

3. 团队合作能力
（1）学习如何在团队中发挥自己的作用,与同事建立积极、互利的合作关系。
（2）提升自己的领导力和影响力,以便更好地协调团队工作。
（3）理解并尊重多元文化背景下的团队成员,促进团队多样性。

4. 适应性与学习能力
（1）保持对新知识和技能的好奇心,不断学习和进步。
（2）面对变化时保持灵活和开放的心态,迅速适应新环境和新任务。
（3）培养自主学习和终身学习的习惯,提升个人成长潜力。

5. 情绪智力
（1）学会管理和控制自己的情绪,保持积极、乐观的心态。
（2）提升同理心,理解他人的情感和需求,以建立更好的人际关系。
（3）学习有效处理冲突和困难的方法,增强应对压力的能力。

6. 职业道德与责任心
（1）坚守职业道德规范,诚实、正直、负责任地履行职责。
（2）培养高度的工作责任感,对自己和团队的工作结果负责。
（3）积极参与社会公益活动,提升个人品牌形象和社会责任感。

7. 自我管理与时间管理能力
（1）制订明确的目标和计划,确保工作有序进行。
（2）学习有效的时间管理技巧,提高工作效率和产出质量。
（3）培养自律和自我管理能力,保持良好的工作和生活平衡。

通过以上方法,可以不断提升自己在工作中的软实力,更好地应对挑战、解决问题和实现职业发展。同时,也要保持谦逊和持续学习的态度,不断完善自己的职业技能和个人素养。

三、择业竞争中的良好心态

青年学生都应对自己的能力有正确、客观的认识。只有这样,在择业中才能树立良好的心态,获得理想的职业。择业中的良好心态主要表现在以下几个方面。

(一) 确定适当的择业目标

基于自我评估和市场调研的结果,设定明确的职业目标。这些目标应该是具体、可衡量和可实现的,例如在某个行业或职位上获得一定的职位或薪资水平,可根据自身情况适当放低薪酬要求,为自己争取到更多的就业机会。个人的择业目标应当和自身能力相符合,这样才有利于树立自己的信心,从而使自己在择业中处于优势地位。

(二) 避免从众心理

青年学生处在择业的洪流中,择业目标的确立容易受到其他择业者的影响。同时,虚荣心、侥幸心理也可能会使他们改变原有的择业目标而采取不切实际的从众行为。青年学生要理智分析自身优势,制定适合自己的择业目标。

(三) 避免理想主义

只有正视就业现状,才能做到心中有数、处惊不乱。有些条件较好的个体,在择业中不能及时调整自己的就业期望值,刻意追求最美满的结果,而错过了其他许多好机会,有的甚至造成了就业困难。青年学生要提前做好步入社会的准备,多充实、提升竞争力,抱着学习的心态去适应社会,从基础做起,不要眼光过高。

(四) 克服依赖心理

有些青年学生在择业过程中缺乏自信心,把希望寄托在拉关系、走后门上,有的甚至由家长出面与用人单位洽谈。殊不知,这样做的结果恰恰让用人单位对这些个体产生缺乏开拓能力、独立生活能力和工作能力差的印象。

四、如何避免不良竞争

随着竞争压力的日趋沉重,在从业过程中个体容易受到环境、人际关系、利益关系等影响从而陷入不良竞争中,这严重影响个体和组织的发展。因此有必要从组织和个人的角度分别采取措施以避免不良竞争,从而降低风险。

(一) 组织监管

避免不良竞争需要组织在多个层面进行努力。通过综合施策和持续努力,可以逐步减少不良竞争的风险,促进个体和组织的健康发展。

(1) 建立公平竞争文化:强调诚信和道德价值观在组织文化中的重要性。鼓励员工相互合作而非相互竞争,共同实现团队目标。鼓励透明和开放的沟通,确保所有成员了解规则和目标。

(2) 设定明确的规则和界限:制定清晰的竞争规则和政策,确保所有参与者都明确了解。设立监管机构或委员会监督竞争行为,确保规则得到遵守。对违规行为进行明确界定,并设定相应的惩罚措施。

(3) 提供平等的资源和机会:确保所有参与者都有平等的机会和资源来竞争。避免资源分配的不公平,防止某些个体或团体获得不公平的优势。提供培训和发展机会,帮助员工提升技能,增加竞争力。

(4) 促进合作与共享:鼓励跨部门或跨团队的合作项目,共同解决问题。建立共享平台和资源,促进知识和经验的交流。鼓励员工之间的互相支持和帮助,建立积极的团队氛围。

(5) 增强员工教育和意识:提供关于职业道德和公平竞争的教育培训。通过案例研究和讨论,增强员工对不良竞争行为的认识。鼓励员工举报不良竞争行为,并保护举报者的隐私和权益。

(6) 建立激励机制:设计合理的薪酬和奖励制度,确保奖励与绩效挂钩,避免过分强调竞争。提供非物质奖励,如认可和赞誉,以增强员工的归属感和满意度。鼓励员工参与目标设定和决策过程,让他们感受到自己的价值和影响力。

(7) 监测和评估:定期对竞争环境进行评估,确保竞争行为仍然符合组织的价值观和道德标准。收集员工反馈,了解竞争行为对员工的影响,及时调整策略。对不良竞争行为进行及时调查和处理,以确保公平和正义。

(二)个体努力

1. 避免不良竞争的产生

个体可以通过以下方面避免不良竞争的产生。

(1) 建立积极的工作态度:保持专业、积极和负责任的工作态度,建立强大的个人品牌,并赢得同事和上级的尊重。

(2) 建立和维护良好的人际关系:与同事和上级建立良好的关系,通过有效的沟通和合作,减少误解和冲突,从而减少不良竞争的可能性。

(3) 尊重他人:尊重他人的观点、想法和贡献,避免在公共场合讨论或贬低他人,建立和维护一个积极的工作环境。

(4) 明确自己的目标和价值观:清楚地了解自己的职业目标和个人价值观,面对不良竞争时保持坚定和自信。

(5) 保持谦逊和低调:避免过分炫耀自己的成就或贬低他人的努力。谦逊和低调的态度让个体更受欢迎,并减少引起他人嫉妒或敌对的风险。

(6) 遵循职业道德和公司政策:始终遵循职业道德和公司政策,避免参与任何不正当的行为或活动,维护声誉,减少不良竞争产生的风险。

2. 理性参与竞争

在竞争中我们可以通过以下方面避免不良竞争的危害性。

(1) 了解并遵守规则:在竞争过程中,了解并遵守所在领域或行业的竞争规则,避免使用不正当手段来获取竞争优势,如欺诈、贿赂等。所在领域或行业的竞争规则包括法律、行业规范、道德准则等。

(2) 评估自身实力:在参与竞争之前,客观评估自身的实力,包括技能、资源、经验等。了解自己的优势和不足,制定合适的竞争策略,避免盲目冒险。

(3) 制定策略:基于目标和实力评估,制定一套有效的竞争策略,包括差异化竞争、成本领先、效率领先等。策略的制定应该充分考虑竞争环境、竞争对手以及自身的能力。

（4）保持冷静：在竞争过程中，保持冷静非常重要，避免情绪化的决策，尤其是在面对挫折和困难时，冷静的头脑可以帮助你更好地分析问题，找到解决方案。

（5）寻求帮助和支持：如果感到自己无法单独应对不良竞争，不要犹豫，可以向上级、人力资源部门或专业机构寻求帮助和支持。

（6）持续学习和提升：竞争是一个不断变化的过程，需要持续学习以适应这些变化，包括学习新的技能、关注行业动态、了解竞争对手的动向等。通过持续学习和提升自己的技能和能力，能更好地保持竞争优势，更好地应对职场中的挑战和竞争。

案例 12.2

职场围城：小李的逆袭之路

在繁华的都市中，"未来科技"公司矗立其中，象征着无限的机遇和激烈的竞争。小李，这位充满理想和热情的年轻人，刚刚步入这个职场战场，准备展示他的才华。但很快，他发现这里的"水"比他想象的深得多。

一天，公司里一位经验丰富的同事因私事紧急请假，临时将一项关键任务交接给了小李。小李没有多想，认真负责地开始处理工作。然而，他却不知道，这位同事在交接时故意留下了一个巨大的隐患，且没有向小李透露半点信息。随着项目进度的推进，这个隐患逐渐显露出来。由于缺乏经验，小李并未意识到这个问题的严重性，直到一个重大错误爆发，导致整个项目陷入危机。就在问题暴露的那一刻，那位同事却戏剧性地回归了。他第一时间不是寻找解决问题的方法，而是乘虚而入，私下向领导报告，声称是小李的疏忽导致了项目的失败。

面对领导的质疑和同事的落井下石，小李感到前所未有的孤立无援。他的内心充满了迷茫和愤怒，不明白自己的努力为何换来这样的结果。处罚的通知如一记重锤，狠狠地击中了他的自尊心。正当小李处于事业低谷，一位看似不起眼的人生导师出现了。他以自己丰富的职场经历告诉小李："在这个复杂的环境中，想要生存，就必须学会观察、思考，并保护自己。"小李深受启发，决定不再被动挨打。他开始仔细回顾项目中的每一个细节，最终发现了那个被埋下的隐患，以及那个陷害他的同事留下的痕迹。有了这些证据，小李冷静地向领导陈述了自己的立场，并展示了那位同事的不当行为。最终，小李洗清了冤屈。

分析： 在复杂的职场环境中，不仅要有能力和勤奋，更要有智慧和策略应对职场中的不良竞争。当我们遇到挑战和困境时，唯有保持冷静，理性分析，才能找到突破口，实现自己的价值和梦想。

专题活动

校内社会调查专题活动

一、活动目标

正确认识职场竞争，掌握应对职场竞争的方法。

二、活动流程

（1）课前准备工作。教师在课前结合本章节教学目标，组织开展一次校内调查活动。在校内，由学生挑选他们认为在职场上优秀的工作者，包括行政领导、专任教师、工人等。去看一看并听一听他们是怎么做好自身工作的，倾听他们的经验和体会，深入交流他们在工作上遇到的竞争、压力，以及应对的方法，感悟他们的敬业精神和事业心，倾听他们对自己的忠告。采访活动结束后，把工作者的经验和体会以及自己的认知与感受整理成书面报告材料。

（2）课堂讨论。

① 挑选出 3～5 名同学，分享他们的访谈感悟。

② 请其他同学结合自身认知谈谈感受。

三、活动总结

最后由教师进行点评和总结。

（建议用时：课前给予 3 天采访时间，课堂给予 30 分钟讨论时间）

【课后思考】

1. 思考自身具备哪些职场硬实力和软实力。
2. 总结在过去学业中遇到过的不良竞争，并思考和尝试用所学的办法去避免它。

12.2 培养创新意识

【引入案例】

"福娃之父"韩美林与奥运的不解之缘

2004 年，韩美林先生受北京奥林匹克运动会组织委员会（以下简称奥组委）的委托担任了 2008 年北京奥运会吉祥物设计组组长。经过大范围的选拔，奥组委选出了熊猫、老虎、龙、孙悟空、拨浪鼓以及阿福 6 件作品，需要设计师们在此基础之上展开设计。这些都是家喻户晓的经典形象，但单选出一个并不足以代表中国的奥运形象。因此，在既定的范围内，创作不久，团队就遇到了瓶颈。

彼时，面对多日来的毫无进展，韩美林先生果断决定跳出当前的思维定势，将限定彻底推翻，从零开始重新创作，与其受制于单一的形象限制，不如在多角色组合的方向尝试突破。

拥有新思路的第一晚正逢农历二月初二，韩美林先生与小组成员们兴奋不已，彻夜未眠埋头创作。经过一晚上的时间，吉祥物实现了从"一"到"五"的突破，5 个可爱的娃娃跃然纸上，福娃初见雏形，并决定采用"北京欢迎你"的谐音形式，为每个福娃具体命名，同时设计了中文与英文专用字体。这也是奥运吉祥物设计有史以来首次将人和动物的形象巧妙地设计在一起，创作出拟人化的表达，突出奥运以人为本的精神。

分析：福娃作为北京奥运会吉祥物，具有重要的文化价值。首先，福娃的设计传承了北京传统文化，让人们在欣赏福娃的过程中，更加深入地了解和认识北京的文化。其次，福娃的设计融入了现代设计元素，使传统文化与现代元素相融合，更具创意。

创新意识的核心在于突破思维障碍,它不仅是一种心理状态,更是一种持续的努力和实践。创新意识的内涵丰富,包含了敏锐的洞察力、开放的思维方式、勇于尝试的勇气和持续学习的习惯等关键要素。创新意识在实际工作和生活中的表现多种多样,无论是工作中的创新解决方案,还是生活中的创新产品和服务,都是创新意识的具体体现。创新意识是推动社会进步和发展的重要动力。建立创新环境、培养创新思维、鼓励创新实践等策略不仅有助于个人创新意识的培养,也有益于社会创新氛围的形成。

一、创新意识的基本内涵及其范畴

创新意识是指个体或组织在面对问题、挑战或机遇时,能够超越传统思维框架,寻求新颖、独特和有价值的解决方案的意识和倾向。这种意识不仅涉及对新颖事物的追求,更包括对现有知识和技能的批判性思考和重新组合。

从心理学的角度看,创新意识是人类思维和认知活动的高级形式,它体现了个体在思考问题时的开放性和灵活性。当个体具备创新意识时,他们往往能够从不同的角度和层面审视问题,发现那些被忽视或常规思维所无法触及的解决路径。

同时,创新意识也是一种价值观的体现。它鼓励人们突破传统的思维定势,勇于挑战权威,敢于尝试新事物。这种价值观在现代社会中尤为重要,因为它能够推动社会进步,促进科技发展,增强国家的综合国力。

二、创新意识的核心要素及其特征与表现

(一)核心要素与特征

1. 创新意识的核心要素

创新意识的核心要素主要包括以下几个方面。

(1)开放性:创新意识强的个体或组织通常具有开放的心态,愿意接受新观点、新思想和新方法。他们不固守已有的知识和经验,而是愿意在不同的文化和领域中寻找灵感和启示。

(2)探索性:创新意识的核心是探索和发现。具备创新意识的人通常具有强烈的好奇心和求知欲,他们喜欢挑战未知领域,通过不断地尝试和实验来寻找新的解决方案。

(3)冒险性:创新往往伴随着风险。具备创新意识的个体或组织通常具有敢于冒险的精神,他们愿意承担可能的风险和失败,以换取更大的成功和收益。

(4)实践性:创新意识不仅仅停留在理论层面,更重要的是要付诸实践。具备创新意识的个体或组织通常具有较强的实践能力,他们能够将想法和理论转化为实际的行动和成果。

2. 创新意识的特征

创新意识具有以下几个特征。

(1)独特性:创新意识强调独特性和新颖性。它要求个体或组织在思考和解决问题时能够摆脱传统思维的束缚,提出与众不同的见解和方法。

(2)灵活性:创新意识要求个体或组织在面对复杂问题时能够灵活变通,不断调整

和优化解决方案。这种灵活性使得他们能够更好地适应不断变化的环境和需求。

（3）跨学科性：创新意识通常涉及多个学科和领域的知识和技能。具备创新意识的个体或组织通常具有跨学科的思考能力，能够综合运用不同领域的知识来解决问题。

总之，创新意识作为一种高级的思维形式和价值观，在现代社会中具有越来越重要的意义。它不仅推动了个体和组织的发展，更推动了整个社会的进步和繁荣。

（二）具体表现

1. 工作中的创新意识

在工作环境中，创新意识的表现多种多样。

首先，具备创新意识的员工通常会主动寻求问题的解决方案，而不仅仅是满足于现有的工作流程。他们敢于挑战传统的工作方式，尝试采用新的方法来提高工作效率和质量。例如，销售人员可能会提出采用数据分析来优化销售策略，而不是仅仅依靠直觉和经验。

其次，具备创新意识的员工还倾向于跨学科、跨领域的思考。他们能够将不同领域的知识和技能结合起来，产生新的想法和解决方案。例如，工程师可能会从生物学或物理学中汲取灵感，来解决工程设计中遇到的问题。

最后，具备创新意识的员工还具备较强的实验精神。他们愿意尝试新的想法和方法，即使面临失败的风险。他们相信失败是成功的垫脚石，通过不断地实验和迭代，最终能够找到最佳的解决方案。

2. 生活中的创新意识

在日常生活中，创新意识的表现同样丰富多彩。

首先，具备创新意识的人通常喜欢尝试新的事物和体验。他们乐于接受新鲜事物，愿意跳出自己的舒适圈，去探索未知的领域。例如，他们可能会尝试不同的饮食、旅游目的地或娱乐方式，以丰富自己的生活体验。

其次，具备创新意识的人还具备较强的动手能力和创造力。他们喜欢动手制作一些东西，如手工艺品、科技产品等。他们不仅满足于使用现成的产品，更希望通过自己的双手创造出独特的东西。

最后，具备创新意识的人还具备较强的社交能力。他们善于与他人交流和合作，能够从不同的角度和思维方式中汲取灵感。他们相信集体的智慧和力量，愿意与他人共同解决问题和创造新的价值。

创新意识在实际工作和生活中的表现多种多样。无论是工作上的创新方案提出、跨学科思考和实验精神，还是日常生活中的尝试新事物、动手创造和社交合作，都是创新意识的具体体现。

案例12.3

米老鼠的诞生

美国的迪士尼曾一度从事美术设计工作。他和妻子住在一间老鼠横行的公寓里，但失业后，因付不起房租，夫妇俩被迫搬出了公寓。一天，两人呆坐在公园的长椅上，正当他们一筹莫展时,突然从迪士尼的行李包中钻出一只小老鼠。望着老鼠机灵滑稽的面孔,夫妻俩感到非常有趣,心情一下子就变得愉快了,忘记了烦恼和苦闷。这时,迪士尼头脑中突然闪过一个念头。对妻子惊喜地大声说道:"好了!我想到好主意了!世界上有很多人像我们一样穷困潦倒,他们肯定都很苦闷。我要把小老鼠可爱的面孔画成漫画,让千千万万的人从小老鼠的形象中得到安慰和愉快。"风行世界数十年之久的"米老鼠"就这样诞生了。

分析:在对问题已进行较长时间思考的执着探索过程中,需随时留心和警觉,在同某些相关与不相关的事物相接触时,有可能在头脑中突然闪现所思考问题的某种答案或启示。就像迪士尼夫妇由小老鼠触发灵感一样,许多意想不到的东西都可以成为触发灵感的媒介物。这一点常常使思考者喜出望外,兴奋异常。

三、创新意识与职业竞争力之间的密切联系

(一)创新意识对职业素养的积极影响

创新意识作为现代职业人士的核心能力之一,对职业素养的提升有着显著的积极影响。

首先,创新意识能够推动职业人士在工作中不断寻求新的方法和思路,从而提高工作效率和质量。在面对复杂多变的工作环境时,具备创新意识的职业人士能够更快地适应变化,抓住机遇,实现个人和组织的共同成长。

其次,创新意识有助于培养职业人士的团队合作精神。在创新过程中,往往需要不同领域、不同背景的人共同协作,这种跨界的合作不仅有助于拓宽职业人士的视野和思维,还能够增强他们的沟通能力和团队协作能力,进一步提升职业素养。

最后,创新意识还能提升职业人士的学习能力。在创新过程中,职业人士需要不断学习新知识、新技能,这种持续的学习过程能够使他们保持敏锐的洞察力和前瞻性,从而更好地应对职业挑战和机遇。

(二)职业竞争力对创新意识的促进作用

同时,职业竞争力也是创新意识培养的重要基础。

首先,扎实的职业基础知识和技能能够为创新提供有力的支撑。职业人士在具备丰富的专业知识和实践经验的基础上,更容易发现问题、分析问题,从而提出具有创新性的解决方案。

其次,良好的职业竞争力有助于职业人士在工作中积累丰富的实践经验。这些实践经验能够为创新提供源源不断的灵感和动力,使职业人士在面对问题时能够迅速找到切入点,提出切实可行的创新方案。

最后,职业竞争力的提升还能增强职业人士的自信心和勇气。在面对创新挑战时,具备职业竞争力的职业人士往往更加自信、果敢,敢于尝试新方法、新思路,从而推动创新的实现。

(三)创新意识与职业竞争力的相互作用

创新意识与职业竞争力之间存在着密切的相互作用关系。一方面,创新意识的提升

能够促进职业竞争力的发展和提升；另一方面，职业竞争力的提升又能为创新意识的培养提供有力支撑。这种相互作用关系使得创新意识与职业竞争力相互促进、共同提升，形成良性循环。

在这种良性循环中，职业人士不仅能够不断提高自己的工作效率和质量，还能够不断拓宽自己的视野和思维，增强自己的学习能力和团队协作能力。这种全面的提升使得职业人士在面对职业挑战和机遇时更加从容不迫、游刃有余，从而更好地实现个人和组织的共同成长。

四、创新方法与工具

创新是推动社会进步的动力。从工业革命到信息革命，每一次重大的技术突破和社会变革都离不开创新的推动。创新不仅带来了生产力的提升，还打破了旧有的框架和限制，带来全新的可能性和机遇，更改变了人们的生活方式和思维方式。在快速变化的时代，创新已成为企业、组织甚至个人不断进步和保持竞争力的关键。然而，创新并非凭空出现，它需要一系列具体的方法与工具来激发灵感、优化思维并有效实施创意。

（一）创新方法的发展与演变

创新方法的发展与演变可以追溯到古代文明时期，那时的学者们就开始探索如何促进人类的创造力。随着科技的进步和社会的发展，创新方法也在不断演变和完善。

在古代，创新方法的萌芽主要体现在哲学思想和科学实践中。古希腊哲学家苏格拉底通过提问法激发人们思考，间接培养创新思维。中国古代则注重观察自然，从自然现象中寻找启示，进而发展出如《易经》《道德经》等经典，强调顺应自然、和谐共生的哲学思想，这些思想在一定程度上激发了古代人们的创造力。

中世纪至文艺复兴时期，随着人类对自然界的探索不断深入，创新方法也开始与科学研究相结合。文艺复兴时期的巨匠们，如达·芬奇、米开朗琪罗等，他们的作品往往融合了多学科的知识，通过观察、实验和想象，创造出许多具有划时代意义的作品。

工业革命时期，随着生产力的飞速发展和科学技术的不断进步，创新方法也迎来了新的发展阶段。这一时期的创新方法更加注重实用性和效率，如泰勒提出的科学管理理论、福特汽车的流水线生产方式等，都是为了提高生产效率、降低成本而诞生的创新方法。

进入现代社会，创新方法的发展更加多元化。除了传统的科学研究方法外，还涌现出了许多新的创新方法，如头脑风暴、设计思维、TRIZ 理论等。这些方法不仅应用于科技领域，还广泛渗透到商业、教育、艺术等多个领域，成为推动社会进步的重要力量。

（二）创新的方法

1. 头脑风暴

头脑风暴是一种常见且有效的创新方法，它通过集中一群人的思想，产生新想法和解决方案。该方法的关键是鼓励参与者自由表达想法，不受任何限制，强调在自由、开放、平等的氛围中进行思想碰撞和交流，以促进创新思维。头脑风暴法通常包括准备阶段、热身阶段、自由发言阶段和总结阶段。头脑风暴法这种方法可以激发团队成员的创造力和想象力，为企业和组织提供新颖的解决方案。

有效的头脑风暴通常遵循几项基本原则。首先,数量优于质量,即鼓励参与者尽可能多地提出想法。其次,避免批评与评价,过早的评判可能会抑制创意的自由流动。再次,倡导独特的见解,不同的角度有助于拓展思维边界。最后,鼓励相互间的灵感启发,一个点子往往能催生更多的想法。

为了确保头脑风暴的效果,组织者应当设计合理的流程和环境,如限定时间、使用开放式问题引导思考,或引入辅助工具如思维导图。此外,跨学科的团队成员构成也常被证明是产生创新解决方案的有效途径。

头脑风暴不仅仅是一个创意生成的过程,更是一次团队合作与交流的练习。在这个过程中,个体的潜能得到释放,团队的凝聚力得以增强。通过这样的集体智慧,即便是最复杂的问题,也有可能找到意想不到的答案。因此,掌握头脑风暴的技巧,对于任何一个追求创新的组织或个人来说,都是不可或缺的能力。

2. 设计思维

设计思维,一种将创造性解决方案应用于复杂问题的方法论,已成为当代组织与个体寻求突破的重要工具。它不仅是一种思维方式,更是一种解决问题的策略,强调了用户体验的重要性和跨学科合作的价值。

设计思维的核心在于深入理解用户需求,通过同理心建立起对问题多维度的洞察。这一过程中,我们不断迭代原型、测试和修改,直至找到最合适的解决方案。这种以用户为中心的方法,确保了产品或服务能够真正解决用户的痛点。

在实践中,设计思维要求我们跳出常规思路,采用多元化的视角来审视问题。这种跨界思考模式促进了创新思维的激发,帮助我们在竞争激烈的市场中找到差异化的创新点。

设计思维的优势在于其灵活性和适应性,它不仅适用于产品开发,还能应用于服务设计、商业模式创新乃至社会问题解决。在不断变化的环境中,设计思维提供了一种动态的问题解决框架,使组织能够快速适应并领导变革。

3. TRIZ 理论

TRIZ 理论,即发明问题解决理论。它强调对问题的深入分析和模式识别,以发现隐藏的解决方案,由苏联时期的工程师阿尔特舒勒创立。这一理论基于从大量专利研究中提炼出的创新原理,为系统化创新过程提供方法论。其核心在于识别并解决矛盾——创新过程中遇到的基本问题和改进障碍。

TRIZ 的四个基本原则是:分割、局部品质、另一维度和先行作用。这些原则指导我们通过改变物质状态、利用空间资源或提前准备来解决问题。在实践中,TRIZ 帮助许多企业解决了技术难题,促进了新产品开发。例如,通过"局部品质"原则,某公司设计出了一种新型清洁工具——只在某些部位具有黏性的表面,捕捉灰尘而不会吸附空气中的其他颗粒。

TRIZ 理论的实践意义在于,它提供了一种结构化思考问题的框架,鼓励我们从传统思路中跳脱,探索更多可能性。在创新成为企业发展关键驱动力的今天,TRIZ 提供了一个强有力的工具,帮助我们以更高效的方式达成突破性创新。通过学习和实践 TRIZ,我们可以培养出更加灵活和深远的创新思维,不断推动科技和产业的进步。

(三)创新工具

创新并非凭空产生,可以借助一些创新工具帮助我们实现创新。创新工具是实现创新过程的加速器,它们可以是实体的工具,如最新的科技设备、实验室器材;也可以是抽象的方法,如思维导图、创新工具箱、数字化工具等。例如,思维导图可以帮助我们整理和可视化思维过程,发现新的创新点;创新工具箱则提供了一系列创新工具和模板,如 SWOT 分析、PEST 分析等,帮助我们在不同的情境下进行创新;数字化工具如人工智能、大数据分析等,能够处理海量信息,揭示数据背后的模式和趋势,为创新决策提供科学依据。这些工具的应用不仅提高了创新效率,还拓展了创新的深度和广度。

五、如何培养创新意识

创新意识的培养是提升个体和组织竞争力的重要手段,也是当代社会发展的关键要求。那么,如何有效地培养创新意识呢?这需要一套明确的方法和步骤。

(一)激发创新思维,打破思维定势

人们往往习惯于用传统的、固定的思维方式去解决问题,这种方式往往限制了我们的视野和创新能力。因此,我们要主动寻找并接触新的观念、新的知识、新的领域,让思维得以发散,为创新打开可能性。例如,我们可以定期进行跨界交流,与行业外的人士进行对话,或者阅读不同领域的书籍,以此来拓宽我们的视野。

(二)营造鼓励创新的环境

营造鼓励创新的工作环境和学习环境。

1. 工作环境

组织需要建立一种鼓励尝试、接受失败,并从失败中学习的企业文化。避免对错误的过度批评,转而鼓励从中学习和改进;提供持续的教育和培训机会,帮助员工发展所需技能,并激发他们的创新思维;确保有足够的资源(如资金、技术、人才)支持创新项目。这包括为创新项目提供专门的预算和团队,创建一个开放、包容的交流环境,鼓励员工分享想法、提出建议和反馈。通过定期的讨论会、研讨会或团队建设活动来促进这种交流;设立明确的奖励机制,以表彰和奖励创新成果,激发员工的创新积极性,并树立榜样。

2. 学习环境

从学校的角度出发,塑造有利于培养创新意识的学习环境。第一,提倡开放和包容的文化。鼓励学生提问,即使是似乎显而易见或"错误"的问题;尊重每个学生的观点和想法,即使它们与主流观点不同;接受失败作为学习的一部分,并鼓励学生从失败中学习和尝试新的方法。第二,提供多样化的学习资源。引入各种教学工具和技术,如在线资源、实验室设备、工作坊和实地考察;鼓励学生使用多种媒体和平台来表达自己的想法,如博客、视频等。第三,鼓励自主学习和协作。设定项目导向的学习任务,让学生有机会自己规划和解决问题;鼓励小组合作,促进不同想法和技能的交流。第四,培养批判性思维。教授

学生如何分析信息、评估证据和形成论点；通过讨论和辩论活动，让学生有机会辩护自己的观点。第五，强调过程而不是结果。关注学生的思考过程和解决问题的策略，而不仅仅是答案的正确性；表扬学生的努力和尝试，即使他们没有达到预期的结果。第六，引入创新角色模型。邀请科学家、艺术家、企业家等创新者与学生交流，分享他们的创新过程和经验。第七，提供反馈和支持。定期给予学生关于他们进步和创新的反馈；提供指导和资源，帮助学生解决在创新过程中遇到的困难。

（三）建立持续学习的习惯

创新往往来自对知识的深度理解和灵活运用。因此，我们需要不断地学习新的知识，了解新的技术，掌握新的方法。只有这样，我们才能在面对问题时有更多的解决方案，从而实现创新。

（1）设定学习目标：目标可以是具体的技能、知识领域或者是一个长期的职业发展路径。确保目标是具体、可衡量和可实现的。

（2）制订学习计划：根据目标，制订一个详细的学习计划。学习计划包括学习的主题、时间表、学习资源和评估方法。确保计划既有挑战性又实际可行。

（3）保持好奇心：保持对新知识、新技能的好奇心。关注行业动态，阅读相关书籍、文章和博客，参加研讨会和讲座，以拓宽你的知识视野。

（4）设定固定学习时间：每天或每周设定一段固定时间用于学习。将学习时间纳入日常安排，并确保在这段时间内专注于学习。

（5）创造学习环境：为自己创造一个有利于学习的环境。这可能包括安静的房间、适当的光照、必要的学习工具和设备。

（6）与他人分享：将所学知识与他人分享，帮助自己巩固理解，并发现新的学习机会。可以通过写作、讨论、教学等方式与他人分享。

（7）奖励自己：设定一些奖励机制，以激励自己保持学习动力。例如，在完成一项学习任务后，可以奖励自己一个小礼物、一次放松的活动或者是一次旅行。

（8）不断反思和调整：定期回顾学习计划，了解进展和需要改进的地方。根据需要调整学习目标和计划，以保持学习的连续性和有效性。

（四）学会从失败中学习

失败是创新的必经之路，我们不能因为害怕失败而避免创新。首先，要接受失败是正常现象。在生活和工作中，我们不可避免地会遇到失败和挫折。重要的是要学会接受这些失败，并不要把它们看作对个人能力的否定。相反，我们应该将失败视为一个学习和成长的机会。其次，要深入分析失败的原因。当我们遇到失败时，应该花时间仔细分析导致失败的原因。这可能需要我们回顾整个过程，找出我们犯下的错误、疏忽或不足之处。通过深入分析失败的原因，我们可以更好地理解问题所在，并为将来的成功做好准备。此外，要从失败中汲取教训。在分析了失败的原因之后，我们应该将这些教训应用到实践中。这意味着我们需要改变我们的思维方式、行为方式或策略，以避免再次犯同样的错误。最后，要保持积极的心态。虽然失败可能会带来挫折感和失望，但我们应该保持积极的心态，相信自己有能力克服失败。

（五）培养开放的心态

开放的心态可以让我们更好地接受新的观念、思想、方法。同时,开放的心态也可以让我们更好地与他人合作,共同实现创新。首先,接受多样性。认识到世界是多元化的,人们有不同的观点、文化和背景。尝试理解并尊重他人的观点,不要局限于自己的舒适区。其次,积极倾听。耐心和专注地倾听他人的意见和看法。尝试理解他们的观点,而不是急于反驳或提出自己的看法。最后,挑战自己的观念。不要过于固执己见,愿意接受新的信息和观点。当面临与自己不同的看法时,试着思考它们的合理之处,而不是立即排斥。

专题活动

"变废为宝"创意设计专题活动

一、活动目标

培养学生创新思维和动手能力。

二、活动流程

（1）教师在课前发布任务,以个人为单位收集生活中使用的塑料瓶并清理干净。准备剪刀、透明胶、绳子等工具。

（2）在课堂上,教师将班级同学分为5~8人一组,并发起头脑风暴话题,即一个塑料瓶可以做成哪些生活用品。经过讨论后,教师选择2~3组汇报创意想法。

（3）同学们在课堂上通过讨论、团队合作的方式实现创意想法,最后对作品进行展示。

三、活动总结

在教师的组织下,通过头脑风暴、团队合作、探索讨论等创新活动实践,同学们提高了洞察力、思维方式,以及勇于尝试的勇气,营造了鼓励创新的环境,帮助同学们突破思维定势,激发创新思维。

（建议用时:课前给予1天准备时间,课堂给予45分钟头脑风暴、分享、制作）

【课后思考】

1. 调研我国鼓励创新的竞赛及激励政策。
2. 搜索我国对于科技创新的知识产权保护、资金扶持、科技成果转化等方面的支持政策。

模块13　工匠精神与技能成才

哲人隽语

匠人,如果比别人做得更好,那他就是天才。

——[法]居斯塔夫·福楼拜

模块导读

强国建设,"匠心"铸就。党的二十大报告将大国工匠、高技能人才纳入国家战略人才力量,充分彰显加强新时代高技能人才队伍建设的重要性。迈步新征程,我们比任何时候都更需要呼唤工匠精神,都需要技能人才。作为职业院校学生,时代赋予我们新的使命,我们如何扛起时代大旗,弘扬工匠精神?如何实现技能成才,走好技能报国之路?让我们带着这些问题,进入本模块的学习。

本模块包括两方面的内容:涵养工匠精神、技能成才的途径。

能力目标

1. 了解工匠精神的产生与发展历程,认清工匠精神的内涵。
2. 理解工匠精神的意义和价值。
3. 认识新时代劳动者践行工匠精神的时代意义,增强践行工匠精神的能力。
4. 培养工匠精神,提高新时代劳动综合能力,争做大国工匠。
5. 了解技能人才培养的重要意义,掌握技能成才的途径。
6. 提升将理论应用于实际的能力,提高创新能力和团队协作能力。
7. 养成良好的职业道德素养,遵守行业规范,诚实守信,尊重他人,为行业发展作出贡献。

13.1　涵养工匠精神

【引入案例】

王军华:以"笨功夫"为机器铸心　用真本领为梦想铺路

11月20日,通勤车在中原油田天然气产销厂压缩机维保项目部的大门口刚刚停稳,掂着扳手、管钳,挎着背包的"设备医生"王军华,就弓着腰蹿上了车——他要赶到野外维修现场,抓紧为濮城增压站一个空压机"治病"。

王军华于1995年7月毕业于中原油田采油技校采输气专业,刚参加工作时,面对50吨重、2米高的压缩机组,听到发动机启动时产生的巨大轰鸣声,看着师傅熟练地观察压缩机的状态,他心里有点发怵。为了尽快掌握压缩机操作技巧,王军华白天跟随师傅练习操作技艺,晚上挑灯夜战,精读专业书籍,潜心学习理论知识,遇到难懂的问题,就请教师傅和工友,把得到的答案一字不落地记在笔记本上。"我自知没有什么天赋,下的都是'笨功夫',多学多练多琢磨而已。"王军华笑着挠了挠头,谦卑地说。

2020年,中原油田天然气产销厂依托压缩机实操培训基地,建成王军华创新工作室。截至发稿时,王军华创新工作室累计完成难题攻关220余项,省部级成果奖3项,油田级成果62项,累计创效600余万元。"技能工人的春天已经到来。我有责任和义务带领年轻员工,传承工匠精神。"王军华坚定地说。

(资料来源:王佳宁.中国梦·大国工匠篇 | 王军华:以"笨功夫"为机器铸心 用真本领为梦想铺路 [EB/OL]. [2023-12-05]. https://mbd.baidu.com/newspage/data/landingsuper?id=1784440554288823286&wfr=spider&for=pc&third=baijiahao&baijiahao_id=17844405542888823286.)

分析:王军华虽然学历不高,但是始终扎根天然气集输生产一线,钻研输气、压缩机运行维保业务,从一名普通的输气工成长为了一名创新型工匠,并且立志将创新成果转化为生产所需、技术所用,把钻研技能作为人生追求,这正是对践行工匠精神的最好诠释。

一、工匠精神的产生与发展

工匠精神随着人类改造世界的活动产生,虽然在不同的国家呈现的方式、具有的内涵有所不同,但是,工匠精神的潜在力量一直在深刻地影响着各国劳动者,创造着一项又一项人类奇迹,推动着历史的车轮滚滚前行。

(一)工匠精神在中国的产生和发展

工匠精神在中国,谓之中华工匠精神,具有悠久的历史,其产生与发展随着历史的演进呈现不同的时代特点。纵观中华上下五千年历史,一代又一代能工巧匠创造了璀璨的物质文明,为世界贡献了无数杰出的"中国制造",不仅如此,工匠们通过巧夺天工之作呈现的认识世界的观念、思想和方式,给世人留下了宝贵的精神财富,为世界贡献了"中国智慧",彰显了"器以载道"的工匠文化哲学,对后世产生了极大的影响。

第二次社会大分工,手工业从农业中分离出来,此后,便出现了专门从事手工劳动的生产者,即工匠。在中国漫长的手工业生产时代,工匠们不仅分工细致,生产技艺也非常了得,工匠的造物过程是工匠精神的对象化过程,工匠生产的产品是工匠精神的物化结果。工匠对造物行为的精神追求就是工匠精神的集中体现,其构成要素表现为工匠在劳动生产过程中德艺兼修、心传体知、传承创新的有机统一,其历史形成过程表现为行业制度的规范、伦理关系的建立和社会文化模式的演变。

工匠精神的发展是师徒相承、心传体知的结果。中国古代工匠的培养与传承最初主要是靠"子承父业""师徒相授"。随着经济的发展,手工业日益成熟,最初靠血缘关系以家庭为单位的代际传承逐渐走出家庭范畴,各行业形式多样的职业教育开始成为我国古代工匠之间的主要传承方式和承接体系,工匠的传承由父子相传逐渐演变为拜师学艺。老师通过传道、授业、解惑的方式,向学生传授技艺,同时师徒相互讨论、钻研技艺。工匠精神就是在这样的尊师重教中一代代传承与发扬下来的。

（二）工匠精神在外国的产生和发展

谈到国外产品，大家经常会想到德国产品的质量可靠、日本产品的精致实用、美国产品的技术先进等。这些国家的产品品质具有优良的口碑，拥有众多享誉世界的品牌和长寿企业，这些成就的取得与他们国家工匠精神的发展密不可分。

工匠精神在西方起源于古希腊、罗马时期的手工制造业，古希腊工匠在创造物质文明的过程中所形成的技艺经验和传承方式是西方工匠精神得以形成的技术前提。11世纪，工匠精神获得较大的发展。对于当时的工匠来说，劳作是上天给每个人指定的天职，在特定劳动领域内，具有一种终身使命，与日本的"神业"观念类似，在这种"天职"观念的驱动下，工匠在开展自己所从事的手工劳作时，把对上帝的虔诚和敬畏转化为对技艺专注、对产品负责、对职业忠诚的职业伦理工匠精神。

案例 13.1

物 勒 工 名

"物勒工名"起源于春秋战国时期，商鞅变法时传入秦国，成为一种社会制度。随后，汉承秦制，且在此基础上进一步发展"物勒工名"的制度，逐渐成熟和完善，建立了国家级"质量档案"——骨签。骨签是用动物骨骼制成的长条形签牌，上面刻有"物勒工名"相关要素，包括名称、数量、生产日期、各级工官与工匠姓名等。在汉代及汉代之前，勒名主要出现在官营手工业产品上，东汉中后期之后，由于国家慢慢减轻对官营手工业的控制，地方私营手工业获得发展空间，于是，便出现了民间勒名。民间勒名虽不具有官府监管的目的，但具有品质保证的作用，并逐步衍生出"商标"和"品牌意识"。汉以后历经多朝更迭，物勒工名制度基本与汉末没有太大差别，直至唐朝，国力强盛，官营手工业发达，物勒工名制度又得到新的继承和发展。唐朝官府工匠的生产，除了通过勒名进行监管，还通过专门的工匠见习制度确保工匠的生产水平，并设有相应的政府机构负责此类事务。之后的宋、元、明、清时代，随着封建专制制度自身的规律性发展，物勒工名制度经历了发展、高潮和衰退。但物勒工名这一历经千年的工匠制度所形成的工匠文化、工匠哲学、工匠精神经受住了时间的考验，继续在时代发展的滚滚浪潮中指引一代又一代的劳动者，谱写一曲又一曲的时代劳动强音，创造一项又一项的劳动辉煌，改写一个又一个的人类劳动纪录，织就劳动创造美好生活的美丽蓝图。

二、现代工匠精神的内涵与特征

现代工匠精神是现代工业文化的重要组成部分，是人类劳动文明传承与发展的结晶，其丰富的内涵和多元的形式塑造了各行各业的职业文化，推动着社会的全方位发展。

（一）现代工匠精神的基本内涵

新时代工匠精神是在传承传统工匠精神的基础上创新发展的产物，因此，新时代工匠精神的职业主体、时代特征相较于传统工匠精神都有了新的变化。"工匠精神"是劳动者敬业美德的升华，在现代社会文明进程中日益显示出跨越时空的伦理价值，其基本内涵包括执着专注、精益求精、一丝不苟、追求卓越等方面的内容。随着社会的发展，工匠精神有了更深远的含义，它代表一个集体的气质，蕴含专注、坚持、严谨、一丝不苟、精益求精等一系列的优秀品质。

弘扬工匠精神，指的是培育一种普遍的劳动价值观而不是具体的手工制造方式。首先，现代意义上的工匠精神的应用范围已经扩展至社会的各行各业，因此，从工匠精神适用的职业主体这一角度来看，新时代工匠精神的受众不仅仅指技术工人，还包括每一个劳动者、每一家企业乃至整个行业、全社会。随着信息化和智能化的发展和普及，机器已经取代了大部分手工劳动，工匠精神强调的重点不局限于精益求精的"造物"过程，同时也包括发挥"育人"的作用，使每位劳动者对所从事的工作坚持"干一行、爱一行，专一行、精一行"。其次，新时代工匠精神在"创新、协调、绿色、开放、共享"的新发展理念指导下，从社会生产（劳动）的角度重新建构劳动文化和职业伦理，汲取传统工匠精神的精华，吸纳现代社会的时代特征，丰富现代劳动文化的内涵，更好地指导新时代劳动者的实践。

（二）现代工匠精神的多元特征

现代工匠精神作为一种多元职业文化，是与当今社会经济发展相适应的，是当今工业社会的重要特征，也是工业经济发展和工业文化发展的关键推动力量。准确把握现代工匠精神的多元化特征，是保证工匠精神顺利回归新时代和发挥积极作用的基础。

在强调现代工匠精神的多元化特征时，应该肯定工匠精神的继承性。现代工匠精神是对传统工匠精神进行扬弃的结果，对新内涵的加入不能因循守旧，而要做到因时而进、因势而新，在继承的基础上进行创新。古往今来历史演变中的工匠精神，只是随着时代的进步和变迁在原有基础上增加了新时代内涵，并没有动摇其本质和基础。我们至今还用"工匠"这个在现代工业时代看起来并不适宜的词语就是佐证。所以，现代工匠精神是在扬弃历代工匠精神实质的基础上产生的符合新时代需求的结果。

现代工匠精神的多元化特征包括两层意义：一是时代内涵特征；二是行业内涵特征。相对于时代内涵特征的鲜明独特，工匠精神的行业内涵特征更显多样化。现代社会多样的行业标准、产品标准、制度规范、产业文化，决定了现代工匠精神的多元化特征。可以说，在不同的经济政治及社会文化发展阶段，工匠精神的内涵是丰富多彩的，以至于很难下一个准确的定义，就像我们很难给"文化"下一个准确的定义。它的行业内涵是丰富多样的，我们只要把握好其核心内涵，尊重其多样化即可。

案例 13.2

"火药整形师"徐立平

他是投身于航天固体燃料发动机岗位三十多年的"火药整形师"，是在极度危险的工作中精雕细琢的"航天特级技师"。2024年1月11日，全球现役最大固体火箭"引力一号"发射升空。这些固体燃料火箭能够顺利发射的关键，离不开固体燃料发动机提供的动力，在固体火箭发动机的制造过程中，需要将浇注料浆固化后的燃料面进行修整，0.5毫米是固体发动机药面精度允许的最大误差。然而，徐立平早已经练就一手绝活，雕刻精度甚至可以达到0.2毫米以内。为了确保安全性，徐立平还设计、制作和改进了30种刀具，其中

9种刀具申请了国家专利,一种刀具被单位命名为"立平刀"。长年保持一个工作姿势,加上从事火药工作的特殊性,使得徐立平的身体向一侧倾斜,双腿一粗一细,头发也变得稀少,但他却说:"每当看到长征火箭和神舟系列飞船直上云霄时,内心的那份自豪和激动是任何荣誉都取代不了的。"

分析: 从徐立平的事迹中,我们感受到的是他在危险的事业中勇往直前、不惧牺牲、敢于钻研的精神。在我们这个时代,虽然社会安定、国泰民安,人民过着稳定的生活,但是复兴中华的道路依旧道阻且长,所以广大青年人应该带着"工匠精神"去对待学习和工作,以此为榜样不断拼搏,培养自己的"匠心",也必将成就更美好的自己。

三、涵养工匠精神的时代意义

(一)涵养工匠精神有利于推动经济高质量发展

"我国经济已由高速增长阶段转向高质量发展阶段",这就需要我们用"高质量发展"锚定目标,转变发展方式、优化经济结构、转换增长动力。实现更高质量、更有效率、更加公平、更可持续、更为安全的发展。即推动高质量发展要依靠创新、协调、绿色、开放、共享等核心要素,而工匠精神正是对这些要素的生动诠释。

一方面,涵养工匠精神有助于提升产品质量,增强企业核心竞争力。正如习近平总书记在2023年全国两会期间提出的明确要求。"在激烈的国际竞争中,我们要开辟发展新领域新赛道、塑造发展新动能新优势,从根本上说,还是要依靠科技创新。"通过培养员工对工匠精神的深刻理解与实践,可以建立稳固的质量保障体系,推动企业在技术研发、产品创新等方面取得突破,从而提升整体竞争力。另一方面,涵养工匠精神有助于推动产业转型和升级,为经济高质量发展提供内生动力。高质量的发展离不开对产品和服务质量的严格要求,在全球经济格局不断变化的背景下,我国产业的发展需要实现从传统模式向现代化、高端化转型。通过涵养工匠精神,激发全社会的创新活力,促进企业进行技术革新和产品升级,进而推动整个产业的转型升级,推动经济持续健康发展,提升国家的综合实力。

(二)涵养工匠精神有利于培养优秀的人才队伍

涵养工匠精神对于建设优秀人才队伍具有不可或缺的作用。在当今时代,人才作为国家发展的核心力量,其重要性不言而喻,为了培养一支高素质的人才队伍,我们需要从多个方面进行努力,其中就包括了对工匠精神的涵养,通过涵养工匠精神,我们可以有效提高个人的综合素质,从而为培养优秀的人才队伍奠定坚实的基础。

首先,涵养工匠精神有助于提升职业技能水平。优秀的工匠始终坚守着"技艺精湛、品行端正"的职业信念,他们不断学习、钻研,努力提高自己的专业技能。在当今社会,这种对职业技能的追求依然具有深远的意义。只有不断提高自身的职业技能,才能更好地适应社会发展的需求,为国家的发展贡献更多的智慧和力量。其次,涵养工匠精神有利于培养良好的职业态度。工匠们以敬业、乐业为美德,对工作充满热情,认真负责。在面对困难和挑战时,他们坚守岗位,勇于担当,锲而不舍。这种职业态度不仅有助于个人的成长,更对国家的发展具有深远的影响。最后,涵养工匠精神还有助于提升职业素养。在当今社会,这种职业素养显得尤为重要,提高职业素养不仅有助于树立良好的社会形象,提升行业的整体水平,更能为国家经济社会发展创造更多的价值。

(三)涵养工匠精神是实施"一带一路"倡议,推动中国制造走出去的需要

无论是在传统制造还是现代智能制造领域,工匠始终是中国制造业的中坚力量。工匠们的守正创新、追求卓越是我国从"中国制造"走向"中国智造"、从"富起来"走向"强起来"的必要支撑。

进入新时代,中国正处于从"中国速度"向"中国质量"、从"中国产品"向"中国品牌"转变的关键时期,这一转变不仅需要技术的革新和升级,更需要工匠精神的传承和发扬。在当前制造业转型升级的关键时期,弘扬工匠精神具有十分重要的意义。大力弘扬执着专注、精益求精、一丝不苟、追求卓越的工匠精神:一方面,不仅有助于建设一支"知识型、技能型、创新型"产业大军与大国工匠,为制造业的可持续发展提供坚实的人才保障;另一方面,更能够为推动我国实现高质量发展和第二个百年奋斗目标提供重要精神动力,从而提升中国制造的全球竞争力,有助于推动"一带一路"倡议的深入实施,也将为全球经济的繁荣与发展做出积极贡献。

案例 13.3

关于推动现代职业教育高质量发展的意见(节选)

(一)指导思想。以习近平新时代中国特色社会主义思想为指导,深入贯彻党的十九大和十九届二中、三中、四中、五中全会精神,坚持党的领导,坚持正确办学方向,坚持立德树人,优化类型定位,深入推进育人方式、办学模式、管理体制、保障机制改革,切实增强职业教育适应性,加快构建现代职业教育体系,建设技能型社会,弘扬工匠精神,培养更多高素质技术技能人才、能工巧匠、大国工匠,为全面建设社会主义现代化国家提供有力人才和技能支撑。

(二十二)优化发展环境。加强正面宣传,挖掘宣传基层和一线技术技能人才成长成才的典型事迹,弘扬劳动光荣、技能宝贵、创造伟大的时代风尚。打通职业学校毕业生在就业、落户、参加招聘、职称评审、晋升等方面的通道,与普通学校毕业生享受同等待遇。对在职业教育工作中取得成绩的单位和个人、在职业教育领域做出突出贡献的技术技能人才,按照国家有关规定予以表彰奖励。各地将符合条件的高水平技术技能人才纳入高层次人才计划,探索从优秀产业工人和农业农村人才中培养选拔干部机制,加大技术技能人才薪酬激励力度,提高技术技能人才社会地位。

(资料来源:中共中央办公厅,国务院办公厅印发.关于推动现代职业教育高质量发展的意见[EB/OL].[2021-10-12]. https://www.gov.cn/gongbao/content/2021/conte nt_5647348.htm.)

四、职业院校学生涵养工匠精神的路径

国之重器,始于匠心,唯匠心以致远。伟大时代需要伟大工程,伟大工程需要伟大精神支撑和引领,奋斗新征程、建功新时代,全社会应大力弘扬工匠精神,向着第二个百年奋斗目标奋勇前进。具体从职业院校学生操作层面而言,可以从以下四个方面着手。

(一)系统学习专业知识,深化理论素养

在高职院校的学习过程中,学生们需要为未来职业生涯奠定坚实基础,为了实现这一目标,他们需要系统学习专业知识。首先,学生们应通过多样化的学习途径,如阅读专业书籍和参加学术讲座、实习实践等来拓宽自己的视野和知识面。其次,高职院校的学生们还需要保持对新技术、新工艺的敏感度和好奇心。随着科技的快速发展,行业内的技术和工艺也在更新换代,因此,学生们需要时刻保持学习的热情和动力,不断学习和掌握新知识、新技能。最后,注重理论与实践相结合是学生们不可或缺的一部分。学生们需要在学习的过程中不断实践锻炼,通过实际操作来提升自己的技能水平,只有这样,他们才能够真正将所学知识运用到实际工作中,实现自我价值和社会价值的双重提升。

(二)积极参与技能竞赛,锤炼实践操作技能

高职院校作为培养技术技能人才的重要基地,其实践操作技能的培养显得尤为重要。因此,高职院校学生应积极参与各类技能竞赛活动,通过实践操作的锤炼,不断提升自己的技能水平和问题解决能力,为未来的职业发展打下坚实的基础。首先,参与技能竞赛有助于提升学生的实践操作技能。在竞赛过程中,学生需要反复练习、不断改进,力求达到最佳状态。这种高强度的训练不仅能够提升学生的操作技能,还能够培养他们的耐心、专注力和精益求精的工匠精神。其次,技能竞赛有助于培养学生发现问题、分析问题、解决问题的能力。这种能力在未来的职业生涯中同样非常重要,因为在工作中,员工需要具备独立思考和解决问题的能力,以应对不断变化的工作环境和需求。最后,参与技能竞赛还能够促进学生的交流与合作能力。在竞赛过程中,学生需要与同行进行深入的交流和学习,分享彼此的经验和技巧,这种互动不仅能够拓宽学生的视野,还能够培养他们的团队协作精神和沟通能力。在未来的职业发展中,这些能力同样具有不可或缺的价值。

(三)培养高度专注力,树立精益求精的工作态度

对于学生而言,培养高度专注力,树立精益求精的工作态度,不仅是学业上的要求,更是未来职业生涯中不可或缺的素质。首先,专注力是成就卓越的基础。无论是学习还是工作,只有保持高度的专注和耐心,才能深入钻研,不断提升自己的技艺。因此,培养专注力,是每个学生和职场人士都应该努力追求的目标。其次,追求卓越需要不断反思和改进。在专注工作的同时,学生们还要时刻保持清醒的头脑,对自己的工作方法和流程进行反思和改进,只有这样,我们才能发现问题、解决问题,不断提高自己的工作效率和质量。通过不断追求卓越,我们不仅能够提升自己的职业竞争力,还能为未来的职业发展奠定坚实基础。最后,精益求精的工作态度是职业生涯的宝贵财富。在工作中,同学们不仅要追求表面的完美,更要注重内在的细节和品质。只有对自己的作品和成果始终保持高标准、严要求,才能在激烈的竞争中脱颖而出。

(四)汲取工匠榜样之力,传承工匠精神

对于学生来说,身边的工匠榜样是一种宝贵的学习资源,学习他们的成长经历、工作态度和技艺水平,对于提升学生的职业素养和技能水平具有重要意义。首先,学生应该积

极寻找身边的工匠榜样。这些榜样可能来自于学校、社区、家庭等各种场合。他们可能是学校里的老师、同学,也可能是社区里的工匠师傅,甚至是家中的长辈。学生应该善于观察,发现身边的这些优秀人才,并主动向他们请教和学习。其次,了解工匠榜样的成长经历是学习的重要一环。这些经历不仅可以激励学生在自己的学习和生活中也保持积极向上的态度,还可以帮助学生掌握应对困难和挑战的方法和技巧。此外,工匠榜样的工作态度也是学生需要学习的重要内容,他们对待工作的敬业精神和专注程度,以及对待客户的真诚和热情,都是学生应该学习的品质。最后,学习工匠榜样的技艺水平也是至关重要的。学生应该通过观察和学习,掌握他们精湛的技艺和独特的技能,这不仅可以帮助学生在未来的学习和工作中更好地应对各种挑战和问题,还可以提高学生的创新能力和创造力。

案例 13.4

全国五一劳动奖章获得者彭菲:与人工智能共同成长

"一直学习新知识的过程确实不轻松,很有挑战性。"说起自己的研究,彭菲一改生活中的腼腆和内向,侃侃而谈,语气里透着兴奋和自豪。

2023 年 38 岁的彭菲是汉王科技股份有限公司研发中心研发经理,2023 年全国五一劳动奖章获得者。2010 年,她从清华大学获得硕士学位后,来到汉王公司,成为一名算法工程师。13 年来,彭菲先后从事红外光人脸识别、可见光人脸识别、手掌静脉识别、智能视频分析等多项人工智能算法的研发和改进工作。她牵头研发的人工智能算法落地教育、安防等多个领域,创造了近 10 亿元的经济效益。3 年前,疫情打乱了大家的生活,口罩让人脸识别技术面临新的挑战。彭菲迅速组织算法团队成员,攻关如何进行戴着口罩的人脸识别。她设计了多套算法方案,一一进行验证,短短几周时间就拿出了高精度的戴口罩人脸识别方案。当时,每推出一版算法,彭菲和团队成员们就利用公司内部手机考勤线上人脸打卡的机会进行试验,一发现问题就立马改。不但如此,彭菲还主导(参与)了手掌静脉识别、指静脉识别、虹膜识别、步态识别等多项生物特征识别技术的研究。

"人工智能领域技术发展太快了,永远都有新东西出现,你必须要一直去学习。"彭菲说,与人工智能共同成长,她享受这种不断探索新事物的过程。

(资料来源:王天淇.全国五一劳动奖章获得者彭菲:与人工智能共同成长[N].北京日报,2023-05-26,有删改.)

🔎 专题活动

工匠精神在心中

一、活动目标

深入理解工匠精神的意义和价值,培养实践能力和创新思维,激发职业兴趣和热情,为未来职业生涯做准备。

二、活动流程

(1)导入:介绍工匠精神的内涵和重要性,播放"工匠精神"短片。

(2)分组讨论及汇报:学生分组,每组 5~6 人;讨论实际案例中的工匠精神,每组派代表分享成果。

(3) 实践：分发石膏板，学生雕刻创作，展现工匠精神；完成后展示作品，分享创作思路和感受。

(4) 反思与总结：反思活动表现，思考如何在日常生活中践行工匠精神；教师总结活动，强调工匠精神的重要性，鼓励学生将其作为人生追求。

三、活动作业

(1) 写一篇关于工匠精神的感想，加深理解。

(2) 在日常生活中践行工匠精神，注重细节、追求卓越等。

(建议用时：40分钟)

【课后思考】

1. 简述工匠精神的含义及其在现代社会中的重要性。
2. 结合实际案例，谈谈如何在工作中践行工匠精神。

13.2 技能成才的途径

【引入案例】

深圳职业技术学院特色产业学院探路双元育人

2020年，在华为5Gstar超仿真训练系统发布会上，深圳职业技术学院（简称"深职院"）向与会代表讲述了深职院与华为比翼齐飞的故事。从2006年至今，双方建立了全国高校首家华为合作授权培训中心、华为网络技术学院等，校企深度协同育人硕果累累。深职院与华为共同将面向在岗工程师的培训认证，转化为适合零基础在校生学习的课程体系，探索出课证融通的精准育人模式，助推"电信小白"进阶为"IT高手"。如今，该模式桃李满天下，深职院学生多次夺得华为ICT（信息与通信技术）技能大赛全球总冠军，双方还联合在德国、马来西亚、保加利亚、乌克兰等国建立5个职教培训中心，将ICT技术和课程推向全球。

分析： 职业教育即将迎来最好的时代，而产教融合正徐徐推开这扇时代的大门。深圳职业技术学院与华为在人才培养方面具备天然的互补性，双方基于共同愿景携手合作，探索出了一条培育ICT人才的全新之路。通过此种联合培育模式，为职业院校学生职业技能提升提供了高质量专业实践的平台，在这一平台，学生可以将学校所学知识、技能与企业岗位需求无缝对接，从而让学生提高了职业技能、提升了综合素养、实现了人生目标。

一、新时代职业技能人才培养的重要意义

（一）巩固和发展工人阶级先进性，增强国家核心竞争力

随着科技的不断进步和产业结构的优化升级，工人阶级作为国家的领导阶级，其先进性的保持和发展显得尤为重要。加强技能人才培养，不仅有助于提升工人阶级的整体素

质和技术水平,更能够确保他们在推动社会经济发展中发挥更加突出的作用。这既是对工人阶级地位的巩固,也是对其历史使命的更好履行。同时,技能人才是国家核心竞争力的关键要素。在经济全球化的大背景下,国家之间的竞争日益激烈,而技术创新和产业升级则是决定胜负的关键因素。加强技能人才培养,不仅是为了满足当前经济社会发展的迫切需要,更是为了培养一支能够应对未来挑战的高素质技术人才队伍,从而确保国家在全球竞争中立于不败之地。

(二)增强科技创新能力,推动技术创新和科技成果转化

技能人才是国家科技创新和经济发展的重要基石,也是提高国家整体科技水平的重要途径,技能人才的素质和水平直接关系到国家的科技竞争力和经济发展。他们在实践操作中积累了丰富的经验,具有敏锐的问题意识和解决问题的实际能力,能够将科技成果应用到实际生产中,将理论知识转化为生产力,实现科技成果的转化和应用,这不仅能够提高生产效率,推动产业升级,还能够为国家经济发展注入新的动力。

(三)缓解就业结构性矛盾,推动经济高质量发展

当前,我国正处于经济转型升级的关键时期,对高技能人才的需求日益迫切。然而,当前劳动力市场上存在技能短缺的问题,许多传统行业岗位逐渐被自动化和智能化替代,而新兴领域则对高技能人才有着迫切需求。这种结构性矛盾,不仅影响了就业市场的稳定,也制约了经济的持续健康发展。因此,通过加强技能人才培养,提高劳动力的整体素质和专业技能水平,能够更好地缓解就业结构性矛盾,推动经济高质量发展。

案例 13.5

中国职业技能竞赛发展概况

我国开展职业技能竞赛始于 20 世纪 50 年代的工人技术比赛、技能比武等活动。2022 年 4 月修订的《中华人民共和国职业教育法》规定:"国家通过组织开展职业技能竞赛等活动,为技术技能人才提供展示技能、切磋技艺的平台,持续培养更多高素质技术技能人才、能工巧匠和大国工匠",为开展职业技能竞赛工作提供了法律保障。

1. 职业技能竞赛发展历程及其成果

经过不懈努力,在我国已经初步形成了一个以世界技能大赛为引领、中华人民共和国职业技能大赛(以下简称"全国技能大赛")为龙头、全国行业职业技能竞赛和地方各级职业技能竞赛以及专项赛为主体、企业和院校职业技能比赛为基础,具有中国特色的职业技能竞赛体系。全国每年有上千万名企业职工和院校师生参加各级各类职业技能竞赛,通过以赛促学、以赛促训、以赛促评、以赛促奖,推动技能人才队伍建设取得积极成效。截至 2022 年年底,全国技能劳动者总量超过 2 亿人,占就业人员的 26%,高技能人才超过 6000 万人,占技能劳动者的 30%,为推动高质量发展、推进中国式现代化建设提供了有力技能人才支撑。具体成果如下。

一是积极参加世界技能大赛并取得优异成绩。截至 2022 年已举办 47 届。我国 2010 年加入世界技能组织以来,共参加 6 届世界技能大赛,215 名选手走上世界技能竞技舞台,

累计取得57枚金牌、32枚银牌、24枚铜牌和63个优胜奖。2017年第44届世界技能大赛和2019年第45届世界技能大赛我国均位居金牌榜、奖牌榜和团体总分世界第一。二是创新举办中华人民共和国职业技能大赛。经国务院批准,人力资源和社会保障部创新举办全国职业技能大赛,目前已成功举办两届。三是统筹举办全国行业职业技能竞赛。每年人力资源和社会保障部会同有关部委、行业组织、大型央企组织一类职业技能竞赛近10项,二类职业技能竞赛60~80项,推动各行各业技能人才队伍建设工作。四是积极指导支持各地开展职业技能竞赛。全面推动省、市、县三级综合性职业技能竞赛活动普遍开展,截至2023年年底,全国2/3以上的省份举办了省级综合性职业技能竞赛。

2. 职业技能竞赛奖励政策

人力资源和社会保障部不断完善职业技能竞赛获奖选手一次性物质奖励机制:首先,从国家层面对在世界技能大赛获得金、银、铜牌及其教练团队颁发金、银、铜牌,同时分别给予30万元、18万元、12万元的一次性奖励,对获得优胜奖的选手给予5万元的一次性奖励,对其他参赛选手颁发参赛证书。其次,各级人力资源和社会保障部门、工青妇(工会、共青团、妇联)等群团组织,对竞赛优秀获奖选手授予"技术能手""五一劳动奖章""青年岗位能手""三八红旗手"等荣誉,同时颁发中级、高级专业技术等级证书。最后,还设置了"参赛代表团最佳选手奖""西部技能之星""优秀组织奖""突出贡献奖"等荣誉称号,对获奖选手和专家团队等给予奖励。另外,许多竞赛获奖选手技能成才的典型事迹被中央电视台等各类媒体广泛宣传报道,成为青年学习的楷模。由此,推动技术工人政治、经济待遇和社会地位不断提高,增强技能人才的职业荣誉感。

二、职业院校学生职业技能提升存在的问题

随着经济的发展和社会的进步,职业教育在我国的教育体系中扮演着越来越重要的角色。然而,在现实中,当前职业院校学生在职业技能提升方面却面临着诸多问题和挑战。这些问题不仅影响了学生的学习效果,也限制了他们未来的职业发展。

(一)学习目标不清,理论与实践脱节

当前学生在学习过程中,有时存在缺乏明确的学习目标,导致理论与实践脱节的情况。一方面,学生在课堂上接受的理论知识较为抽象,难以与实际工作情境相结合。很多学生在听完课程后,虽然对理论知识有了一定的了解,但由于缺乏实际操作的机会和场景,他们很难将这些知识转化为实际应用的能力。另一方面,学生在实践中遇到的问题又往往缺乏理论支持,难以得到有效解决。由于缺乏理论指导,学生在实践中往往只能凭借经验和直觉来应对问题,这不仅影响了问题的解决效率,还可能导致问题进一步恶化。

(二)学习方法不当,学习效率低下

对于许多职业院校的学生而言,他们常常面临着学习方法不当、学习效率低下的困境。这不仅影响了他们的学业成绩,更阻碍了他们在专业领域内的深入发展。例如,部分学生过于依赖教材和课堂讲解,忽视了自主学习和探究学习的重要性,使得他们在面对实际问题时缺乏独立思考和解决问题的能力。再如,还有一些学生缺乏明确的目标和计划,

导致时间利用效率低下,难以有效地掌握知识和技能。

(三)学习模式固化,创新意识薄弱

在现代社会,创新是推动社会进步和发展的重要动力。然而,部分职业院校学生的学习模式却过于固化,缺乏创新意识。这不仅限制了学生的个人发展,也对社会的创新进步构成了一定阻碍。这主要表现在两个方面:一是学生在学习过程中缺乏批判性思维,难以对所学知识进行独立思考和判断。然而,受传统教育模式的影响,部分学生习惯于被动接受知识,缺乏主动探索的精神,他们不敢或不愿对所学知识进行质疑,更不敢提出自己的见解。二是学生缺乏实践能力和创新精神,难以将所学知识应用于实际工作中。创新不仅仅是理论上的构想,更需要实践中的探索和尝试。

(四)学习态度不佳,职业素养缺乏

学习态度是决定学习效果和职业发展的重要因素之一,它关系到个人的知识积累、技能提升以及未来的职业生涯。然而,部分职业院校学生的学习态度和职业素养存在一定不足。这主要表现在以下几个方面:一是部分学生缺乏责任心和使命感,对自己所从事的事业或工作缺乏深层次认同,难以全身心投入学习中;二是部分学生缺乏自律性和自我管理能力,难以保持良好的学习状态,导致他们无法有效地管理自己的时间和行为,容易受到外界因素的干扰和影响;三是部分学生缺乏团队合作精神和服务意识,使他们难以与他人协作、沟通,更难以提供优质的服务,从而难以适应职场环境。

案例 13.6

我从高职毕业,当了清华老师

"高职生教清华学生,你真的行吗?"答案是肯定的。据报道,毕业于陕西一所高职院校的邢小颖,在扎实度过实习期后,于2014年正式被清华大学聘用为实践指导老师。今年29岁的她,已在清华任教9年,其间邢小颖完成了一份份成绩单:完成了专升本考试;考取热加工工艺方面的教师资格证;连续八年获评清华大学基础工业训练中心实践教学特等奖和一等奖。邢小颖的成才之路也不是孤例,光是在清华大学基础工业训练中心,就有不少如她一样出身的职业技能人才。在产业界,近年来更是有不少年轻人在国际技能大赛上大放异彩,譬如前段时间的宁波"00后"小伙蒋昕桦,在国际大赛上获得重型车辆维修项目金牌,实现中国0的突破;再往前,还有高职毕业生靠"刮腻子""做木工"斩获世界冠军……

分析: 邢小颖的职业教育经历,也印证着作家格拉德威尔的"一万个小时定律"——"人们眼中的天才之所以卓越非凡,并非天资超人一等,而是付出了持续不断的努力。1万小时的锤炼是任何人从平凡人变成世界级大师的必要条件。"邢小颖在铸造专业所下的功夫,远远超过了一万个小时。所谓"成功",的确不是天赐的,而是需要个人日拱一卒的努力与坚持。

(资料来源:高职生清华当老师,不是简单的"成功学鸡汤"[N].湖南日报,2023-05-07,有删改.)

三、职业院校学生的技能成才路径

(一) 坚定正确的成才方向,展现新时代的青年担当

1. 明确技能成才的政治站位与职责使命,树立服务人民、奉献社会的崇高理想

在新时代的洪流中,职业院校学生作为国家未来发展的重要力量,必须深刻认识到技能成才对于国家发展、民族复兴的重大意义。因此,作为新时代青年学生应明确自身的政治站位,将个人成长与国家命运紧密相连,积极学习掌握与所学专业紧密相关的专业技能,确保所学能够服务人民、服务社会。为此,职业院校学生需要不断增强"四个意识",坚定"四个自信",做到"两个维护",始终在思想上政治上行动上同党中央保持高度一致。他们应积极响应国家的号召,投身于各行各业的建设中,为实现中华民族伟大复兴的中国梦贡献自己的力量。

2. 树立持续学习的政治自觉,不断提升自身综合素质,适应新时代的发展需要

面对知识更新迅速、技术变革加速的新时代,职业院校学生必须树立终身学习的理念,将学习作为一种政治责任和精神追求。做到以高度的自觉性和主动性投身于学习中,不断汲取新知识、掌握新技能,努力提升自身综合素质。同时,还应关注国家发展战略和市场需求,紧密结合实际,有针对性地提升自己的专业技能和实践能力。通过不断学习和实践,他们将更好地适应新时代的发展需要,成为具备创新精神和实践能力的高素质技术技能人才。

(二) 提升专业技能水平,奠定成长成才基石

1. 加强专业课程学习,打牢理论基础

在快速变化的现代社会中,专业技能的提升已经成为个人成长和事业成功的关键因素。特别是在职业教育领域,学生更需要通过不断加强专业课程学习来提升自身的专业技能水平,为未来的职业生涯奠定坚实的基础。因此,在校学生应深入钻研专业课程,全面理解并牢固掌握专业基础知识。这不仅包括专业知识的学习,还包括相关学科的学习,通过构建完整的知识体系,学生可以在理论层面上对专业有更深入的认识和理解。此外,还可以通过参加学术讲座、研讨会等活动,了解专业前沿动态,拓宽视野,增强理论素养。

2. 积极参与实践训练,提高实际操作技能

积极参与实践训练,提高实际操作技能是提升专业技能的关键。理论知识的掌握是基础,但要将这些知识转化为实际操作技能,就需要通过实践训练来加以锻炼。一方面,职业院校学生可以通过积极参与实验、实训、实习等实践教学活动,将理论知识转化为实践技能,提高实际操作能力。另一方面,还可以通过参与各类社会实践活动,如社区服务、环保行动、公益活动等,不仅可以培养学生的社会责任感和公民意识,还能让他们在实际操作中发现问题、解决问题,提升技能水平。

3. 主动寻求技能提升途径,拓宽学习渠道

主动寻求技能提升途径,拓宽学习渠道是提升专业技能的必备素质。学生应主动拓

宽学习渠道,一方面,通过参加技能竞赛、创新创业等活动,不断提升自身技能水平,增强竞争力。例如可以积极参加中华人民共和国职业技能大赛、全国行业职业技能竞赛、世界职业院校技能大赛等。这些活动不仅可以让学生展示自己的才能,还能让他们在实践中不断磨炼技能,提升综合素质。另一方面,学生应时刻关注国家发展和社会进步的需求,将个人发展与国家需要相结合,实现个人价值与社会发展的共赢。例如,通过参与创业项目、社会调查等社会实践活动,学生不仅可以锻炼自身能力,更能为社会进步和发展做出积极贡献。

(三)全面提升综合素质,积极适应瞬息万变的社会发展

1. 加强职业道德素质,塑造高尚的人文素养

在新时代的大背景下,职业院校学生肩负着推动社会进步和发展的重要使命。为此,他们必须深刻认识到职业道德的重要性,自觉加强职业道德教育。通过系统的课程设置和丰富的实践活动,学生应能够全面理解职业道德的内涵和要求,积极践行职业操守,培养良好的职业道德风尚。同时,他们还应注重提升人文素养,通过学习文学、历史、哲学等人文课程,领略人类文明的瑰宝,开阔视野,陶冶情操,树立正确的世界观、人生观和价值观。这样的综合素质提升,将为学生未来的职业生涯奠定坚实的思想基础,使他们在工作中能够充分发挥专业技能,为社会的发展贡献智慧和力量。

2. 锤炼团队协作和沟通能力,打造高效的工作团队

在现代社会,团队协作和沟通能力已经成为衡量一个人综合素质的重要标准。通过与其他同学的紧密合作,他们可以锻炼自己的团队协作和沟通能力,学会在团队中发挥自己的优势,协调各方面资源,共同完成任务。这样的锻炼不仅能够提高他们的技能水平,还能够培养他们的团队合作精神和沟通能力,为他们未来的职业发展打下良好的基础。同时,他们还应注重提升自己的领导力,学会带领团队,激发团队成员的潜力,共同创造卓越的业绩。

3. 激发创新创业精神,开辟职业发展的新天地

创新是引领发展的第一动力,也是推动社会进步的重要源泉。职业院校学生应积极激发创新创业精神,敢于尝试新事物、新方法,勇于挑战传统观念和旧有模式。通过参加创新创业竞赛、实践项目等活动,他们可以锻炼自己的创新思维和实践能力,积累宝贵的创新创业经验。同时,他们还可以积极关注行业发展趋势和市场需求变化,结合自己的专业知识和技能,开发具有市场竞争力的创新产品和服务。这样的创新创业实践,将为学生未来的职业发展创造更多的可能性,开辟更加广阔的新天地。

案例 13.7

跟随妈妈在制衣厂长大的她,获世界时装比赛冠军

在第46届世界技能大赛特别赛时装技术项目中,来自湖南工艺美术职业学院的23岁青年教师董青技高一筹,从20个国家和地区的选手中脱颖而出,斩获时装技术项目金牌,实现我国在世界技能大赛时装技术项目上的"三连冠"。董青从事服装专业,源于妈妈的

影响。在她小学和初中的时候,董青的妈妈一直在广东服装厂打工,每年寒暑假,妈妈在流水线上踩缝纫机做衣服,她就在一旁玩耍。耳濡目染下,董青渐渐喜欢上了服装制作,并在中考后进入职业学校服装专业学习。董青2020年从湖南工艺美术职业学院服装与服饰设计专业毕业后,由于表现优异留校任教。在校期间,她多次代表学校参加职业技能竞赛,获得各类技能大赛奖项,还有人力资源和社会保障部颁发的"全国技术能手"称号。

分析: 从董青的事迹中,我们看到她从中等职业学校出发,到走出国门登上世界舞台,用行动证明了技能可成才、技能可报国。这是一个职校生的辉煌时代,这个时代赋予了我们展示技能、展示自我的机会,对现在的职业院校的学生来说,想要凭借技能看见更大的世界,不仅要具备高超的专业技能,还要不断提高理论知识水平,学习最前沿的技术,把握行业发展趋势,勇于探索,不屈不挠。

(资料来源:跟随妈妈在制衣厂长大的她,获世界时装比赛冠军[EB/OL]. [2022-10-31]. https://m.gmw.cn/baijia/2022/10/31/1303181929.html.)

专题活动

职业技能提升工作坊

一、活动目标

提升职业技能,培养团队合作和问题解决能力,增强自信心和职业竞争力。

二、活动准备

确定活动主题,准备学习资料和案例,安排场地和设施,邀请讲师。

三、活动流程

(1) 开场致辞:介绍主题和目的,讲师介绍背景。
(2) 理论学习:讲师讲解理论知识和实践经验,参与者提问互动。
(3) 小组讨论:分组讨论实际工作中的问题和解决方案,分享经验。
(4) 实践演练:通过角色扮演实践所学技能,提高实际应用能力。
(5) 分享与总结:小组代表分享收获,讲师点评和总结。
(6) 活动结束:感谢参与,鼓励应用所学,分发资料和联系方式。

(建议用时:40分钟)

【课后思考】

1. 简述技能成才的重要性。
2. 分析新时代职业院校学生如何提升自己的专业技能。

模块14　法律法规与职场行为规范

哲人隽语

在一切能够接受法律支配的人类的状态中,哪里没有法律,哪里就没有自由。

——[英]约翰·洛克

模块导读

在现代职场中,法律法规与职场行为规范不可或缺。它们和职业道德一起,为员工提供了明确的指导和行为准则,帮助员工更好地适应职场环境,维护自身权益,并与企业和同事建立和谐的关系,不仅保障了社会的正常运转,也为个人的职业生涯提供了明确的指导。

我国现处于经济社会快速发展期,劳动方式逐渐多样化,劳动关系、劳动权益呈现出多元化的趋势。青年学生要熟悉相关的劳动法律、职场行为规范,并能运用专业知识解决劳动关系中的实际问题,明确在劳动关系中自己的法律义务,切实维护自身的权益,并逐渐能承担作为一名劳动者应尽的责任,从而更加从容地迎接未来正式的职场劳动。本模块将深入探讨劳动法律法规体系,研究劳动权益、劳动合同以及劳动权益和劳动合同的关系,探索职场规范的制度与实践,引发我们关于法律法规和职场行为规范的思考,从而确保行为既合法又符合职场行为规范。

能力目标

1. 了解我国劳动法律法规基础知识。
2. 学会养成良好的法律素养。
3. 学会运用劳动法律法规知识维护自身合法权益。
4. 掌握劳动合同基础常识。
5. 掌握职场行为规范常识。
6. 能够在实际工作中确保个人行为符合法律法规和行业规范要求。

14.1　劳动法律法规体系

【引入案例】

张华诉蓝天科技有限公司违法解雇案

蓝天科技有限公司(以下简称"蓝天公司")是一家大型科技公司,近年来业绩稳步上升。张华自公司成立之初便加入,担任技术部的高级工程师,多次为公司解决技术难题,为公司的发展立下汗马功劳。然而,近期张华突然收到了公司的解雇通知。

蓝天公司向张华发出的解雇通知中,列出的解雇理由是张华在工作中存在严重的违规行为,包括泄露公司机密、违反公司保密协议以及工作态度消极等。对此,张华感到十分震惊,他认为自己在工作中一直恪尽职守,从未做过任何违反公司规定的行为。

为了维护自己的合法权益,张华决定向当地劳动人事争议仲裁委员会提起仲裁。经审理,仲裁庭认为蓝天公司提供的证据不足以支持其解雇张华的行为。仲裁庭指出,尽管张华在工作中可能存在一些不足,但并未达到严重违反公司规章制度的程度。因此,仲裁庭裁定蓝天公司的解雇行为违法,要求公司向张华支付相应的赔偿。

分析:对于员工而言,如何确定自己的合法权益受到侵害?该如何通过法律途径寻求公正,维护自己的权益?我们在实际生活中碰到劳动权益问题时,往往因为缺乏相应的法律知识和常识、维护自身合法权益的意识,导致事情最后不了了之。所以,学习一些劳动方面的法律知识,对于我们在职场中维护自身合法权益是十分必要的。

一、劳动法律法规体系

(一)法律法规的概念

法律是国家制定并公布的具有普遍约束力的行为规范,是国家权力的表现和体现。而法规是由授权的机关或组织制定并公布的规范性文件,可以视为法律的补充和细化。法规通常具有具体细致、适用特定领域、依法制定、服务于法律等特点。

此外,法律法规的范围也很广泛,包括中华人民共和国现行有效的法律、行政法规、司法解释、地方性法规、地方性规章、部门规章及其他规范性文件,以及这些法律法规的不时修改和补充。其中,法律有广义和狭义两种理解。广义上,法律泛指一切规范性文件;狭义上,仅指全国人民代表大会及其常务委员会制定的规范性文件。而法规则主要指行政法规、地方性法规、民族自治法规及经济特区法规等。

(二)法律法规体系

法律法规体系是指国家为保障公民的合法权益和社会的正常秩序而制定和实施的一系列法律文件和法律规定的整体。这个体系由多个子体系构成,包括宪法及宪法相关法、民法、商法、行政法、经济法、社会法、刑法、诉讼及非诉讼程序法等。

宪法是国家的根本大法,规定了国家的基本制度、公民的基本权利和义务,以及国家权力机关的组织和职权。宪法具有最高的法律效力,其他法律、法规、规章等规范性文件都必须以宪法为依据,不得与宪法相抵触。

在宪法之下,根据宪法规定的原则和制度,制定了一系列与之相适应的法律法规,用于具体规范和实施宪法的内容和原则。这些法律法规包括但不限于民法、商法、行政法、经济法、社会法、刑法、诉讼及非诉讼程序法等。

法律法规体系的作用在于为社会提供稳定的法律环境,保障公民的合法权益,维护社会的正常秩序。同时,法律法规体系也是国家进行社会治理的重要依据和手段,通过法律的规范和实施,可以有效地调整社会关系,促进社会和谐与发展。

总之,法律法规体系是国家法治建设的重要组成部分,它对于保障公民权益、维护社会秩序、推动社会进步具有重要的意义。

（三）我国现有的劳动法律法规体系

我国现有的劳动法律法规体系主要包括以下几个方面。

（1）《中华人民共和国劳动法》：劳动法律法规体系的核心，规定了劳动者和用人单位之间的基本权利和义务，以及劳动合同的签订、履行、变更、解除和终止等内容。

（2）《中华人民共和国劳动合同法》：对劳动合同的订立、履行、变更、解除和终止等进行了详细规定，旨在保护劳动者的合法权益，促进劳动关系的和谐稳定。

（3）《中华人民共和国社会保险法》：规定了社会保险的种类、缴费、待遇支付等事项，旨在保障劳动者在养老、疾病、工伤、失业等情况下的基本生活。

（4）《中华人民共和国就业促进法》：旨在促进就业，规定了政府、用人单位和劳动者在就业方面的责任和义务，以及就业服务、职业培训等内容。

（5）《中华人民共和国安全生产法》：为了加强安全生产工作，防止和减少生产安全事故，保障人民群众生命和财产安全，促进经济社会持续健康发展而制定的法律。

（6）《中华人民共和国劳动争议调解仲裁法》：规定了劳动争议的调解和仲裁程序，旨在通过非诉讼方式解决劳动争议，保护劳动者的合法权益。

此外，还有其他一些与劳动法律法规体系相关的法律法规，如《中华人民共和国劳动合同法实施条例》《社会保险费征缴暂行条例》等。

二、劳动法

（一）劳动法的含义

狭义上的劳动法又称劳动基本法，即国家制定的劳动法典，例如我国的《中华人民共和国劳动法》（以下简称《劳动法》）。

（二）劳动法的原则

1. 劳动既是权利又是义务的原则

我国《劳动法》第三条明确规定，劳动者享有平等就业和选择职业的权利、取得劳动报酬的权利、休息休假的权利、获得劳动安全卫生保护的权利、接受职业技能培训的权利、享受社会保险和福利的权利、提请劳动争议处理的权利以及法律规定的其他劳动权利。同时，劳动者也应当完成劳动任务，提高职业技能，执行劳动安全卫生规程，遵守劳动纪律和职业道德。

2. 保护劳动者合法权益的原则

我国的《劳动法》第一条开宗明义，将"为了保护劳动者的合法权益"作为立法的基本宗旨。劳动法的其他内容均围绕这一宗旨，如基本劳动标准条件、劳动就业规则、劳动合同制度、劳动保护制度、劳动监察制度，以及对女职工和未成年工的特殊保护等。

3. 劳动力资源合理配置原则

我国的《劳动法》不仅将劳动力资源的合理配置作为促进经济发展的重要手段，还将其作为一种社会目标。劳动力资源的合理配置包括双重含义：一是对劳动力资源宏观配置的调节；二是对劳动力资源的微观配置进行规范。

这些原则不仅体现在劳动基本法中，也贯穿于整个《劳动法》的法律体系，旨在保障劳动者的权益，促进劳动关系的和谐与稳定，以及推动经济的持续发展。

（三）用人单位履行劳动法的主要职责

用人单位在履行劳动法方面的主要职责包括但不限于以下几点：一是提供符合标准的劳动条件；二是保障劳动者的健康与安全；三是执行国家劳动标准；四是告知劳动者工作要求和劳动报酬；五是支付加班费、绩效奖金等；六是提供培训；七是参加工伤社会保险。

以上只是用人单位在履行劳动法方面的一些主要职责，实际上，用人单位还需要遵守许多其他的法律法规和规定，以确保劳动者的权益得到充分的保障。

（四）劳动者的基本权利与义务

《劳动法》对劳动者的权利和义务作出了明确规定。

劳动者享有以下权利：一是平等就业和选择职业的权利；二是取得劳动报酬的权利；三是休息休假的权利；四是获得劳动安全卫生保护的权利；五是接受职业技能培训的权利；六是享受社会保险和福利的权利；七是提请劳动争议处理的权利；八是法律规定的其他劳动权利。

同时，劳动者也需要履行以下义务：一是完成劳动任务的义务；二是提高职业技能的义务；三是执行劳动安全卫生规程的义务；四是遵守劳动纪律和职业道德的义务；五是成为正式员工后，如果想解除劳动合同，需要提前30天以书面形式通知用人单位；六是如果违反劳动合同的约定或者有违反法律法规的行为，给用人单位造成损失的，需承担损害赔偿的义务。

三、劳动合同法

《中华人民共和国劳动合同法》是为了完善劳动合同制度，明确劳动合同双方当事人的权利和义务，保护劳动者的合法权益，构建和发展和谐稳定的劳动关系而制定的法律。该法于2007年6月29日由第十届全国人民代表大会常务委员会第二十八次会议通过，并根据2012年12月28日第十一届全国人民代表大会常务委员会第三十次会议《关于修改〈中华人民共和国劳动合同法〉的决定》进行了修正。

（一）适用范围

该法适用于中华人民共和国境内的企业、个体经济组织、民办非企业单位等组织（以下简称"用人单位"）与劳动者建立劳动关系，以及国家机关、事业单位、社会团体和与其建立劳动关系的劳动者。

（二）劳动合同的原则

订立劳动合同，应当遵循合法、公平、平等自愿、协商一致、诚实信用的原则。

（三）用人单位的义务

用人单位应当依法建立和完善劳动规章制度，保障劳动者享有劳动权利、履行劳动义务。

四、社会保险法

《中华人民共和国社会保险法》是为了规范社会保险关系，维护公民参加社会保险和享受社会保险待遇的合法权益，使公民共享发展成果，促进社会和谐稳定而制定的法律。

该法于2010年10月28日由第十一届全国人民代表大会常务委员会第十七次会议通过，并于2011年7月1日起实施。根据2018年12月29日由第十三届全国人民代表大会常务委员会第七次会议《关于修改〈中华人民共和国社会保险法〉的决定》进行修订。

《中华人民共和国社会保险法》规定，国家建立基本养老保险、基本医疗保险、工伤保险、失业保险、生育保险等社会保险制度，保障公民在年老、疾病、工伤、失业、生育等情况下依法从国家和社会获得物质帮助的权利。

该法还明确了用人单位和个人应当依法缴纳社会保险费，并有权查询缴费记录和个人权益记录，要求社会保险经办机构提供社会保险咨询等相关服务。个人依法享受社会保险待遇，并有权监督本单位为其缴费的情况。

五、就业促进法

《中华人民共和国就业促进法》是为促进就业，促进经济发展与扩大就业相协调，促进社会和谐稳定而制定的法律。该法于2007年8月30日由第十届全国人民代表大会常务委员会第二十九次会议通过，自2008年1月1日起施行。

该法规定，国家把扩大就业放在经济社会发展的突出位置，实施积极的就业政策，坚持劳动者自主择业、市场调节就业、政府促进就业的方针，多渠道扩大就业。县级以上人民政府应当通过发展经济和调整产业结构、规范人力资源市场、完善就业服务、加强职业教育和培训、提供就业援助等措施，创造就业条件，扩大就业。

此外，国务院建立全国促进就业工作协调机制，研究就业工作中的重大问题，协调推动全国的促进就业工作。同时，各级人民政府和有关部门也应当简化程序，提高效率，为劳动者自主创业、自谋职业提供便利。

六、安全生产法

《中华人民共和国安全生产法》主要规范和管理各个领域的生产活动，以确保生产过程中的安全，并保护劳动者的权益和利益。同时，《中华人民共和国安全生产法》也强调生产单位需要履行的职责和义务，包括组织定期安全生产检查，及时消除隐患等。

（一）安全生产的含义

安全生产是指采取一系列措施，确保在生产过程中劳动者的安全、健康和国家财产不受损害，并促进社会生产力的发展。它是保护劳动者权益、维护社会稳定和推动经济发展的重要保障。

安全生产工作涉及多个方面,包括制定和执行安全生产规章制度、加强安全教育培训、开展安全检查和隐患排查、加强应急救援和事故处理等。这些措施的目的是预防和减少生产事故的发生,保障人员的生命安全和财产安全。

为了实现安全生产,企业需要建立完善的安全管理体系,加强安全生产责任制,确保各级管理人员和从业人员都明确自己的安全职责。同时,还需要加强安全文化建设,提高员工的安全意识和安全技能,形成人人关注安全、人人参与安全的良好氛围。

总之,安全生产是一项长期而艰巨的任务,需要企业、政府和社会各方共同努力,不断完善安全管理体系,提高安全管理水平,确保生产过程中的安全稳定。

(二)用人单位履行安全的主要职责

用人单位履行安全的主要职责包括但不限于以下几个方面。

(1)物质保障责任。提供符合安全生产条件的工作环境和设备,依法履行建设项目安全设施"三同时"的规定,为建设项目的安全设施与主体工程同时设计、同时施工、同时投入生产和使用。依法为从业人员提供劳动防护用品,监督、教育其正确佩戴和使用。

(2)资金投入责任。保障安全生产所需的资金投入,确保安全生产工作的正常进行。

(3)机构设置和人员配备责任。依法设置安全生产管理机构,配备安全生产管理人员,并按规定委托和聘用注册安全工程师或者注册安全助理工程师为其提供安全管理服务。

(4)规章制度制定责任。建立健全安全生产责任制和各项规章制度、操作规程,确保员工明确自己的安全职责。

(5)教育培训责任。依法组织从业人员参加安全生产教育培训,取得相关上岗资格证书,提高员工的安全意识和技能。

(6)安全管理责任。对安全生产工作进行全面的组织、指导、监督和检查,确保各项安全制度和措施的有效实施。

(7)事故报告和应急救援的责任。按规定报告生产安全事故,及时开展事故抢险救援,妥善处理事故善后工作,减少事故造成的损失。

(8)法律法规遵守责任。遵守相关的法律、法规、规章规定的其他安全生产责任,确保用人单位的安全生产工作符合国家和地方的法律法规要求。

(三)劳动者的安全生产权利

劳动者在安全生产方面拥有以下权利。

(1)签订劳动合同时的保障权。劳动者在签订劳动合同时,应载明有关保障劳动者劳动安全、防止职业危害、依法为劳动者办理工伤社会保险等事项。用人单位不得以任何形式与劳动者订立协议,免除或减轻其对劳动者因生产安全事故伤亡依法承担的责任。

(2)知情权。劳动者有权了解其作业场所和工作岗位存在的危险因素、防范措施及事故应急措施,有权对本单位的安全生产工作提出建议。

（3）建议、批评、检举、控告权。劳动者有权对本单位安全生产工作中存在的问题提出批评、检举、控告，有权拒绝违章指挥和强令冒险作业。用人单位不得因此而降低劳动者的工资、福利等待遇或解除劳动合同。

（4）紧急情况下的停止作业和撤离权。劳动者发现直接危及人身安全的紧急情况时，有权停止作业或在采取应急措施后撤离作业场所。

（5）获得赔偿权。因生产安全事故受到损害的劳动者，除依法享有工伤社会保险外，依照有关法律尚有获得赔偿权利的，有权向用工单位提出赔偿要求。

这些权利是劳动者在安全生产方面的基本保障，任何单位和个人都不得侵犯劳动者的这些权利。同时，劳动者也应当遵守安全生产的规章制度，积极配合用人单位的安全生产工作，共同维护生产安全。

七、劳动争议调解仲裁法

（一）适用范围

《中华人民共和国劳动争议调解仲裁法》适用于中华人民共和国境内的所有用人单位与劳动者之间因劳动关系产生的争议，包括但不限于因确认劳动关系、订立和履行劳动合同、除名、辞退和辞职、工作时间、休息休假、社会保险、福利、培训、劳动保护以及劳动报酬等发生的争议。

（二）解决方式

劳动者与用人单位发生争议时，首先可以尝试通过协商来解决。劳动者可以直接与用人单位协商，也可以请工会或第三方参与协商，以达成和解协议。如果协商不成，或者达成和解协议后一方不履行，那么当事人可以向调解组织申请调解。如果调解也不成功，或者调解协议达成后一方不履行，那么当事人可以向劳动争议仲裁委员会申请仲裁。如果对仲裁结果不服，可以向人民法院提起诉讼。

（三）证据责任

在劳动争议中，当事人对自己提出的主张有责任提供证据。如果与争议事项有关的证据属于用人单位掌握管理的，那么用人单位应当提供。如果用人单位不提供，那么应当承担不利后果。

（四）集体争议

如果发生劳动争议的劳动者一方在十人以上，并且有共同请求的，那么可以推举代表参加调解、仲裁或者诉讼活动。

（五）特殊情况的投诉

如果用人单位违反国家规定，拖欠或者未足额支付劳动报酬，或者拖欠工伤医疗费、经济补偿或者赔偿金的，劳动者可以向劳动行政部门投诉，劳动行政部门应当依法处理。

《中华人民共和国劳动争议调解仲裁法》的目的是保护劳动者的合法权益，确保劳动争议得到公正、及时和有效的解决。同时，也鼓励用人单位和劳动者通过协商和调解来解决争议,以减少法律程序的烦琐和成本。

八、培养法律素养

法律素养就是个人对法律知识的掌握、理解和应用的能力,以及遵循法律原则、尊重法律权威的态度。这种素养有助于个体在日常生活和工作中做出合法、公正和负责任的决策,维护社会秩序和公平正义。

(一)法律素养的重要性

法律素养对于个人和社会都具有重要的意义。法律是社会秩序和公正的重要保障,每个人都应该遵守法律,维护法律的尊严和权威。法律是保护个人权益的重要工具,具备法律素养的人能够更好地了解自己的权利和义务,从而在遇到法律问题时能够更好地维护自己的合法权益。在现代社会中,法律规则日益复杂,企业和组织需要遵守的法律也越来越多。具备法律素养的人能够更好地理解和遵守法律规则,从而减少因违反法律而带来的损失和风险,提高工作效率。法律是实现社会公正的重要手段之一,具备法律素养的人能够更好地理解法律的精神和原则,从而在遇到不公正现象时能够积极维护公正,促进社会公正的实现。

(二)培养法律素养的方法

培养法律素养是一个非常重要的过程,它涉及个人的行为准则、社会交往以及对待权利和责任的态度。以下是一些建议,有助于养成良好的法律习惯。

(1) 学习法律知识。通过参加法律课程、阅读法律书籍、关注法律新闻和典型案例等方式,学习法律知识,提高自己的法律素养。

(2) 遵守法律法规。了解和遵守国家法律法规是每个公民的基本义务。无论是在学校、工作还是在日常生活中,都要尊重并遵守各项法律法规,不从事违法活动。

(3) 树牢法律意识。时刻关注法律动态,了解法律对社会生活的影响。在遇到法律问题时,要积极寻求合法途径解决,维护自己的合法权益。

(4) 践行法治精神。法治精神是现代社会的基本价值观之一。要积极参与法治建设,推动法治意识的普及和提高,为构建和谐社会贡献自己的力量。

总之,培养法律素养需要我们从点滴做起,从小事做起。只有养成良好的法律习惯,我们才能更好地融入社会,成为一个遵纪守法、有道德底线的公民。

案例 14.1

员工超时加班权益之争:法律如何护航劳动者权益

案例背景:在某知名科技公司,因一项紧急项目需求,公司决定要求员工连续三个月每周加班超过法定的工作时间。员工小李作为该项目的一员,他担心这种超负荷的工作状态不仅会影响自己的健康和生活质量,还可能对个人的职业发展产生负面影响。然而,小李也深知拒绝加班可能会对他的工作收入和职业前景造成威胁。面对这样的困境,小李开始探索如何在遵守公司规定的同时,维护自己的合法权益。

法律分析:根据《劳动法》的相关规定,员工每周的正常工作时间不得超过44小时,超出部分应被视为加班,并应依法支付加班费。如果公司强制要求员工超时工作且未支付相应的加班费,这种行为将构成违法行为。

小李在此情境下可以采取以下策略来维护自己的合法权益:①与公司沟通:小李首先与公司的人力资源部门进行了深入沟通,明确表达了合理诉求,并要求公司按照法律规定支付相应的加班费。如果公司能够调整工作时间安排并支付合理的加班费,那么小李的权益将得到保障。②寻求法律援助:如果公司拒绝支付加班费或调整工作时间,小李决定寻求法律援助。他咨询了当地的劳动监察部门,并联系了专业的劳动法律师。在他们的帮助下,小李了解了具体的法律程序,学会了如何收集相关证据,并考虑是否提起法律诉讼。③法律行动:在收集到充足的证据后,小李决定向法院提起诉讼。他要求公司支付应得的加班费,并赔偿因长时间加班造成的身心损害。如果法院最终认定公司的行为违反了劳动法规定,小李将有权获得相应的赔偿。

分析:这个案例为我们提供了一个宝贵的启示,即作为员工,我们必须了解自己的合法权益,并在必要时采取积极的措施来维护这些权益。同时,公司也有责任遵守相关的法律法规,尊重员工的权益,为员工创造一个健康、合理的工作环境。同时,加大对企业的监管和处罚力度,确保企业遵守相关的法律法规,切实维护劳动者的合法权益。

专题活动

劳动法律法规知识懂多少

一、活动目标

了解我国的劳动法律法规,知悉它们中有哪些内容是保护个人劳动权益的。

二、活动形式

分组讨论。

三、活动准备

劳动法相关书籍、资料,投影仪、PPT等教学设备。

四、活动流程

(1) 课前,所有学生整理个人认为重要的保护个人劳动权益的相关法律法规。

(2) 教师按照5~10人/组的标准划分小组,并要求从组员整理的法律法规知识中讨论挑选出10~15个小组认为十分重要的。

(3) 每个小组选出一名代表陈述本组整理的十分重要的法律法规知识,其他小组可以对其进行提问,小组内其他成员也可以回答提出的问题。

(4) 教师引导学生灵活运用我国的劳动法律法规知识,并对各组解读的劳动法律法规知识进行分析、归纳、总结。

(5) 教师根据各组在研讨过程中的表现,给予点评并赋分。

(建议用时:45分钟)

【课后思考】

1.作为大学生,你认为熟知劳动法律法规对个人发展有哪些积极影响?为什么?

2.你了解的我国劳动法律法规有哪些?你觉得它们包含的哪些内容对个人最重要?

14.2 劳动权益和劳动合同

【引入案例】

李华与 A 科技有限公司劳动合同及劳动权益纠纷案

李华于 2023 年 6 月 1 日与 A 科技有限公司签订了一份为期三年的劳动合同,担任公司的软件工程师。合同明确规定了李华的工作职责、工作时间、薪资待遇等条款。然而,在合同履行过程中,李华发现公司存在未按时支付工资、超时加班、未提供法定福利等问题。经过多次与公司沟通无果后,李华决定向劳动仲裁委员会提起劳动仲裁,维护自己的合法权益。李华向劳动仲裁委员会提交了劳动仲裁申请,要求公司支付拖欠的工资、加班费、社会保险和住房公积金等。劳动仲裁委员会受理了李华的申请,并通知公司参加仲裁。

在仲裁过程中,公司辩称拖欠工资是因为资金链紧张,并非故意拖欠;超时加班是因为项目紧急,且公司已通过调休等方式补偿了李华的加班时间;未缴纳社会保险和住房公积金是因为公司暂时无法承担相关费用。然而,仲裁委员会认为公司的辩解不能成立,公司应依法支付李华的工资、加班费和社会保险等费用。经过审理,劳动仲裁委员会作出如下裁决:①公司应立即支付拖欠李华的工资;②公司应支付拖欠李华的加班费;③公司应为李华补缴自入职起的社会保险和住房公积金;④公司应支付李华一定的精神损害赔偿金,以弥补其因公司违约所受的精神损失。

分析: 在签订劳动合同时应认真阅读合同条款,了解自己的权利和义务。同时,在发现公司存在违法行为时,应勇敢维护自己的合法权益,及时向劳动仲裁委员会或其他相关部门投诉。对于公司而言,应严格遵守国家法律法规,切实保障员工的合法权益,营造和谐稳定的劳动关系。

作为一名刚刚步入社会的劳动者来讲,了解劳动权益和劳动合同等知识,对于保障自身劳动权益非常有益。

一、劳动权益和劳动者义务

(一)劳动者的基本权益

劳动者的基本权益是指在工作场所中,劳动者应当享有的基本权利和保障。这些权益包括但不限于以下几个方面。

1. 社会保障权益

社会保障是劳动者的一项基础权益。主要包括养老保险、医疗保险、工伤保险、失业保险和生育保险等,目的是确保公民在面临各种生活风险时,如年老、疾病、失业、工伤或生育等,能够得到经济上的支持和保障,以维持其基本生活需求。

(1)社会保险的种类和覆盖范围。我国的社会保险主要包括以下几种类型,并且每种保险都有其特定的覆盖范围。

① 养老保险：覆盖我国全体城乡居民。

② 医疗保险：一种为保障人民在生病、受伤或需要医疗服务时能够得到必要医疗保障而设立的制度，覆盖医疗费用、住院费用、手术费用等。覆盖我国全体城乡居民。

③ 工伤保险：为了保障劳动者在工作中因意外事故或职业病导致的伤亡而设立的一种保障制度，覆盖工伤医疗费用、伤残津贴、生活补助金等。覆盖所有用人单位及其职工。

④ 失业保险：为了帮助失业人员渡过找工作的难关而设立的一种保障制度，主要提供失业人员一定期限内的失业救济金，同时提供职业培训和就业援助，促进就业再就业。它也覆盖了所有用人单位及其职工。

⑤ 生育保险：为了保障女性在怀孕、分娩和产后期间得到必要的医疗保障和生活补助而设立的一种保障制度。它的覆盖范围也是所有用人单位及其职工。

除此之外，对于被征地农民，他们按照国务院规定被纳入相应的社会保险制度。同时，在中国境内就业的外国人，以及我国香港、澳门、台湾地区的居民在内地（大陆）就业，也需要按照规定参加社会保险。总的来说，我国的社会保险制度是一个全面的体系，旨在保障人民在生老病死等各方面的需求，提供必要的经济和医疗保障。

(2) 社会保险的待遇。

① 养老保险待遇：达到法定退休年龄并满足一定缴费条件的劳动者可以领取养老金。

② 医疗保险待遇：参保人员在生病或受伤时，可以享受医疗费用报销、住院补贴等待遇。

③ 工伤保险待遇：参保人员在工作中受伤或患职业病时，可以享受工伤医疗费用报销、工伤津贴、伤残赔偿等待遇。

④ 失业保险待遇：因非个人原因失业并满足一定条件的参保人员可以领取失业补助金。

⑤ 生育保险待遇：女性参保人员在生育时可以享受生育医疗费用报销和生育津贴。

※ 拓展阅读 ※
社会保险缴费与待遇：以养老保险为例的详解

社会保险的缴费和待遇因具体的保险类型（如养老保险、医疗保险、失业保险等）和地区政策的不同而有所差异。以下以养老保险为例，简要介绍其缴费和待遇。

1. 缴费

(1) 缴费比例：缴纳养老保险费通常以员工的月工资总额作为缴费工资。但当月工资总额超过某一定限额（如本市上年度城镇职工月平均工资的300%）时，将以此限额作为缴费工资。非本市户籍员工的月工资总额不得低于本市月最低工资。基本养老保险费的缴费比例通常为员工缴费工资的18%，其中员工个人按本人缴费工资的8%缴纳，企业按员工个人缴费工资的10%缴纳。

(2) 缴费方式：企业和员工应按月向社保机构缴纳养老保险费，员工个人应缴纳的养老保险费由所在企业代为扣缴。此外，参保人还可以自主选择缴费档次，多缴多得，并在一个自然年度内确定缴费档次后一次性缴纳。有条件的村（社区）集体还可以对参保人缴费给予补助，补助标准由村民委员会（社区居委会）民主确定。

2. 待遇

基本养老保险待遇通常包括基本养老金、丧葬补助费、供养直系亲属的一次性抚恤金等。具体待遇标准和计算方法可能因地区和政策的不同而有所差异。一般来说，基本养老金是根据个人的缴费年限、缴费档次和缴费工资等因素综合计算得出的。

需要注意的是，以上信息仅供参考，具体的社会保险缴费和待遇标准应根据当地的政策规定和个人情况来确定。

2．平等就业权益

平等就业权益是指任何公民都应平等地享有就业的权利和资格，不因民族、种族、性别、年龄、文化、宗教信仰、经济能力等而受到限制。同时，平等就业权益也并不意味着同等对待，而是指对于符合要求、符合特殊职位条件的人，应给予他们平等的机会，而不是不论条件如何都同等对待。

在现实中，保障平等就业权益需要政府、企业和个人共同努力。政府需要制定并执行相关法律法规，打击就业歧视，保障劳动者的平等权益。企业需要遵守相关法律法规，建立公平的招聘机制，为所有应聘者提供平等的就业机会。个人也需要提高自身素质，增强就业竞争力，同时积极维护自己的平等就业权益。

此外，平等就业权益还包括一些具体的方面，如工资平等、职业晋升平等、福利待遇平等、工作条件平等、社会保险平等。这些方面的平等保障，对于实现全面、公正、可持续的就业，促进社会的和谐稳定，具有重要的意义。

3．取得劳动报酬权益

劳动报酬权主要包括报酬的协商权、请求权和支配权。协商权允许劳动者与用人单位通过协商确定劳动报酬的形式和水平，且不能低于国家的最低工资标准。请求权是指劳动者在付出职业劳动后，有权要求用人单位按时足额支付劳动报酬。这一权利具有优先权性质，即在债务人的财产分配中，劳动报酬请求权享有优先受偿的权利。

我国《劳动法》对劳动报酬权益有明确的法律规定。例如，该法第四十六条规定，工资分配应当遵循按劳分配原则，实行同工同酬。这意味着劳动者有权根据自己的劳动量和质量获得相应的报酬，且同一工作岗位上的劳动者应当享有相同的工资待遇。

此外，劳动法还规定了最低工资保障制度，即用人单位支付劳动者的工资不得低于当地规定的最低工资标准。

劳动法还规定了工资应当以货币形式按月支付给劳动者本人，不得克扣或者无故拖欠。同时，劳动者在法定休假日和婚丧假期间以及依法参加社会活动期间，用人单位也应当依法支付工资。这些规定都是为了保障劳动者的合法权益，确保能够按时足额获得劳动报酬。

4．卫生安全权益

劳动者的卫生安全权益是指劳动者在从事劳动过程中应当享有的卫生和安全保障权利。这些权益旨在保护劳动者的身心健康，预防职业病和工伤事故的发生，提高劳动者的生产效率和生活质量。

具体来说,劳动者的卫生安全权益包括以下几个方面。

(1) 获得适宜的劳动条件和劳动保护设施的权利。这包括获得安全、卫生、舒适的工作环境,以及必要的劳动保护设施,如防护用品、通风设备等。

(2) 获得职业卫生教育和培训的权利。劳动者应当接受必要的职业卫生教育和培训,了解工作场所可能存在的职业病危害因素、危害后果和预防措施,掌握正确的操作方法,提高自我保护能力。

(3) 获得职业健康检查和职业病诊疗、康复服务的权利。劳动者有权接受定期的职业健康检查,及时发现职业病危害因素并采取相应措施。如果患上职业病,劳动者有权获得及时的诊疗和康复服务。

(4) 了解工作场所职业病危害因素、危害后果和应当采取的职业病防护措施的权利。劳动者有权了解工作场所可能存在的职业病危害因素,包括化学、物理、生物等因素,以及相应的危害后果和预防措施。

(5) 对违反职业病防治法律、法规以及危及生命健康的行为提出批评、检举和控告的权利。劳动者有权对用人单位违反职业病防治法律、法规的行为进行批评、检举和控告,以维护自己的权益和公共利益。

(6) 拒绝违章指挥和强令进行没有职业病防护措施的作业的权利。如果用人单位强令劳动者进行没有职业病防护措施的作业,劳动者有权拒绝,以保护自己的健康和安全。

(7) 参与用人单位职业卫生工作的民主管理的权利。劳动者有权参与用人单位职业卫生工作的民主管理,对职业病防治工作提出意见和建议。

5. 劳动者的其他权益

此外,劳动者的培训权利、职业发展机会以及学习和发展支持是保障劳动者权益和推动其个人成长的重要组成部分。表 14-1 是关于这三个方面的详细解释。

表 14-1 劳动者的培训权利、职业发展机会以及学习和发展支持

内容	定义	重要性	实现途径
劳动者的培训权利	劳动者有权接受与工作相关的培训和教育,以提高其职业技能和知识水平	有助于劳动者适应不断变化的工作环境,提高工作效率,增强职业竞争力	雇主应提供必要的培训和支持,以确保劳动者能够胜任工作
劳动者的职业发展机会	劳动者在工作中获得晋升、承担更多责任和发展个人职业生涯的可能性	有助于激发劳动者的积极性和创造力,提高工作满意度,增强归属感	雇主可以通过设立明确的晋升通道、提供多样化的工作任务和挑战性项目等方式,为劳动者创造职业发展机会
劳动者的学习和发展支持	雇主为劳动者提供的学习资源、学习平台和发展指导,以帮助劳动者实现个人成长和职业进步	有助于劳动者不断更新知识和技能,适应行业发展需求,提升个人价值	雇主可以通过提供内部培训、外部培训、在线课程、导师制度等方式,为劳动者提供学习和发展支持

这些基本权益是劳动者应当享有的,也是国家和社会应当保障的。任何违反劳动者基本权益的行为,都应当受到法律的制裁和惩罚。

（二）劳动者义务

劳动者的义务主要包括以下几个方面。

（1）完成劳动任务。完成劳动任务是劳动者最基本的义务，他们需要根据劳动合同和公司的要求，按时、按质、按量地完成分配给自己的工作任务。

（2）提高职业技能。劳动者需要不断提高自己的职业技能，以适应不断变化的工作环境和需求。这包括学习新知识、掌握新技能、提高工作效率等。

（3）执行劳动安全卫生规程。劳动者在工作过程中，需要严格遵守劳动安全卫生规程，确保自己和他人的安全健康。这包括正确使用劳动防护用品、遵守安全操作规程、及时报告安全隐患等。

（4）遵守劳动纪律。劳动者需要遵守公司的劳动纪律，包括考勤制度、请假制度、保密制度等。他们需要按时上下班、遵守工作纪律、保护公司商业秘密等。

（5）遵守职业道德。劳动者需要遵守职业道德规范，诚实守信、勤勉尽责、尊重他人、团结协作等。他们需要保持良好的职业道德风尚，为公司和社会作出贡献。

（三）劳动者权益救济

劳动者权益救济是指在劳动者的合法权益受到侵害时，通过一定的途径和手段，使劳动者得到相应的补偿和救助，以维护其合法权益。劳动者权益救济的途径主要包括以下几种。

（1）协商和解。劳动者与用人单位之间发生劳动争议时，可以通过协商的方式解决。如果双方能够达成一致意见，可以签订和解协议，从而解决争议。

（2）调解。劳动者可以向劳动争议调解委员会申请调解。调解委员会会根据双方提供的证据和陈述，进行调解，并提出调解意见。如果双方同意调解意见，可以签订调解协议，解决争议。

（3）仲裁。如果劳动者与用人单位之间的争议无法通过协商或调解解决，劳动者可以向劳动争议仲裁委员会申请仲裁。仲裁委员会会根据双方提供的证据和陈述，进行仲裁，并作出裁决。仲裁裁决具有法律效力，双方必须履行。

（4）诉讼。如果劳动者对仲裁裁决不服，可以向人民法院提起诉讼。人民法院会对案件进行审理，并作出判决。判决具有法律效力，双方必须履行。

在劳动者权益救济的过程中，劳动者需要注意以下几点。一是及时维权：劳动者在发现自己的合法权益受到侵害时，应及时采取措施维护自己的权益，避免错过维权时机。二是收集证据：劳动者在维权过程中需要收集相关证据，包括与用人单位签订的劳动合同、工资支付记录、工作记录等，以证明自己的合法权益。三是寻求帮助：如果劳动者在维权过程中遇到困难或不确定如何处理，可以向当地的劳动监察部门、工会或律师寻求帮助和咨询。

总之，劳动者权益救济是维护劳动者合法权益的重要途径。劳动者应该了解自己的权益和维权途径，并在必要时积极采取措施维护自己的权益。

※ **拓展阅读** ※

常见就业陷阱

常见的就业陷阱有以下几种。

(1) 虚假广告陷阱：一些用人单位在招聘时会夸大或隐瞒自己的某些情况，如故意扩大公司规模、岗位数量，或者把招聘职位写得过于诱人，但实际上职位内容与广告描述相差甚远。

(2) 传销陷阱：传销是一种非法的经营模式，常常以高薪为诱饵，诱使求职者加入并发展下线。求职者一旦陷入传销组织，不仅可能失去人身自由，还可能面临经济损失。

(3) 协议陷阱：一些用人单位在与求职者签订就业协议时，可能会设置一些不公平的条款，如违约金、限制求职者的离职时间等。求职者在签订协议前一定要仔细阅读条款，确保自己的权益不受损害。

(4) 推荐工作式陷阱：一些职业介绍所或假称学校的老师之类的人，可能会以推荐工作的名义收取费用，但实际上并不能为求职者提供合适的工作机会。

(5) 信任式陷阱：一些诈骗分子可能会利用大学生的心理，以轻松的工作和高薪为诱饵，引诱他们陷入陷阱。这些工作往往涉及网络诈骗、非法传销等违法活动。

(6) 试用期式陷阱：一些用人单位可能会设置过长的试用期，或者在试用期内给予过低的工资，让求职者难以承受而主动离职。这种方式可以帮助用人单位降低成本，但损害了求职者的权益。

分析：为避免陷入这些陷阱，求职者要保持警惕，多了解用人单位的情况，仔细阅读招聘广告和就业协议，确保自己的权益不受损害。同时，也可以通过多种途径了解招聘信息，如求职网站、招聘会等，以提高自己的求职成功率。

二、劳动合同

（一）劳动合同的含义

劳动合同是劳动者与用人单位之间订立的明确双方权利和义务的协议。这个协议规定了劳动者在用人单位的工作内容、工作地点、工作时间、工资待遇、社会保险等事项，同时也规定了用人单位对劳动者的管理和监督职责。

（二）劳动合同的订立

劳动合同草案一般由用人单位提出、征求应招工人的意见；也可以由被招工人与企业行政的代表共同起草。用人单位和劳动者在订立劳动合同时，应明确约定各项条款，确保合同的合法性和有效性。

1. 劳动合同的类别

(1) 固定期限劳动合同：用人单位与劳动者约定合同终止时间的劳动合同。在合同到期时，除非双方同意续签，否则劳动合同自动终止。

(2) 无固定期限劳动合同：用人单位与劳动者约定无确定终止时间的劳动合同。一般来说，这类劳动合同适用于长期、稳定的工作关系。

（3）以完成一定工作任务为期限的劳动合同：用人单位与劳动者约定以某项工作的完成为合同期限的劳动合同。当工作任务完成后，劳动合同自动终止。

2．劳动合同的签订时间

（1）用人单位和劳动者建立劳动关系时订立劳动合同。这种情况下，劳动合同生效和用人单位使用劳动者同时发生。

（2）用人单位和劳动者在建立劳动关系后一个月内订立劳动合同。即用人单位在开始使用劳动者时没有与劳动者订立劳动合同，而是在已经使用劳动者的情况下，从开始使用劳动者之间起一个月内与劳动者订立劳动合同。

（3）用人单位和劳动者在建立劳动关系前订立劳动合同。这种情况下，用人单位先和劳动者订立了劳动合同，过了一段时间才使用劳动者。

《中华人民共和国劳动合同法》明确规定，用人单位应当自用工之日起一个月内订立书面劳动合同。因此，无论在哪种情况下，劳动合同的签订都应当遵守法律规定，确保劳动者的权益得到保障。

3．劳动合同的签订内容

（1）用人单位的名称、住所和法定代表人或者主要负责人：用于明确劳动合同的主体，即用人单位的基本情况。

（2）劳动者的姓名、住址和居民身份证或者其他有效身份证件号码：用于明确劳动合同的另一主体，即劳动者的基本情况。

（3）劳动合同期限：规定了劳动合同的起始和终止时间，包括固定期限、无固定期限和以完成一定工作任务为期限的劳动合同。

（4）工作内容和工作地点：规定了劳动者在劳动合同期限内需要完成的工作任务和具体的工作地点。

（5）工作时间和休息休假：规定了劳动者的工作时间和休息休假安排，以保障劳动者的合法权益。

（6）劳动报酬：规定了劳动者在劳动合同期限内应获得的劳动报酬，包括工资、奖金、津贴等。

（7）社会保险：规定了用人单位应为劳动者缴纳的社会保险费用，包括养老保险、医疗保险、失业保险等。

（8）劳动保护、劳动条件和职业危害防护：规定了用人单位应为劳动者提供的劳动保护、劳动条件和职业危害防护措施，以保障劳动者的安全和健康。

（9）法律、法规规定应当纳入劳动合同的其他事项：涵盖了其他法律法规规定的应当纳入劳动合同的事项，如试用期、保密协议、竞业限制等。

在签订劳动合同时，应当仔细阅读合同内容，确保合同的合法性和有效性。同时，劳动者应当认真了解并核实合同中规定的各项内容，以确保自己的权益得到保障。

（三）劳动合同的履行和变更

1．劳动合同的履行要求

劳动合同的履行要求主要包括以下几个方面。

（1）全面履行：用人单位与劳动者应当按照劳动合同的约定，全面履行各自的义务。这包括按照合同规定的工作内容、工作条件、工作地点、职业危害、安全生产状况、劳动报酬等条款执行。

（2）亲自履行：劳动合同的履行要求劳动者亲自完成合同中规定的义务，不能由他人代替。这是由劳动本身的特点决定的，也是保证劳动关系严肃性和稳定性的需要。

（3）协作履行：在劳动合同履行的过程中，双方当事人有互相协作、共同完成劳动合同规定的义务的责任。这意味着双方应当互相支持、配合，以实现合同目标。

（4）告知义务的遵守：在招用劳动者时，用人单位应当如实告知劳动者工作内容、工作条件、工作地点、职业危害、安全生产状况、劳动报酬，以及劳动者要求了解的其他情况。同时，用人单位有权了解劳动者与劳动合同直接相关的基本情况，劳动者应当如实说明。

这些履行要求是基于劳动合同的法律效力和双方的约定，旨在保障劳动合同的有效执行和双方权益的维护。

2．劳动合同的变更程序

劳动合同的变更程序包括以下步骤。

（1）提出变更的要约：用人单位或劳动者提出变更劳动合同的要求，需要明确说明变更合同的理由、变更的内容以及变更的条件，并请求对方在一定期限内给予答复。

（2）承诺：合同另一方在接到对方的变更请求后，应及时进行答复，明确告知对方是否同意变更。

（3）订立书面变更协议：当事人双方就变更劳动合同的内容进行平等协商，取得一致意见后，需要签订书面的变更协议。这个协议需要载明变更的具体内容，并且经双方签字盖章后生效。变更后的劳动合同文本应由用人单位和劳动者各执一份。

需要注意的是，劳动合同的变更应在合同有效期内进行，且必须遵循《中华人民共和国劳动合同法》的规定。例如，在不损害国家、集体和他人利益的情况下，双方协商一致，或者劳动合同订立时所依据的客观情况发生了重大变化，经合同双方协商一致，都可以变更劳动合同。

3．劳动合同的变更内容

劳动合同的变更内容主要涉及劳动者和用人单位之间的权益关系调整。这些变更内容可能包括但不限于以下几个方面。①劳动者的个人信息：如姓名、身份证号、入职时间等。②工作地点和工作岗位：如果因为公司的业务调整或者劳动者的个人能力、健康状况等原因需要调整劳动者的工作地点或工作岗位，可以在劳动合同中进行变更。③工资待遇：如果用人单位因为经营状况的变化，需要调整劳动者的工资待遇，包括工资数额、支付方式、支付时间等，也可以在劳动合同中进行变更。④工作时间和休息休假：如果用人单位需要调整劳动者的工作时间和休息休假,如加班、调休、年假等,这些变更也需要在劳动合同中明确。⑤社会保险和福利待遇:如果用人单位需要调整劳动者的社会保险缴纳比例、福利待遇等,这些变更也需要在劳动合同中体现。

合同变更的具体情况还需要根据具体的法律法规和合同条款来确定。在变更劳动合同时,建议双方充分沟通,明确各自的权利和义务,确保变更内容的合法性和公平性。

(四)劳动合同的终止和解除

劳动合同终止、解除的原因多种多样,但都需要符合法律法规的规定。在劳动合同终止时,用人单位和劳动者都需要按照法律规定履行相应的义务和责任。

1.劳动合同的终止

(1)劳动合同期满。当劳动合同约定的期限到期时,合同自然终止。
(2)劳动者开始享受基本养老保险待遇。
(3)劳动者死亡或者被人民法院宣告死亡或宣告失踪。
(4)用人单位被依法宣告破产。
(5)用人单位被吊销营业执照、责令关闭、撤销或者用人单位决定提前解散。

除此之外,根据《中华人民共和国劳动合同法》的规定,还有一些其他情形也会导致劳动合同的终止,比如用人单位与劳动者协商一致解除劳动合同等。这些情形都需要根据具体情况来判断和处理。

2.劳动者单方面解除劳动合同

劳动者单方面解除劳动合同条件主要包括:①用人单位未按照劳动合同约定提供劳动保护或者劳动条件。②用人单位未及时足额支付劳动报酬。③用人单位未依法为劳动者缴纳社会保险费。④用人单位的规章制度违反法律、法规的规定,损害劳动者权益。⑤因法定情形致使劳动合同无效。⑥法律、行政法规规定劳动者可以解除合同的其他情形。如果用人单位存在以暴力、威胁或者非法限制人身自由的手段强迫劳动者劳动,或者公司违章指挥、强令冒险作业危及劳动者人身安全的情况,劳动者可以立即解除劳动合同,不必事先告知公司。

3.用人单位单方面解除劳动合同

用人单位单方面解除劳动合同条件主要包括:①劳动者在试用期间被证明不符合录用条件。②劳动者严重违反公司的规章制度。③劳动者严重失职,营私舞弊,给公司造成重大损害。④劳动者同时与其他用人单位建立劳动关系,对完成本公司的工作任务造成严重影响,或者经公司提出,拒不改正。⑤劳动者以欺诈、胁迫的手段或者乘人之危,使公司在违背真实意思的情况下订立或者变更劳动合同。⑥劳动者被依法追究刑事责任。

注意:以上只是一般情况下的劳动合同解除条件,具体的解除条件可能会因地区、行业、用人单位等因素而有所不同。在解除劳动合同有异议时,建议劳动者先与用人单位沟通协商,以达成一致意见。如果无法协商,可以寻求劳动仲裁或法律途径解决。

案例 14.2

劳动合同解除案例

1. 案例背景

张三担任某公司销售经理一职，于2022年1月1日与公司签订了为期三年的劳动合同。然而，在2023年4月，公司内部调查发现张三在工作中存在严重失职行为，导致公司遭受了重大损失。基于这一调查结果，公司决定解除与张三的劳动合同。

2. 解除过程

（1）内部调查与证据收集：公司成立内部调查小组，对张三的工作表现进行了深入调查。经过一系列的调查和证据收集，公司掌握了充分的证据，证明张三在工作中存在严重失职行为。

（2）通知张三：在收集了足够的证据后，公司向张三发出了书面通知，详细列举了其失职行为的证据，并表达了公司有意解除与其劳动合同的决定。通知要求张三在接到通知后的5个工作日内就其行为进行书面解释和说明。

（3）张三回应与协商：张三在接到通知后，及时向公司提交了一份书面回应，对其被指控的失职行为进行了反驳和解释。公司认真考虑了张三的回应，并与其进行了多次沟通和协商，以寻求双方都能接受的解决方案。

（4）解除劳动合同：经过充分的沟通和协商，公司与张三就解除劳动合同的事宜达成了一致意见。双方按照劳动合同中的相关条款和法律法规，正式解除了劳动合同。同时，公司依法向张三支付了相应的经济补偿。

3. 案例启示

（1）遵守法律法规：在整个解除劳动合同的过程中，公司始终严格遵守了相关法律法规和劳动合同约定，确保了整个过程的合法性和合规性。

（2）重视证据收集：公司在解除劳动合同前，充分收集了相关证据，确保了决策的合理性和公正性。

（3）充分沟通协商：公司在解除劳动合同前，与张三进行了充分的沟通和协商，以寻求双方都能接受的解决方案。这种积极的沟通态度有助于维护公司和员工之间的良好关系。

（4）经济补偿：在解除劳动合同后，公司依法向张三支付了相应的经济补偿，体现了公司对员工的尊重和关怀。这种做法有助于维护公司的声誉和员工的权益。

分析： 通过这个案例可以看到劳动合同解除过程中应遵循的法律法规和注意事项。在实际操作中，公司应严格遵守相关规定，确保解除劳动合同的合法性和合规性。同时，公司还应重视证据收集、充分沟通协商和合理支付经济补偿等方面，以维护公司和员工的权益。

专题活动

劳动合同法课堂之旅：从理论到实践

一、活动目标

让学生理解劳动合同的基本要素和重要性，了解并认识劳动者在劳动合同中的权益，培养学生签订劳动合同和维护自身权益的意识和能力。

二、活动形式

分组讨论、情景模拟。

三、活动准备

劳动合同法相关书籍、资料、投影仪、PPT 等教学设备。

四、活动流程

（1）导入（5分钟）。通过一个简短的劳动合同陷阱的视频，引起学生对劳动合同和权益保护的兴趣。

（2）案例分析（15分钟）。结合视频或案例，让学生分析并讨论，引导学生思考：如果自己是劳动者，如何在劳动合同中保护自己的权益？

（3）小组讨论（15分钟）。学生分组，每组讨论并列出在签订劳动合同时应注意的关键点。每组选派一名代表汇报讨论结果，老师进行点评和指导。

（4）互动问答（5分钟）。老师提出问题，学生抢答，巩固所学知识。鼓励学生提问，老师进行解答。

（5）总结与反思（5分钟）。老师总结本次活动的主要内容和要点。引导学生思考自己在劳动合同和权益保护方面的认识和行为，提出改进建议。

（建议用时：45分钟）

【课后思考】

1. 随着数字化、远程工作和灵活工作安排的兴起，劳动合同需要适应新的工作模式和挑战。思考如何在劳动合同中明确数字工具和平台的使用权、隐私保护和数据安全责任？

2. 在当今社会，劳动合同作为保障劳动者和雇主权益的重要法律文件，其签订过程涉及诸多权利与责任的平衡问题。请围绕这一主题，结合实际情况，思考劳动合同中劳动者和雇主在权利与责任方面应如何达到平衡？请举例说明。

14.3 职场行为规范

【引入案例】

职场行为的典范：王先生的模范行为对构建和谐劳动关系的贡献

王先生是一名资深的 IT 工程师，他在一家知名的互联网公司工作。这家公司有着严格的劳动纪律和规章制度，包括工作时间、加班制度、休息日等方面的规定。王先生始终严格遵守这些规定，不仅自己做到了守时、高效、勤奋，还积极带动身边的同事一起遵守劳动纪律。

在日常工作中，王先生总是能够按照公司的要求，按时上下班，不迟到、不早退。即使有时候需要加班，他也能够积极配合，从不抱怨。在休息日，他也会按照公司的规定，不擅自加班，保证自己有充足的休息和娱乐时间。

除了遵守公司的规章制度外，王先生还注重自己的职业素养和道德操守。他始终坚守诚信、公正、责任、合作等原则,与同事和上级保持良好的沟通和合作关系。在工作中,他也始终保持着高度的责任心和敬业精神,不断学习和提高自己的专业技能,为公司的发展作出了积极的贡献。

由于王先生的出色表现和模范遵守劳动纪律的行为,他得到了公司和同事的高度认可和赞扬。他也被评为公司的优秀员工和劳动模范,成为大家学习的榜样。

分析: 王先生是一个典型的遵守劳动纪律的模范案例。他的行为不仅符合公司的规章制度和职业道德要求,更展现了一名优秀员工应该具备的品质和素养。他的事迹值得广大劳动者学习和借鉴,为构建和谐稳定的劳动关系做出积极贡献。

一、职场行为规范概述

(一)职场行为规范的概念与重要性

职场行为规范是指在职业环境中,为了维护良好的工作秩序和人际关系,提高工作效率,以及保护组织和个人的权益,所应该遵循的一系列行为准则和道德规范。这些规范涵盖了遵守规章制度、保守商业机密、注重团队合作等多个方面。

遵守职场行为规范的重要性体现在以下几个方面。

(1)树立良好的职业形象。职场行为规范是职业人士在职业环境中的基本素质,遵守规范能够展现个人的专业素养和职业道德,树立良好的职业形象,提升个人在职场中的竞争力。

(2)维护良好的人际关系。职场行为规范要求人们尊重他人、礼貌待人、保持谦逊,这些行为有助于建立良好的人际关系,减少冲突和矛盾,营造和谐的工作氛围。

(3)提高工作效率。遵守职场行为规范能够确保工作秩序和流程的顺畅,减少因不规范行为导致的延误和混乱,提高工作效率。

(4)保护组织和个人的权益。职场行为规范要求保护机密信息,防止泄露,这有助于维护组织的利益和声誉。

(5)促进团队合作。职场行为规范强调团队合作和协作精神,要求员工在工作中相互支持、理解和配合,这有助于形成团结、协作的团队氛围,提高团队的整体效能。

总之,遵守职场行为规范对于个人和组织的发展都具有重要意义。它不仅能够提升个人的职业素养和竞争力,还能够维护良好的人际关系,提高工作效率,保护组织和个人的权益,促进团队合作。

(二)职场行为规范的基本内容

职场行为规范的基本内容包括但不限于以下几点。

(1)严格请销假。准时上班、准时开会、准时完成任务是职场中的基本要求。

(2)保守商业机密。在职场中,保守商业机密是一项重要的职业道德。未经批准,不向外界传播或提供有关公司的任何资料。

(3)保持礼貌。在与同事、上级和下属的交往中,保持礼貌和友善非常重要。用友好的语言交流,不使用侮辱性的言辞,避免争吵和冲突。

(4)遵守公司政策和规定。无论是关于工作时间、休假、报销还是其他方面的规定,都要严格遵守公司的政策和规定。

（5）保护公司财产。公司的财产包括办公设备、文件资料、知识产权等，都需要得到妥善保护。

（6）遵守行业道德。不同行业有不同的行业道德规范，要遵守所在行业的道德规范。

（7）遵循合作原则。职场是一个团队合作的环境，在与同事合作时要遵循合作原则，严于律己，宽以待人，具有良好的协作精神。

（8）遵守职业道德。职业道德是职场中的基本准则，包括诚实守信、公正客观、勤勉尽责等。

（9）遵循安全规定。在职场中，遵循安全规定是保障个人安全和公司利益的重要方面。

（10）公私分明。爱护公物，不谋私利，自觉地维护公司的利益和声誉。

（11）勤俭节约。具有良好的节约意识，勤俭办公，节约能源。

（12）耐心周到。在为用户提供服务时，应耐心周到，虚心听取用户意见，耐心解答用户问题，服务体贴入微、有求必应。

以上这些行为规范有助于维护职场秩序，促进团队协作，提高工作效率，同时也能够保护公司和个人的利益。当然，具体的行为规范可能因公司、行业和文化背景等因素而有所不同。

二、工时制度和假务管理

对劳动者而言，工时制度和假务管理是规范职场行为规范的重要组成部分，它们不仅关系到个人的工作与生活平衡，更体现了劳动权益的保障。

（一）工时制度

1. 按工作时长

按照工作时间的长度，工时制度可以分为标准工时制、缩短工时制、延长工时制。

（1）标准工时制。国家实行劳动者每日工作时间不超过8小时、平均每周工作时间不超过44小时的工时制度。用人单位由于生产经营需要，经与工会和劳动者协商后可以延长工作时间，一般每日不得超过1小时；因特殊原因需要延长工作时间的，在保障劳动者身体健康的条件下延长工作时间每日不得超过3小时，但是每月不得超过36小时。

（2）缩短工时制。即劳动者每日工作时间少于标准工作时间，如每日工作6小时，每周工作30小时，或每日工作4～6小时，每周工作4天。主要适用于从事特别繁重或过度紧张劳动、夜班工作、哺乳期的女职工等。

（3）延长工时制。即劳动者每日工作时间超过标准工作时间，如每日工作10小时，每周工作6天。主要适用于因工作性质特殊，需要连续作业的职工，以及受季节和自然条件限制的行业的部分职工。

2. 按工作时间安排

按照工作时间的安排，工时制度可以分为单一工时制（制度工时）、综合计算工时制、不定时工时制、计件工时制。

(1) 单一工时制：即每日工作时间的长度固定不变。

(2) 综合计算工时制：即在一个计算周期内，职工的总实际工作时间和总法定标准工作时间相等，超过部分视为延长工作时间。这种工时制度主要适用于以周、月、季、年等为周期，工作时间不固定、需要机动作业的职工。

(3) 不定时工时制：即没有固定的工作时间，是根据实际需要安排工作时间和休息时间的工时制度。这种工时制度主要适用于企业中的高级管理人员、外勤人员、推销人员、部分值班人员和其他因工作无法按标准工作时间衡量的职工。

(4) 计件工时制：即按照劳动者完成的工作量或工作的数量来计算劳动报酬的一种工时制度。这种工时制度主要适用于那些能够准确计量产品数量或作业量的工种或岗位。

（二）休息休假

休息休假是指劳动者在法定工作时间外自行支配的时间，法定休假日和法定休息日的具体日期是国家规定的，劳动者也不需要专门申请，而其他种类的休假，则需要职工向单位请假。

休息日是指劳动者在一周内享有的连续休息一天以上的休息时间，实际工作中大多数劳动者一周工作5天，休息2天。法定节假日是法律规定的用于庆祝及度假的休息时间，法定节假日属于带薪休假。

1. 常见休假类型

(1) 事假：员工因个人原因需要暂时离开工作岗位的假期。事假可能会对员工的薪酬和福利产生影响。

(2) 病假：劳动者本人因患病或非因工负伤，需要停止工作医疗时，企业应该根据劳动者本人实际参加工作年限和在本单位工作年限，给予一定的医疗假期。

(3) 带薪年休假：简称年休假，是指劳动者连续工作一年以上，就可以享受一定时间的带薪年假。

(4) 婚假：劳动者本人结婚依法享受的假期。这是政府对劳动者的福利政策，体现了对劳动者权益的保护。

(5) 产假：在职女性员工在分娩期间享受的一种法定假期。

(6) 哺乳假：在职母亲在产期满后，用人单位应当在工作日内安排不少于1小时的哺乳时间，其视作工作时间。

(7) 探亲假：职工与配偶、父母团聚的时间，根据实际情况可以给予路程假。根据《国务院关于职工探亲待遇的规定》，职工在探亲假期间，用人单位应当支付假期工资。

(8) 丧假：因员工或其直系亲属（如父母、配偶、子女）去世而给予的休假。具体丧假政策会因公司、地区或国家而异。

(9) 参加法定社会活动假期：通常指的是员工因参与某些法定的社会活动而获得的休假时间。这些活动可能包括选举、政治协商、民主党派活动、陪审团服务、军事训练、工会活动等。具体的规定可能因国家和地区而异。

2. 假期期间的工资与福利

假期期间的工资与福利是劳动法规定的重要内容之一。以下是关于假期工资与福利的一些规定。

（1）法定节假日工资：根据《劳动法》第四十四条，法定节假日期间，如果用人单位安排劳动者工作，应当支付不低于劳动者正常工作时间工资的百分之三百的工资报酬。如果法定节假日正常放假，则应当按正常工资支付。

（2）年休假工资：根据《劳动法》第四十五条，劳动者连续工作一年以上的，享受带薪年休假。年休假期间，用人单位应当按正常工资支付劳动者的工资报酬。

（3）病假工资：根据《劳动法》第四十六条，劳动者因病或者非因工负伤停止工作的，用人单位应当按照国家规定支付病假工资。病假工资的标准不得低于当地最低工资标准的百分之八十。

（4）婚丧假工资：根据《劳动法》第四十七条，劳动者在婚丧假期间，用人单位应当按正常工资支付劳动者的工资报酬。

除了以上几种假期外，其他休假的工资与福利也有相应的规定。需要注意的是，具体的工资与福利标准可能会因地区、行业、企业等因素而有所不同，因此劳动者在享受假期工资与福利时，应当了解自己的权益，并与用人单位进行协商。

※ 拓展阅读 ※

某公司的假期管理

某公司是一家中型企业，员工人数约为200人。近年来，随着公司业务的发展和员工规模的扩大，假期管理问题逐渐凸显出来。原先简单的假期管理制度已无法满足员工的需求和公司的管理要求。因此，公司决定重新审视并改进其假期管理制度。经过问题分析，发现以下问题。一是缺乏统一的假期管理政策：公司各部门在假期安排上存在差异，导致员工对假期政策的理解和执行存在混乱。二是假期申请流程烦琐：员工需要填写多份表格，经过多层审批，流程烦琐且耗时。三是缺乏有效的假期监控和统计手段：公司无法及时了解员工的假期情况，无法对假期需求进行合理预测和规划。四是员工对假期管理满意度低：员工反映假期管理不规范，导致他们在享受假期时感到不便。

经过调研和会议研究，形成如下解决方案。

（1）制定统一的假期管理政策：公司制定了详细的假期管理政策，明确了各类假期的申请条件、审批流程、使用规则等，确保员工对假期政策有清晰的认识。

（2）优化假期申请流程：公司简化了假期申请流程，采用电子化申请方式，员工只需在线填写一份申请表格，即可完成假期申请。同时，通过审批流程的优化，缩短了审批时间，提高了效率。

（3）建立假期监控和统计系统：公司引入了假期管理软件，实现了假期申请的在线提交、审批、统计和监控。通过该系统，公司可以及时了解员工的假期情况，对假期需求进行合理预测和规划。

（4）提高员工满意度：公司通过定期的员工满意度调查，了解员工对假期管理的需求和意见,及时调整和改进假期管理制度。同时,加强对员工的假期政策培训和宣传,提高员工对假期管理的认识和满意度。

分析:通过对假期管理制度的改进和优化,该公司成功地解决了假期管理中的问题,提高了假期管理的效率和员工满意度。这为公司的稳定发展和员工的福利保障奠定了坚实基础。同时,该案例也为其他企业在假期管理方面提供了有益的借鉴和参考。

三、保守商业秘密

(一)商业秘密的含义

1. 商业秘密的定义

商业秘密,简单来说,就是企业拥有并保密的商业信息,这些信息包括技术、商务、市场等各个方面的内容。这些信息具有保密性、经济价值和实用性,并且对企业的经营和竞争力有着至关重要的作用。

2. 商业秘密的常见类型

(1)技术信息:凭借经验或技能所产出的,在实际中尤其是工业中适用的技术情报、数据或知识,通常包括化学配方、工艺流程、未申请专利的设计、技术秘诀等。此外,工业配方、工艺程序、机器设备及其改进、研究与开发的文件也都属于技术信息的范畴。

(2)经营信息:具有秘密性质的经营管理方法及与其密切相关的信息和情报,主要包括管理方法、企业营销战略、客户名单、货源情报等。此外,像产品的市场份额和市场策略,产品的社会购买力,产品区域分布,产品的长期、中期、短期发展方向和趋势,定价政策,劳动报酬,产销策略,营销计划,流通渠道和机构等也都属于经营信息的范畴。

3. 商业秘密的识别办法

商业秘密的识别主要依据其构成要件,这些构成要件共同构成了商业秘密的核心特征,帮助我们在实际工作中识别和理解商业秘密。这些要件具有以下特点。

(1)不为公众所知悉:这意味着该信息不能从公开渠道直接获取,且不应为权利人以外的其他人以违反诚实经营活动的方式所知悉,如违反合同约定或保密纪律等。知晓该商业秘密的范围应仅限于特定的有限人员,如企业内部员工和特定的外部供应商等。

(2)具有价值:作为商业秘密的技术信息或经营信息应能为权利人带来实际的或潜在的经济利益及竞争优势。这是商业秘密的价值所在,也是其获得法律保护的根本原因。

(3)实用性:技术能够投入生产使用,并解决生产或经营中的实际问题。抽象的概念和原理如果不能转化为具体的、可操作的方案,则不能获得法律保护。

(4)保密性:权利人应在主观上有保密意愿,并应采取适当的保密措施来保护相关信息。

(二)保密责任与保密行为规范

1. 保密协议与保密责任

保密协议是指员工与公司之间签订的一种协议,旨在保护公司的敏感信息和机密不被泄露给外部人员或机构。保密协议通常包括保密内容、保密期限、保密责任、违约责任等条款。保密责任则是员工需要承担的义务，包括不泄露公司的敏感信息、保护公司的知识产权、不利用公司的机密信息进行个人或非法活动等。

在职场中，保密协议和保密责任的作用主要体现在以下几个方面。

（1）保护公司的核心竞争力和商业机密。公司的敏感信息和机密是其核心竞争力的重要组成部分，如果泄露，可能会对公司的经营和发展造成重大损失。保密协议和保密责任的存在可以有效地保护公司的核心竞争力和商业机密，确保公司的长期稳定发展。

（2）维护公司的声誉和形象。如果公司的敏感信息或机密被泄露，可能会对公司的声誉和形象造成负面影响，导致公司的信任度下降，进而影响公司的业务发展。因此，保密协议和保密责任的存在可以维护公司的声誉和形象，保持公司在市场中的竞争力。

（3）促进公司的内部管理和团队协作。保密协议和保密责任要求员工对公司的敏感信息和机密进行保护，这可以促进公司的内部管理和团队协作。员工需要时刻牢记自己的保密责任，遵守公司的保密规定，从而确保公司的机密信息不被泄露。

在遵守保密协议和保密责任方面，员工需要注意以下几点。

（1）认真阅读保密协议，了解自己的权利和义务。

（2）严格遵守保密规定，不泄露公司的敏感信息和机密。

（3）保护公司的知识产权，不利用公司的机密信息进行个人或非法活动。

2. 日常工作中的保密行为规范

日常工作中的保密行为规范主要包括以下几个方面。

（1）文件和资料的管理：涉密文件、资料应准确标明密级，并在拟稿、打字、印刷、复制、收发、承办、借阅、清退、归档、移交、销毁等过程中，建立严格的登记手续。这些文件、资料不应随意堆放在办公桌上，用后应及时将其放到符合保密等级的保密柜中。不应将涉密文件、资料带离办公场所，阅读或使用完涉密文件、资料后不私自留存。同时，不应私自复印、摘抄、扫描或翻拍涉密文件、资料，也不应通过普通邮寄的方式寄递涉密文件、资料。此外，不应随意将存有涉密文件的U盘或移动硬盘交由他人使用，也不应在互联网网盘、云盘中存储国家秘密和内部敏感信息。

（2）计算机的使用：涉密计算机不应接入互联网或其他公共网络，也不应随意在涉密计算机上安装从互联网下载的软件。不应擅自卸载涉密计算机上的安全软件，同时，不应在涉密计算机和互联网计算机之间交叉使用U盘、移动硬盘。在使用涉密计算机时，不应单击陌生账号发来的电子邮件和链接，也不应设置基于姓名、生日、身份证号等简单且指向性强的密码。

（3）手机的使用：不应用手机发送国家秘密事项或涉密信息，也不应将手机带入涉密场所。

（4）员工薪酬和公司信息：员工的具体薪酬信息，以及公司的安全防范状况及存在问题，都属于公司秘密，不应随意泄露。

日常工作中的保密行为规范涉及文件和资料的管理、计算机的使用、手机的使用以及员工薪酬和公司信息的保护等多个方面，需要员工严格遵守，以确保公司的信息安全。

案例 14.3

杭州××文化公司侵犯商业秘密案

2019年1月,杭州××教育科技有限公司(简称×凡教育)向杭州富阳区市场监管局举报,称杭州××文化公司(简称×夫文化)侵犯了其商业秘密。经查,李某于2017年4月17日与×凡教育签订了劳动合同、保密协议和竞业限制协议,成为×凡教育的员工,并担任市场营销中心副总一职,负责招生工作。然而,2018年9月1日,李某从×凡教育离职后加入了×夫文化,并在×夫文化工作期间,利用在×凡教育处获取的培训资料、统计数据、合作画室名单、学员名单等文件资料,为×夫文化进行招生经营活动。

判决结果:根据《中华人民共和国反不正当竞争法》第九条的规定,李某的行为构成了侵犯商业秘密的违法行为。因此,×夫文化被责令停止违法行为,并处以罚款30万元。

分析:本案例涉及商业保密义务的违反。李某违反了与×凡教育签订的保密协议和竞业限制协议,将×凡教育的商业秘密披露给×夫文化使用,构成了侵犯商业秘密的违法行为。这警示了员工在离职后必须遵守与原公司签订的保密协议和竞业限制协议,不得将原公司的商业秘密用于新公司或自己谋取利益。保护商业秘密是劳动者的重要职责,需要遵守保密义务,确保商业秘密不被泄露和滥用。

专题活动

职场行为规范实践课堂

一、活动目标

(1)让学生了解职场中基本的行为规范。
(2)培养学生遵守职场行为规范的意识和习惯。
(3)通过实践活动,让学生体验并理解职场行为规范的重要性。

二、活动形式

情景模拟、分享与讨论。

三、活动准备

普通教室。

四、活动流程

(1)情景模拟(30分钟)。将学生分为若干小组,每组4~5人。每组选择一个职场场景(如请销假流程),进行情景模拟。在模拟过程中,教师观察学生的行为是否符合职场规范,并在模拟结束后给予反馈。

(2)分享与讨论(15分钟)。学生分享在模拟扮演过程中的体验和感受。讨论如何在实际职场中更好地遵守行为规范,提升职业素养。教师总结学生的分享和讨论,强调职场行为规范的重要性。

(建议用时:45分钟)

【课后思考】

1. 如何在员工培训中加强商业秘密保护知识的普及，提高员工的保密技能？
2. 制定一份请假规定，包括请假时长、请假待遇、请假手续等方面的内容。针对特殊情况（如紧急请假、连续请假等），请提出相应的处理措施。

参 考 文 献

[1] 人力资源社会保障部教材办公室. 绿色技能 [M]. 北京：中国劳动社会保障出版社，2023.
[2] 罗伯特·博格，特里·博格. 倦怠心理学 [M]. 侯祎，译. 北京：中国人民大学出版社，2022.
[3] 王敏. 高职学生职业核心素养培养体系研究 [M]. 武汉：武汉大学出版社，2021.
[4] 吕品，彭伟. 安全系统工程 [M]. 2版. 徐州：中国矿业大学出版社，2021.
[5] 许琼林，等. 职业素养 [M]. 2版. 北京：清华大学出版社，2021.
[6] 张庆堂，周秀娥. 职业发展与创新创业 [M]. 2版. 南京：南京大学出版社，2020.
[7] 金正昆. 商务礼仪 [M]. 北京：北京联社出版公司，2019.
[8] 马化腾，等. 数字经济 [M]. 北京：中信出版社，2017.
[9] 亚力克·福奇. 工匠精神：缔造伟大传奇的重要力量 [M]. 陈劲，译. 杭州：浙江人民出版社，2014.
[10] 迈克尔·波特. 竞争论 [M]. 高登第，李明轩，译. 北京：中信出版社，2012.
[11] 罗学宏. 急诊医学 [M]. 北京：高等教育出版社，2008.
[12] 河南省教育厅学生处，河南省大中专学校学生信息咨询与就业指导服务中心. 大学生职业发展教育导论 [M]. 郑州：中原农民出版社，2007.
[13] 王一敏. 职业倦怠综合征 [M]. 上海：华东师范大学出版社，2006.

后　记

本书是在有关专家、职业院校一线教师共同努力下,对《职业素质教育》(2021年1月出版)教材进行了大幅度改版后更名而来。

本书由罗小娟(重庆财经职业学院)、管军(重庆商务职业学院)担任主编,由邓春晓(重庆财经职业学院)、闫峰(重庆商务职业学院)、罗唤(重庆医学高等专科学校)担任副主编,周俊(重庆商务职业学院)、周露露(重庆医学高等专科学校)、张示春(重庆财经职业学院)、唐胤峰(重庆财经职业学院)等参编了本书的部分内容。具体编写分工如下:罗小娟编写模块1和模块4,唐胤峰编写模块2,罗唤编写模块3和模块7,闫峰编写模块5和模块6,周俊编写模块8和模块9,周露露编写模块10和模块13,邓春晓编写模块11和模块12,张示春编写模块14。另外,管军负责本书内容的整体规划和编写人员的组织。本书礼仪图片的表演者为蒙铃、蔡晓艺。

天津职业技术师范大学张元教授对教材的出版给予了指导,对编写框架、编写思路提出了意见,并分享了有关职业研究的最新资料和成果。系列书的总主编苗银凤对本书进行了统稿。在此一并表示感谢。

编　者

2024年4月